Linguistische
Arbeiten   468

Herausgegeben von Hans Altmann, Peter Blumenthal,
Hans Jürgen Heringer, Ingo Plag, Beatrice Primus und Richard Wiese

Martina Drescher

Sprachliche Affektivität

Darstellung emotionaler Beteiligung
am Beispiel von Gesprächen
aus dem Französischen

Max Niemeyer Verlag
Tübingen 2003

Bibliografische Information Der Deutschen Bibliothek

Die Deutsche Bibliothek verzeichnet diese Publikation in der Deutschen Nationalbibliografie; detaillierte bibliografische Daten sind im Internet über http://dnb.ddb.de abrufbar.

ISBN 3-484-30468-5   ISSN 0344-6727

© Max Niemeyer Verlag GmbH, Tübingen 2003
Das Werk einschließlich aller seiner Teile ist urheberrechtlich geschützt. Jede Verwertung außerhalb der engen Grenzen des Urheberrechtsgesetzes ist ohne Zustimmung des Verlages unzulässig und strafbar. Das gilt insbesondere für Vervielfältigungen, Übersetzungen, Mikroverfilmungen und die Einspeicherung und Verarbeitung in elektronischen Systemen. Printed in Germany.
Gedruckt auf alterungsbeständigem Papier.
Druck: Hanf Buch- und Mediendruck GmbH, Darmstadt
Einband: Industriebuchbinderei Nädele, Nehren

Vorwort

Diese Studie geht auf eine Untersuchung zurück, die im Oktober 1997 von der Fakultät für Linguistik und Literaturwissenschaft der Universität Bielefeld als Habilitationsschrift angenommen wurde und die nun in einer überarbeiteten, stark gekürzten Fassung vorliegt. Während der langen Entstehungszeit der Arbeit, deren Publikation sich durch meinen Wechsel an die Universität Bayreuth nochmals verzögerte, erhielt ich vielfache Ermutigung und Unterstützung.

Zunächst geht ein besonderer Dank an Emmanuel Thévenon, der mir einen Teil seiner zu journalistischen Zwecken erstellten Audio-Aufnahmen für die sprachwissenschaftliche Auswertung überließ und damit in entscheidendem Maße zur Konstitution des zugrundegelegten Korpus beitrug. Weiterhin danke ich meinen ehemaligen Bielefelder Kolleginnen und Kollegen Elisabeth Gülich, Ulrich Dausendschön-Gay, Ulrich Krafft, Heiko Hausendorf und Ingrid Furchner für das angenehme Arbeitsklima, den wissenschaftlichen Austausch und die zahlreichen stimulierenden Diskussionen im Rahmen unseres kommunikationswissenschaftlichen Kolloquiums.

Wertvolle Hinweise und Anregungen verdanke ich auch den Gutachtern der Habilitationsschrift: Elisabeth Gülich, Reinhard Meyer-Hermann, Christian Lehmann und Barbara Sandig. Peter Blumenthal danke ich für die Aufnahme der Arbeit in die Reihe ‚Linguistische Arbeiten'; den Mitarbeitern des Niemeyer Verlags, insbesondere Carmen Luna, für ihre Hilfe bei der Herstellung der Druckvorlage.

An der Fertigstellung des Manuskripts in seiner ersten Fassung hatte Ila Lützenkirchen entscheidenden Anteil. Vielfältige praktische Hilfe bei der Überarbeitung erhielt ich von Christiane Hentschel, Christiane Kiemle und Monika Schecklmann. Ohne die Geduld von Simon Martin und seinen virtuosen Umgang mit der Textverarbeitung wäre das reproduktionsfähige Manuskript nicht entstanden. Ihnen allen sei an dieser Stelle herzlich für ihre kompetente Unterstützung und ihr Engagement gedankt.

Bayreuth, im August 2002   Martina Drescher

Inhalt

Transkriptionskonventionen	X
1 Einleitung	1
1.1 Ziele und Fragestellungen	3
1.2 Methodische Überlegungen	5
1.3 Daten	11
1.4 Aufbau der Arbeit	14
2 Linguistische Konzeptualisierungen des Verhältnisses von Sprache und Gefühl	17
2.1 Äußerungstheoretische Positionen	19
2.2 Sprachfunktionalistische Positionen	22
2.3 Sprachstilistische Positionen	29
2.4 Semantische Positionen	35
2.4.1 Emotionale Bedeutungen	35
2.4.2 Emotionale Modalität	41
2.5 Fazit	46
3 Die Kategorien Affektivität, Emotivität und Expressivität in Grammatiken des Französischen	49
3.1 Akzente und Intonation	50
3.2 Suffixe	51
3.3 Determinanten	51
3.4 Personalpronomina	52
3.5 Verb	54
3.6 Adjektiv	56
3.7 Interjektion	57
3.8 Affektive Syntax	59
3.9 Fazit	63
4 Affektivität in der Interaktion	67
4.1 Grundlagen eines interaktiv-phänomenologischen Emotionskonzepts	67
4.1.1 Substantielles vs. soziales Subjekt	71
4.1.2 Exkurs: Die interaktiv-phänomenologische Seite der Gefühle	73
4.2 Emotionen als diskursive Praxis	79
4.3 Die Darstellung emotionaler Beteiligung	82
4.3.1 Begriffsklärung	82
4.3.2 Formen der Darstellung emotionaler Beteiligung	84
4.3.2.1 Konventionalität und Kontextsensitivität	86
4.3.2.2 Verfahrenscharakter	88
4.3.2.2.1 Affektive Prosodie	91
4.3.2.3 Dynamik	93

	4.4	Interaktionssemantische Dimensionen der Darstellung emotionaler Beteiligung	96
		4.4.1 Evaluieren	97
		4.4.2 Intensivieren	99
		4.4.3 Subjektivieren	100
		4.4.4 Veranschaulichen	101
	4.5	Fazit	102
5	Verfahren der Darstellung emotionaler Beteiligung: Interjektionen		105
	5.1	Die Interjektion als affektiver Indikator?	106
	5.2	Prosodische Realisierung der Interjektionen in affektiven Verwendungskontexten	108
	5.3	Turneinleitende Verwendungen	109
		5.3.1 Erwartungsbruch	110
		5.3.1.1 Aktivitätswechsel	111
		5.3.1.2 Selbsteinbringung	114
		5.3.2 Emphase	118
		5.3.2.1 Bewertungen	119
		5.3.2.2 Zustimmung/Widerspruch	123
		5.3.3 Affektive Synchronisation und nonverbale Kommunikation	129
	5.4	Turninterne Verwendungen	132
		5.4.1 Veranschaulichung einer Sachverhaltsrekonstruktion	135
		5.4.2 Polyphone Auffächerung der Redeinstanzen	138
	5.5	Fazit	142
6	Verfahren der Darstellung emotionaler Beteiligung: Reduplikationen		145
	6.1	Strukturelle und funktionale Charakterisierung der Reduplikation	146
	6.2	Reduplikation von Lexemen	149
		6.2.1 Lexeme ohne semantisches Merkmal /Intensität/	150
		6.2.2 Lexeme mit semantischem Merkmal /Intensität/	152
		6.2.2.1 Quantität	152
		6.2.2.2 Zeit	154
		6.2.2.3 Negation	155
		6.2.3. Reduplikation des Intensitätsadverbs *très*	156
	6.3	Reduplikation komplexer Einheiten	159
	6.4	Reduplikation nach einem Sprecherwechsel	163
	6.5	Verwandte Verfahren	168
	6.6	Fazit	172
7	Emotionale Beteiligung und Makrostruktur der Interaktion		175
	7.1	Beziehungskonstitution und Affektivität	175
	7.2	Emotionale Beteiligung und Gesprächsrahmen	178
		7.2.1 Affektivität und Engagement als Teil der Rollenerwartungen	180
		7.2.2 Modifikationen der emotionalen Beteiligung	183
	7.3	Affektive Gesprächsrahmen	185
		7.3.1 Interaktionsschemata	185
		7.3.2 Diskursmuster	189
	7.4	Fazit	194

8 Die sequentielle Organisation der Darstellung emotionaler Beteiligung:
   Analyse eines Fallbeispiels 197
   8.1 Situierung des Ausschnitts *mis un petit peu sur la touche*
       im globalen Gesprächskontext 197
   8.2 Die sequentielle Organisation des Ausschnitts
       mis un petit peu sur la touche 199
       8.2.1 Phase 1: *je te préviens hein* 199
       8.2.2 Phase 2: *eux ils avaient les boules* 204
       8.2.3 Phase 3: *je fais mon boulot je ferme ma gueule* 208
       8.2.4 Phase 4: *moi j'ai explosé de rire* 211
   8.3 Fazit 216

9 Schlußbetrachtungen und Ausblick 217
   9.1 Konzeptualisierung des Gefühlsausdrucks 217
   9.2 Affektive Verfahren des Französischen 218
   9.3 Funktionalität der Emotionen in der Interaktion 219
   9.4 Offene Fragen und weiterführende Aspekte 220

Literatur 223

Anhang 237

Transkriptionskonventionen

Generell werden in den Transkriptionen die Orthographieregeln des Französischen respektiert, allerdings mit den folgenden Ausnahmen:
1. es gibt nur Kleinschreibung, da Großbuchstaben zur Intensitätsmarkierung benutzt werden;
2. Interpunktionszeichen haben nie ihre in schriftsprachlichen Texten übliche Bedeutung, sondern sie sind diakritische Symbole;
3. artikulatorische Besonderheiten können durch Abweichungen von der üblichen Orthographie wiedergegeben werden.

/	hörbarer Abbruch ohne Pause
.	sehr kurze Unterbrechung in der Äußerung eines Sprechers oder zwischen den Äußerungen von zwei Sprechern
..	kurze Pause
...	mittlere Pause
\<x sec\>	Pause von x Sekunden Dauer
&	auffällig schneller Anschluß
=	auffällige Bindung, Abwesenheit eines Grenzsignals
haut'	steigende Intonation
malade,	fallende Intonation
malade!	exklamative Kontur
malade^	implikative Kontur
MARI ROsé bAr	dynamische Hervorhebung eines Wortes, einer Silbe, eines Lautes
oui: e:::t n:on	Dehnung einer Silbe, eines Lautes
(en)fin a(l)ors	verschliffene Artikulation
(?toi aussi)	unsichere Transkription
(?.........)	unverständliche Passage
\<schnell\> +	Kommentar der Transkribenden, der dem entsprechenden Segment voraus geht und bis zum Zeichen „+" gilt
\<lachend\> ++	bei Überschneidung des Geltungsbereichs von zwei Kommentaren beendet „+" den Geltungsbereich des ersten, „++" den Geltungsbereich des zweiten Kommentars
[pf] [dakoa]	phonetische Transkription
K:	bei Bedarf eingefügte Kommentarzeile
X:	nicht zu identifizierender Sprecher
A bonjour jean* B salut*	gleichzeitiges Sprechen; der Asteriskus markiert das Ende der Überlappung

> *Tous les sentiments ont chacun un ton de voix, des gestes et des mines qui leur sont propres. Et ce rapport bon ou mauvais, agréable ou désagréable, est ce qui fait que les personnes plaisent ou déplaisent.*
> La Rochefoucauld, *Maximes*

1 Einleitung

In vielen Maximen des französischen Moralisten La Rochefoucauld scheint die Auffassung durch, daß menschliche Gefühle nicht nur eine private Erfahrung sind, sondern stets auch eine auf den anderen ausgerichtete Seite haben. In der hier vorangestellten Maxime klingt diese soziale Dimension der Gefühle unter zwei eng miteinander verwobenen Aspekten an: Zum einen stellt La Rouchefoucauld fest, daß jedes Gefühl eine über seine innerpsychische Qualität hinausgehende ‚Außenseite' hat, die in einer bestimmten Form des Verhaltens – dem Klang der Stimme, Mimik und Gestik – zum Ausdruck kommt und damit für den anderen erfahrbar wird. Zum anderen ist dieses Sichtbarwerden die wesentliche Bedingung für die kommunikative Bedeutung der Gefühle, die im zweiten Teil des Zitats durchscheint: Der angenehme bzw. unangenehme Charakter der vermittelten Gefühle beeinflußt maßgeblich den Eindruck, den ein Mensch auf andere macht. Emotionales und soziales Verhalten gehen also ineinander über. In seinem sozialen Verständnis der Gefühle unterscheidet sich La Rochefoucauld erheblich von späteren, insbesondere romantischen Vorstellungen, in denen der Mensch primär über die Je-Einzigartigkeit seiner Gefühle als ein unverwechselbares Individuum bestimmt wird. Gefühle gelten nun als das ‚Urpersönlichste', als Kern der Subjektivität.

Die vorliegende Arbeit folgt eher der Auffassung La Rochefoucaulds. Sie geht davon aus, daß auch Gefühle eine über das individuelle Erleben hinausweisende soziale Dimension haben, die sich insbesondere in Begegnungen mit anderen Menschen offenbart. Die wesentlichste Form des Kontakts mit anderen erfolgt im Austausch durch Sprache, als dessen ureigenste Form das Gespräch anzusehen ist. Man kann daher vermuten, daß Gefühle ihre Spuren in der menschlichen Rede hinterlassen. Es ist diese ‚öffentliche' Seite der Gefühle, die hier interessieren wird. Gefühle – so die in der vorliegenden Arbeit vertretene These – werden nicht nur im mimisch-gestischen, sondern auch im verbalen Verhalten manifest. Dabei spielen neben dem Klang der Stimme zahlreiche andere sprachliche Phänomene eine Rolle.

Die Auswirkungen der Gefühle auf das sprachliche Verhalten, insbesondere aber ihr Niederschlag in der Struktur einer Einzelsprache, haben auch in der Linguistik Beachtung gefunden. Die sprachwissenschaftliche Auseinandersetzung mit dieser Frage hat eine lange, wenngleich insgesamt eher marginale Tradition, da unabhängig von den jeweils vorherrschenden Paradigmen stets die darstellende Funktion der Sprache im Mittelpunkt stand. Die Einflußnahme auf den Partner wie auch die Vermittlung von Gefühlen und Haltungen erschienen demgegenüber sekundär. Die Beziehungen zwischen Sprache und Gefühl wurden in der Sprachwissenschaft zum einen im Kontext einer funktionalistischen Sprachbeschreibung diskutiert, wobei der Akzent hier auf einer Bestimmung der verschiedenen Bezüge des sprachlichen Zeichens lag. Zum anderen wurde diese Frage innerhalb der Semantik oder auch der Sprachstilistik behandelt, wo der Einfluß der Gefühle zunächst bei der Beschreibung von Wortbedeutungen – v.a. von Emotionswörtern und Lexemen mit affektiven Konnotationen – in den Blick trat, aber auch in satzsemantischen Studien im Zusammenhang mit der subjektiven bzw. emotionalen Modalität einer Proposition Beachtung fand.[1]

Die funktionale Charakterisierung einer sprachlichen Einheit als ‚affektiv', ‚emotiv', ‚expressiv' etc. wird darüber hinaus in systematischer Weise zur Beschreibung von Phänomenen verwendet, die aus dem Rahmen der herkömmlichen grammatischen Sprachbeschreibung herausfallen. Gefühle dienen hier als Erklärung für eine Vielzahl von Erscheinungen, die von dem in den Grammatiken und Lexika einer Einzelsprache kanonisierten Sprachgebrauch abweichen bzw. mit den gewählten Modellen der Sprachbeschreibung nicht zu erfassen sind. Solche Phänomene wurden zuerst bzw. gehäuft an Beispielen der gesprochenen Sprache beobachtet. Gerade für das Französische kam es daher zu der gängigen Assoziation von Oralität und Affektivität, wobei die emotionale Durchdringung der Rede nicht nur als ein typisches Merkmal der gesprochenen Sprache erscheint, sondern auch mit dem Substandard zugehörigen, populären und familiären Varietäten in Verbindung gebracht wird. Hier hat es eine Reihe von frühen und durchaus wegweisenden Arbeiten gegeben, die sich mit den sprachsystematischen Möglichkeiten des Affektausdrucks befassen (Bally, Frei, Vendryes, um nur die wichtigsten zu nennen), wobei sich mit der Markiertheit der entsprechenden Formen und Strukturen einerseits und deren Anbindung an das emotionale Erleben des Sprechers andererseits im Grunde zwei Dimensionen der Beschreibung überlagern. Allerdings bauen die in diesem Kontext entwickelten Vorstellungen meist auf weitreichenden Annahmen zum Wesen von Emotionen oder zum Verhältnis von Denken und Fühlen auf, ohne daß eine Klärung bzw. eine interdisziplinäre Anbindung erfolgt. Kommunikative Aspekte geraten aufgrund der sprachimmanenten Ausrichtung dieser Arbeiten kaum in den Blick.

Die Motivation für die vorliegende Arbeit ergibt sich aus der Relevanz der Gefühle und ihrer sprachlichen Manifestationen in zwischenmenschlichen Begegnungen, die – trotz einer verstärkten Beschäftigung mit diesem Thema in den letzten Jahren – in direktem Gegensatz zu ihrer Vernachlässigung in der Linguistik steht.[2] Während inzwischen im

---

[1] Schon hier deutet sich mit der begrifflichen Vielfalt zur Bezeichnung des Gegenstandes – ‚affektiv', ‚emotiv', ‚expressiv' etc. – ein zentrales Problem der genuin linguistischen wie auch der sozialwissenschaftlichen Emotionsforschung an. Die uneinheitliche Terminologie ist zum einen der Komplexität des in Frage stehenden Phänomens geschuldet, das eine Vielzahl von Facetten umfaßt und letztlich im Schnittpunkt aller humanwissenschaftlichen Disziplinen liegt, zum anderen weist sie jedoch auch auf eine unscharfe Abgrenzung einzelner Aspekte hin. In den einleitenden Kapiteln dieser Arbeit, die einem Überblick über die bisherige einschlägige Forschung gewidmet sind, berücksichtige ich die terminologischen Gepflogenheiten der jeweiligen Autoren. Ansonsten verwende ich Begriffe wie Affektivität, Emotivität, Gefühl oder Expressivität zunächst synonym. Für eine Begriffsklärung siehe Kapitel 4.3.1; psychologische Differenzierungen kommen in Abschnitt 4.1.2 zur Sprache.

[2] Noch heute findet sich in vielen Arbeiten, die sich aus unterschiedlichen theoretischen Perspektiven mit Fragen des sprachlichen Gefühlsausdrucks befassen, eine geradezu stereotyp anmutende

angelsächsischen und teilweise auch im deutschen Sprachraum einige Studien zur emotionalen Dimension der Kommunikation entstanden sind, bilden entsprechende Arbeiten für das Französische weiterhin ein wesentliches Desiderat.[3] Es fehlen empirische Untersuchungen, die über die Beschreibung isolierter Phänomene hinausgehen und die sprachlichen Emotionsmanifestationen am Beispiel authentischer Interaktionen analysieren.[4] Diese Lücke versucht die vorliegende Arbeit zu schließen, indem sie konsequent an der interaktiven Relevanz der Gefühle anknüpft und diese an einem breiten Korpus französischer Gespräche unterschiedlichen Typs untersucht. Darüber hinaus entwickelt sie eine linguistisch operationalisierbare Konzeptualisierung der Gefühle bzw. des Gefühlsausdrucks, die von einer über die hier zur Diskussion stehende Einzelsprache hinausgehenden theoretischen Relevanz ist.

1.1 Ziele und Fragestellungen

Das allgemeinste Ziel dieser Arbeit liegt darin, die emotionale Dimension der Kommunikation sowohl auf mikro- wie auch auf makrostruktureller Ebene zu untersuchen und ihre Relevanz für zwischenmenschliche Begegnungen herauszustellen. Damit ergeben sich als leitende Fragen einerseits die nach den diskursiven Verfahren, derer sich die Interaktanten bedienen, um Emotionalität zu signalisieren und andererseits die nach den interaktionellen Kontexten, in denen solche Emotionsmanifestationen vorkommen. Das wesentliche theoretische Anliegen besteht darin, einen Vorschlag für eine (kommunikations-) linguistisch handhabbare Konzeptualisierung der Gefühle zu unterbreiten, die zugleich die Interdisziplinarität des Untersuchungsgegenstandes berücksichtigt. Um die mit einer mentalistischen Modellierung der Gefühle verbundenen Aporien zu umgehen, liegt der Akzent nicht auf einer Rekonstruktion der Befindlichkeiten der Interaktanten, sondern auf einer ‚Phänomenologie' der emotionalen Kommunikation. Das Interesse an der Außenseite der Gefühle baut auf einer sozialen Konzeption des Subjekts auf, die im Gegensatz zu essentialistischen Vorstellungen dessen interaktive Einbindung fokussiert. Der Interdisziplinarität des Gegenstandes wird dadurch Rechnung getragen, daß mögliche Anschlußstellen zu anderen, an der Erforschung der Gefühle beteiligten Disziplinen markiert werden. Damit wird der Ansatz in theoretischer Hinsicht für Fragestellungen geöffnet, die weitere Aspekte dieser komplexen Problematik akzentuieren. Die Konzentration auf die soziale Seite geht also

---

Bemerkung, die einerseits die Relevanz der Gefühle für die Sprachbeschreibung hervorhebt und andererseits deren Vernachlässigung in der bisherigen Forschung beklagt. Vgl. exemplarisch Thibault (1979: 97), Braselmann (1982: 13), Lyons (1982: 103ff.), Caussat (1985: 43), Normand (1985: 16), Parret (1986: 148), Ochs/Schieffelin (1989: 7), Irvine (1990: 126), Nuyts (1990: 227f.), Volek (1990: 327), Mair (1992: 12), Maynard (1993: 4f.), Konstantinidou (1997: 11ff.). Eine Reihe von Gründen für die Vernachlässigung der Gefühle in der Linguistik liefert Fiehler (1990: 20ff.).

[3] Innerhalb der Romanistik ist die historisch-diachrone Perspektive, die sich für die Emotionen als einer möglichen Quelle des Sprachwandels interessiert, demgegenüber besser vertreten. Vgl. Mair (1992) sowie Koch/Oesterreicher (1996).

[4] Vgl. aber in jüngster Zeit Plantin/Doury/Traverso (Hgg.) (2000).

keineswegs mit einer engen oder gar idiosynkratischen Konzeptualisierung der Emotionen einher, sondern sie dient in erster Linie der Fokussierung auf einen zentralen Aspekt.

Ein weiteres wichtiges Ziel besteht darin, eine solche Vorstellung empirisch zu validieren und durch die Untersuchung eines breiten Textkorpus' abzusichern. Da wesentliche Anregungen für die Theoriebildung aus der – einem qualitativen Zugang verpflichteten – Analyse der Daten kommen, sind beide Aspekte eng miteinander verzahnt und keinesfalls unabhängig voneinander zu denken.[5] Ausgehend von der fundamentalen Annahme, daß Emotionen nicht nur eine private, sondern auch eine öffentliche Seite haben und daß die Interaktion der Ort ist, an dem diese manifest und zugleich relevant wird, zeige ich auf, wie dieser Phänomenbereich geleitet von einer konversationsanalytischen Analysementalität bearbeitet werden kann. In der Wahl eines empirischen oberflächenorientierten Zugangs zur Untersuchung eines Gegenstandes, der gemeinhin über seine Innerlichkeit definiert und daher v.a. introspektiv erforscht wird, liegt eine wesentliche methodische Neuerung dieser Studie.

Im Rahmen der empirischen Arbeit werden exemplarisch einige der diskursiven Verfahren, die typischerweise Emotionen signalisieren, untersucht und hinsichtlich ihrer interaktiven Relevanz beschrieben. Auf mikrostruktureller Ebene gilt das Interesse in erster Linie den impliziten Formen des nicht-thematischen Emotionsausdrucks, der letztlich, wenn auch in unterschiedlichem Ausmaß, ein Element jeder Interaktion ist. Hier wird der Versuch unternommen, insbesondere indexikalische Emotionsmanifestationen, die andere sprachliche Aktivitäten begleiten, zu erfassen und zu theoretisieren. Zentral ist die These, daß der sprachliche Gefühlsausdruck Verfahrenscharakter hat, also v.a. unter Rekurs auf komplexe Formulierungsroutinen geschieht. Was die makrostrukturelle Ebene angeht, so wird mit der Anbindung des Gefühlsausdrucks an globale Einheiten wie Rahmen, Interaktionsschemata und soziale Rollen eine Möglichkeit der Integration sprachlicher Emotionsmanifestationen in einen interaktionistischen Ansatz vorgeschlagen. Der Gewinn einer interaktiv-phänomenologischen Sicht der Emotionen wird durch eine auf zahlreiche Gesprächsausschnitte gestützte exemplarische Beschreibung zweier affektiver Verfahren sowie eine die verschiedenen Dimensionen der Beschreibung zusammenführende abschließende Fallanalyse aufgezeigt.

Die Arbeit basiert auf einem breiten, ausschließlich mündlichen Textkorpus.[6] Sie kann daher auch als ein Beitrag zur Untersuchung des gesprochenen Französisch gelesen werden. Insofern die Relevanz der affektiven Dimension für die Interaktion aufgezeigt wird, bestätigt sie den gängigen Topos von der Affinität des Emotionsausdrucks zur gesprochenen Sprache. Da jedoch der Vergleich mit schriftlichen Texten, durch den eine solche Behauptung erst ihren eigentlichen Wert erhält, hier ausdrücklich ausgeblendet wird, kann letztlich keine Aussage darüber gemacht werden, inwieweit Emotionalität tatsächlich als ein typisches, womöglich gar spezifisches Merkmal der Oralität anzusehen ist.[7]

Wesentliche Anregungen für die vorliegende Arbeit kamen aus benachbarten Disziplinen, insbesondere aus der Psychologie, der Soziologie und der Philosophie. Dies ist einerseits der Interdisziplinarität des Gegenstandes geschuldet und ergibt sich andererseits aus

---

[5] Siehe unten Abschnitt 1.2.
[6] Siehe unten Abschnitt 1.3 für eine Präsentation der Daten.
[7] Vgl. Koch/Oesterreicher (1990). Gegen eine solche Verbindung von Emotionalität und Oralität plädiert hingegen Besnier (1989).

dem gewählten methodischen Rahmen – der Konversationsanalyse –, die ihre Wurzeln in der Soziologie hat. Allerdings kann auch die Linguistik auf eigene, in interaktionistisch ausgerichteten Untersuchungen häufig übergangene Forschungsaktivitäten zum Themenkreis von Sprache und Gefühl verweisen. Daher besteht ein stärker wissenschaftstheoretisch bzw. -historisch begründetes Anliegen dieser Arbeit darin, einem solchen ‚Vergessen' entgegen zu wirken, indem die spezifisch sprachwissenschaftliche Beschäftigung mit Emotionen in ihren zentralen Linien nachgezeichnet und der Beitrag des eigenen Fachs zur Theoretisierung dieser Problematik aus- und aufgewertet wird. Ein Ziel liegt in der Systematisierung der Fragestellungen und Ansätze, die möglicherweise einen Brückenschlag zwischen sprachsystematischen Arbeiten zur Affektivität einerseits und neueren interaktionstheoretischen Untersuchungen zur emotionalen Dimension der Kommunikation andererseits vorbereiten kann. Diese Auseinandersetzung, die ergänzend zu der empiriegeleiteten Konzeptualisierung der Emotionen erfolgt, hat keineswegs nur dokumentarischen Wert. Sie schärft den Blick für die genuin linguistischen Probleme bei der Modellierung des sprachlichen Gefühlsausdrucks und kann darüber hinaus, insbesondere was die in diesem Kontext entstandenen Untersuchungen zu sprachlichen Einzelphänomenen angeht, für die Beschreibung der mikrostrukturellen Organisationsformen des Gefühlsausdrucks fruchtbar gemacht werden. Zugleich verdeutlicht sie die Grenzen einer rein sprachimmanenten Beschäftigung mit Fragen der Emotionalität und damit letztlich die Notwendigkeit eines kommunikativen Zugangs.

1.2 Methodische Überlegungen

In den vorausgehenden Abschnitten klang bereits an, daß die Beschäftigung mit Gefühlen zu den zentralen Fragen der abendländischen Geistesgeschichte gehört, die mit der im 19. Jahrhundert vollzogenen Ablösung der Erfahrungswissenschaften primär in die Psychologie verlagert wurde. Nach wie vor liegt die Erforschung von Gefühlen jedoch im Schnittpunkt verschiedener humanwissenschaftlicher Disziplinen und geht in ihrer Totalität weit über die Erkenntnisinteressen einer einzelnen Wissenschaft hinaus. Aufgrund der Komplexität des Phänomens und der Vielfalt möglicher Fragestellungen wird die Gegenstandskonstitution zu einem zentralen Aspekt jeder Auseinandersetzung mit Gefühlen. Geleitet wird sie zum einen von den wesentlichen Erkenntnisinteressen, zum anderen ergibt sie sich aus der Wahl einer diese unterstützenden Methode. Gerade aufgrund des thematisch weiten Feldes ist ein von klaren methodischen Prämissen gesteuerter Zugang unerläßlich, um zu einer präzisen Fragestellung zu gelangen. Denn welche Aspekte der Problematik herausgelöst und genauer betrachtet werden, hängt ganz wesentlich von den methodischen Prämissen ab. Dabei muß gewährleistet sein, daß die Methode gegenstandsadäquat ist, daß also die in den Blick tretenden und durch die Konzeptualisierung auch theoretisch untermauerten Facetten relevante Aspekte darstellen. Insofern kann die Entscheidung für eine bestimmte Methode nicht unabhängig von dem Gegenstand und den jeweiligen Erkenntnisinteressen erfolgen. Mit der Wahl einer bestimmten Methode geht immer eine Einengung der Forschungsperspektive und damit auch eine inhaltliche Verkürzung einher. Es dürfte jedoch ohnehin unstrittig sein, daß ein methodischer Zugriff allein niemals ausreicht, um Gefühle in ihrer Totalität zu erfassen und alle relevanten Aspekte abzudecken.

Eine grundlegende Neuerung dieser Arbeit liegt in der Wahl des zunächst an der Beschreibung sozialer Ordnungsstrukturen entwickelten konversationsanalytischen Zugangs zur Bearbeitung eines Themas, das ganz überwiegend als dem privaten subjektiven Bereich zugehörig angesehen wird. Emotionen sind einer formalen, von mentalistischen Kategorien absehenden Analyse, wie sie durch konversationsanalytische Postulate anvisiert wird, zunächst kaum zugänglich.[8] Insgesamt erscheint das ‚Gebiet des Subjektiven' für die Objektivierbarkeit nicht besonders geeignet, nicht nur, weil es zu reich und unübersichtlich ist, sondern vor allem, weil es uns ‚zu nah' ist. Aber man „kann und muß auch dies Gebiet gemäß der universalen Tendenz zum Objektivieren der Vergegenständlichung eröffnen, aber man muß in bezug auf die Möglichkeiten der Subjektivität um die Gefahr einer Verkürzung durch Objektivieren wissen" (Schulz 1979: 194). Der Vorteil der konversationsanalytischen Methode liegt m.E. gerade darin, zu einer veränderten, auch für kommunikationswissenschaftliche Analysen fruchtbaren Konzeptualisierung der Gefühle anzuregen.

Die Orientierung an einer konversationsanalytischen Analysementalität zeigt sich zunächst in der Übernahme einiger zentraler theoretischer Prämissen bezüglich der konstitutiven Eigenschaften verbaler Interaktionen als dem eigentlichen Gegenstand der Untersuchung.[9] Leitend für die Analyse von Gesprächen sind die Prinzipien der Interaktivität, Sequentialität und Oberflächenorientiertheit. Aufgrund ihrer methodischen Relevanz sollen diese Konzepte bereits jetzt kurz zur Sprache kommen. Da der methodische Zugang eng mit den theoretischen Prämissen verknüpft ist, sind einige Vorgriffe auf die in Kapitel 4 entwickelte phänomenologisch-interaktive Konzeption der Emotionen unvermeidlich. Zu den grundlegenden Annahmen der Konversationsanalyse gehört die Vorstellung, daß die Interaktion und damit auch ihr sprachliches Resultat, der aufgezeichnete Gesprächstext, eine gemeinsame Hervorbringung der Interaktanten, ein *interactional achievement* darstellt.[10] Diese interaktive Hervorbringung erfolgt stets lokal. Sie unterliegt der Zeit und hat dynamisch-prozessualen Charakter. Bei der Rekonstruktion konversationeller Aktivitäten sowie der sprachlichen Formen und Strukturen, in denen sie sich manifestieren, muß der Analysierende daher dem sequentiellen Aspekt in besonderer Weise Rechnung tragen. Die Analysen sind grundsätzlich Verlaufsanalysen. Dabei gilt das Interesse dem Durchführungsaspekt, also dem *wie*, der Art und Weise, in der die Interaktanten kommunikative Aufgaben lösen bzw. bestimmte Aktivitäten vollziehen und damit interaktiv Sinn konstituieren. Im Mittelpunkt steht die Beschreibung der entsprechenden strukturellen Korrelate; mentalistische Kategorien wie Intentionen oder Motive der beteiligten Individuen werden vermieden. Allerdings ist die eher technische Beschreibung formaler Mechanismen, wie sie der klassisch ethnomethodologischen Konversationsanalyse zu eigen ist, für die Analyse der interaktiven Relevanz der Gefühle durch eine semantisch-interpretative Theorie zu ergänzen.[11] An diesem Punkt werden die Grenzen eines rein konversationsanalytischen

---

[8] Tatsächlich hat die konversationsanalytisch orientierte Forschung diesen Bereich bislang kaum berücksichtigt.
[9] Für wesentliche Aspekte einer solchen Herangehensweise siehe Sacks (1984), Gülich (1991), Bergmann (1994), Heritage (1995) sowie Deppermann (1999).
[10] Vgl. Schegloff (1982).
[11] Vgl. ähnlich Schmitt (1993).

Ansatzes deutlich: Der Dialog mit und die Integration von Positionen aus dem Umfeld der Ethnographie der Kommunikation oder der interpretativen Soziolinguistik kann hier zur Überwindung theoretisch-methodischer Desiderata sowie zur notwendigen Weiterentwicklung herkömmlicher konversationsanalytischer Vorgehensweisen beitragen.[12]

Konversationsanalytische Prinzipien kommen insbesondere bei der Untersuchung der Daten zum Tragen. Empirische Analysen bilden den Ausgangspunkt der Untersuchung und stellen zugleich den wichtigsten Maßstab dar, an dem sich die Theoriebildung zu bewähren hat. Die Daten werden nicht nur zur Illustration bzw. Verifikation einer vorab konzipierten theoretischen Position herangezogen, sondern sie dienen der *Entdeckung* relevanter Phänomene, d.h. sie haben einen entscheidenden heuristischen Wert und steuern maßgeblich die Theoriebildung.[13] Klassisch ethnomethodologische Untersuchungen nehmen häufig eine quasi voraussetzungsfreie Annäherung an die Daten vor. Es wird davon ausgegangen, daß das Material selbst die Kategorien bereithält, die zur Festlegung des Gegenstandes wie auch zu seiner angemessenen Bearbeitung führen.[14] Letztlich steht die Rekonstruktion von Teilnehmerkategorien (*member categories*) im Mittelpunkt. Demgegenüber vertrete ich die Auffassung, daß die durch die Daten angeregten Entdeckungsprozeduren nicht unabhängig von der Anbindung an bestimmte Erkenntnisinteressen sowie der Einbettung in einen theoretischen Kontext ablaufen. Auch eine induktive Untersuchung des Materials erfolgt nie völlig naiv, sondern sie macht bei der Sichtung der Daten von Erwartungen und Hypothesen bezüglich der interessierenden Phänomene Gebrauch.[15] Selbst der konversationsanalytisch vorgehende Forscher arbeitet letztlich im Spannungsfeld von Induktion und Deduktion, von empirischer Beobachtung und theoretischer Reflexion. Bezogen auf die vorliegende Arbeit bedeutet dies, daß mein Interesse von vornherein den emotionalen Manifestationen in der Interaktion galt. Die zugrundegelegten Textkorpora wurden also mit einem gelenkten Blick durchforstet und von Anfang an auf eine Fragestellung hin verfolgt, die ihrer genauen Analyse vorgängig war. Allerdings wurde nicht mit präzisen Vorannahmen bezüglich der im Zusammenhang mit Emotionalität erwartbaren sprachlich-

---

[12] Siehe etwa Hinnenkamp/Selting (1989) und Auer (1995).
[13] Vgl. Bergmann (1994: 11), der die Konversationsanalyse als eine ‚Entdeckungswissenschaft' charakterisiert.
[14] Auf den Punkt gebracht wird dieses methodische Credo bei Bergmann (1994: 8): „Die KA [i.e. Konversationsanalyse, M.D.] ist darauf aus, ein Interaktionsgeschehen ‚from within' (Garfinkel) zu beschreiben. Das bedeutet, daß sie es ablehnt, soziale Vorgänge unter externe, vorgegebene Kategorien zu subsumieren; statt dessen bemüht sie sich darum, soziale Formen und Prozesse in ihrer inneren Logik und Dynamik zu erfassen und als sich selbst organisierende, reproduzierende und explizierende Strukturen zu untersuchen." Etwas später heißt es: „In der Nachfolge der Husserlschen Devise ‚Zu den Sachen selbst!' strebt die Ethnomethodologie danach, von ihrem Untersuchungsgegenstand her zu denken und sich den Blick auf ihre Objekte nicht verstellen zu lassen von methodischen Vorgaben, deren korrekte Anwendung allein häufig bereits die Wissenschaftlichkeit der Untersuchung garantieren soll. Die Ethnomethodologie setzt darauf, aus der Einsicht in die methodische Qualität und den selbstexplikativen Charakter sozialer Handlungen zur *gegenstandsadäquaten Methodisierung* ihres Vorgehens zu gelangen." Vgl. ähnlich Gülich (1991: 337), die das zentrale konversationsanalytische Anliegen, die Ordnung im Verhalten der Interaktanten zu entdecken, reformuliert als „ne pas partir de catégories théoriques préétablies, mais emprunter les catégories du groupe étudié."
[15] Vgl. Eggs (1991: 368).

strukturellen Regelmäßigkeiten an die Untersuchung der Daten herangegangen, sondern in diesem Punkt war das Material leitend.[16] Insofern wird die Fragestellung zwar nicht durch die Daten generiert, aber diese tragen in entscheidender Weise dazu bei, sie zu konkretisieren. Empirische Beobachtungen und theoretische Überlegungen befruchten sich in diesem Prozeß wechselseitig und treiben so die Hypothesenbildung voran. Dieser Kreislauf aus induktiver und deduktiver Vorgehensweise läßt sich in der linear angeordneten Darstellung der Ergebnisse nur begrenzt abbilden. Umso wichtiger scheint es mir, den simultanen Rekurs auf beide Wege des Erkenntnisgewinns zu betonen. Die empirische Beobachtung wirkt zurück auf die theoretische Konstruktion und dient keineswegs nur zu deren Bestätigung. Wenn die theoretisch ausgerichteten Kapitel im Aufbau dieser Arbeit vor die empirischen Analysen gestellt werden, so geschieht dies in erster Linie aus darstellungstechnischen Gründen, um eine bessere Lesbarkeit zu gewährleisten. Tatsächlich waren es gerade die empirischen Analysen, die zu neuen Sichtweisen auf den Gegenstand führten und damit zugleich als Motor und Korrektiv der Theoriebildung fungierten.[17] Eine gewisse Zirkularität ist in diesem Prozeß, bei dem sich „die forschende Subjektivität [...] im Wechselbezug von Empirie und Theorie bewegt" unvermeidlich, denn: „Man kann nur das erklären, was man schon als solches irgendwie verstanden hat" (Schulz 1979: 72f.). Wenn man dieser Zirkularität auch nicht entgehen kann, so kann man sie doch zumindest kontrollieren, indem man die einzelnen Analyseschritte sowie die in sie eingehenden Voraussetzungen möglichst umfassend expliziert. Genau dazu regt die hier gewählte Vorgehensweise mit ihrem strikten Empiriebezug und dem distanzierten Blickwinkel des konversationsanalytisch eingestellten Beobachters, der der Maxime ‚Draufsicht statt Teilnahme' folgt, an.[18]

Der hohe Stellenwert empirischer Beobachtungen erklärt die Relevanz, die einem breiten Textkorpus zukommt. Die Aufbereitung und Untersuchung der Daten erfolgt in mehreren Arbeitsschritten: Im Anschluß an die Materialsammlung wird das Korpus zunächst gesichtet und zu seiner besseren Verfügbarkeit ganz oder in Auszügen verschriftlicht, wobei die Transkription als eine Gedächtnisstütze zu sehen ist, die das eigentliche Datum nicht ersetzen kann. Danach werden die Daten systematisch mit dem Ziel durchgearbeitet, Regelmäßigkeiten unter den durch die Fragestellung vorgegebenen Phänomenen zu ermitteln. In der vorliegenden Arbeit waren die Entdeckungsprozeduren auf Sequenzen gerichtet, in denen Gefühle interaktiv relevant und damit auch ausdrucksseitig greifbar werden.

Die Bestimmung einer Sequenz als ‚affektiv', ‚emotiv' etc. erfolgt primär unter Rekurs auf hermeneutisch-interpretative Verfahren. Rekonstruiert wird eine solche komplexe kommunikative Bedeutung zunächst unter Zuhilfenahme des (Alltags-) Wissens des Analysierenden als einem kompetenten Mitglied der jeweiligen Sprachgemeinschaft. Den Aus-

---

[16] Vgl. ähnlich Hausendorf/Quasthoff (1996: 123).
[17] Vgl. ähnlich Maynard (1993: 62f.): „The process I took in this research project resembles a spiral of repeated interaction amongst three different endeavors; (1) data analysis, (2) theory building and (3) discovering significance in the research process itself. [...] the data and the theoretical model mutually define each other, and therefore coexist in one way or another throughout the process of analysis. In this sense this research has followed both inductive and deductive processes."
[18] Vgl. Hausendorf/Quasthoff (1996: 118).

gangspunkt bildet also das intuitive Verständnis einer Passage als ‚affektiv'.[19] Der Rekurs auf die eigene Deutungskompetenz ist in diesem Zusammenhang unvermeidlich. Hier offenbart sich in ganz grundlegender Weise, „daß die reflektierende Subjektivität nicht aus dem objektiv orientierten Forschungsprozeß wegzudenken ist" (Schulz 1979: 73).[20] Allerdings kommt es für den Analysierenden im folgenden darauf an, nicht bei diesem subjektiven Verstehen zu verharren, sondern sein intuitives Verständnis zu methodisieren, d.h. die Bedingungen zu spezifizieren und die formalen Mechanismen zu explizieren, die ihm eine solche Interpretation ermöglichen.[21] Denn letztlich ist bereits diese Interpretation formengeleitet, insofern sie sich auf ein die Wahrnehmung lenkendes Wissen um die Bedeutung sprachlicher Formen stützt. Dieses Alltagswissen gilt es mit Hilfe von genauen empirischen Analysen in methodisch kontrollierter Weise zu explizieren und zu systematisieren. Insofern muß sich an eine erste, der Sichtung des Korpus' sowie der Ermittlung relevanter Sequenzen dienende Phase, die Bergmann (1994: 11) als „Verbindung aus intuitivem Verstehen und strukturellem Hören" bezeichnet, die Arbeit an kleinen Datensegmenten anschließen. Im wesentlichen geht es dabei darum, durch Mikroanalysen ein (sprachliches) Verhaltensmuster, also eine rekurrente formale Einheit, zu isolieren, die mit der Lösung einer kommunikativen Aufgabe bzw. der Zuschreibung einer kommunikativen Bedeutung korreliert werden kann.[22] Dem geht die Annahme voraus, daß es sprachliche Mittel gibt, die konventionellerweise mit einer (komplexen) kommunikativen Bedeutung – hier dem Ausdruck von Emotionen – verbunden sind und die so die Wahrnehmung der Interaktanten und damit auch die der Analysierenden lenken. Um eine solche Beziehung zwischen Formen und Funktionen aufzudecken, sind die Analysen an einer Vielzahl von Gesprächsausschnitten zu wiederholen, wobei gerade die Berücksichtigung abweichender oder marginaler Vorkommen zu einer besseren Kenntnis und damit zu einer Ausgrenzung des zur Diskussion stehenden Musters verhilft.[23] Erst auf der Basis einer Sammlung vergleichbarer Fälle läßt sich die anfängliche Interpretationshypothese überprüfen und in ihren Ergebnissen später auch auf andere Vorkommen übertragen. Zugleich kann hier – wiederum

---

[19] Die Rolle der Intuition bei der Ermittlung der als ‚subjektiv' bzw. ‚affektiv' zu charakterisierenden Einheiten unterstreicht auch Kerbrat-Orecchioni (1980: 71 und passim): „Pour effectuer le repérage des unités qu'il nous semble légitime de considérer comme subjectives, nous nous fierons avant tout, il faut l'avouer sans ambages, à notre propre *intuition*."

[20] Die vermeintlich objektive Forschung kann die grundlegend subjektive Dimension des Erkenntnisgewinns zwar verdrängen, aber nicht völlig ausschalten, denn letztlich ist es immer die Subjektivität selbst, „die *als Subjektivität* objektive Forschung betreibt [...]. Ebenso wichtig aber ist für den subjektiven Aspekt der wissenschaftlich reflektierenden Subjektivität die Tatsache, daß wissenschaftliche Erkenntnis ja nicht eine einfache Form der Abbildung einer vorhandenen Wirklichkeit bedeutet, durch die der Mensch auch in seinem Tun festgelegt würde. Wirklichkeit ist weder eine vorgegebene Objektwelt, noch beruht sie auf einer Setzung des Subjektes; Wirklichkeit ist vielmehr ein Zusammenhang, in dem Objekt und Subjekt sich gegenseitig bedingen" (Schulz 1979: 72f.). Siehe auch Drescher (im Druck).

[21] Vgl. ähnlich Bergmann (1994: 12).

[22] Vgl. Heritage (1995: 399), der von einem „,pattern' of behavior" spricht.

[23] Vgl. ähnlich Heritage (1995: 399).

abweichend von streng konversationsanalytischen Positionen – eine Theoretisierung der im Verlaufe der Analysen erzielten empirischen Befunde ansetzen.[24]

In seinen Deutungen stützt sich der Analysierende jedoch nicht nur auf sein methodisch kontrolliertes Verständnis einer bestimmten Gesprächssequenz. Um die Gültigkeit seiner Analysen und insbesondere seiner funktionalen Zuschreibungen nachzuweisen, kann er auch auf die Nachfolgeäußerungen der am Gespräch unmittelbar beteiligten Interaktanten zurückgreifen. Diese stellen ein im Gesprächstext enthaltenes Verständnisdokument dar, in dem die Deutungen der eigentlichen Adressaten und ersten Interpreten der entsprechenden Äußerungen gleichsam konserviert sind. Damit verfügt der Analysierende über eine zweite Bedeutungsschicht, die als Bestätigung seiner Interpretation in Anspruch genommen werden kann.[25] Hier wird die Relevanz einer lokal vorgehenden sequentiellen Analyse deutlich, die die kommunikative Bedeutung der einzelnen Äußerungen Schritt für Schritt rekonstruiert.[26]

Aus heuristischen Gründen eignen sich v.a. solche Stellen für einen ersten analytischen Zugriff, in denen das relevante Phänomen, in unserem Fall Emotionsmanifestationen, besonders deutlich zum Ausdruck kommt. Dies kann beispielsweise durch explizite Thematisierungen von Emotionen oder andere metakommunikative Formulierungen seitens der Interaktanten geschehen, aber auch über die Häufung unterschiedlichster, eher impliziter sprachlicher Mittel des Emotionsausdrucks vermittelt werden. Es bietet sich an, zunächst von solchen eher eindeutigen Stellen auszugehen und diese genau auf rekurrente sprachliche Formen und Strukturen hin zu untersuchen. Die Orientierung an den in diesem Zusammenhang erhobenen sprachlichen Mitteln kann dann bei der Analyse weniger deutlich markierter Sequenzen als Heuristik dienen. Wenn eine Verbindung zwischen formalen Einheiten einerseits und kommunikativen Bedeutungen andererseits empirisch ermittelt und durch eine Vielzahl von Analysen bestätigt wurde, können in einem zweiten Schritt die offenbar konventionell an der Manifestation von Emotionen beteiligten Mittel den Status von potentiell affektiven Indikatoren erhalten.[27] An dieser Stelle kommt es also zu einem Umschlag von Funktionen hin zu Formen, in dem zugleich die Gefahr eines Zirkels verborgen liegt: Die Deutung emotionaler Manifestationen stützt sich auf bestimmte Ausdrucksmittel, die im Umkehrschluß wiederum als konventionelle Hinweise auf Emotionalität gelten. Dieser Schwierigkeit läßt sich nur dadurch begegnen, daß der ausschließliche Rekurs auf die Introspektion des Forschers durch breit gefächerte empirische Untersuchungen abgelöst, zumindest aber ergänzt wird. Hier stellt die Konversationsanalyse als Entdeckungswissenschaft mit striktem, methodisch kontrolliertem Empiriebezug einen geeigneten Rahmen bereit.

---

24 ‚Orthodoxe' Konversationsanalytiker belassen es häufig bei einer Anhäufung empirischer Befunde und verzichten ganz auf eine Theoriebildung. Vgl. etwa Heritage (1995: 397): „CA [i.e. conversation analysis, M.D.] has avoided premature and idealized theory construction in favor of the empirical identification of diverse structures of practices."

25 Vgl. Heritage (1995: 398): „by the production of next actions, speakers show an understanding of a prior action and do so at a multiplicity of levels." Ähnlich Bergmann (1994: 12).

26 Daß die Reaktion des anderen ein wesentliches Element des kommunikativen Sinngebungsprozesses ist, betont bereits Mead (^{10}1995: 187).

27 Allerdings reicht die Form allein nicht aus, sondern auch der Kontext ist zu berücksichtigen. Siehe unten Abschnitt 4.3.2.1.

1.3 Daten

Der Arbeit liegt ein umfangreiches Korpus französischer Gespräche zugrunde. Es umfaßt Tonaufnahmen im Umfang von gut 13 Stunden sowie eine etwa einstündige Videoaufnahme. Das Material wurde insgesamt gesichtet und mit Blick auf die Fragestellung dieser Arbeit ausgewertet. Die für die Analysen am häufigsten herangezogenen Gespräche wurden feintranskribiert; sie umfassen Aufnahmen im Umfang von gut drei Stunden.

Die Daten entstammen unterschiedlichen Kontexten. Der größte Teil der Aufnahmen (knapp zehn Stunden) ist im Rahmen einer von einem französischen Journalisten durchgeführten Interviewserie mit der Mannschaft eines Segelboots entstanden. Diese bereitet sich auf die Teilnahme an einer internationalen Regatta (*La Whitebread*) vor. Ihr Boot *La Poste* wird von der französischen Post gesponsort. Auch der Journalist arbeitet für ein Magazin (*Le Postier*), das sich in erster Linie an die Mitarbeiter der französischen Post richtet. Es handelt sich bei diesem relativ einheitlichen Korpus, das 14 Gespräche mit verschiedenen Mitgliedern der Crew umfaßt, um authentische Interaktionen aus natürlichen Gesprächssituationen, die nicht zu wissenschaftlichen Zwecken erhoben wurden, sondern zunächst als Gedächtnisstützen für die Anfertigung einer Serie von Kurzporträts der einzelnen Segler gedacht waren. Auf Gesprächsausschnitte aus diesem Korpus wird in der vorliegenden Arbeit mit der Bezeichnung *voile 1-3* Bezug genommen.

Der Interviewer, ein etwa dreißigjähriger Journalist aus dem Großraum Paris, ist in allen Gesprächen identisch. Seine Gesprächspartner sind ausschließlich Männer[28] – viele von ihnen professionelle Segler – im Alter zwischen schätzungsweise 20 und 40 Jahren, ausnahmslos französische Muttersprachler, einige mit leichten regionalen Akzenten. Bei den Gesprächen handelt es sich in der Regel um Dyaden. In einigen Fällen liegen auch Konstellationen mit drei Teilnehmern vor, wobei sich die Interaktion dann zumeist auf zwei Personen konzentriert und die dritte nur gelegentlich interveniert.[29] Die Tonqualität der Gesprä-

---

[28] Die Geschlechtsspezifik des Gefühlsausdrucks ist nicht Gegenstand der vorliegenden Untersuchung gewesen. Es ist jedoch zu vermuten, daß die Variable Geschlecht einen Einfluß auf die Manifestation von Gefühlen hat. So spricht Kerbrat-Orecchioni (2000: 56) von einem ausgeprägteren ‚emotionalen Ethos' der Frauen, die Emotionen nicht nur häufiger zeigen, sondern sie auch besser zu deuten scheinen. Darüber hinaus gelten – in Abhängigkeit von der jeweiligen Kultur – manche Emotionen als eher weiblich (in unserer Kultur z.B. Angst), andere hingegen als eher männlich (z.B. Ärger). Da in den hier zugrundegelegten Daten männliche Gesprächsteilnehmer stärker vertreten sind als weibliche, sind die Aussagen hinsichtlich der interaktiven Relevanz der Emotionen möglicherweise zu nuancieren bzw. mit Blick auf die Geschlechtsspezifik zu differenzieren. Die Ergebnisse bezüglich der sprachlichen Mittel des Emotionsausdrucks dürften jedoch weitgehend geschlechtsunspezifisch sein. Zum ‚Geschlecht der Emotionen' siehe Braconnier (1996), speziell zum Reden über Gefühle bei Frauen Crawford (1992).

[29] Hier kann die Konzentration auf nur eine Person einen zusätzlichen Hinweis darauf geben, daß die Teilnehmer in den entsprechenden Sequenzen tatsächlich den Gesprächstyp des Interviews kontextualisieren. Denn es reicht nicht aus, bestimmte Merkmale der Interaktion, etwa die strikte Abfolge von Fragen und Antworten, auf einen als gegeben angesehenen Kontext zurückzuführen. Vielmehr müssen „the relevance and procedural consequentiality of the institutional context and its associated roles, tasks and identities [...] be shown to inhabit the details of the participants' conduct" (Heritage 1995: 407). Vgl. Uhmann (1989) für eine Beschreibung der Aktivitäten, durch die das Interviewschema etabliert wird, sowie Trognon (1990).

che ist unterschiedlich. Sie hängt vom jeweiligen Aufnahmeort – meist ein Café, gelegentlich aber auch ein Parkplatz oder Schiffsanleger – und den entsprechenden Hintergrundgeräuschen ab.

Die Aufnahmen variieren zeitlich zwischen ca. 20 Minuten und über einer Stunde; im Schnitt dauert ein Interview zwischen 30 und 40 Minuten. Die Gespräche folgen grob einem bestimmten Fragenkatalog. Zu den durchgängig angesprochenen Themen gehören das Alter, die Herkunft, die Ausbildung, die Aufgaben an Bord, maritime Erfahrungen, insbesondere die Teilnahme an früheren Wettkämpfen, Plazierungen sowie errungene Auszeichnungen, aber auch Fragen nach prägenden positiven bzw. negativen Erlebnissen auf See, nach der Verbreitung des Aberglaubens unter den Mitgliedern der Mannschaft, nach Plänen für die Zukunft sowie nach besonderen Beziehungen zu dem Sponsor, der französischen Post. Schließlich bittet der Journalist regelmäßig um eine Einschätzung der Erfolgsaussichten des Bootes. Das Interviewschema wird jedoch sehr flexibel gehandhabt und an zahlreichen Stellen abgewandelt bzw. von den Befragten durch eigene Gesprächsinitiativen durchbrochen. Insofern entspricht der globale Rahmen zwar dem eines Interviews, er wird jedoch von den Interaktanten nicht immer in dieser Weise ausgefüllt. Mit anderen Worten: Die meisten Gespräche weisen eine ganze Reihe von Sequenzen auf, in denen die Teilnehmer nicht den Gesprächstyp ‚Interview' kontextualisieren. Hier nähern sich die Interaktionen ungesteuerten Alltagsgesprächen an. Ob und v.a. welche anderen Themenschwerpunkte zur Sprache kommen, ist von Gespräch zu Gespräch verschieden und hängt offenbar von der Beziehung der jeweiligen Gesprächspartner zum Journalisten ab. Da dieser mehrere Tage vor Ort war und mit einigen Interviewten bereits eine gemeinsame Interaktionsgeschichte zu haben scheint, finden manche Gespräche in relativ vertraulicher Atmosphäre statt. Hier kommen auch private Themen wie Probleme in der Familie oder in der Beziehung zur Sprache. Thematische Abweichungen können auch durch die Diskussion tagespolitischer Themen (z.B. Konflikte der bretonischen Fischer, Modernisierung der französischen Post), durch längere Ausführungen zu persönlichen Hobbys und Interessen oder durch Klatsch bzw. die Weitergabe von Mannschaftsinterna herbeigeführt werden.

Der Vorteil dieser Aufnahmen liegt darin, daß sie ein sehr umfangreiches, thematisch wie situativ (Teilnehmer, Kontext, Gesprächstyp etc.) homogenes Korpus von authentischen Gesprächen darstellen. Ein Einfluß der Fragestellung auf das Material ist mit Sicherheit auszuschließen, da die Aufnahmen völlig unabhängig von der vorliegenden Arbeit und unter gänzlich anderen Vorzeichen entstanden. Sofern Emotionalität in diesen Gesprächen manifest wird, ist sie nicht elizitiert oder auch nur unbewußt induziert. Vom Grundton her sind die Interviews eher sachlich; Emotionen stehen nicht im Mittelpunkt bzw. sind nicht deren eigentliches Thema. Affektbekundungen haben v.a. begleitenden Charakter.

Eine zweite Gruppe von Daten entstammt einem gänzlich anderen situativen Kontext. Es handelt sich um Aufnahmen aus dem französischen Rundfunk, die im Vorfeld der französischen Parlamentswahlen im Frühjahr 1993 ausgestrahlt wurden und die den für Mediengespräche typischen Bedingungen unterliegen. Aufgezeichnet wurden drei Sendungen der Diskussionsrunde *Face aux maires*, die in der Zeit unmittelbar vor den Wahlen täglich zwischen 18.30 Uhr und 19.30 Uhr auf RTL zu hören waren. *Face aux maires* stellt – wie bereits der Titel ankündigt – eine moderierte Diskussion dar, bei der die Kandidaten der zur Wahl antretenden Parteien einem aus acht Bürgermeistern zusammengesetzten Forum Rede und Antwort stehen. Diese repräsentieren, da sie zugleich das gesamte politische Spektrum sowie verschiedene Regionen, Interessenverbände etc. vertreten, die französische Öffentlichkeit. Neben dem Moderator sind darüber hinaus zwei weitere Journalisten beteiligt, die ebenfalls das Recht haben zu intervenieren. In den von mir aufgezeichneten Sendungen wurden André Lajoinie für die kommunistische Partei (PC), Laurent Fabius für die sozialistische Partei (PS) sowie Jean-Marie Le Pen für den *Front National* (FN) befragt.[30] Es handelt sich um gesteuerte und thematisch begrenzte Interaktionen aus einem institutionellen Kontext. Die Rederechtsvergabe erfolgt durch den Moderator; diese Vorgabe wird jedoch in den bewegteren Gesprächsphasen, in denen es zu Unterbrechungen, Überlappungen und Kämpfen um das Rederecht kommt, nicht beachtet.[31] In der Regel hat nur einer der Diskutanten das Wort, wobei den Kandidaten der politischen Parteien deutlich längere Redezeiten zugestanden werden, die insgesamt zu einem Überwiegen argumentativ komplexer monologischer Interventionen in diesem Datentyp führen. Inhaltlich kreisen die Diskussionen in erster Linie um aktuelle politische Probleme und die jeweils von den Kandidaten bzw. ihren Parteien vorgebrachten Lösungen (Bekämpfung der Arbeitslosigkeit, Frage der Immigranten, europäische Politik, Strukturreform in den Regionen, Umweltschutz etc.). Viel Raum bleibt jedoch auch für die den Unterhaltungswert der Sendung steigernde und daher wohl gewollte Polemik zwischen den Vertretern verschiedener politischer Richtungen. Besonders heftig werden diese Flügelkämpfe, wenn die Ränder des politischen Spektrums, also Mitglieder der kommunistischen Partei oder des rechtsextremen *Front National*, involviert sind. Auffällig ist dabei auch der strategische Einsatz von Emotionen.[32] Gerade solche Passagen, in denen es zu sprachlich greifbaren, vorrangig negativen Emotionsmanifestationen (Ärger, Empörung etc.) kommt, machen den Nutzen dieser Daten für die hier im Vordergrund stehende Fragestellung aus.

Zusätzlich zu diesen beiden umfangreichen und relativ homogenen Korpora wurden zwei kürzere Aufnahmen für die Analysen herangezogen, weil sie mit Blick auf spezifische Fragestellungen von Interesse sind. Im ersten Fall handelt es sich um eine gut 20 Minuten dauernde arrangierte Aufnahme, die im Rahmen eines an der Universität Bielefeld durchgeführten Seminars zu ethnischen Stereotypisierungen entstanden ist.[33] Auf dieses Gespräch, an dem eine junge Französin sowie ein etwa gleichaltriger Afrikaner aus der Elfenbeinküste beteiligt sind, die sich über ihre Erfahrungen mit den Deutschen unterhalten, wird im folgenden mit dem Stichwort *drague* verwiesen.[34] Es handelt sich hier nicht um ein ‚natürliches' Gespräch im konversationsanalytischen Sinne, also ein Gespräch, das unabhängig von der Aufzeichnung genau so stattgefunden hätte. Dies führt möglicherweise zu Verfälschungen, die jedoch in erster Linie die unvermittelte Einführung von sowie den Umgang mit ethnischen Kategorien betreffen dürften. Diese Dimension tritt im Verlaufe des Gesprächs zunehmend in den Hintergrund. Relevant wird hingegen die Beziehung zwischen den Interaktanten, insofern der männliche Teilnehmer mehrfach versucht, die Gesprächssituation als Flirt zu definieren. In diesem Zusammenhang sind verschiedene, eher implizite Emotionsmanifestationen zu beobachten.

---

[30] Es sind dies die am 15.3.93, 16.3.93 und 19.3.93 ausgestrahlten Sendungen.
[31] Vgl. Trognon/Larrue (1993).
[32] Vgl. Doury (2000).
[33] Siehe Drescher (1994).
[34] Das Gespräch findet auf Französisch statt. Die beiden Teilnehmer leben zum Zeitpunkt der Aufnahme in Deutschland und verfügen über gute bis sehr gute Deutschkenntnisse. Der afrikanische Student hat zudem quasi muttersprachliche Kompetenz im Französischen.

Die der Arbeit zugrundeliegenden Daten werden durch eine ca. einstündige, aus einem medialen Kontext stammende Videoaufnahme abgerundet. Es handelt sich um die Aufzeichnung einer auf *TV5 Europe* ausgestrahlten Sendung von *Bas les masques*, die das Verhältnis von vier in der französischen Öffentlichkeit bekannten Frauen zu ihren Müttern zum Thema hat. Moderiert wird die Sendung mit dem Titel *Maman, je t'aime tant* von Mireille Dumas. Ausgewählt wurde zum einen eine ca. fünfminütige Sequenz, in der die Schauspielerin Annie Girardot den Tod ihrer Mutter schildert, zum anderen eine ca. fünfzehnminütige Passage, in der sich die Schauspielerin und Autorin Catherine Allégret an ihre Mutter Simone Signoret sowie deren Lebensgefährten Yves Montand erinnert. Auf Ausschnitte aus diesem Korpus wird mit dem Stichwort *masques* verwiesen. Diese Daten unterscheiden sich in mehrfacher Hinsicht von den übrigen Materialien. Zum einen handelt es sich um Videoaufnahmen. Insofern ist die Möglichkeit gegeben, neben der verbalen exemplarisch auch die mimisch-gestische Dimension der Emotionsmanifestationen zu untersuchen.[35] Zum anderen werden in den ausgewählten Passagen Themen angesprochen, die beinahe automatisch emotionale Reaktionen hervorrufen. An einigen Stellen werden diese Emotionen von der Moderatorin ausdrücklich erfragt bzw. von den Beteiligten thematisiert. Die deutliche Zurschaustellung von Emotionen dürfte auch der Tatsache geschuldet sein, daß beide Akteurinnen profilierte Schauspielerinnen sind. Als insgesamt affektiv aufgeladene Aufnahmen heben sie sich von den übrigen Daten des Korpus' ab und eignen sich daher in besonderer Weise für eine erste Annäherung an sprachliche Emotionalität.[36]

1.4 Aufbau der Arbeit

Im Anschluß an die einleitenden Überlegungen zu zentralen Fragestellungen, methodischem Vorgehen und zugrundegelegten Daten gibt *Kapitel 2* einen Überblick über linguistische Teilgebiete, in denen herkömmlicherweise Aspekte des Zusammenhangs von Sprache und Gefühl diskutiert wurden. In Einklang mit dem zuvor formulierten Ziel, Brücken zwischen verschiedenen Bereichen der Emotionsforschung zu schlagen, werden einerseits Zweige der sprachwissenschaftlichen Forschung vorgestellt, in denen diese Problematik Raum erhält, sowie andererseits unterschiedliche Konzeptualisierungen des Gefühlsausdrucks diskutiert. In den Blick rücken äußerungstheoretische, sprachfunktionalistische, sprachstilistische und semantische Ansätze.

In *Kapitel 3* verlagert sich die Betrachtung auf unterschiedlich ausgerichtete Grammatiken des Französischen. Der Fokus liegt nun auf der Verwendung von Etiketten wie ‚emotiv', ‚expressiv', ‚affektiv' im Zusammenhang mit der Beschreibung sprachlicher Formen und Strukturen. Indem ich den Rekurs auf und die Bedeutung von Emotionen in der Tradition der französischen Grammatikschreibung nachzuzeichnen versuche, verfolge ich zunächst ein wissenschaftshistorisches Interesse. Darüber hinaus ist die Frage leitend, inwie-

---

[35] Siehe unten Abschnitt 4.2.
[36] Möglicherweise kommt hier auch die Variable ‚Geschlecht' ins Spiel. Unter diesem Gesichtspunkt kontrastieren diese ausschließlich von Frauen geführten Interaktionen mit den rein männlichen Begegnungen der Interview-Serie *voile 1–3*. Vgl. oben Fußnote 28.

weit die entsprechenden funktionalen Charakterisierungen als Basis für ein zu erstellendes Repertoire affektiver Ausdrucksmittel dienen können.

Kapitel 4, das neben psychologischen auch soziologische und philosophische Annäherungen an Gefühle integriert, strebt eine interdisziplinäre Öffnung der Fragestellung an. Im Mittelpunkt steht eine soziale Konzeption des Subjekts, an die sich eine die Ausdruckskomponente fokussierende Modellierung der Gefühle anschließt. Das Kapitel enthält zusammen mit Kapitel 7 die zentralen theoretischen Positionen der vorliegenden Arbeit. Entwickelt wird eine an emotionstheoretische Ansätze angebundene, interaktiv-phänomenologische Auffassung der Emotion als einer diskursiven Praxis, die begrifflich in dem Konzept der *Darstellung emotionaler Beteiligung* zum Ausdruck kommt. Die weiteren Abschnitte dieses Kapitels befassen sich mit den mikrostrukturellen Eigenschaften der Darstellung emotionaler Beteiligung, zu denen einerseits die Indexikalität und Konventionalität, zum anderen der Verfahrenscharakter der verwendeten Ausdrucksmittel gehören. Unter interaktionssemantischen Gesichtspunkten erscheint die Darstellung emotionaler Beteiligung als ein zunächst emotionsunspezifisches Phänomen, das sich als eine je spezifische Auswahl intensivierender, evaluierender, subjektivierender und veranschaulichender Verfahren beschreiben läßt.

Kapitel 5 und *Kapitel 6* sind der empirischen Untersuchung mikrostruktureller Verfahren des Emotionsausdrucks gewidmet. Es wird keine exhaustive Zusammenschau affektiver Mittel anvisiert, sondern im Vordergrund steht die Exemplifizierung des methodischen Vorgehens. Dies geschieht zunächst am Beispiel von Interjektionen, die gemeinhin als typisch emotives Ausdrucksmittel gelten. Hier wird v.a. ihre Bedeutung im Zusammenhang mit der affektiven Synchronisation der Gesprächspartner herausgearbeitet. Kapitel 6 befaßt sich dann mit der Analyse von Reduplikationen – einem ikonischen Verfahren, das der Intensivierung und damit sekundär auch dem Ausdruck von Gefühlen dient.

Kapitel 7 knüpft an Kapitel 4 an, insofern nun die theoretische Reflexion zum Status des Gefühlsausdrucks von der mikrostrukturellen auf die makrostrukturelle Ebene verlagert und unter Rekurs auf interaktionssoziologische Prämissen fortgeführt wird. Im Vordergrund steht die Anbindung der Emotionalität an globalere Interaktionseinheiten wie Gesprächsrahmen und die Diskussion ihrer Funktionalität in solchen übergeordneten kommunikativen Zusammenhängen. Dabei wird der Ausdruck von Gefühlen unter seinem dynamischen Aspekt betrachtet und auf makrostruktureller Ebene mit Rahmenwechseln in Beziehung gesetzt. An zwei Beispielen, die sich auch für die umfassende Analyse einer Gesprächssequenz in Kapitel 8 als besonders relevant erweisen, nämlich dem Interaktionsschema des Klagens einerseits sowie den Narrationen andererseits, werden die Verbindungen zu unterschiedlichen Typen von Rahmen exemplarisch diskutiert.

Kapitel 8 besteht aus einer Fallanalyse. Als eine empirisch angelegte Synthese, in deren Verlauf die verschiedenen Ebenen der zuvor entwickelten theoretischen Konzeptualisierung zusammengeführt und durch die Analyse einer längeren Gesprächssequenz exemplifiziert werden, läßt es v.a. die nur im Rahmen größerer Gesprächsausschnitte aufzuzeigende makrostrukturelle Dimension des Ausdrucks von Emotionen augenfällig werden. Dabei wird auch der Beitrag affektiver Verfahren zur Erlangung globaler Interaktionsziele, also die enge Verzahnung von mikro- und makrostruktureller Organisation der Konversation, empirisch nachvollziehbar gemacht.

Kapitel 9 faßt die wesentlichen Ergebnisse dieser Arbeit noch einmal zusammen und gibt einen Ausblick auf künftige Forschungsperspektiven.

*Une étude du langage qui n'est
guidée que par la logique
demeure une étude incomplète.*
Bally, *Traité de stylistique française*

2 Linguistische Konzeptualisierungen des Verhältnisses von Sprache und Gefühl

Ziel dieses zweiten Kapitels ist es, einen Überblick zu geben über verschiedene sprachwissenschaftliche Annäherungen an das Verhältnis von Sprache und Gefühl. Die Auseinandersetzung mit solchen Ansätzen, die in der Regel eine Integration der emotionalen bzw. subjektiven Dimension in die Kernbereiche der Disziplin anvisieren, steht in Einklang mit der zuvor formulierten Absicht, Verbindungen zwischen den verschiedenen linguistischen Teilbereichen und der neueren kommunikativ ausgerichteten Forschung aufzuzeigen bzw. zu etablieren und zugleich die zentralen Fragestellungen dieses innerhalb der Linguistik eher marginalen Gebietes zu präzisieren. Eine Würdigung der genuin linguistischen Zugänge ist auch deshalb sinnvoll, weil viele der in den letzten Jahren entstandenen pragmatischen Untersuchungen zur Kommunikation von Gefühlen in erster Linie Anleihen bei Theoriemodellen der Nachbardisziplinen machen und die spezifisch linguistische Forschungstradition kaum zur Kenntnis nehmen. Insbesondere diskurs- bzw. konversationsanalytische Arbeiten sind stark von Theorieentwürfen aus Soziologie und Psychologie geprägt. Beim augenblicklichen Forschungsstand auf diesem Gebiet kann m.E. gerade die Beschäftigung mit eigenen Forschungstraditionen zu einer schärferen Konturierung des gesamten Bereichs beitragen. In den folgenden Abschnitten gebe ich daher einen Überblick über spezifisch linguistische Fragestellungen und Erkenntnisinteressen im Zusammenhang mit sprachlicher Affektivität und skizziere verschiedene Teilgebiete, in denen diese Aspekte bevorzugt diskutiert wurden.[1]

In vielen Untersuchungen wird nicht genau zwischen Gefühlen einerseits und Subjektivität andererseits unterschieden. Der sprachliche Ausdruck von Gefühlen wird oftmals mit dem der Subjektivität schlechthin gleichgesetzt. So erscheinen Emotionen häufig als eine Konkretisierung der Subjektivität während umgekehrt Subjektivität die Weiterung zu Emotionen darstellt. Der Grund dürfte in der durch die abendländische Philosophie vorbereiteten und in der Psychologie weiterentwickelten Vorstellung eines autonomen substantiellen Selbst zu suchen sein, das im wesentlichen über seine Innerlichkeit, und hier wiederum v.a. über seine Gefühle bestimmt wird.[2] Subjektivität und Gefühl verweisen dann

---

[1] Mit dem Stellenwert der Emotionen in der Sprachwissenschaft des 20. Jahrhunderts befaßt sich in jüngster Zeit auch Kerbrat-Orecchioni (2000).
[2] So ist für Hegel emotionales Erleben gleichbedeutend mit ‚isolirter Subjektivität'. Er identifiziert das Gefühl mit der Einzelnheit, während für die Intelligenz die Allgemeinheit konstitutiv ist: „Das Gefühl ist aber nichts anderes, als die Form der unmittelbaren eigentümlichen Einzelnheit des Subjekts" (Hegel zitiert nach Gutterer 1988: 275). Isoliert ist das fühlende Subjekt deshalb, weil es mit seinem Bewußtsein bei sich selbst verweilt und somit in die Sphäre der Partikularität einge-

auf einen stark überlappenden, wenn nicht sogar identischen Phänomenbereich und werden nicht selten als Quasi-Synonyme angesehen.

Fragen der Subjektivität klingen in sehr allgemeiner und grundsätzlicher Weise an, wenn es um die Wesensbestimmung von Sprache überhaupt, insbesondere um das Spannungsverhältnis zwischen sozialer Verfaßtheit und individueller Rede geht, wie es in der de Saussureschen Dichotomie von *langue* und *parole* zum Ausdruck kommt. Im Zuge ‚subjektlinguistischer' Überlegungen wird daher gerade der Übergang von allgemeiner Sprache zu individueller Rede im Moment des Äußerungsaktes fokussiert. Besondere Beachtung erfahren die Personalpronomina als die ‚Individualmarken', in denen das ‚Koordinatensystem der subjektiven Orientierung' (Bühler) augenfällig wird und durch die das Individuum Eingang in die Sprachstruktur gefunden hat. Hier hat sich in der Tradition Benvenistes v.a. in Frankreich eine äußerungslinguistische Richtung herausgebildet, die den Manifestationen der Subjektivität und damit auch der Gefühle großes Interesse entgegenbringt (vgl. Abschnitt 2.1).

Den Ausgangspunkt des zweiten linguistischen Strangs in der Konzeptualisierung von Subjektivität und Gefühl bildet eine funktionalistische Sicht auf Sprache, die auf die Konstituenten des Sprechereignisses bzw. des Kommunikationsaktes Bezug nimmt. Das sprechende Subjekt stellt in diesen Modellen unabhängig von der Anzahl der darüber hinaus angenommenen Sprachfunktionen eine zentrale Größe dar. Bei dem Versuch, die auf das sprechende Subjekt bezogene Funktion inhaltlich zu präzisieren, spielen Gefühle als der Kern der Individualität eine maßgebliche Rolle (vgl. Abschnitt 2.2). Eine innerhalb der Stilistik angesiedelte Theoretisierung des sprachlichen Gefühlsausdrucks findet sich in den Arbeiten Ballys, die hier wegen ihres Gewichts und ihres auch heute noch wegweisenden Charakters ausführlich diskutiert werden (vgl. Abschnitt 2.3). Die linguistische Domäne, in der die meisten Untersuchungen zu sprachlicher Emotionalität zu finden sind, ist der Bereich der Lexikologie sowie allgemein der Semantik. Auf dem Gebiet der Wortsemantik liegen eine Vielzahl von Studien vor, die sich mit der Spezifik emotionaler Bedeutungen befassen oder eine Systematisierung affektiver Konnotationen anvisieren. Innerhalb der Satzsemantik gerät die subjektive bzw. emotionale Modalität in den Blick; in den letzten Jahren hat es zudem Weiterungen hin zu einer ‚emotionalen Diskurssemantik' gegeben (vgl. Abschnitt 2.4).

Es liegt auf der Hand, daß es nicht Ziel der folgenden Abschnitte sein kann, die umfangreiche Diskussion zum Problem der sozialen Verfaßtheit, Funktionalität von Sprache, zur Konnotation oder zur Modalität aufzurollen. Diese an sich bereits sehr komplexen Bereiche kommen hier nur insoweit zur Sprache, als sie zur Klärung des Verhältnisses von Sprache und Gefühl beitragen. Aus der Sicht der jeweiligen Teildisziplin bleibt ihre Behandlung zwangsläufig oberflächlich. Der Gewinn einer solchen Zusammenschau liegt jedoch darin, ihre Ergebnisse auch für eine diskursorientierte Untersuchung verfügbar zu machen.

---

schlossen ist, in der der Bezug zur Gemeinschaft, d.h. zur Allgemeinheit des objektiven Denkens, abgerissen ist. In der Psychologie werden Emotionen häufig mit einem auf das Individuum zentrierten ‚Zustandsbewußtsein' in Verbindung gebracht und gelten als Ausdruck des ‚wahren Selbst' (vgl. Tritt 1992: 11). Auch in der gegenwärtigen linguistischen Forschung wird die Subjektivität des Sprechers gern mit „the expression of his or her personal attitude and feelings" (Maynard 1993: 12) gleichgesetzt. Siehe unten Abschnitt 4.1.1.

2.1 Äußerungstheoretische Positionen

Sprache bewegt sich im Spannungsfeld von sozialer Verfaßtheit und individueller Rede. Sie gilt als prototypische Ausprägung der ‚dialektischen Konstituentien der Wirklichkeit', die einen Zwischenstatus zwischen Objekt und Subjekt haben.[3] Als soziale Institution konstituiert sich Sprache über das Subjekt, dessen Konstituierung wiederum über die Sprache erfolgt.[4] Einerseits verhilft der Mensch der erst im Sprechakt aktualisierten Sprache zur Existenz. Andererseits verhilft die Sprache dem Menschen zur Existenz, indem sie die Voraussetzungen dafür schafft, daß er sich als Selbst gewahr werden und eine eigene Identität herausbilden kann.[5]

Die dialektische Beziehung zwischen der Sprache als sozialer Institution einerseits und als individueller Rede andererseits geriet durch die von de Saussure vorgenommene Beschränkung der ‚eigentlichen' Linguistik auf die Untersuchung der Sprachstruktur für längere Zeit aus dem Blick. Fragen der sprachlichen Subjektivität spielten innerhalb der vom strukturalistischen Paradigma dominierten Linguistik nur eine sehr untergeordnete Rolle. Die auf de Saussure zurückgehende Sprachauffassung akzentuiert gerade die mit einer Ausgrenzung des sprechenden Subjekts einhergehende Vergegenständlichung der Sprache und macht diese zur Grundlage der Linguistik als einer wissenschaftlichen Disziplin.[6] Insofern verwundert es nicht, wenn Mair noch 1992 konstatiert, daß eine subjektlinguistische Reflexion nur in Bruchstücken existiert.[7] Die meisten der um eine Reintegration des Subjekts in die Sprachbetrachtung bemühten Arbeiten setzen bei der Dichotomie von *langue* und *parole* an, um die auch erkenntnistheoretisch fundamentale Tatsache in Erinnerung zu rufen, daß die virtuelle Sprachstruktur allein in der individuellen Rede faßbar wird.[8] Vor diesem Hintergrund gewinnt die bei de Saussure nicht weiter diskutierte Nahtstelle zwischen sozial verfaßter Sprache und individuellem Sprachgebrauch, wie sie im Äußerungsmoment, dem individuellen *acte d'énonciation*, zu beobachten ist, eine besondere Bedeutung. Die Transformation der Sprache in individuelle Rede vollzieht sich im Prozeß der Sprachproduktion und ist letztlich eine kognitive Aktivität, die der direkten Beobachtung

---

[3] Vgl. Schulz (1979: 90): „Bei der Bestimmung der *Sprache* ist der Bezug zur Subjektivität maßgebend, das heißt, Sprache ist nicht nur von der sich verstehenden Einzelsubjektivität her zu deuten, eher gilt das Umgekehrte, daß die verstehende Subjektivität von der Sprache her zu interpretieren sei. Sprache erfüllt in geradezu exemplarischer Form den Grundcharakter der dialektischen Konstituentien. *Sie verbindet und trennt Menschen, und sie ist als Zwischenreich eine eigene Welt.*"

[4] Vgl. ähnlich Mair (1992: 15).

[5] Für eine Auseinandersetzung mit dem dialektischen Charakter der Sprache siehe auch das Themenheft *Le sujet entre langue et parole(s)* der Zeitschrift *Langages* 77 (1985).

[6] Siehe de Saussure (1981: 31ff. und passim).

[7] Vgl. Mair (1992: 26). Ähnlich Vion (1992: 58), der den Strukturalismus unabhängig von seiner jeweiligen fachspezifischen Ausprägung als eine „théorie sans sujet" charakterisiert.

[8] Vgl. ähnlich Nowak (1983: 12f.): „gesprochen wird Sprache jedoch immer nur von einem Individuum und auch die Erfahrung von Sprache, Verstehen im weitesten Sinn, ist eine individuelle, für jeden Menschen persönlich andere. Nur als Sprache eines bestimmten Menschen zu einem bestimmten Zeitpunkt und in einer – wie auch immer – besonderen Situation hat Sprache Wirklichkeit."

kaum zugänglich ist. Allerdings kann man annehmen, daß der Prozeß des Äußerns, die *énonciation*, seine Spuren im Produkt, dem *énoncé*, hinterläßt.[9]

Einer der ersten, der sich systematisch mit der „conversion du langage en discours" – also dem Übergang von Sprache zur Rede – und insbesondere dem Moment ihrer Aktualisierung befaßt hat, ist Benveniste (1966: 254).[10] Dreh- und Angelpunkt der individualisierenden Aneignung des Sprachsystems durch das sprechende Subjekt ist die personale Deixis, allen voran die Pronomina *je* und *tu*. Durch ihren Bezug auf das sprechende Subjekt werden diese sogenannten *shifter* zum Mittelpunkt einer Diskurswelt, aus dem die anderen Zeichen ihren Sinn beziehen. In seiner ‚Linguistik der Subjektivität' konzentriert sich Benveniste v.a. auf die Diskursinstanzen, über die das Individuum Eingang in die Sprachstruktur erhält. Allerdings ist das den Kern der sprachlichen Subjektivität bildende Pronomen ‚ich' bloß der markanteste Ausdruck eines viel weitreichenderen und sprachstrukturell polymorphen Phänomens, das in seinen vielfältigen Facetten noch gar nicht erfaßt wurde.[11]

Wenn auch das sprechende Subjekt zunächst primär sprachstrukturell als eine Diskursinstanz konzipiert wurde, die dem zentralen Ausgangspunkt der *Origo* im Wahrnehmungsfeld entspricht,[12] wird diese Beschränkung doch schon bei Benveniste in Ansätzen überwunden. Benveniste unterstreicht mehrfach, in welch fundamentaler Weise die Sprache an der Wahrnehmung einer als Selbst erlebten inneren Einheit der Person beteiligt ist und setzt die Frage der sprachlichen Subjektivität explizit zur Identitätskonstitution und Individualisierung in Beziehung. Damit weist er auf die Notwendigkeit einer über sprachstrukturelle Aspekte hinausreichenden psychosozialen Konkretisierung des Konzepts hin und deutet zugleich Möglichkeiten einer interdisziplinären Öffnung an. Besonders deutlich wird dies in Benvenistes Definition der Subjektivität

> comme l'unité psychique qui transcende la totalité des expériences vécues qu'elle assemble, et qui assure la permanence de la conscience. Or nous tenons que cette ‚subjectivité' [...] n'est que l'émergence dans l'être d'une propriété fondamentale du langage. Est ‚ego' qui *dit* ‚ego'. Nous trouvons là le fondement de la ‚subjectivité', qui se détermine par le statut linguistique de la ‚personne' (Benveniste 1966: 259f.).

Die durch die Sprache bereitgestellte Möglichkeit, ‚ich' zu sagen, reicht über die Sprache hinaus, indem sie ein Bewußtsein für das eigene Selbst entstehen läßt und damit die

---

[9] Vgl. Kerbrat-Orecchioni (1980: 30): „nous cherchons à identifier et décrire les *traces de l'acte dans le produit*, c'est-à-dire les lieux d'inscription dans la trame énonciative des différents constituants du cadre énonciatif."

[10] Wenn Benveniste von *langage* spricht, so meint er damit das Sprachsystem, die *langue* im Sinne de Saussures. *Langage* steht im Gegensatz zu *discours*, der bei Benveniste auf die Sprachverwendung verweist.

[11] Zu den Konstituenten des Äußerungsaktes, die in der Äußerung strukturell manifest werden können, gehören neben dem Sprecher auch der Hörer, die Kommunikationssituation, räumlich-zeitliche Angaben sowie allgemeine Bedingungen der Produktion (Medium, sozio-historischer Kontext etc.). Kerbrat-Orecchioni (1980) macht es sich daher zum Ziel, ein Inventar subjektiver Ausdrucksformen, sogenannter Subjektiveme (*subjectivèmes*) zu erstellen.

[12] Vgl. etwa Bühler (^{2}1965: 113f.), der das Subjekt im wesentlichen als einen Rollenträger im aktuellen Sprachdrama modelliert; ähnlich Weinrich (1982: 73ff. und 95ff.) in seiner Beschreibung der französischen Personalpronomina. Für eine Kritik an solchen reduktionistischen Vorstellungen siehe Mair (1992: 23).

Grundlage für die Konstitution einer eigenen Identität schafft: „C'est dans et par le langage que l'homme se constitue comme *sujet*; parce que le langage seul fonde en réalité, dans *sa réalité qui est celle de l'être, le concept d','ego'"* (Benveniste 1966: 259).[13] Dieses ‚Selbst-Bewußtsein' erfährt sich im Kontrast zu einem anderen, der als ‚du' angesprochen wird. Insofern ist der Subjektsbegriff dialogisch zu erweitern:

> La conscience de soi n'est possible que si elle s'éprouve par contraste. Je n'emploie *je* qu'en m'adressant à quelqu'un, qui sera dans mon allocution un *tu*. C'est cette condition de dialogue qui est constitutive de la *personne*, car elle implique en réciprocité que je deviens *tu* dans l'allocution de celui qui à son tour se désigne par *je*. [...] Cette polarité [i.e. la polarité des personnes, M.D.] ne signifie pas égalité ni symétrie: ‚ego' a toujours une position de transcendance à l'égard de *tu*; néanmoins, aucun des deux termes ne se conçoit sans l'autre; ils sont complémentaires, mais selon une opposition ‚intérieur/extérieur', et en même temps ils sont réversibles (Benveniste 1966: 260).

Die beiden Formen ‚ich' und ‚du' stellen die Kristallisationspunkte der Subjektivität in der Sprache dar, wobei das Pronomen ‚ich' als eine Art Identitätsaufhänger fungiert, als ein Kern, um den sich gelebte Erfahrungen ablagern, während das Pronomen ‚du' insbesondere zur Abgrenzung dient, also die innere Einheit des ‚Ich' über die Differenz zu einem anderen herstellt.[14] Hier deutet sich in nuce eine soziale Konzeption des Subjekts an, die auch für die vorliegende Arbeit leitend ist und später theoretisch weiter auszuarbeiten und zu begründen sein wird.[15]

Während bei Benveniste eine über sprachstrukturelle Phänomene hinausgehende, ‚ganzheitliche' Konzeption des sprechenden Subjekts zwar bereits angelegt, jedoch nicht theoretisch entfaltet wird, arbeitet Mair (1992) eine solche soziale wie psychische Aspekte integrierende Vorstellung unter Rekurs auf psychoanalytische Denkansätze aus. Der Akzent liegt dabei auf der (selbst-) repräsentativen Funktion, d.h. der „Möglichkeit des Subjekts, sich im Diskurs als ‚Selbst' zu definieren (in Bezug auf die anderen, die Objektwelt etc.) und in der Folge seine Wünsche, Affekte, Wertungen, Bedürfnisse zu artikulieren" (Mair 1992: 28).[16] Interessant ist Mairs auf das Triebleben Bezug nehmende Konzeption des Subjekts v.a. deshalb, weil sie mit den Affekten ganz ausdrücklich die Facette der Subjektivität ins Spiel bringt, die auch für die vorliegende Arbeit relevant ist. Die psychosoziale Konkretisierung des zunächst eher formal gedachten Subjekts lenkt den Blick also automatisch auf die Emotionen als einer prototypischen Ausprägung der Subjektivität. Vollzogen, aber weder explizit noch theoretisch motiviert wird dieser Schritt auch bei Kerbrat-

---

[13] Lyons (1982: 105) charakterisiert die Position Benvenistes daher als ‚locutionary subjectivism'.
[14] Vgl. ähnlich Nowak (1983: 26).
[15] Siehe unten Abschnitt 4.1.1.
[16] Eine Aufwertung des sprechenden Subjekts, die jedoch nicht an der selbstrepräsentativen Funktion, also den Gefühlen, anknüpft, sondern v.a. auf die intentionale Funktion, also das Wollen, Bezug nimmt, bringt auch die durch die sprachphilosophischen Arbeiten von Austin (1977) und Searle (1978) angeregte ‚pragmatische Wende' mit sich. In den sprechhandlungstheoretischen Arbeiten richtet sich die Kritik ebenfalls gegen eine gegenständliche Auffassung von Sprache, wie sie innerhalb des strukturalistischen Paradigmas vertreten wurde. Der Fokus liegt auf dem Handlungscharakter von Sprache. Allerdings bleibt die Konzeption des sprechenden Subjekts hier eher ‚blutleer', insofern dieses primär als ein intentional Handelndes modelliert wird. Das Subjekt wird damit zwar insgesamt rehabilitiert, seine historische und psychosoziale Bedingtheit bleiben jedoch weitgehend unberücksichtigt.

Orecchioni (1980), wenn sie die Diskursinstanzen einerseits und die insbesondere im Wortschatz verankerte, evaluativ-affektive semantische Dimension andererseits als die zwei komplementären, allerdings grundsätzlich verschiedenen Seiten der sprachlichen Subjektivität ansieht.

2.2 Sprachfunktionalistische Positionen

Überlegungen zu Sprache und Emotionalität bzw. Subjektivität wurden auch im Umfeld funktionaler Sprachbetrachtungen angestellt. Während in den zuvor diskutierten äußerungstheoretischen Ansätzen das sprechende Subjekt als Vermittler zwischen sozial verfaßter Sprache und individueller Rede Beachtung erfährt, wird in funktionalen Betrachtungen die Sprache bzw. das sprachliche Zeichen in den Mittelpunkt gestellt und in seinen Bezügen zu den wesentlichen Parametern des Kommunikationsereignisses präzisiert. Die in den entsprechenden Modellen angenommenen funktionalen Bezüge divergieren hinsichtlich ihrer Anzahl wie auch hinsichtlich ihrer inhaltlichen Spezifizierung, wobei dem Sprecher grundsätzlich eine entscheidende Rolle zukommt. Im folgenden gilt die Aufmerksamkeit der sprecherzentrierten Sprachfunktion und ihren unterschiedlichen Konzeptualisierungen, da dies der Ort ist, an dem in funktionalistischen Sprachmodellen Subjektivität bzw. Emotionalität verankert werden.[17]

Bereits von der Gabelentz (1995) unterscheidet vier Typen der Rede, zu denen neben der mitteilenden, fragenden und gebietenden auch die ausrufende Rede gehört, die im wesentlichen dem Ausdruck des Individuums dient. Die ausrufende Rede ist klar sprecherzentriert. Sie wird in erster Linie psychologisch über die emotionale Entlastung charakterisiert und erfolgt primär nicht-intentional. Ihren Grund hat sie in den ‚nach Entladung drängenden mächtigen Erregungen des Menschen'. Daher kennt sie eigentlich keine kommunikativen Absichten, sondern ist der ‚Fesseln des Verkehrs' entledigt und kann sich spezifische, neue Formen schaffen.[18]

Ausgehend von zeichentheoretischen Prämissen stellt Bühler (²1965) mit seinem *Organon*-Modell die funktionalen Leistungen der Sprache in einen systematischen Zusammenhang. Im Unterschied zu von der Gabelentz setzt seine Konzeptualisierung der sprecher-

---

[17] Einen Überblick über den kontroversen Status der Emotionen in funktionalen Typologien gibt Nuyts (1990).

[18] Vgl. von der Gabelentz (1995: 319): „Die menschliche Sprache ist ihrem Wesen nach Verkehrsmittel; dass dem Redenden ein Du mindestens im Geiste gegenwärtig sei, bildet die Regel. Allein ebenso ist es die Regel, dass ich nicht nur Dir etwas sagen, sondern auch mich aussprechen will; ich will selbst hören, was ich denke, und wie ich empfinde. In solchen Stimmungen befindet sich der Mensch unter dem Einflusse mächtiger Erregungen, die nach Entladung drängen. Was er zu dem Ende thut, ist im weiteren Sinne pathologisch, es sei Weinen, Lachen, Händeklatschen, Aufstampfen mit dem Fusse, ein Aufschrei, ein Schnalzen mit der Zunge oder ein Stück menschlicher Rede. Denn auch die Sprache ist uns durch Übung so zur Natur geworden, dass sie unbewusst und absichtslos aus unserem Innern hervorbrechen kann. Solche Reden nun nennen wir *ausrufende*. Wir mussten ihrer besonders gedenken, zunächst weil sie in der That auf anderer seelischer Grundlage beruhen, als jene, welche dem Verkehre dienen; dann aber auch, weil es nahe liegt, dass sich die Sprache, wo sie die Fesseln des Verkehrs abgestreift, neue Formen geschaffen habe."

zentrierten Funktion nicht bei inhaltlichen Aspekten wie der emotionalen Verfassung des Sprechers, sondern bei ihrem semiotischen Status an. Anders als de Saussure, der in seiner Modellierung des Kommunikationsaktes vom ‚Kreislauf des Sprechens' ausgeht, in dem Sender und Empfänger nur insofern eine Rolle spielen, als sie der Ort sind, an dem die sprachlichen Phänomene ihren physiologisch-physischen Ursprung haben,[19] verleiht Bühler den an diesem Prozeß beteiligten Instanzen größeres Gewicht, indem er die Relevanz ihrer jeweiligen psychophysischen Systeme betont: Der Sender ist stets auch ‚Formungsstation', der Empfänger zugleich ‚Selektor', so daß

> im Aufbau der Sprechsituation sowohl der Sender als Täter der Tat des Sprechens, der Sender als *Subjekt* der Sprechhandlung, wie der Empfänger als Angesprochener, der Empfänger als *Adressat* der Sprechhandlung eigene Positionen innehaben. Sie sind nicht einfach ein Teil dessen, worüber die Mitteilung erfolgt, sondern sie sind die Austauschpartner, und darum letzten Endes ist es möglich, daß das mediale Produkt des Lautes je eine eigene Zeichenrelation zum einen und zum anderen aufweist (Bühler [2]1965: 30f.).

Bühler schlägt ein dreipoliges Modell vor, in dessen Mittelpunkt das aktualisierte Sprachzeichen steht, das sowohl zu Sprecher und Hörer wie auch zu den Gegenständen Sinnbezüge unterhält, so daß

> drei variable Momente an ihm [...] berufen [sind], es dreimal verschieden zum Rang eines Zeichens zu erheben. [...] Es ist *Symbol* kraft seiner Zuordnung zu den Gegenständen und Sachverhalten, *Symptom* (Anzeichen, Indicium) kraft seiner Abhängigkeit vom Sender, dessen Innerlichkeit es ausdrückt, und *Signal* kraft seines Appells an den Hörer, dessen äußeres oder inneres Verhalten es steuert (Bühler [2]1965: 28).[20]

In den konkreten sprachlichen Realisierungen kommen diese, jedem Zeichen zu eigenen funktionalen Bezüge jeweils unterschiedlich zum Tragen, wobei Bühler offenbar von einer grundsätzlichen Dominanz der Darstellungsfunktion ausgeht.[21]

Unter Hinweis auf Parallelen zu anderen Ausdrucksphänomenen verzichtet Bühler auf eine genauere Bestimmung der Ausdrucksfunktion.[22] Seine Charakterisierung des Ausdrucks als Symptom bedeutet jedoch letztlich, daß die entsprechenden Manifestationen semiotisch gesehen nicht eigentlich konventionell sind, d.h. sie müssen nicht unbedingt als Zeichen gedeutet werden. Ein solches Verständnis wird auch durch das Beispiel gestützt, das Bühler zur Illustration der Ausdrucksfunktion anführt: Da ist vom Duktus der Kreidestriche des Logikers oder Mathematikers die Rede, in dem noch ein ‚Rest von Ausdruck'

---

[19] Vgl. de Saussure (1981: 27ff.).
[20] Konkurrierende Funktionsmodelle aus dem Umfeld des Prager Kreises, die sich auch in ihrer Konzeptualisierung der Ausdrucksfunktion unterscheiden, diskutiert Horalek (1966).
[21] Vgl. Bühler ([2]1965: 30). Kritik an Bühlers Überbewertung der Darstellungsfunktion übt Bittner ([2]1973). Péter (1984: 241f.) sieht in der Bühlerschen Konzeptualisierung der drei Zeichenbezüge eine Projektion der klassischen philosophischen Unterscheidung von Wollen, Denken und Fühlen und weist kritisch darauf hin, daß die traditionelle Hierarchisierung der drei Seelenvermögen, in der die Gefühle üblicherweise die niedrigste Stufe einnehmen, mit dem Bühlerschen Schema perpetuiert werde.
[22] Vgl. Bühler ([2]1965: 31).

stecke.²³ Gemäß dem primär zeichentheoretischen Zugang Bühlers wird die Ausdrucksfunktion inhaltlich lediglich über den Verweis auf die Innerlichkeit des Sprechers spezifiziert. Eine weitergehende psychosoziale Bestimmung des sprechenden Subjekts fehlt. Daher bleibt einerseits offen, welche sprachlichen Phänomene mit der Innerlichkeit des Sprechers in Beziehung gesetzt werden können. Andererseits wird nicht klar, wie symptomatische Zeichenaspekte im Rahmen einer Linguistik des Ausdrucks zu erfassen wären.²⁴ Die Auseinandersetzung mit der durch Bühler verfestigten kausalen Bestimmung der Ausdrucksfunktion, mit der die sprachlichen Ausprägungen der Subjektivität im Grunde außerhalb der linguistischen Beschreibung situiert werden, durchzieht die gesamte Diskussion um den Status des sprachlichen Gefühlsausdrucks. Der Klärung des zeichentheoretischen Status' der Manifestationen von Subjektivität und Emotionalität kommt daher eine entscheidende Bedeutung für die Festlegung eines spezifisch sprachwissenschaftlichen Untersuchungsgegenstandes zu.²⁵

An Jakobsons Weiterentwicklung des Bühlerschen *Organon*-Modells läßt sich der allerdings an keiner Stelle explizit thematisierte und daher auch eher diffus bleibende Umschlag von einer zeichentheoretischen hin zu einer inhaltlichen Definition der Ausdrucksfunktion rekonstruieren.²⁶ Ihren deutlichsten Widerschein findet diese Veränderung in dem neuen Namen, den die sprecherzentrierte Funktion bei Jakobson erhält: Als *emotive* Funktion gibt sie nunmehr einen klaren Hinweis auf ihre primär inhaltliche Bestimmung.²⁷ Nach Jakobson (1963: 214) umfaßt sie die „expression directe de l'attitude du sujet à l'égard de ce dont il parle. Elle tend à donner l'impression d'une certaine émotion, vraie ou feinte." Der bei Bühler im Vordergrund stehende zeichentheoretische Status kommt bei Jakobson nicht mehr ausdrücklich zur Sprache. Offenbar führt er die emotive Funktion, wie im übrigen alle anderen Funktionen seines Modells, auf symbolische Zeichenrelationen zurück. Nur so läßt sie sich in ein nachrichtentechnisch beeinflußtes Kommunikationsmodell einpassen, das von der Idee des Informationsaustauschs zwischen Sender und Empfänger ausgeht und den sprachlichen Gefühlsausdruck als eine spezielle Form der Information ansieht.²⁸ Damit subsumiert Jakobson im Prinzip die Ausdrucks- unter die Darstellungsfunktion und stellt so die Weichen für eine Konzeptualisierung, die sich in erster Linie inhaltlich über Gefühle

---

[23] Vgl. Bühler (²1965: 32). Bühler selbst sagt nichts zu den Manifestationen der Ausdrucksfunktion im Medium der gesprochenen Sprache. Man kann jedoch annehmen, daß dem ‚Duktus der Kreidestriche' am ehesten die vokalen Qualitäten der Äußerung entsprechen.

[24] Der theoretische Status der drei Sprachfunktionen wird in der Bühler-Rezeption kontrovers diskutiert. Siehe dazu Stankiewicz (1964), Horalek (1966), Luelsdorff (1984), Péter (1984).

[25] Vgl. Konstantinidou (1997), insbesondere Kapitel V.

[26] Jakobson (1963) ergänzt die Bühlersche Trias um die phatische, metalinguistische und poetische Funktion. Die Heterogenität dieser sechs Funktionen kritisieren u.a. Luelsdorff (1984) und Léon (1993: 20), der darüber hinaus die Vernachlässigung der „fonctions centrées sur le locuteur" innerhalb des Jakobsonschen Ansatzes bemängelt.

[27] Jakobson (1963: 214) spricht zunächst noch von „la fonction dite ‚expressive' ou émotive." Später setzt sich für die sprecherzentrierte Funktion der Begriff der emotiven Funktion durch.

[28] Vgl. Jakobson (1963: 215): „Si on analyse le langage du point de vue de l'information qu'il véhicule, on n'a pas le droit de restreindre la notion d'information à l'aspect cognitif du langage. Un sujet, utilisant des éléments expressifs pour indiquer l'ironie ou le courroux, transmet visiblement une information." Wie Bühler beurteilt auch Jakobson die Relevanz der emotiven Information für die Kommunikation als eher sekundär. Vgl. ähnlich Stankiewicz (1964).

und emotionale Haltungen des Sprechers definiert. Ähnlich wie Bühler nimmt er an, daß ein Zeichen in mehreren funktionalen Bezügen stehen kann, grenzt aber zugleich auf der Basis funktionaler Zuschreibungen sprachliche Subsysteme aus. Die analytische Unterscheidung wird damit mehr und mehr zu einer kategoriellen. Dies zeigt sich etwa in Jakobsons (1963: 214) Charakterisierung der Interjektionen als dem prototypischen Ausdruck der „couche purement émotive, dans la langue." Nach und nach setzt sich die Annahme durch, daß die emotive Funktion mit einem – möglicherweise sogar sprachübergreifenden – spezifischen Subkode realisiert wird, dessen konstitutive Elemente repertoriert werden können (vgl. Stankiewicz 1964 und 1989).

Da die definitorische Verschiebung an keiner Stelle reflektiert wird, bleibt eine grundsätzliche Ambivalenz in der Bestimmung der emotiven Sprachfunktion erhalten. Dies wird insbesondere in den in der Nachfolge von Bühler und Jakobson entstandenen Studien zum sprachlichen Gefühlsausdruck offenkundig, in denen die zeichentheoretische und die inhaltlich-semantische Bestimmung gelegentlich ineinandergreifen. Stankiewicz, der die von Jakobson vorbereitete Lesart der emotiven Funktion ausformuliert und für eine deutliche Abgrenzung der eigentlich linguistischen Dimension des Gefühlsausdrucks plädiert, kritisiert insbesondere Bühler, der mit seiner Verschiebung des Akzents „from the linguistic sign to the emotional situation of the speaker" (Stankiewicz 1964: 240) einer Beschreibung die Tür geöffnet habe, die linguistische Zeichen mit dem emotionalen Verhalten des Zeichenverwenders verbinde. Er situiert demgegenüber den sprachlich kodierten Aspekt der Emotionalität eindeutig im Bereich des Sprachsystems und wendet sich entschieden gegen eine Psychologisierung der emotiven Funktion wie sie v.a. pragmatischen Sprachauffassungen zu eigen sei.

Ganz ähnlich argumentiert auch Volek (1977), der das Verdienst zukommt, zeichentheoretische und inhaltlich-semantische Definitionen der emotiven Funktion klar gegeneinander abzugrenzen. Volek weist zunächst darauf hin, daß eine konsequent symptomatische Ausdeutung der sprecherzentrierten Funktion deutlich mehr einschließt als die bloße Manifestation von Emotionen. Insofern ist Jakobsons Bestimmung reduktionistisch, da sie mit den Emotionen nur einige Aspekte aus dem Spektrum des individuellen Ausdrucks auswählt. Unter die Ausdrucksfunktion in einem weiten Sinn fällt

> die Seite des Redeaktes, die als die gesamte Projektion des Sprechers gesehen werden kann, als Projektion seiner territorialen, sozialen, geschlechtlichen, kulturellen usw. Zugehörigkeit und seines Temperaments, soweit sich diese Eigenschaften sprachlich widerspiegeln, und das gleichgültig, ob es sich um eine intentionale oder um eine nicht-intentionale Ausdrucksweise handelt (Volek 1977: 138f.).

In ähnlicher Weise betont auch Léon (1993: 21ff.), daß die sprachlichen Informationen, mit denen sich der Sprecher als Individuum zu erkennen gibt, mehr umfassen als bloße Manifestationen seiner emotionalen Befindlichkeit. Eine konsequent symptomatische Ausdeutung der sprecherzentrierten Funktion müßte also sehr viel globaler erfolgen als Jakobson dies vorsieht.

Vor dem Hintergrund dieser Aporien versteht Volek (1977: 129) Emotionalität als „eine Gesamtheit von Bedeutungen spezifischer Art." Ihre Untersuchung siedelt sie folglich im Bereich der Semantik an,[29] wobei die Expressivität als das sprachliche Korrelat der Aus-

---

[29] Siehe unten Abschnitt 2.4.1.

drucksfunktion „in keinem Sinne mit der Emotionalität ein deckungsgleiches Phänomen" (Volek 1977: 142) ist. Die symbolisch vermittelte Emotionalität ist grundsätzlich Bestandteil der Darstellungsfunktion, innerhalb derer sie einen spezifischen, semantisch bestimmten Subkode repräsentiert.[30] Da die Ausdrucksfunktion ausschließlich symptomatisch, nicht aber inhaltlich definiert ist, haben „die sprachlichen Mittel mit emotionalen Bedeutungen das gleiche Verhältnis zu der expressiven Funktion, wie die sprachlichen Mittel mit notionalen Bedeutungen" (Volek 1977: 140). Daher sollte „man die Analyse der emotionalen Seite der Sprache nicht prinzipiell von der notionalen trennen" (Volek 1977: 143).[31] Mit der Zurückweisung der symptomatischen Deutung der emotiven Funktion wird die Kundgabe von Gefühlen nicht länger als ein im Prinzip nicht-kommunikativer Ausfluß des Individuums verstanden, sondern als ein grundsätzlich symbolisch übermittelter spezifischer Typ von Information.[32] Voleks Bestimmung des sprachlichen Emotionsausdrucks ist zeichentheoretisch eindeutig. Allerdings läßt es die damit einhergehende Reduktion auf semantische Eigenschaften isolierter emotiver Zeichen nicht zu, auch die diskursiven Aspekte angemessen zu erfassen.

Auch bei einer zeichentheoretisch eindeutigen Bestimmung des Gefühlsausdrucks bleibt das Problem der Ausgrenzung emotiver Einheiten. Für Stankiewicz ist allein die Introspektion des Forschers entscheidend, die jedoch – wie die folgenden Zitate zeigen – auf einem Zirkel beruht: „I begin with the hunch that some elements of language are emotive and that these can be found on various levels of language" (Stankiewicz 1964: 273). Für das methodische Vorgehen bedeutet dies: „We establish something which is non-expressive and which we will call, with respect to the expressive, emotionally neutral" (Stankiewicz 1964: 269). Mit anderen Worten: Bestimmte sprachliche Zeichen sind emotiv, weil sie von einer zuvor etablierten Norm abweichen, für die gerade emotionale Neutralität konstitutiv ist. Andere Autoren rekurrieren in diesem Zusammenhang auf Motive und Intentionen, die sie dem Sprecher unterstellen. Eine sprachliche Einheit fällt dann in den Geltungsbereich der emotiven Funktion, wenn sie dazu dient, eine emotionale Haltung des Sprechers zum Ausdruck zu bringen.[33] Diese wird nicht selten mit einer Negation der kommunikativen Absicht gleichgesetzt. So entwickelt Martinet (1991: 3) – ausgehend von der Bedeutung des Verbs *s'exprimer*, die er mit „faire sortir quelque chose de soi, *sans référence aux réactions d'autrui*" bzw. mit „se délivrer d'une pression intérieure" paraphrasiert – ein Verständnis der Ausdrucksfunktion als *défoulement*, also als psychische Entlastung. Mit den sprachlichen Korrelaten der *fonction expressive* kann ein Sprecher seinem Gegenüber

---

[30] Vgl. Volek (1977: 128): „Die Sprache als Instrument der menschlichen Kommunikation ermöglicht auch die Kommunikation von Emotionen, weil diese einen wesentlichen Teil der menschlichen Psyche bilden. Um dieses Ziel zu erreichen, besitzt die Sprache einen spezifischen Kode. Die emotionalen Inhalte werden benannt, sie werden in irgendeiner Weise mit dem Ziel, sie mitzuteilen, bezeichnet. Diese Kommunikation ist meist intentional."

[31] Gegen eine solche Absonderung des Gefühlsausdrucks spricht sich auch Péter (1984: 256) aus, wobei er nicht nur linguistisch, sondern auch psychologisch argumentiert und die enge Verwobenheit von Kognitionen und Emotionen ins Spiel bringt (vgl. unten Abschnitt 4.1.2).

[32] Auf die Besonderheiten der emotionalen Information wird in Abschnitt 2.4.1 zurückzukommen sein.

[33] Vgl. Marten-Cleef (1991: 25f.) im Rahmen einer sprechakttheoretischen Konzeptualisierung des Gefühlsausdrucks.

durchaus emotionale Haltungen übermitteln, allerdings ist das nicht ihre primäre Bestimmung.

Martinets Unterscheidung zwischen *expression* und *communication* und die ihr vorausgehende sprecherbezogene Sichtweise führen jedoch unweigerlich in Schwierigkeiten, da die Motive des Sprechers nie direkt, sondern immer nur vermittelt durch Sprache zugänglich sind. Die sprachlichen Ausdrucksmittel wiederum sind keineswegs eindeutig. Offenkundig werden diese Schwierigkeiten in der Diskussion um die Authentizität des Gefühlsausdrucks. Bereits von der Gabelentz (1995: 474) mußte erkennen, daß „in der äusseren Erscheinung die sociale Modalität der gemüthlich-psychologischen auf's Haar gleichen" kann.[34] Auch Jakobson (1963: 214, Hervorhebung M.D.) weist in seiner Charakterisierung der emotiven Funktion auf dieses Problem hin, wenn er eher vorsichtig von der „*impression d'une certaine émotion, vraie ou feinte*" spricht. Martinet (1991: 6) stellt dem unbewußten, durch die Gefühle gesteuerten Gebrauch expressiver Mittel – den „emplois involontaires entraînés par la violence des sentiments" – deren absichtliche rhetorisch-persuasive Verwendung – die „choix conscients visant [...] à influencer le comportement d'autrui" gegenüber. Nur erstere betrachtet er als Ausdruck der expressiven Funktion; die anderen Verwendungen fallen seiner Ansicht nach in den Bereich der kommunikativen Funktion. Eine solche Trennung von sprecherzentrierter und hörerzentrierter Verwendung emotiver Zeichen kommt auch in Mairs Gegenüberstellung von *Expressivität* und *Emphase* zum Ausdruck. Zwar konstatiert auch Mair (1992: 139), daß sich Emphase und Expressivität „nicht selten in formal ähnlichen Konstruktionen bzw. Verfahren äußern"; dennoch erachtet er eine Unterscheidung für sinnvoll, „da ihnen völlig verschiedene Produktionsbedingungen zugrundeliegen können." Wie Martinet betrachtet Mair (1992: 156) die Emphase als Ausdruck des kommunikativen Prinzips, die Expressivität hingegen als Manifestation des expressiven Prinzips in der Sprache, wobei er letzteres als ein in der Psychogenese verankertes überindividuelles Phänomen definiert, das durch Triebenergien gespeist und „vom Wunsch nach dem Umsturz normativer Instanzen charakterisiert wird."

Eine von der unterstellten Intention des Sprechers ausgehende Klassifikation emotiver Zeichen findet sich auch bei Jäger/Plum (1988: 39), die zwischen nicht-intentionalem, intentionalem, aber nicht explizitem und intentionalem und zugleich explizitem Emotionsausdruck unterscheiden – eine Differenzierung, die Marten-Cleefs (1991: 25f.) für ihre Beschreibung expressiver Sprechakte übernimmt.[35] Den Ausgangspunkt bilden bestimmte Indikatorentypen, die vorab mit der Sprecherintention korreliert werden. So gelten die mit Hilfe parasprachlicher Mittel zum Ausdruck gebrachten Emotionen als nicht-intentional. Die Präsenz eines Emotionswortes wird hingegen mit intentional-explizitem Emotionsausdruck in Verbindung gebracht. Eine solche Zuordnung entbehrt jedoch nicht einer gewissen Willkür; zudem dürfte sie kaum empirisch zu validieren sein.

Damit ist zugleich ein erkenntnistheoretisches Problem angesprochen, das mit linguistischen Mitteln und Methoden nicht zu lösen ist: Ob der Sprecher tatsächlich seiner Innerlichkeit Ausdruck verleiht oder ob er die sprachlichen Mittel des Gefühlsausdrucks bewußt

---

[34] Unter der psychologischen Modalität versteht von der Gabelentz (1995: 474) „das seelische Verhalten des Redenden zur Rede"; demgegenüber beschreibt die soziale Modalität „das Verhältnis des Redenden zum Angeredeten."

[35] Für eine Behandlung des Affektausdrucks innerhalb des sprechakttheoretischen Paradigmas siehe auch Sbisà (1992).

und möglicherweise sogar strategisch einsetzt, um über die Kundgabe von Gefühlen den Hörer besser zu erreichen und zu beeinflussen, muß offen bleiben. Selbst aus der Perspektive des sprechenden Subjekts dürfte die Unterscheidung zwischen verschiedenen Bewußtseinszuständen nicht immer eindeutig sein.[36] Erst recht gerät man als Analysierender bei dem Versuch, manifeste sprachliche Formen mit bestimmten Bewußtseinszuständen zu korrelieren, in erhebliche Schwierigkeiten. Letztlich ist der Blick auf die Intentionen verstellt, so daß eine unzweideutige Trennung zwischen Ausdruck und Appell oder – in der Terminologie Martinets – zwischen *expression* und *communication* nicht möglich ist.

Weiterführender ist die Position Léons (1993), der darauf verweist, daß die Unterscheidung zwischen nicht-intentional und intentional gesetzten Zeichen, also zwischen Indiz und Signal, wegen der mehr oder weniger identischen Ausdrucksformen, wenn überhaupt, dann nur aus der Perspektive des Sprechers, nicht aber aus der des Hörers möglich ist. Das gleiche gilt natürlich auch für den Analysierenden als einem ‚zweiten Hörer'. Aus methodischen Gründen liegt es daher nahe, den Akzent in der Weise zu verschieben, daß nicht die intendierten, sondern die tatsächlich produzierten Effekte im Mittelpunkt des Interesses stehen. Léon (1993: 23) betont, daß der Übergang zwischen Indiz und Signal in der Kommunikation fließend ist und letztlich von der Interpretation des Hörers abhängt: „A tout instant, l'indice peut devenir signal et le signal peut être interprété comme indice. C'est souvent le contexte ou la situation qui aideront à décoder."[37] Daher läßt sich auf die Untersuchung des sprachlichen Gefühlsausdrucks übertragen, was Léon (1993: 22) für den Bereich der Phonostilistik postuliert:

> rien n'interdit d'analyser l'effet produit, même s'il est involontaire, tant dans l'analyse des discours oraux que dans ceux de l'écrit. On étudiera donc aussi bien les indices que les signaux, l'important restant l'effet interprété par l'auditeur et non l'intention de l'émetteur (Léon 1993: 22).

Die Bestimmung des Gefühlsausdrucks geht also letztlich vom Effekt auf den Rezipienten bzw. seiner Deutung und nicht von der unterstellten Intention oder den Motiven des Produzenten aus.[38] Diese methodisch begründete Verschiebung impliziert jedoch nicht, daß nun die beim Hörer *ausgelösten* Gefühle im Mittelpunkt stehen sollen. Maßgeblich ist vielmehr seine *Wahrnehmung* des Sprechers bzw. dessen sprachlichen Ausdrucks als emotional. Nicht die Perspektive des Produzenten, der das Zeichen setzt, sondern die des Rezipienten,

---

[36] In der gegenwärtigen psychologischen Forschung dominiert die Hypothese einer engen Verflochtenheit verschiedener Bewußtseinszustände. Dörner (1985: 180) spricht mit Blick auf das Verhältnis von Emotionen und Kognitionen von einem „System interagierender Instanzen." Ähnlich auch Ulich ([2]1989: 30), der die Unterscheidung verschiedener seelischer Vermögen als ein Artefakt der Philosophie- und Psychologiegeschichte bezeichnet. Vgl. unten Abschnitt 4.1.2.

[37] Aus einer anderen Perspektive unterstreicht dies auch Péter (1984: 243), wenn er mit Husserl zwischen intentionaler Zeichengebung einerseits und kausalen Anzeichen andererseits unterscheidet: „Die sprachliche Kommunikation ist ein prinzipiell doppelseitiger Prozeß: sprachliche Zeichen werden gesetzt und wahrgenommen. Anzeichen werden dagegen nicht gesetzt, sondern nur wahrgenommen."

[38] Vgl. ähnlich Scherer/Wallbott (1990: 397 und passim), die aus psychologischer Sicht auf dieses Forschungsdilemma verweisen und feststellen, daß der Ausdruck von Emotionen nur im Zusammenhang mit Eindrucksprozessen im Rahmen interpersonaler Kommunikation umfassend untersucht werden kann. Siehe auch unten Abschnitt 4.1.

der es interpretiert, eröffnet letztlich einen gangbaren Weg zur linguistischen Beschreibung des Gefühlsausdrucks.[39]

Abschließend bleibt festzuhalten, daß eine sprachwissenschaftliche Konzeption des Gefühlsausdrucks nur dann überzeugen kann, wenn sie die symptomatische Bestimmung überwindet, ohne zugleich in die in strukturalistischen Ansätzen praktizierte Reduktion zu verfallen. Dies kann nur ein Zugang leisten, der einerseits das sprechende Subjekt einschließlich seiner situativen Einbindung nicht aus der Beschreibung ausblendet und damit den Gefühlsausdruck nicht auf eine systeminterne Zeichenrelation begrenzt, und der andererseits der Tatsache Rechnung trägt, daß die Innerlichkeit niemals direkt, sondern nur über sprachliche Vermittlung zugänglich ist, wobei im Einzelfall kaum zu entscheiden sein dürfte, ob die entsprechenden Formen die Qualität eines unbewußten Symptoms oder eines absichtsvoll gesetzten Zeichens haben. Eine Umsetzung dieser Vorstellungen erfordert die Abkehr von dem in den bisherigen Untersuchungen meist stillschweigend zugrundegelegten substantiell-mentalistischen Subjektsbegriff. Sie verlangt eine Konzeption des Subjekts, die gerade dessen soziale Dimension berücksichtigt und damit den Perspektivenwechsel bei den empirischen Analysen auch theoretisch untermauert. Eine methodisch ‚saubere' Wahl besteht in der Entscheidung für die Sicht des Rezipienten, dem sich das sprechende Subjekt in seiner sozialen Dimension präsentiert.

Eine solche Position deutet sich in der sprachstilistischen Konzeptualisierung des Gefühlsausdrucks des Schweizer Linguisten und Saussure-Schüler Charles Bally an. Mit seinem *Traité de stylistique française* von 1909 hat Bally eine noch heute in vielen Punkten wegweisende Studie zur sprachlichen Affektivität vorgelegt. Die folgenden Abschnitte sind einer Auseinandersetzung mit diesem Werk gewidmet.

2.3 Sprachstilistische Positionen

Ballys Verdienst liegt darin, als einer der ersten den sprachlichen Ausdruck der Gefühle – bei ihm finden sich die im Grunde synonymen Begriffe *Affektivität* und *Expressivität* – in systematischer Weise erfaßt und in einen übergreifenden theoretischen Rahmen gestellt zu haben.[40] Den Ausgangspunkt seiner Überlegungen bildet eine spezifische Auffassung von Stil als der Hinzufügung eines affektiven Moments.[41] Was seine Arbeiten auch heute noch interessant macht, ist die Tatsache, daß sein *Traité de stylistique française* trotz seines vordergründig psychologisierenden Argumentationsgangs in nuce bereits eine soziale Kon-

---

[39] Vgl. oben Abschnitt 1.2 zur Methode.
[40] Konstantinidou (1997: 3) spricht daher nicht zu Unrecht von den ‚französischen Pionieren'.
[41] Bally geht es nicht um den Individualstil, bei ihm kurz *style*, sondern um das von ästhetischen Wirkungsabsichten freie stilistische System einer Einzelsprache. Damit erweitert Bally (zitiert nach Chiss 1985: 86) den Bereich der *langue* um Regelmäßigkeiten, die eigentlich zum Bereich der *parole* gehören und nun innerhalb der Stilistik aufgehoben sind: „En somme, je reste fidèle à la distinction saussurienne entre la langue et la parole, mais j'annexe au domaine de la langue une province qu'on a beaucoup de peine à lui attribuer: *la langue parlée envisagée dans son contenu affectif et subjectif.*" Für eine Zusammenstellung verschiedener Stilauffassungen siehe Braselmann (1981: 30f.), für einen historischen Überblick über stilistische Topoi Müller (1981).

zeption des sprechenden Subjekts enthält. Darin liegt die Originalität dieses Ansatzes. Bally stellt zudem konsequent die gesprochene Sprache in den Mittelpunkt, und zwar nicht nur im Sinne einer eher abstrakten Prädominanz der Oralität gegenüber der Literalität, sondern indem er die gesprochene Alltagssprache zum Gegenstand seiner Beobachtungen macht. Der Ansatz Ballys steht gerade innerhalb der romanistischen Linguistik am Anfang einer Reihe von Arbeiten, die sich mit sprachlicher Affektivität in ihren Bezügen zur Mündlichkeit befassen. Daher kommt ihm für die kommunikativ ausgerichtete Linguistik eine Vorreiterrolle zu, die erst in den letzten Jahren richtig gewürdigt wird. Vertreter pragmalinguistischer Ansätze sehen in Bally einen Vorläufer der Diskursanalyse (Chiss 1985: 86) bzw. den Begründer einer Alltagsrhetorik (Stempel 1987: 121).

Hinter Ballys mentalistischer bzw. strukturalistischer Begrifflichkeit, die vermutlich den zu seiner Zeit dominanten wissenschaftlichen Paradigmen geschuldet ist, verbirgt sich eine soziale Konzeption des sprechenden Subjekts und seiner Gefühle. Deutlich wird dies insbesondere im Einbeziehen des Gesprächspartners als einer Art Schranke, die dem individuellen Ausdruck Einhalt gebietet und in diesem scheinbar ganz persönlichen Bereich soziale Formen erzwingt. Die soziale Modellierung des sprachlichen Gefühlsausdrucks wird auch darin greifbar, daß die Perspektive des Rezipienten quasi gleichberechtigt neben der des Produzenten bei der Bestimmung der Affektivität Berücksichtigung findet: „La stylistique étudie donc les faits d'expression du langage organisé au point de vue de leur contenu affectif, c'est-à-dire l'expression des faits de sensibilité par le langage et l'action des faits de langage sur la sensibilité" (Bally [5]1970: 16). Mit der Gegenüberstellung von Ausdruck (*expression*) und Einwirkung (*action*) finden sowohl die Absichten des Sprechers wie auch die Effekte auf den Hörer Beachtung. Die Rezipientenseite wird, im Unterschied zur Produzentenseite, theoretisch nicht ausformuliert. Allerdings läßt sich im Verlaufe des *Traité* eine klare Verschiebung von der Sprecher- hin zur Hörerperspektive beobachten, die ihren deutlichsten Ausdruck in einer gänzlich rezipientenorientierten Neudefinition der Stilistik findet: „la stylistique n'étudie pas autre chose que les *impressions* que les faits de langage font sur notre sensibilité" (Bally [5]1970: 221). Braselmann (1981: 26) spricht daher von einer unreflektierten Tendenz, Stil von seinem Wirkungsaspekt her zu sehen, wobei die Unterscheidung zwischen Ausdruck und Wirkung ‚quasi subkutan' verlaufe.

Zunächst bildet jedoch die sprecherzentrierte Betrachtung mit der üblichen Gegenüberstellung von Ideen und Gefühlen den Ausgangspunkt der Ballyschen Reflexion. Hier deuten sich Parallelen zu neoidealistischen Konzeptionen an, wie sie etwa von Spitzer vertreten wurden. Nach Spitzer entspricht einer Abweichung von der seelischen eine Abweichung von der sprachlichen Norm. Dabei geht er von der Annahme aus,

> daß einer *seelischen* Erregung, die vom normalen Habitus unseres Seelenlebens abweicht, auch eine *sprachliche* Abweichung vom normalen Sprachgebrauch als Äußerung zugeordnet ist, daß also umgekehrt aus einer sprachlichen Abweichung vom Normalen auf ein seelisches Affektzentrum geschlossen werden darf, daß der eigentümliche sprachliche Ausdruck Spiegelung eines Seelischen sein muß (Spitzer zitiert nach Müller 1981: 179f.).[42]

Anders als Spitzer deutet Bally die Präsenz affektiver Elemente jedoch nicht als Indiz für eine von der normalen Gefühlslage abweichende emotionale Erregung. Vielmehr geht er von der Omnipräsenz der Gefühle (*sentiments*) aus, die bei ihm offenbar auch das Wollen

---

[42] Vgl. ähnlich García de Diego (1951: 13f.).

als das dritte der klassischen Seelenvermögen einschließen und die sich dem Denken (*idées*) in jeweils unterschiedlichem Grade beimischen.⁴³ Während der Bereich der Ideen im wesentlichen negativ über den fehlenden Einfluß des ‚Ich' bestimmt wird,⁴⁴ umfaßt dieses ‚Ich'

> toute la partie *affective* de notre être, nos émotions, nos sentiments, nos impulsions, nos désirs, nos tendances: en un mot tout ce qui vibre en nous, tout ce qui a un retentissement sur notre être physique, tout ce qui nous pousse à l'action, tout ce qui constitue notre tempérament et notre caractère, lesquels ne sont pas du ressort de notre intelligence (Bally ⁵1970: 6).

Da die Inhalte unseres Bewußtseins in Sprache übersetzt werden, spiegeln sich die jeweiligen ‚Mischungsverhältnisse' von Denken und Fühlen auch ausdrucksseitig wider, wobei Bally – im Gegensatz zu Bühler, Jakobson u.a. – zur Annahme tendiert, daß die affektive Dimension in aller Regel die dominante sei.⁴⁵

Ähnlich wie die meisten der zuvor diskutierten Autoren stellt Bally die Verwendung expressiver Mittel auf ein psychologisches Fundament. Zugleich hebt er jedoch die soziale und konventionelle Seite des sprachlichen Gefühlsausdrucks hervor:

> Notons cependant [...], que le langage, étant un fait social, ne peut exprimer des mouvements de l'être individuel que la face accessible à la connaissance des autres individus; autrement dit, on ne peut montrer ce qu'on pense et ce qu'on sent soi-même que par des moyens d'expression que les autres peuvent comprendre (Bally ⁵1970: 6f.).

In dieser Akzentuierung der sozialen Dimension des sprachlichen Gefühlsausdrucks wird deutlich, daß Ballys Vorstellung von Affektivität bereits ‚interaktiv' geprägt ist: Der sprachliche Gefühlsausdruck wird nicht allein mit einem essentialistischen Subjektsbegriff korreliert, sondern auch von der Warte eines potentiellen Adressaten aus gesehen. Er erscheint nicht länger als reiner Selbstbezug, der aus Gründen der psychischen Entlastung erfolgt. Zentral ist vielmehr die Vorstellung, daß er eine kommunikativ-soziale Dimension hat. Die Selbstrepräsentation des sprechenden Subjekts und die Ausrichtung am Gesprächspartner stellen insbesondere in der gesprochenen Alltagssprache miteinander konkurrierende Tendenzen dar, wobei die Orientierung am anderen als eine Art soziales Korrektiv fungiert:

> La poussée individuelle tend sans cesse à porter l'expression affective à ses limites extrêmes d'intensité; mais elle est tenue en échec, le cas échéant, par la contrainte sociale, qui est en perpé-

---

⁴³ Vgl. Bally (⁵1970: 151f.): „Notre pensée oscille entre la *perception* et l'*émotion*; par elle nous *comprenons* ou nous *sentons*; le plus souvent nous avons à la fois l'idée et le sentiment des choses pensées; en proportions infiniment variables, il est vrai; mais, pour l'observation pratique, on peut dire que c'est tantôt l'*intelligence*, tantôt le *sentiment* qui donne le ton; la pensée est orientée vers l'un ou l'autre de ces pôles, sans jamais les atteindre complètement; elle a, selon les cas, une ‚dominante' intellectuelle ou une ‚dominante' *affective*."

⁴⁴ Vgl. Bally (⁵1970: 6): „nous pensons par idées toutes les fois que nous nous affranchissons de notre moi pour pénétrer dans le domaine de ce qui n'est pas nous. L'idée est, en d'autres termes, l'effort fait par l'esprit pour se rapprocher de la réalité objective ou de ce que nous concevons comme tel; peu importe que cette réalité soit du monde extérieur ou du domaine intérieur."

⁴⁵ Vgl. Bally (⁵1970: 6): „ce langage, qui exprime aussi des idées, exprime avant tout des *sentiments*."

tuel conflit avec les sentiments individuels et peut en ramener l'expression à des proportions plus modestes, inférieures même à la moyenne expressive (Bally ⁵1970: 294).

Als Fazit ergibt sich also: „Le fait social ralentit dans la plupart des cas la poussée émotive" (Bally ⁵1970: 10).

Die soziale Verfaßtheit des Gefühlsausdrucks setzt die Konventionalität der entsprechenden Ausdrucksmittel voraus, deren Beschreibung und Systematisierung in den Arbeiten Ballys einen großen Raum einnimmt. Bally (⁵1970: 251) unterscheidet zwischen sprachlichen Ausdrucksmitteln, in denen die Affektivität *direkt* zum Ausdruck kommt, und solchen, die auf *indirekte* Weise zur Übermittlung affektiver Bedeutungen beitragen. Eine direkte Übermittlung affektiver Bedeutungen leisten lexikalische Phänomene; indirekt tragen Syntax und Intonation zum Ausdruck der Affektivität bei. Bally selbst wendet sich vorrangig der Beschreibung der direkten Ausdrucksmittel zu und macht damit die Untersuchung der Gefühlswerte des Wortschatzes zum eigentlichen Kern seiner Stilistik. Ihm kommt jedoch das Verdienst zu, auch den Beitrag der indirekten Ausdrucksmittel zur Übermittlung der Affektivität erkannt und mit lexikalischen Phänomenen in Beziehung gesetzt zu haben.[46] Dabei entgeht ihm nicht, daß mit zunehmender Intensität der Gefühle insbesondere den indirekten Mitteln eine tragende Rolle zukommt: „le rôle des mots, dans l'énoncé de la pensée, décroit en raison de la prédominance du sentiment" (Bally ⁵1970: 308, im Original kursiv). Gerade im Bereich der gesprochenen Sprache bleibe die Bedeutung der direkten Ausdrucksmittel der Affektivität häufig hinter der der indirekten zurück: „l'intérêt de la langue parlée ne réside pas tant dans son vocabulaire que dans ses procédés indirects" (Bally ⁵1970: 321).

Die Mittel des sprachlichen Gefühlsausdrucks werden darüber hinaus nach den jeweils von ihnen hervorgerufenen *Wirkungen* klassifiziert. Hier kommt die rezipientenorientierte Perspektive am stärksten zum Tragen. Bally unterscheidet zwischen den ‚natürlichen Effekten' (*effets naturels*) und den ‚evozierten' Effekten (*effets par évocation*). Natürliche Effekte „semblent émaner des expressions mêmes, parce qu'ils sont inséparables de leur signification" (Bally ⁵1970: 205). Es handelt sich offenbar um situations- und kontextunabhängige affektive Konnotationen in der Bedeutung eines Lexems.[47] Die semantischen Nuancen, die dabei ins Spiel kommen, basieren auf den Prinzipien der Quantität und der Qualität.[48]

Im Gegensatz zu den natürlichen Effekten, deren Ursprung in der affektiven Bedeutung der Wörter verankert wird, entstehen die evozierten Effekte über die Verwendung einer sozio- oder dialektal markierten Form außerhalb ihres üblichen Kontextes. Es handelt sich um Ausdrücke, denen „une odeur particulière des milieux et des circonstances où ils sont naturels" (Bally ⁵1970: 204) anhaftet und die, indem sie Zugehörigkeiten zu bestimmten Gruppen oder Situationen konnotieren, ‚soziale Gefühle' hervorrufen:

---

[46] Zur sogenannten ‚affektiven Syntax' siehe Vendryes (1921, v.a. Kapitel IV) sowie Henry (²1977).
[47] Siehe dazu unten Abschnitt 2.4.1.
[48] Die quantitative Dimension manifestiert sich in Intensivierungen bzw. Abschwächungen. Die qualitative Dimension bewegt sich auf einer Achse zwischen den Polen ‚Lust'/‚Freude' (*plaisir*) und ‚Verdruß' (*déplaisir*) bzw. ‚gut' und ‚schlecht'. Vgl. Bally (⁵1970: 170ff.) sowie unten die Abschnitte 4.4.1 und 4.4.2.

dans l'effet par évocation, l'expression signifie sensiblement la même chose que tel autre mot que nous emploierions; les deux termes ne diffèrent entre eux par aucune modification sensible de l'idée; le sentiment particulier qui se dégage, malgré tout, du fait de langage, provient alors d'une réflexion inconsciente qu'on pourrait traduire ainsi: ‚C'est une autre personne que moi qui emploierait cette expression', ou bien: ‚Je l'emploierais dans telle circonstance et non dans telle autre'. Voilà l'essence de l'effet par évocation (Bally ⁵1970: 167).

Während die natürlichen Effekte den sprachlichen Zeichen quasi inhärent sind, beziehen die als Träger evozierter Effekte fungierenden Lexeme ihre Affektivität aus dem Verweis auf einen bestimmten Verwendungskontext.[49]

Offen bleibt die Frage, wie die affektiven Entitäten ermittelt werden. In diesem Punkt entscheidet sich Bally für eine strukturalistisch geprägte Vorgehensweise, die im Grunde hinter seinen, die kommunikative Einbettung des sprachlichen Gefühlsausdrucks fokussierenden Überlegungen zurückbleibt. Bei der Identifikation affektiver Einheiten erhält die Introspektion des Analysierenden einen herausragenden Stellenwert,[50] wobei die Annahme leitend ist, daß für ein- und denselben Bewußtseinsinhalt verschiedene, mehr oder weniger affektiv getönte Ausdrucksmöglichkeiten zur Verfügung stehen. Aufgrund der Existenz solcher Formulierungsalternativen wird die Bestimmung des Gefühlswertes sprachlicher Ausdrucksmittel letztlich zu einer „vaste étude de synonymie, dans le sens le plus large du terme" (Bally ⁵1970: 140). Eine zentrale Rolle spielen in diesem Zusammenhang die heuristischen Verfahren des Vergleichs und des Kontrasts, mit deren Hilfe zunächst ein affektiv neutraler Begriff ermittelt wird, zu dem die übrigen Lexeme im Kontrast stehen. Affektive Zeichen erscheinen damit als Abweichungen, die sich von einer nicht-markierten Nullstufe abheben.[51] Deutlich wird hier zugleich, daß zur Bestimmung des Gefühlsausdrucks im Prinzip zwei Kriterien herangezogen werden, nämlich ein inhaltlich-kategorielles und ein relationales. Den für das relationale Kriterium erforderlichen neutralen Bezugspunkt wählt Bally im Sprachsystem, wobei die ‚affektive Nullstufe' in Abhängigkeit von den Effekten divergiert: Im Falle der sozial verankerten, evozierten Effekte dient die – allerdings nicht genauer definierte – Standardsprache als Norm. Mit Blick auf die natürlichen Effekte schlägt Bally die Annahme einer sachlich-intellektuellen Sprachebene vor, als deren Prototyp die Sprache der Wissenschaft gilt.[52] Aus kommunikativer Sicht kann die Bestimmung affektiver Entitäten unter Rekurs auf eine situationsunabhängige sprachimmanente Norm nicht befriedigen. Letztlich wird der Ausdruck von Gefühlen damit aus seinem jeweiligen Verwendungskontext herausgelöst und an eine bestimmte sprachliche Varietät bzw. einen funktionalen Stil gekoppelt. Bally konzentriert sich mit seiner Untersuchung vorrangig auf das Sprachsystem, die *langue*. Dabei übersieht er, daß der sprachliche Gefühlsausdruck im wesentlichen ein textuelles bzw. interaktionelles Phä-

---

[49] Es handelt sich um Subkodeverweisungen, auf die etwa Barthes (1963) seinen Konnotationsbegriff gründet; ähnlich Braselmann (1982). Vgl. unten Abschnitt 2.4.1.

[50] Vgl. Bally (⁵1970: 4): „Cette correspondance du langage et de la pensée [...] ne peut éclater que par l'observation *simultanée* de la pensée et de son expression, et cela n'est possible que par la réflexion intérieure." Médina (1985: 104) vermutet in dieser methodischen Akzentuierung der Introspektion einen Einfluß der Philosophie von Bergson und Dilthey.

[51] Zur gängigen Parallelisierung von Emotionalität und Markiertheit siehe unten Abschnitt 4.3.2.3.

[52] Vgl. dazu Bally (⁵1970: 118): „la langue scientifique se confond, théoriquement, avec le mode d'expression intellectuel tout entier."

nomen darstellt. Trotz zahlreicher ‚kommunikativer Akzente' dominiert auch bei Bally letztlich noch eine eher statische, sprachimmanente Sicht der Affektivität.[53]

In der Rezeption des Ballyschen Ansatzes hat die Modellierung der evozierten Effekte einen wesentlich nachhaltigeren Einfluß gehabt als die der natürlichen Effekte. Gerade seine Fokussierung der Varietäten hat maßgeblich zu der Vorstellung von der gesprochenen Alltagssprache als dem Inbegriff einer affektiven Sprache beigetragen. Die Rückführung soziolektaler Sprachelemente auf den Ausdruck ‚sozialer Gefühle' hat sicher Anteil an der gängigen Parallelisierung des *français populaire* bzw. *familier* einerseits und der Affektivität andererseits. Bally ([5]1970: 266) selbst leistet dieser Idee Vorschub, wenn er die *langue familière*, die sich durch die Trias Subjektivität, Affektivität und Konkretheit auszeichne, als „l'aspect affectif de la langue parlée" definiert. Entscheidenden Einfluß auf die affektive Einfärbung haben nach Ansicht Ballys ([5]1970: 286) die spezifisch mündlichen Produktionsbedingungen, die dem Sprecher keine Zeit lassen, „de ‚décrasser' cette pensée des éléments subjectifs qui l'enveloppent au moment de sa formation, car la pensée embryonnaire fait corps avec le sujet et ne s'en détache que peu à peu, par ébauches successives."

Diese Auffassung von der emotional geprägten Oralität durchzieht viele frühe Arbeiten zum gesprochenen Französisch, die primär diastratisch bzw. diaphasisch markierte Varietäten zum Gegenstand hatten.[54] Eine statische und zugleich vereinfachende Erklärung für die Dominanz des Gefühlswertes in den soziolektal niedrig markierten Varietäten des Französischen findet sich bei Guiraud ([5]1969a). Seiner Auffassung, wonach ein hoher Grad an Affektivität mit einem Mangel an Bildung einhergehe,[55] wird man sich kaum anschließen wollen. Demgegenüber scheint es sinnvoll, grundsätzlich von einer dynamischen, kontextbezogenen Sicht der Affektivität auszugehen,[56] wie sie ja schon die Beschreibung der *effets par évocation* nahelegt, die erst dann entstehen, wenn ein umgangssprachliches Element in einem Kontext verwendet wird, der eine standardsprachliche Form erwarten läßt.

Zusammenfassend kann man an dieser Stelle festhalten, daß Bally seine ‚Stilistik des Gefühlsausdrucks' zunächst auf die sprecherzentrierte psychologische Unterscheidung

---

[53] Vgl. ähnlich Braselmann (1982: 25f.).

[54] Siehe Frei (1971), Bauche ([2]1951), Vendryes (1921), Guiraud ([5]1969a und [2]1969b). Da die Umgangssprache zugleich als Motor des Sprachwandels gilt, erhält das Konzept der Expressivität bzw. Affektivität in diesem Kontext einen herausgehobenen Stellenwert. Denn – so die allgemein geteilte Auffassung – unter dem Einfluß der Affekte setzt sich der Mensch leichter über sprachliche Konventionen hinweg und legt so möglicherweise den Keim für Veränderungen, die – wenn sie sozial geteilt und konventionalisiert werden – dauerhafte Auswirkungen auf das Sprachsystem haben.

[55] Vgl. Guiraud ([5]1969a: 41): „L'expressivité linguistique est évidemment fonction du caractère individuel, comme des intentions, de l'humeur et de la situation du sujet parlant; cependant, il y a dans tous les parlers populaires une hypertrophie de l'affectivité. Ceci par l'absence de l'éducation qui inhibe, ailleurs, l'étalage de nos sentiments et de nos émotions; faute, d'autre part, d'une instruction qui nous impose les contraintes d'un langage appris et dont les règles se sont définies par des emplois purement cognitifs et logiques. Le peuple, par contre, nous donne les choses moins pour ce qu'elles sont que pour ce qu'elles valent et pour l'idée qu'il s'en fait; sa sensibilité et sa mentalité affleurent sans cesse la surface de son parler et ses mots réfractent non seulement une condition, mais une nature et une vision du monde."

[56] Vgl. unten Abschnitt 4.3.2.1.

zwischen Denken und Fühlen oder, moderner ausgedrückt, zwischen Kognitionen und Emotionen gründet, dabei jedoch von vornherein auch die soziale Dimension akzentuiert. Denn solange sich das Individuum in den Grenzen der Sprache bewegt, muß es auch bei der Übermittlung seiner inneren Zustände notwendigerweise auf konventionelle Ausdrucksformen zurückgreifen. Nicht der idiosynkratische Gefühlsausdruck, sondern seine allgemeinen Formen bilden daher den Gegenstand von Ballys Stilistik. In den expressiven Sprachmitteln zeigt sich uns ein ‚verallgemeinertes Ich', das bei seiner Selbstrepräsentation stets auch den anderen, das Du, im Blick hat. Zugleich scheint in dieser Konzeption des sprachlichen Gefühlsausdrucks erneut ein erkenntnistheoretisch nicht zu umgehendes Paradox auf: die Notwendigkeit der Abstraktion vom Partikularen, um das Subjektive begrifflich überhaupt fassen zu können. Möglicherweise als eine Konsequenz daraus treten bei der Beschreibung affektiver Ausdrucksmittel mehr und mehr die Effekte als das faßbare Datum in den Vordergrund. Ballys Arbeiten bilden heute noch einen wichtigen Beitrag zur Konzeptualisierung des Verhältnisses von Sprache und Affekt, allerdings treten auch ihre Grenzen zutage: Bally verharrt letztlich innerhalb des systemlinguistischen Paradigmas, um textbezogene und interaktive Phänomene zu beschreiben.

2.4 Semantische Positionen

In den vorausgehenden Abschnitten klang bereits an, daß der Gefühlsausdruck – sofern er nicht hinsichtlich seines semiotischen Status' diskutiert wird – meist als ein primär semantisches Phänomen, als ein spezieller Typ von Bedeutung modelliert wird. Wenn auch eine systematische Erforschung der gefühlsmäßigen Bedeutungskomponente bislang erst in Umrissen zu erkennen ist, finden sich doch v.a. im Bereich der Wortsemantik zahlreiche Ansätze, die diesen Themenkomplex berühren (Abschnitt 2.4.1). In den letzten Jahren sind zudem eine Reihe von Arbeiten entstanden, die sich – ausgehend von einem semantisch-kommunikativen Modalitätskonzept – mit Emotionalität und/oder Subjektivität auf der Ebene der Proposition oder gar des Diskurses befassen (Abschnitt 2.4.2).

2.4.1 Emotionale Bedeutungen

Der Bereich der emotionalen Bedeutungen umfaßt in erster Linie das breite Spektrum nicht-notionaler Bedeutungen, das sich im wesentlichen mit den direkten Mitteln des Gefühlsausdrucks im Sinne von Bally deckt. Es handelt sich um Bedeutungskomponenten, die den Charakter eines ‚Gefühlsbeiklangs' haben und daher eines begrifflichen ‚Trägers' bedürfen. Zumeist sind es emotionale und/oder wertende Einstellungen des Sprechers, die zugleich mit der ‚eigentlichen' Bedeutung übermittelt werden. Zu den lexikalischen Einheiten, die emotionale Bedeutungskomponenten enthalten, gehören – neben den emotionalen Ableitungen – die sogenannten Gefühls- und Wertwörter (vgl. Ullmann 1973: 163ff.).[57] Die gängige Unterscheidung zwischen den zwei Bedeutungskomponenten

---

[57] Besondere Beachtung erfuhren seit jeher Bereiche, die – wie Diminutiva und Augmentativa – auch ein eindeutiges ausdrucksseitiges Korrelat haben. Vgl. Volek (1987), Schneider (1991).

kommt in begrifflichen Gegensatzpaaren wie referentieller und emotiv-affektiver, kognitiver und emotiver (Lyons ⁵1980), konzeptueller und assoziativ-affektiver Bedeutung (Leech 1974) oder Mitteilungs- und Gefühlswert (Ullmann 1973) zum Ausdruck.[58] Die über die Kernbedeutung hinausgehenden, weniger konstanten, nicht-definitorischen, nicht-kognitiven, eher peripheren Mit- und Nebenbedeutungen werden meist ex negativo definiert und global unter dem Begriff der *Konnotation* zusammengefaßt.[59]

Auch bei Leech (1974), der zunächst zwischen der konzeptuellen Bedeutung und dem weiten Bereich assoziativer Bedeutungen differenziert, um in einem zweiten Schritt eine genauere Systematik der assoziativen Bedeutungen vorzuschlagen, erscheinen emotionale Bedeutungskomponenten als eine spezifische Variante der Konnotation. Im einzelnen unterscheidet Leech konnotative, stilistische, affektive, ‚reflektive' (*reflected*) sowie kollokative Bedeutungen.[60] Die Bestimmungen der einzelnen Subtypen sind nicht immer eindeutig, die Kategorien ohnehin nicht trennscharf. Der Typ der *affektiven* Bedeutung wird eher vage über die Gefühle und Einstellungen des Sprechers hinsichtlich des Redegegenstandes oder aber des Kommunikationspartners definiert: „If we extend the idea of linguistic situation a bit more we see that language can also reflect the personal feelings of the speaker, including his attitude to the listener, or his attitude to something he is talking about" (Leech 1974: 18). Nach Leech (1974: 18) erfolgt die Übermittlung affektiver Bedeutungen eher sekundär unter Rekurs auf andere semantische Subtypen, insbesondere konzeptuelle, konnotative oder stilistische Bedeutungen: „Affective meaning is largely a parasitic category in the sense that to express our emotions we reply upon the mediation of other categories of meaning – conceptual, connotative, or stylistic." Sandhöfer-Sixel (1988: 48) setzt demgegenüber Konnotationen unmittelbar mit dem Gefühlsausdruck gleich: „Konnotationen sind Eigenschaften sprachlicher Mittel, die mit bestimmten Emo-

---

[58] Einen Überblick über Konzeptualisierungen der emotionalen Bedeutung gibt Konstantinidou (1997, v.a. Kapitel III). Mit der Unterscheidung verschiedener Bedeutungsaspekte ergeben sich Parallelen zu den unter Abschnitt 2.2 diskutierten Sprachfunktionen, insofern emotive Bedeutungen meist zu der emotiven Sprachfunktion in Beziehung gesetzt werden, explizit etwa von Lyons (⁵1980: 459).

[59] Allerdings läßt sich – wie insbesondere neuere prototypische Ansätze zeigen (vgl. etwa Kleiber 1993) – keine klare Grenze zwischen den zur Kernbedeutung zählenden semantischen Merkmalen einerseits und den Konnotationen andererseits ziehen. Offen bleiben meist auch der theoretische Status der Konnotationen in Relation zur Kernbedeutung, insbesondere die Frage, ob sie einen grundlegend verschiedenen Typ semantischer Information darstellen, sowie ihre Tragweite: Handelt es sich um allgemeine oder eher individuelle Bedeutungsaspekte? So differenzieren beispielsweise Hannappel/Melenk (1979: 128) die subjektiven Bedeutungsanteile in Konnotationen (fest zur Bedeutung gehörige Komponenten, die typisierte Vorstellungen reproduzieren) und Assoziationen (eher individuelle Bedeutungsnuancen). Einen umfassenden, in erster Linie historisch ausgerichteten Überblick über unterschiedliche Richtungen der Konnotationsforschung gibt Garza-Cuarón (1991). Siehe auch Kerbrat-Orecchioni (1977) sowie Braselmann (1981).

[60] Leech (1974: 15 und passim) setzt die *konnotative* Bedeutung mit Eigenschaften des Referenten in Beziehung. Die *stilistische* Bedeutung nimmt auf die Existenz verschiedener sprachlicher Varietäten Bezug und entspricht somit den *effets par évocation* Ballys. Die *reflektive* sowie die *kollokative* Bedeutung haben ihren Ursprung in paradigmatischen bzw. syntagmatischen Beziehungen: Reflektive Bedeutungen ergeben sich aus der Interferenz verschiedener Bedeutungen eines Wortes. Demgegenüber sind kollokative Bedeutungen eher kontextbezogen; sie entstehen „through association with words which tend to occur in the environment of another word" (Leech 1974: 26).

tionen korrespondieren." Nach dieser Auffassung wären konnotierte Einheiten also immer direkte, nicht vermittelte Ausdrucksformen der Emotionalität.

Affektive Bedeutungen sind schwer zu konzeptualisieren. Während sich die ältere, häufig in der Stilistik angesiedelte Forschung mit der Annahme eines im wesentlichen introspektiv zu ermittelnden, eher impressionistischen Stimmungs- und Empfindungskonglomerats zufrieden gab, versuchen neuere Ansätze, die emotionalen Bedeutungskomponenten auf eine solidere theoretische Grundlage zu stellen. Eine erste Richtung setzt an bei den evozierten Stileffekten bzw. der stilistischen Bedeutungskomponente im Sinne von Bally und Leech. Affektivität wird hier über die sich aus dem Verweis auf andere Sprachvarietäten bzw. allgemein: Zeichensysteme ergebenden Bedeutungskomponenten definiert und ist im Grunde identisch mit Konnotation schlechthin. Theoretisch entfaltet wird ein solcher Affektivitäts- bzw. Konnotationsbegriff von Barthes (1963), der Konnotation als eine Beziehung zwischen zwei sich überlagernden semiotischen Systemen versteht.[61] Dabei werden die Zeichen des primären Systems zu den (komplexen) Signifikanten des sekundären Systems.[62] Solche Subkodeverweisungen lassen sich aufgrund der Orientierung am Signifikanten des primären Systems an ausdrucksseitigen Kriterien festmachen und sind damit insbesondere für oberflächenorientierte Ansätze besser zu operationalisieren. Durch die Konzentration auf eher formale Aspekte unterbleibt jedoch eine genauere Bestimmung der spezifisch semantischen Qualität emotionaler Bedeutungskomponenten.

Gerade diese semantische Dimension des Emotionsausdrucks steht im Mittelpunkt des empirisch-quantitativen Ansatzes von Osgood/Suci/Tannenbaum (1957), der als ein Klassiker auf dem Gebiet der kognitiv ausgerichteten Konnotationsforschung gelten kann.[63] Das Interesse der Autoren gilt dem ‚semantischen Hof' eines Wortes, also den mit ihm verbundenen sekundären Bedeutungskomponenten. Den Autoren – Psychologen, die v.a. auf dem Gebiet der Einstellungsforschung gearbeitet haben – geht es in erster Linie um emotionale Reaktionen auf Wörter. Den Ausgangspunkt bildet ein innerhalb eines behavioristischen Ansatzes verankerter psychologischer Bedeutungsbegriff, demzufolge Wörter Bedeutung haben, weil sie in der Art eines Stellvertreters im sprechenden Subjekt ein gleiches bzw. ähnliches Verhalten erzeugen wie der korrespondierende Gegenstand bzw. Sachverhalt es getan hätte: „words represent things because they produce in human organisms some replica of the actual behavior toward these things, as a mediation process"

---

[61] Vgl. Barthes (1963: 130, im Original kursiv): „un système connoté est un système dont le plan d'expression est constitué lui-même par un système de signification."

[62] Vgl. Barthes (1963: 131): „Les signifiants de connotation [...] sont constitués par des signes (signifiants et signifiés réunis) du système dénoté." Die konnotierten Zeichen beinhalten stets – im Sinne einer Subkodeverweisung – auch einen Verweis auf das Denotat des jeweiligen Zeichens im primären semiotischen System. Die ihnen eigene Bedeutung, also das Signifikat des sekundären Systems, beschreibt Barthes als global und diffus zugleich. Das primäre Zeichensystem ist in der Regel das einer natürlichen Sprache; das sekundäre System kann beispielsweise ein bestimmter literarischer Kode sein. In der Übertragung der semiotischen Konzeption Barthes' auf die linguistische Konnotationsforschung wird die Idee der Überlagerung verschiedener Kodes in der Regel auf die Beziehung zwischen linguistischen Subkodes begrenzt. Vgl. etwa Braselmann (1981: 174), die Konnotation als „kommunikative Nutzbarmachung von (sub-) kodeverweisenden Merkmalen" definiert.

[63] Siehe unten Abschnitt 4.4 für eine Diskussion dieses Ansatzes im Zusammenhang mit einer interaktiven Konzeptualisierung von Emotionen.

(Osgood/Suci/Tannenbaum 1957: 7). Als Konstante zwischen symbolischer und direkter Vermittlung fungiert die gleichbleibende Einstellung des Sprechers gegenüber einem Gegenstand, die sich in den kognitiven Repräsentationen desselben widerspiegelt und damit zu einem Teil der Wortbedeutung wird. Die Bedeutungsaspekte, um die es primär geht, sind die kognitiven Repräsentationen von Einstellungen der Mitglieder einer Sprachgemeinschaft (bzw. einer Auswahl derselben) bezüglich der denotierten Gegenstände oder Sachverhalte. Diese affektiven bzw. evaluativen Reaktionen bilden den ‚semantischen Hof' eines Wortes, seinen ‚semantischen Raum' (*semantic space*).

Eine zentrale Rolle bei der Ermittlung subjektiver Bedeutungsaspekte kommt dem *semantischen Differential* zu, einem methodisch kontrollierten Assoziationsverfahren, das auf der Basis von vorgegebenen, bipolar strukturierten, siebenstufigen Eigenschaftslisten operiert.[64] Grundlegend ist die Annahme eines Parallelismus' verschiedener Erfahrungsdimensionen, aufgrund dessen Stimuli aus verschiedenen Bereichen die gleiche Bedeutung haben können, in diesem Fall: mit den gleichen Einstellungen verbunden sein können.[65] Bei den jeweiligen Zuordnungen spielt sowohl die Qualität (über die Auswahl einer Eigenschaft) wie auch die Intensität (über die Positionierung auf der entsprechenden Skala) eine Rolle. Aus der Einordnung eines Wortes auf den verschiedenen Eigenschaftsskalen ergibt sich sein spezifischer semantischer Raum, also die Sphäre der es umgebenden subjektiven Bedeutungskomponenten. Diese können von Individuum zu Individuum variieren, zeigen jedoch insgesamt eine deutliche Übereinstimmung. Aus der Fülle der verzeichneten Einstellungen lassen sich auf empirischem Wege übergeordnete Kategorien herauskristallisieren, die die relevanten Dimensionen des semantischen Raums darstellen. Unter diesen Dimensionen ist an erster Stelle die der *Evaluation* zu nennen.[66] Daneben kommt den Kategorien der Potenz (*potency*)[67] sowie der Aktivität (*activity*)[68] eine vorrangige Stellung zu. Offensichtlich ist der semantische Raum eines Wortes komplex; seine emotionalen Bedeutungskomponenten sind multidimensional strukturiert. Häufig interagieren die verschiedenen Dimensionen, wobei die evaluative Dimension eine Art ‚Sog-Effekt' auszuüben

---

64 Vgl. Osgood/Suci/Tannenbaum (1957: 20): „The semantic differential is essentially a combination of controlled association and scaling procedures. We provide the subject with a concept to be differentiated and a set of bipolar adjectival scales against which to do it, his only task being to indicate, for each item (pairing of a concept with a scale), the direction of his association and its intensity on a seven-step scale."
65 Fraglich bleibt hier wie bei allen Verfahren, die auf der Basis von Eigenschaftslisten operieren, inwieweit die Auswahl der Adjektive nicht bereits die Ergebnisse steuert, insofern die Dimensionen vorgegeben werden, innerhalb derer sich die Einstellungen bewegen können. Auf diesen problematischen Aspekt weisen Osgood/Suci/Tannenbaum (1957: 20) auch selbst hin.
66 Vgl. Osgood/Suci/Tannenbaum (1957: 72): „A pervasive *evaluative factor* in human judgment regularly appears first and accounts for approximately half to three-quarters of the extractable variance." Die evaluative Dimension wird in die folgenden, durch typische Adjektive veranschaulichten Untertypen untergliedert: moralisch (*clean, fair, valuable*), ästhetisch (*nice, sweet*), sozial (*honest, beautiful*), emotional (*soft, peaceful, relaxed*).
67 ‚Potenz' wird inhaltlich definiert über „power and the things associated with it, size, weight, toughness, and the like" (Osgood/Suci/Tannenbaum 1957: 72f.).
68 Die als autonome Kategorie wenig gesicherte Dimension der ‚Aktivität' ist „concerned with quickness, excitement, warmth, agitation and the like" (Osgood/Suci/Tannenbaum 1957: 73).

scheint, durch den die übrigen Dimensionen – insbesondere aber die der Potenz – ebenfalls evaluativ eingefärbt werden und ihre Eigenständigkeit teilweise aufgeben können:

> Evaluation thus appears as a highly generalizable attribute which may align itself with almost any other dimension of meaning, depending on the concept being judged – and it is most often the dominant attribute of judgment (Osgood/Suci/Tannenbaum 1957: 188).[69]

Die Leistung der von Osgood/Suci/Tannenbaum durchgeführten Untersuchungen liegt m.E. darin, die semantische Multidimensionalität subjektiv-emotionaler Bedeutungskomponenten hervorgehoben und diese zugleich empirisch abgesichert zu haben. Evaluation bzw. Valenz, Potenz und Aktivität sind ganz offensichtlich universale Dimensionen des affektiven Bedeutungssystems.[70] Aus einer interaktionistischen Perspektive bleibt jedoch die zur Erhebung emotionaler Bedeutungskomponenten entwickelte Methode des semantischen Differentials, die kontextuelle wie kommunikative Faktoren völlig unberücksichtigt läßt und auf vorgegebene Eigenschaftslisten bei kontextfrei präsentierten Begriffen rekurriert, eher fragwürdig. Dennoch können die hier erzielten Ergebnisse, insbesondere die semantische Differenzierung im Bereich emotionaler Bedeutungen, auch für die Untersuchung des Ausdrucks von Gefühlen in gesprochener Alltagssprache von Gewinn sein.[71]

Bislang wurden semantische Aspekte des Gefühlsausdrucks in erster Linie von ihrer spezifischen Art des Bedeutens her in den Blick genommen. Sie erscheinen als eine zusätzliche, auf anderen Voraussetzungen basierende semantische Komponente, die die ‚eigentliche' Bedeutung gleichsam umhüllt. Diese Sichtweise wurde mit der von Osgood/Suci/Tannenbaum gewählten metaphorischen Begrifflichkeit besonders deutlich. Daneben gibt es auch Ansätze, die nicht von verschiedenen Bedeutungstypen, sondern von der Frage nach den semantischen Realisierungsmöglichkeiten der *inhaltlichen* Kategorie der Emotionalität ausgehen. Aus einer solchen Perspektive liegt das Feld der Emotionalität quer zu der Unterscheidung verschiedener Bedeutungstypen: Konnotationen – dies klang bereits an – müssen nicht affektiv gefärbt sein und emotionale Bedeutungen umfassen mehr als Konnotationen. Hinzu kommen auf der lexikalischen Ebene insbesondere die sogenannten *Gefühls-* bzw. *Emotionswörter*, also Lexeme wie *Liebe, Haß, Trauer* etc., deren Bedeutung einer begrifflichen Kategorisierung emotionaler Erfahrungen entspricht.[72]

Eine solche, eher inhaltlich bestimmte Annäherung an emotionale Bedeutungen unternimmt Volek (1977: 129), wenn sie den sprachlichen Gefühlsausdruck als ein „Phänomen von semantischer Natur, als eine Gesamtheit von Bedeutungen spezifischer Art" ansieht, die auf der Basis verschiedener Bedeutungstypen untergliedert werden.[73] Volek (1977: 129) unterscheidet „zwischen sprachlichen Einheiten mit notionalen Bedeutungen, die aus

---

[69] Vgl. unten Abschnitt 4.4.1 zur Relevanz der evaluativen Dimension.
[70] Vgl. ähnlich Engelkamp (1981: 458).
[71] Vgl. unten Abschnitt 4.4.
[72] Für eine Beschreibung von Gefühlswörtern, die den jeweiligen Begriffsinhalt unter Rekurs auf semantische Primitive als Abkürzung einer Standardsituation modelliert, siehe Wierzbicka (1972 und 1992). Eine diachrone Betrachtung des deutschen Gefühlswortschatzes, die dessen semantische Auffächerung mit sozialgeschichtlichen Entwicklungen in Verbindung bringt, findet sich bei Jäger/Plum (1988). Kövecses (1990) interessiert sich für alltagsweltliche Konzeptualisierungen von Emotionen, die er durch eine semantische Analyse von Gefühlswörtern aufzudecken sucht; ähnlich Tritt (1992).
[73] Siehe auch Volek (1987 und 1990).

Begriffsmerkmalen zusammengesetzt sind, und sprachlichen Einheiten mit emotionalen Bedeutungen, die auf Erlebnismerkmalen beruhen." Die Klasse der nicht-notionalen Einheiten ist ausgesprochen klein; sie umfaßt v.a. die Interjektionen. Ihr Designat ist das „*emotionale Erlebnis* des Sprechers als ein psycho-physisches Phänomen. D.h. die emotionale Benennung drückt die Komponente der Empfindung und des Erlebnisses aus, die einen wesentlichen Bestandteil der emotionalen Haltung ausmachen" (Volek 1977: 130). Ein Charakteristikum der auf Erlebnismerkmalen basierenden emotionalen Bedeutungen ist das Fehlen einer begrifflichen Verallgemeinerung.[74] Damit stehen sie in Kontrast zu den notionalen Gefühlswörtern, denen gerade die Erlebniskomponente fehlt. Nach Volek wird die emotionale Haltung jedoch meist über Mischformen ausgedrückt, in deren komplexen Designata sich beide Bedeutungskomponenten überlagern.[75] Die Erlebniskomponente kann – etwa in Gestalt eines Diminutivsuffixes – auch ausdrucksseitig manifest werden. In der Mehrzahl der Fälle wird das komplexe Designat jedoch nicht ausdrücklich durch distinkte morphologische Formen signalisiert.

Der Differenzierung Voleks vergleichbar ist der Vorschlag von Péter (1984), der zwischen *gefühlsbezeichnenden* und *emotional gefärbten Wörtern* einerseits sowie der *Andeutung* andererseits unterscheidet. Mit gefühlsbezeichnenden Wörtern werden Gefühle rein begriffsmäßig erfaßt. Emotional gefärbte Wörter sind „sprachliche Elemente, deren Bedeutung eine gefühlsmäßige Bewertungskomponente enthält" (Péter 1984: 247). Sie stimmen weitgehend mit den komplexen emotionalen Bedeutungen Voleks überein. Die Andeutung stellt demgegenüber eine „grundsätzlich abweichende Art des Gefühlsausdrucks" dar, die nur für einen sehr begrenzten Teilbereich, nämlich die Intonation, die Interjektionen und die Modalwörter charakteristisch ist. Es handelt sich

> um eine besondere Abart der sprachlichen Repräsentation, um eine *Andeutung* gewisser psychischer Zustände oder inneren Erlebens mittels intentionaler Zeichensetzung. Der eigenartige ‚globale' Charakter dieser Andeutung läßt sich vor allem durch das Wesen der angedeuteten Bewußtseinsinhalte, durch ihre Ungegliedertheit erklären und nicht [...] durch den angeblich paralinguistischen Charakter der Ausdrucksmittel (Péter 1984: 248).

Anders als Péter stellt Volek (1977: 133) in ihrer Bestimmung der spezifisch emotionalen Erlebniskomponente jedoch nicht die Ungegliedertheit eines Bewußtseinsinhalts, sondern den indexikalischen Verweis auf das sprechende Subjekt heraus.[76] Komplexe Designata umfassen das designierte Phänomen selbst, aber auch den Verweis auf die emotionale Haltung des Sprechers zu demselben. Diese automatische Mitbezeichnung des Sprechers als Träger der emotionalen Haltung unterscheidet die emotionalen Benennungen grundlegend von den notionalen. Volek (1990: 332) spricht von einer „concommittance of the speaker, which has an indexical nature." Diese verleiht dem emotionalen Zeichen den Charakter eines *symbolischen Indexes* (*symbolic index*). Das emotionale Zeichen ist „basically arbitrary and conventional, but it automatically indicates the speaker as the bearer of the emotion expressed and also the emotion itself is directly pointed to rather than represented." Mit Blick auf ihren semiotischen Status unterscheiden sich emotionale und notionale Zeichen folglich in zweifacher Hinsicht, nämlich „in the way the

---

[74] Volek (1990: 328) spricht von „usually intentional and always *direct expression of emotions by the speaker*", wobei *direct* zu verstehen ist als „not mediated by a notion or concept."
[75] Typologische Überlegungen dazu finden sich bei Volek (1977: 134f. und 1990: 329ff.).
[76] Vgl. ähnlich Konstantinidou (1997: 94ff.).

sign represents its object (denoting vs. expressing) and in the way it means (notional vs. experiential)" (Volek 1990: 330).

Auch Kerbrat-Orecchioni (1980: 82) betont die Indexikalität emotionaler Bedeutungen, die alle ein ‚*c'est moi qui le dis*' enthalten, d.h. ihre Bedeutung ist nicht situations- bzw. sprecherunabhängig anzugeben. Aufgrund dieser Eigenschaft gehören sie zu den ‚Subjektivemen', also zu denjenigen Einheiten, die – wie die (personale) Deixis – Spuren des sprechenden Subjekts in der Äußerung als dem Produkt des Redeaktes darstellen.[77] Die Beschäftigung mit emotionalen Bedeutungen erfolgt hier als semantische Fortführung bzw. Konkretisierung äußerungstheoretischer Positionen,[78] wobei das angenommene Merkmal /affektiv/ jedoch nicht weiter spezifiziert wird.

Als Fazit der vorausgegangenen Abschnitte bleibt festzuhalten, daß sich aus wortsemantischer Perspektive zwei Aspekte für die Charakterisierung emotionaler Bedeutungen als relevant erweisen, nämlich zum einen der indexikalische Verweis auf den Sprecher und zum anderen die Vielfalt der beteiligten semantischen Dimensionen, unter denen die evaluative eine prominente Rolle zu spielen scheint. Auf beide Aspekte wird im Zusammenhang mit der Entwicklung eines interaktiven Emotionskonzeptes noch einmal zurückzukommen sein.[79] Den Überblick über semantische Positionen beschließe ich mit einer Diskussion von Arbeiten, die nicht auf der Ebene des Wortes, sondern auf der der Proposition bzw. der Äußerung ansetzen und Emotionalität unter Rekurs auf das Modalitätskonzept bestimmen.

2.4.2 Emotionale Modalität

Der Bereich der Modalität gilt vielen als prototypische und zugleich offenkundigste Domäne der Subjektivität.[80] Insofern ist es nicht verwunderlich, daß hier ein weiterer Schwerpunkt linguistischer Konzeptualisierungen des Gefühlsausdrucks liegt. Den Ausgangspunkt bildet ein im Gegensatz zum logischen Verständnis kommunikativ erweitertes Modalitätskonzept, das Haltungen und Einstellungen des sprechenden Subjekts gegenüber dem Mitgeteilten in den Mittelpunkt stellt. Diese Differenzierung kommt zumeist in der begrifflichen Gegenüberstellung von sprecherzentrierter *subjektiver* und aussagenzentrierter *objektiver* Modalität zum Ausdruck, womit zunächst ganz allgemein das Verhältnis der Aussage zur Realität bzw. zur Realisierung näher bezeichnet wird. Während objektiv modalisierte Äußerungen eine „uneingeschränkte oder kategorische Ich-sage-das-Komponente enthalten", drücken subjektiv modalisierte Äußerungen „die Vorbehalte des Sprechers gegen ein uneingeschränktes, kategorisches ‚Ich-sage-das' (nämlich, daß die in seine Äußerung eingebettete Proposition den Tatsachen entspricht)" (Lyons 1983: 398) aus. Leichte Unterschiede bestehen in den Auffassungen der subjektiven Modalität als „Art, in

---

[77] Vgl. Kerbrat-Orecchioni (1980: 73), die Subjektiveme als „unités signifiantes dont le signifié comporte le trait [subjectif] et dont la définition sémantique exige la mention de leur utilisateur" bestimmt.

[78] Siehe oben Abschnitt 2.1.

[79] Siehe unten die Abschnitte 4.3.2.1 und 4.4.

[80] Vgl. etwa Lyons (1982). Bereits spezifischer auf Emotionen bezogen heißt es bei Parret (1986: 7): „La compétence passionnelle est une compétence modale, le réseau des passions qu'est la subjectivité est un réseau de valeurs."

welcher sich der Sprecher zu dem bezeichneten Vorgang verhält, vor allem seine Einschätzung der Realität dieses Vorgangs" (Helbig/Buscha ¹²1989: 131), als „Haltung des Sprechers gegenüber dem Mitgeteilten" (Ludwig 1988: 88), als „subjektive Stellungnahme eines Sprechers zu einem in p dargestellten Sachverhalt" (Sandhöfer-Sixel 1990: 267) oder als „expression de l'attitude du locuteur par rapport au contenu propositionnel de son énoncé" (Le Querler 1996: 61, im Original kursiv). Die verschiedenen Definitionen stimmen jedoch überein in der Annahme, wonach die modale Komponente in einer subjektiven Einstellung bestehe, die mit dem objektiven Aussageinhalt bzw. dem propositionalen Gehalt kontrastiere. Diese Einstellungsbekundung ist einem Kommentar (des Sprechers) vergleichbar, mit dem Propositionen in bewertende Äußerungen überführt werden.[81]

Parallel zu dem logisch inspirierten, auf wenige Haltungen begrenzten Modalitätskonzept entwickelte sich insbesondere im französischsprachigen Raum eine eher psychologische Auffassung, die auch die im alltäglichen Sprachgebrauch überwiegenden modalen Werte, für die sich die Logik üblicherweise gar nicht interessiert, berücksichtigt. Nach diesem weiten Verständnis umfaßt die Modalität alle Haltungen eines Sprechers zu dem in der Proposition mitgeteilten Sachverhalt. Neben der Äußerungsmodalität (*modalité d'énoncé*), die auf die Haltung des Sprechers zum Inhalt seiner Äußerung Bezug nimmt, gerät auch die Modalität des Äußerns (*modalité d'énonciation*), die die Beziehung zum Partner akzentuiert, in den Blick, so daß es in den letzten Jahren zu einer deutlichen Auffächerung des Modalitätskonzeptes gekommen ist. Le Querler (1996: 41) spricht sogar von einer „véritable explosion de modalités nouvelles." Im folgenden will ich der Frage nach der Verortung des Gefühlsausdrucks innerhalb der verschiedenen Modalitäten nachgehen.

Eine spezifisch emotionale Modalität nimmt bereits Bally (⁴1965a) an. Bally sieht – ausgehend von den zu versprachlichenden mentalen Inhalten – im Satz die einfachste Form der Übermittlung einer Vorstellung. Die Vorstellung – *représentation* in seiner Terminologie – wird nie völlig ‚wertneutral' präsentiert, vielmehr gibt der Sprecher immer auch eine bestimmte Haltung zu erkennen. Dem *dictum* als dem propositionalen Teil und sprachlichen Pendant der *représentation* steht die Modalität als die jeweils unterschiedliche Präsentation der Vorstellung gegenüber. Das Spektrum modaler Einstellungen leitet Bally unter Rekurs auf die traditionelle philosophisch-psychologische Vermögenslehre und ihre Klassifikation der geistigen Fähigkeiten in Denken, Wollen und Fühlen her. Dies führt zu der primär analytischen Unterscheidung zwischen Tatsachenbehauptung (*jugement de fait*), Werturteil (*jugement de valeur*) und Wunsch bzw. Wollen (*volition*). Die Modalität bildet das eigentliche Herzstück des Satzes, selbst wenn sie keine exakte Entsprechung in seiner ausdrucksseitigen Struktur hat.[82]

Ähnlich wie Bally unterscheidet auch Ludwig (1988: 88f.) zwischen drei Typen der Sprecherhaltung, die er *darstellende*, *appellative* sowie *expressive* Modalität nennt. Die Nähe dieser Differenzierung zu den drei Polen des Bühlerschen *Organon*-Modells wird

---

[81] Vgl. ähnlich Helbig/Buscha (¹²1989: 505) mit Blick auf die semantisch-kommunikativen Eigenschaften der Modalwörter.

[82] Als ‚natürliche' Ausdrucksformen der Modalität gelten paralinguistische Phänomene wie die *signes musicaux* – Ballys Sammelbegriff für intonatorische und prosodische Erscheinungen – und die sprachbegleitende Mimik und Gestik. Zu den verbalen Ausdrucksformen gehören Interjektionen, Modalverben, wertende Adjektive und/oder Adverbien sowie bestimmte Tempus- bzw. Modusmarkierungen. Vgl. Bally (⁴1965a: 45ff.) und Le Querler (1996).

nicht nur über die gewählte Terminologie deutlich. Ludwig stellt diesen Bezug auch explizit her, indem er die Kategorie der expressiven Modalität mit der Ausdrucksfunktion Bühlers parallelisiert. Im Unterschied zu sprachfunktionalistischen Ansätzen stehen hier jedoch nicht einzelne Sprachzeichen im Mittelpunkt, sondern eine spezifische semantisch-kommunikative Dimension. Die expressive Modalität wird über die positive bzw. negative *Bewertung* eines Sachverhaltes durch den Sprecher definiert. Ludwig spricht daher auch von ‚Sprecherbewertung'. Diese umfaßt neben den Bewertungen im engeren Sinn Manifestationen des Erstaunens.[83] Ludwig konzentriert sich im Rahmen seiner Untersuchung auf die ‚intellektuelle' Dimension und damit auf diejenigen Modalisierungen, die primär die ‚Sprechergewißheit' betreffen. Die expressive bzw. emotionale Modalität wird nur am Rande im Zusammenhang mit typologischen Überlegungen erwähnt.

Le Querler (1996: 10) unterscheidet zwischen subjektiven, intersubjektiven und objektiven Modalitäten. Während die erste Kategorie die innere Haltung des sprechenden Subjekts zum Inhalt seiner Äußerung betrifft, hat der zweite, in Ansätzen interaktiv konzipierte Modalitätstyp die Beziehung des sprechenden Subjekts zu einem anderen Subjekt hinsichtlich des Inhalts seiner Äußerung zum Gegenstand. Zur ersten Gruppe gehören die *modalités appréciatives* oder *axiologiques*. Es sind dies „modalités par lesquelles le locuteur exprime son appréciation (approbation, blâme, indignation par exemple) sur le contenu propositionnel" (Le Querler 1996: 85). Die Parallelen zu wortsemantischen Konzeptualisierungen emotionaler Bedeutungskomponenten liegen auf der Hand: Während die Haltungen des Sprechers im Falle emotionaler Bedeutungskomponenten in die Bezeichnung eines Gegenstandes einfließen, erscheinen sie im Falle der modalen Komponente als emotionale bzw. bewertende Haltung bezüglich eines im propositionalen Äußerungsteil zum Ausdruck gebrachten Sachverhaltes.

Zu den bislang eher seltenen empirisch ausgerichteten Untersuchungen, die sich – noch dazu auf einer mündlichen, allerdings deutschen Textbasis – speziell mit der emotionalen Modalität befassen, gehören die Arbeiten von Sandhöfer-Sixel (1988 und 1990). Sandhöfer-Sixel unterscheidet zunächst zwischen der Gültigkeitsmodalität und der emotionalen Modalität. Zur Bestimmung der emotionalen Modalität rekurriert sie auf psychologische Emotionsdefinitionen, die sie auf ihre ‚linguistisch relevanten Aspekte' reduziert.[84] Als linguistisch relevant gilt dabei die von einigen neueren Emotionstheoretikern vertretene Annahme, wonach Emotionen in ihrer Aktualgenese auch kognitive Anteile – insbesondere Bewertungen – enthalten.[85] Dem trägt Sandhöfer-Sixel (1990: 276) dadurch Rechnung, daß sie die emotionale Modalität – ähnlich wie in den meisten der zuvor diskutierten Konzeptualisierungen – als eine Form der Bewertung des in der Proposition dargestellten Gegenstandes auffaßt:

> Emotionale Bewertung als modale Kategorie meint die persönliche Anteilnahme des Sprechers an einem Gegenstand (der äußeren und inneren Welt) und umfaßt sowohl Bewertungen des affektiven Typs, mit denen der Sprecher über seine subjektive Befindlichkeit informiert, als auch kognitive

---

[83] Vgl. Ludwig (1988: 79). Zur Relevanz des Erwartungsbruchs im Zusammenhang mit Emotionsmanifestationen siehe auch unten Abschnitt 5.3.1.
[84] Vgl. Sandhöfer-Sixel (1988: 30).
[85] Siehe dazu unten Abschnitt 4.1.2.

Bewertungen, die des Sprechers Beurteilung eines Gegenstandes vor dem Hintergrund eines Wertsystems und mit Hilfe eines bestimmten Wertmaßstabs kundtun.[86]

‚Emotionale Modalität' fungiert damit als Oberbegriff für Bewertungen kognitiver wie affektiver Natur, die sich durch einen jeweils anderen propositionalen Gehalt – Sprecherbefindlichkeit vs. Gegenstand – unterscheiden.

Affektive Bewertungen sind „*selbstbeschreibende* Urteile, mit denen der Sprecher über seine emotionale Befindlichkeit (möglicherweise, aber nicht notwendigerweise gegenüber einem Gegenstand) informiert" (Sandhöfer-Sixel 1990: 269). Als Beispiel gibt Sandhöfer-Sixel Äußerungen vom Typ *Ich bin glücklich* oder *Ich hasse Anna*. Kognitive Bewertungen – bei ihr auch als ‚kognitive Etikettierungen' bezeichnet – sind umweltbeschreibende Urteile wie *Die Hose sitzt nicht richtig*, „mit denen der Sprecher darüber informiert, wie er einen Gegenstand auf der Basis eines bestimmten Wertsystems und unter Heranziehen eines Wertmaßstabs qualifiziert" (Sandhöfer-Sixel 1990: 269). Unter der Voraussetzung, daß Sprecher und modales Subjekt übereinstimmen, also Sprecher- und Subjektsbezug identisch sind, stellen affektive Bewertungen Emotionsthematisierungen dar,[87] bei denen die Grenze zwischen modaler und propositionaler Komponente verschwimmt. Kognitive Etikettierungen sind demgegenüber Bewertungen, deren affektive Anteile sich eher indirekt über die Korrelation mit den Interessen des bewertenden Subjekts ergeben. Die affektive Komponente ist an Erfahrungen vom Typ ‚Lust – Unlust' gebunden, während die kognitive Komponente auf – positiven oder negativen – Evaluationen beruht.

Als Zwischenbilanz ergibt sich an dieser Stelle, daß Sandhöfer-Sixel wie auch Ludwig und Le Querler die emotionale Modalität in ihrem Kern über die evaluative Dimension bestimmen. Diese Konzeptualisierung legt – ähnlich wie die zuvor diskutierten wortsemantischen Positionen – die Vermutung nahe, daß sich die Spezifizität der emotionalen Bedeutung bei einer genaueren Betrachtung in andere semantische Kategorien ‚auflöst', wobei an erster Stelle die des Bewertens stehen dürfte.[88] Eine solche Bestimmung von Gefühlen über Bewertungen findet ihre spiegelbildliche Entsprechung in der Charakterisierung von Bewertungen über Gefühle. So versteht Ayer (1970) Werturteile nicht als Aussagen über die beurteilten Gegenstände, sondern über die Gefühle, die sie im Sprecher hervorrufen. Äußerungen der Form *X ist gut/schlecht* sind demnach als ein verkürzter Ausdruck von *X ruft in mir ein positives/negatives Gefühl hervor* zu verstehen.

Während die Annahme einer subjektiven bzw. emotionalen Modalität in den bisherigen Arbeiten auf der Ebene des Satzes bzw. der Äußerung zum Tragen kam, liegt mit Maynard (1993) ein integrativer Ansatz vor, der – unter Rekurs auf Überlegungen aus dem Bereich der kognitiven Semantik – das Modalitätskonzept zum Ausgangspunkt für die Entwicklung einer subjektiven Diskurssemantik wählt. Dabei wird der für eine kommunikations-

---

[86] Vgl. ähnlich Helbig/Buscha ([12]1989: 507), die zur Spezifizierung der emotionalen Modalität ein (allerdings nicht weiter präzisiertes) Merkmal /emotional/ annehmen: „Das Merkmal [+emotional] bedeutet, daß eine *emotionale* Bewertung im Spiele ist, im Unterschied zu einer *modalen* Bewertung, die die Realität (z.B. den Sicherheitsgrad) einer Aussage betrifft [-emotional]." In der Neubearbeitung der *Deutschen Grammatik* von 2001 taucht die Kategorie der emotionalen Modalität nicht mehr auf. Erwähnt werden lediglich sogenannte Emotionsindikatoren, die „die gefühlsmäßige Einstellung des Sprechers zum Sachverhalt ausdrücken" (Helbig/Buscha 2001:435).

[87] Siehe unten Abschnitt 4.3.2.

[88] Siehe unten Abschnitt 4.4.1.

wissenschaftliche Modellierung der Emotionen ausgesprochen interessante Versuch unternommen, semantische und interaktionistische Positionen miteinander zu verbinden.

Das Ziel Maynards (1993: 4) ist es, die subjektiven Anteile in der Sprache, die der Selbstrepräsentation des sprechenden Subjekts und hier wiederum in erster Linie dem Ausdruck seiner emotionalen Haltungen dienen können, genauer zu beschreiben: „The primary question addressed in this study is this: How exactly is language designed to express one's emotion, to express one's voice?" Während das Konzept der Subjektivität im Rahmen dieses Ansatzes ausführlich entwickelt wird, erscheint der Begriff des Gefühls bzw. der Emotion jedoch nur in einem nicht-spezifizierten alltagssprachlichen Sinn. Die (Diskurs-) Modalität wird in ihrem Kern mit sprachlicher Subjektivität gleichgesetzt.[89] Zu den modalen Aspekten gehören nicht nur emotionale Haltungen des sprechenden Subjekts gegenüber dem Mitgeteilten, sondern auch seine Einstellungen gegenüber dem Gesprächspartner:

> Discourse Modality refers to information that does not or only minimally convey objective propositional message content. Discourse Modality conveys the speaker's subjective emotional, mental or psychological attitude toward the message content, the speech act itself or toward his or her interlocutor in discourse (Maynard 1993: 38).[90]

In der Auseinandersetzung mit traditionellen japanischen Quellen wird eine interaktive Erweiterung der Subjektivität entwickelt, die auf der Vorstellung eines nicht-autonomen Selbst fußt, das sich in Teilen über seine Bezüge zu anderen definiert. Wir begegnen hier erneut – allerdings in einem völlig anderen wissenschaftshistorischen Kontext – der bereits bei Bally und Benveniste in nuce angedeuteten sozialen Konzeption des sprechenden Subjekts.[91]

Maynards Konzept der Diskursmodalität bildet den theoretischen Hintergrund für eine empirische Analyse verschiedener Subjektivitätsindikatoren des Japanischen – einer Sprache, in der Informationen über die persönliche Haltung des Sprechers quasi obligatorisch zu sein scheinen und die daher über einen entsprechend reichhaltigen, grammatikalisierten Formenbestand verfügt.[92] Im Mittelpunkt seiner Untersuchung stehen die „non-referential, i.e., emotionally expressive, personal and interpersonal, meanings of certain Japanese signs" (Maynard 1993: 4), deren pragmatisch-kommunikative Aspekte mit einer kognitiven Bedeutungstheorie erfaßt werden, in der das Konzept der ‚Szene' einen zentralen Stellenwert erhält.[93] Allerdings ist zu fragen, inwiefern ein für die Analyse isolierter sprachlicher Zeichen entwickelter kognitiv-semantischer Ansatz auch für eine umfassende Beschreibung von Emotionen in der Interaktion fruchtbar gemacht werden kann. Aufgrund der hier vollzogenen ‚Semantisierung' pragmatisch-kommunikativer Aspekte und ihrer Verortung in einem nur mehr metaphorisch zu verstehenden Modalitätskonzept, dürfte dies kaum möglich sein.

---

[89] Als weitere konstitutive Eigenschaften kommen Interaktionalität und Textualität hinzu.
[90] Vgl. ähnlich, wenn auch ohne psycho-soziale Konkretisierung, Le Querler (1996).
[91] Siehe dazu auch unten Abschnitt 4.1.1.
[92] Siehe auch Iwasaki (1993).
[93] Unter ‚Szene' versteht Maynard (1993: 40) „an emotional and conceptual space established and activated by participants of communicative interaction within which states and events are identified, interpreted and described."

Ebenfalls sehr weit ist auch das Modalitätskonzept, das in einigen konversationsanalytischen Arbeiten entwickelt wird. Anders als bei Maynard stehen hier jedoch interaktionale Aspekte im Vordergrund. Das konversationsanalytische Konzept der *Interaktionsmodalität*, das in seinen Grundzügen auf die Schützsche Vorstellung von den ‚mannigfaltigen Wirklichkeiten' zurückgeht,[94] ermöglicht es, interaktionssemantische Aspekte in eine ansonsten primär auf strukturelle Phänomene konzentrierte Beschreibung zu integrieren. Zwar verweist der Begriff der Interaktionsmodalität allgemein auf Facetten der Realitätskonstitution in der Interaktion, seine überzeugendste Anwendung hat er bislang jedoch bei der Charakterisierung subjektiver bzw. emotionaler Modalitäten gefunden. Kallmeyer (1979a) rekurriert im Zusammenhang mit der Beschreibung einer ‚Exaltation' genannten konversationellen Aktivität auf diese Vorstellung.[95] Auch Müller (1983, 1984, v.a. Kapitel 6, und 1992) arbeitet mit der Annahme von Interaktionsmodalitäten, um die von den Interaktanten im Verlaufe eines Gesprächs vollzogenen Wechsel zwischen ‚Spaß' und ‚Ernst' zu konzeptualisieren. Zu den „types of ‚emotive' modes" zählt er ‚Bewunderung', ‚Ekel', ‚Freude', ‚Angst', *coolness* und ‚Hysterie'.[96]

2.5 Fazit

In den vorausgehenden Abschnitten wurden verschiedene linguistische Perspektiven auf das Verhältnis von Sprache und Emotionen diskutiert. In einem allgemeinen Sinn klingt diese Problematik bereits in der Konzeptualisierung von Sprache schlechthin an, insbesondere in der spannungsreichen Beziehung zwischen dem sozial verfaßten Sprachsystem und der individuellen Rede. Eine differenziertere Auseinandersetzung mit dem sprachlichen Gefühlsausdruck findet sich in funktionalistischen Ansätzen der Sprachbetrachtung, wobei insbesondere in älteren Arbeiten der zeichentheoretische Status im Vordergrund stand. Hier überlappen – im Anschluß an Bühlers Ausdrucksfunktion – symbolische und symptomati-

---

[94] Schütz (1971: 237) definiert ‚Wirklichkeit' zunächst ganz allgemein als „ein Verhältnis zu unserem emotionalen und tätigen Leben", präzisiert jedoch sogleich, daß es „mehrere, wahrscheinlich sogar unendlich viele Wirklichkeitsbereiche [gibt], von denen ein jeder eine eigene und gesonderte Daseinsweise hat." Das jeweils unterschiedliche Verhältnis zum Leben bildet die Grundlage für die unterschiedlichen Wirklichkeitsbezirke oder *geschlossenen Sinnbereiche*. Dieses Verhältnis manifestiert sich im wesentlichen in den verschiedenen Graden der Bewußtseinsspannung eines Individuums als den „Funktionen des sich stets verändernden Interesses am Leben" (Schütz 1971: 243). Im Handeln erleben wir den unmittelbarsten und stärksten Kontakt mit dem Leben während der Traum als der niedrigste Spannungsgrad durch völlige Interesselosigkeit gekennzeichnet und damit am entgegengesetzten Ende der Skala anzusiedeln ist. Jeder geschlossene Sinnbereich zeichnet sich durch einen besonderen, nur ihm eigenen Erkenntnisstil aus. Zu den Aspekten, die für die Konstitution eines solchen relevant sind, gehören: 1. eine spezifische Bewußtseinsspannung; 2. eine spezifische *Epoché*; 3. eine vorherrschende Form der Spontaneität; 4. eine spezifische Form der Selbsterfahrung; 5. eine spezifische Form der Sozialität sowie 6. eine spezifische Zeitperspektive (vgl. Schütz 1971: 267).
[95] Siehe unten Abschnitt 7.3.1.
[96] Für eine ausführlichere Auseinandersetzung mit interaktionssoziologischen und pragmalinguistischen Konzeptualisierungen des Gefühlsausdrucks siehe unten Kapitel 4.

sche Deutungen der sprachlichen Emotionsmanifestationen. Unterschiede lassen sich auch in der Perspektive feststellen, aus der heraus das Verhältnis von Sprache und Emotion beschrieben wird: Während v.a. ältere Arbeiten die Seite des Produzenten und damit den Ausdruck von Emotionen zum Aufhänger nehmen, erfährt in neuerer Zeit die Perspektive des Rezipienten und damit der Eindruck bzw. die Wirkung mehr Interesse. Strukturalistisch orientierte Ansätze wählen demgegenüber häufig eine von Sprecher und Hörer losgelöste, gleichsam vergegenständlichte Sicht auf den emotiven Subkode. Als Vertreter einer vergleichsweise modernen Auffassung kann Bally gelten, der den sprachlichen Gefühlsausdruck zunächst innerhalb der Stilistik verortet und vor diesem Hintergrund auch pragmatische bzw. soziale Aspekte berücksichtigt.

Interesse erregt seit jeher die Spezifik emotionaler Bedeutungen. Einen Schwerpunkt bildet hier die Beschreibung von Gefühlswörtern als den typisierten Kondensaten emotionaler Erfahrungen. Einen weiteren Schwerpunkt stellt die Untersuchung emotionaler Bedeutungsaspekte dar, die innerhalb der Wortsemantik häufig mit dem Konzept der Konnotation erfaßt werden. Auf satz- bzw. diskurssemantischer Ebene entspricht dem das Konzept der emotionalen Modalität, für das ein globaler Verweis auf eine (wertende) Sprecherhaltung konstitutiv zu sein scheint.

Die bisher diskutierten Ansätze zeigen die große Vielfalt der mit dem Themenkreis ‚Sprache und Gefühl' verbundenen Fragen und veranschaulichen zugleich in eindringlicher Weise die Komplexität der Problematik. Allerdings fließen pragmatische Aspekte in diese Studien in der Regel nur am Rande ein. Auch mögliche Ausdrucksformen werden meist nur exemplarisch behandelt und lediglich in wenigen Fällen für eine Einzelsprache konkretisiert. Daher strebt das folgende Kapitel eine auf der Auswertung einiger Grammatiken des Französischen basierende Zusammenschau sprachlicher Mittel des Gefühlsausdrucks an. Als Ausgangspunkt für eine solche Zusammenstellung dienen funktionale Charakterisierungen wie ‚expressiv', ‚affektiv', ‚emotiv' etc., die zunächst für eine Inventarisierung des Formenbestandes herangezogen werden. Darüber hinaus sollen sie auch auf ihren Stellenwert in den jeweiligen Grammatiken, insbesondere auf ihr Erklärungspotential und ihre Beschreibungsadäquatheit hin angesehen werden. Insofern verfolgt die Beschäftigung mit dem Echo, das der sprachliche Gefühlsausdruck in den Grammatiken fand, auch ein wissenschaftstheoretisches Interesse.

> C'est en vain que les passions nous
> boulversent et nous sollicitent
> de suivre l'ordre des sensations.
> La syntaxe française est incorruptible.
>
> Rivarol, *Discours sur l'universalité de
> la langue française*

3 Die Kategorien Affektivität, Emotivität und Expressivität in Grammatiken des Französischen

In den vorausgehenden Abschnitten wurden theoretische Ansätze einer allgemeinen Konzeptualisierung des Gefühlsausdrucks diskutiert sowie deren spezifische Fragestellungen und Erkenntnisinteressen herausgearbeitet. Eine symbolische Deutung des Gefühlsausdrucks, die diesen in den Bereich der sozial verfaßten Sprache stellt, muß zwangsläufig zu der Annahme führen, daß es auch auf diesem Gebiet Regelmäßigkeiten gibt, der Ausdruck von Gefühlen also Konventionen folgt. In diesem Kapitel will ich ergänzend zu der vorausgehenden sprachübergreifenden Reflexion eine stärker einzelsprachenorientierte Perspektive einnehmen. Im Mittelpunkt stehen nun die verschiedenen, mit dem Ausdruck von Gefühlen korrelierten Formen und Strukturen des Französischen. Ziel dieses komplementären Zugangs ist es, sprachliche Mittel des Französischen zu erheben, die gemeinhin mit der Manifestation von Gefühlen assoziiert werden. Vereinzelte Hinweise auf konventionelle Mittel des Gefühlsausdrucks fanden sich schon im vorausgehenden Kapitel. Diese betrafen jedoch in erster Linie den Wortschatz. Außerdem wurden die affektiven Ausdrucksformen dort weder in systematischer Weise berücksichtigt, noch speziell auf das Französische bezogen. Während Systematisierungen affektiver Ausdrucksmittel für andere Sprachen bereits in Ansätzen vorliegen,[1] stehen sie für das Französische noch weitgehend aus.[2] Im folgenden will ich den Akzent daher auf eine Zusammenstellung der grammatisch-strukturellen Mittel des Gefühlsausdrucks im Französischen legen.

Als Grundlage für eine solche Zusammenstellung dienen verschiedene Grammatiken des Französischen. Sofern sie auch funktionale bzw. semantisch-pragmatische Kriterien bei der Beschreibung grammatischer Strukturen berücksichtigen, finden sich in vielen Grammatiken qualifizierende Bezeichnungen wie ‚expressiv', ‚affektiv', ‚emotiv' oder auch ‚emphatisch', um bestimmte Formen oder Strukturen genauer zu bestimmen. Leitend für die folgenden Überlegungen ist daher die Annahme, daß diese funktionalen Etikettierungen auf sprachliche Mittel hinweisen, die primär dem Gefühlsausdruck dienen, so daß man – ausgehend von einer Auswertung verschiedener Grammatiken – zu einem ersten Überblick

---

[1] Vgl. Stankiewicz (1964 und 1989); Ochs/Schieffelin (1989); Caffi/Janney (1994). Für das Russische siehe Volek (1987), für das Wolof Irvine (1990). Emotionale Ausdrucksmittel des Deutschen diskutiert Fries (1992, 1994 und 1996).

[2] Vgl. ähnlich Koch/Oesterreicher (1990: 115), die darauf verweisen, daß eine brauchbare Systematisierung des Feldes der expressiven Ausdrucksformen bislang fehlt. Siehe jedoch das 1995 erschienene Themenheft zu *Grammaire des sentiments* der Zeitschrift *Langue Française* 105.

über den Formenbestand des affektiven Ausdrucks im Französischen gelangen kann. In den nachstehenden Abschnitten wird die herkömmliche grammatische Klassifikation nach Formklassen und Strukturtypen bei der Darstellung der Ergebnisse beibehalten. Allerdings geschieht dies in der Weise, daß nur die im Zusammenhang mit dem Ausdruck von Gefühlen relevanten Aspekte berücksichtigt werden, so daß die Auswahl der behandelten Phänomene einem funktionalen Kriterium folgt. D.h., daß beispielsweise in dem den Determinanten gewidmeten Abschnitt das Interesse ausschließlich denjenigen Aspekten gilt, die als ‚expressiv' oder ‚affektiv' charakterisiert werden, nicht aber den Determinanten an sich.

In die Auswertung gingen die folgenden Grammatiken ein: Arrivé/Blanche-Benveniste/ Chevalier/Peytard (1988): *Grammaire Larousse du français contemporain* [im folgenden zitiert als *Grammaire Larousse]*; Arrivé/Gadet/Galmiche (1986): *La grammaire d'aujourd'hui*; Bally ([4]1965a): *Linguistique générale et linguistique française*; Brunot ([3]1965): *La pensée et la langue*; Dubois/Lagane (1973): *La nouvelle grammaire du français*; Frei (1971): *La grammaire des fautes*; Galichet (1947): *Essai de grammaire psychologique*; Galichet ([5]1973): *Grammaire structurale du français moderne*; Grevisse ([12]1993): *Le bon usage*; Guillaume (1973): *Leçons de linguistique*; Martinet (1979): *Grammaire fonctionnelle du français*; Riegel/Pellat/Rioul ([2]1996): *Grammaire méthodique du français*; Wagner/Pinchon ([14]o.J.): *Grammaire du français classique et moderne* sowie Weinrich (1982): *Textgrammatik der französischen Sprache*. Darüber hinaus werden auch die im *Grand Larousse de la langue française* (1971–1978) unter der Rubrik *Grammaire et Linguistique* erschienenen Artikel Bonnards hinzugezogen.[3]

3.1 Akzente und Intonation

In den Grammatiken des Französischen finden sich kursorische Hinweise auf die affektiven Eigenschaften von Akzenttypen und Intonationsverläufen, die entweder im Zusammenhang mit anderen Manifestationen der Expressivität wie etwa dem Exklamativsatz oder aber in einem eigenen Abschnitt behandelt werden. Von ausnahmslos allen Grammatiken wird der *affektive, emphatische* oder auch *insistierende Akzent* als ein zentrales suprasegmentales Mittel des Gefühlsausdrucks erwähnt. Während der normale Akzent im Französischen auf der letzten Silbe liegt, fällt der affektive Akzent meist auf die erste Silbe konsonantisch bzw. die zweite Silbe vokalisch anlautender Wörter. Dabei verändert sich die Intensität, mit der die betreffende Silbe artikuliert wird. Auch die Parameter der Tonhöhe und der Dauer spielen mit hinein. Der affektive Akzent, der insbesondere bei der Markierung des Superlativs zum Einsatz kommt, ist ein privilegiertes Mittel der Intensivierung. Darüber hinaus ergeben sich auch enge Beziehungen zu Bewertungen. So vermerken Wagner/Pinchon ([14]o.J.: 139), daß es gerade die positiv oder negativ wertenden Adjektive sind, auf die häufig ein affektiver Akzent fällt. Der affektive Insistenzakzent gilt als ein

---

[3] Die Vielfalt der grammatischen Ansätze, die teilweise theoretisch völlig unterschiedliche Ausrichtungen kennen, spiegelt sich auch in der Terminologie wider, die in diesem Kapitel zwangsläufig uneinheitlich ist.

„signal conventionnalisé d'émotion active" (Léon 1993: 142), dem auf der Ebene des Satzes die exklamative Intonation entspricht.

Häufig geht der affektive Akzent auch mit einer Dehnung einher, die wiederum zu einer Verdopplung der Konsonanten – der sogenannten Gemination – oder einer Längung der Vokale führen kann. Frei (1971: 279) sieht in den beiden Verfahren der Vokallängung und Konsonantenverdopplung das fundamentale expressive Prinzip der Wiederholung realisiert. Dem Akzent und der Gemination funktional vergleichbar ist das *staccato*-Sprechen, das in einer „séparation marquée des syllabes" (Galichet [5]1973: 89) besteht. Léon (1993: 143) spricht von *emphase par découpage syllabique* und sieht in diesem Verfahren eine Art stilisiertes, emotionale Beteiligung symbolisierendes Stottern. Ähnliche Wurzeln könnte auch die expressive Verdopplung der ersten (gegebenenfalls einzigen) Silbe eines Wortes (*fifille*, *chienchien*) haben – ein Mittel, das von einigen Autoren ebenfalls als ‚Gemination' bezeichnet wird.[4] Es handelt sich um eine Form mit hypokoristischem Wert, die einen „discours chargé d'intentions affectueuses" (Arrivé/Gadet/Galmiche 1986: 316) indiziert.

3.2 Suffixe

Ein Bereich, in dem lexikalische und morphologische Aspekte des sprachlichen Gefühlsausdrucks überlappen, ist der der Wortbildung, insbesondere der Suffigierung mit Hilfe affektiver Derivationsmorpheme. Suffixe gehören zu den prominentesten Mitteln des Gefühlsausdrucks. Die ihnen häufig inhärente affektive Bedeutung hat ihren Ursprung in einer positiv oder negativ evaluierenden Komponente. Bally ([4]1965a: 248) spricht von *suffixes appréciatifs* „qui expriment des sentiments ou des jugements de valeur déclenchés par l'idée contenue dans le radical." In struktureller Hinsicht sind diese Suffixe einem Adjektiv vergleichbar; unter semantischen Gesichtspunkten lassen sie sich differenzieren in Diminutiva und Augmentativa einerseits, Laudativa und Pejorativa andererseits. Den Diminutiva haftet meist „eine Nuance des Zarten und Zierlichen" an, die Augmentativa haben hingegen „bisweilen eine Nuance des Groben und Grobschlächtigen angenommen" (Weinrich 1982: 368).

3.3 Determinanten

Sowohl der bestimmte und der unbestimmte Artikel als auch die adjektivischen Demonstrativdeterminanten und Possessivdeterminanten können in einer Weise gebraucht werden, die in zahlreichen Grammatiken als affektiv bezeichnet wird. Unter textlinguistischen Gesichtspunkten, die jedoch in den meisten der hier berücksichtigten Grammatiken keine Beachtung finden, lassen sich die affektiven Werte vieler Determinanten auf ihre Markiertheit zurückführen. Diese ergibt sich aus dem Auftauchen einer Form in einem an sich unüblichen Kontext bzw. aus einer speziellen Form des Textverweises. Ihre affektiven Werte

---

[4] Siehe unten Abschnitt 6.1.

wären damit v.a. das Ergebnis eines textuell erzeugten Erwartungsbruchs. Die Grammatiken akzentuieren demgegenüber insbesondere die charakterisierenden Leistungen der Determinanten, durch die eine evaluative Bedeutung entsteht, die der eines Adjektivs ähnelt.

Im Kontext von Exklamativen und primär wertenden Charakterisierungen (z.B. *Il est d'un noir! L'imbecile! Ce sot!*) können sowohl der unbestimmte Artikel wie auch die Demonstrativa expressiv verwendet werden. Aufgrund ihres partikularisierenden Charakters eignen sie sich insbesondere zur Hervorhebung. Nach Wagner/Pinchon ([14]o.J.: 87) lassen sich die unterschiedlichen affektiven Verwendungen der Demonstrativa letztlich auf den primär aktualisierenden Charakter dieser Formen zurückführen, der es erlaube, eine Sache regelrecht vor Augen zu führen.

Als qualifizierend und damit auch als expressiv gilt allgemein der Gebrauch des bestimmten Artikels im Zusammenhang mit Eigennamen:

> En français, l'article placé devant un nom propre ‚caractérise' la personne désignée. [...] La forte expressivité qui se dégage de cet emploi est due à l'interversion des notions de nom commun et de nom propre, ce dernier étant assimilé par figure à un nom commun (Frei 1971: 243).

Demgegenüber sehen Wagner/Pinchon ([14]o.J.: 92) in dieser Verwendung primär eine diastratische Markierung, die nicht notwendigerweise mit einem pejorativen Wert befrachtet sein muß. Als expressiv wird auch das Vorkommen der verschiedenen Determinanten sowie des adjektivischen Possessivums innerhalb der Anrede bzw. in Verbindung mit Vokativen angesehen.

Schließlich kann sich durch das adjektivische Possessivum in Äußerungen vom Typ *Vous m'ennuyez avec votre Monsieur Hulot* eine affektive Beteiligung des sprechenden Subjekts an den geschilderten Sachverhalten manifestieren. Insgesamt scheint gerade das adjektivische Possessivum eine Vielzahl expressiver Bedeutungen zu übermitteln, deren genaue Bestimmung jedoch einige Schwierigkeiten bereitet, da es sich hier um „des rapports fort subtils et à peu près rebelles à l'analyse" (Brunot [3]1965: 153) handelt. Die Autoren der *Grammaire Larousse* (1988: 247) führen die affektiven Werte des adjektivischen Possessivums global auf dessen ‚markierten Charakter' zurück. Brunot ([3]1965: 584) rechnet die affektiv gebrauchten Possessiva und Demonstrativa hingegen aufgrund ihrer qualifizierenden Eigenschaften zu den charakterisierenden Formen, akzentuiert also v.a. ihre evaluative Komponente.

3.4 Personalpronomina

Neben den Determinanten kennen auch die Personalpronomina unterschiedliche, als affektiv bzw. expressiv charakterisierte Verwendungen. Die in den Grammatiken festgehaltenen Beobachtungen beziehen sich zum einen auf pragmatische Verschiebungen im Gebrauch der Pronomina schlechthin, beschreiben also affektive Werte, die sich aus dem abweichenden Gebrauch einer Form relativ zu ihrem Referenten ergeben. Zum anderen betreffen sie die expressiven Eigenschaften der betonten Formen im Unterschied zu den nicht-expressiven klitischen Formen. Darüber hinaus geraten auch bestimmte Verwendungen des unpersönlichen Demonstrativums *ça* sowie der ethische Dativ in den Blick.

Die Inkongruenz zwischen der Person und dem zur Referenz verwendeten Pronomen ist ein stilistisches Mittel, das aus der rhetorischen Figurenlehre als *Enallage der Person* bekannt ist.[5] Die große Flexibilität im Gebrauch der Personalpronomina, durch die Form und Referent – allerdings mit unterschiedlichen expressiven Nuancen – in einem beinahe beliebigen Verhältnis zueinander stehen, läßt diese zu einem privilegierten Mittel der ‚affektiven Syntax' werden: „Par l'effet d'une syntaxe affective, la 1re personne est parfois substituée à la 2e et même à la 3e (dans ce cas, cela peut concerner des choses, rendues ainsi plus présentes, plus actives)" (Grevisse [12]1993: 1001). Die entsprechenden Verwendungen haben häufig einen hypokoristischen Wert; sie sind darüber hinaus im Zusammenhang mit Strategien der Gesichtswahrung sowie der Höflichkeit zu sehen.

Zum expressiven Spiel der Pronomina gehört auch die Personenreferenz mittels des Demonstrativums *ça*. Nach Frei (1971: 240) kommt sie einer Art Metapher gleich, mit der ein semantischer Transfer zwischen Belebtem und Unbelebtem vorgenommen wird. Riegel/Pellat/Rioul ([2]1996: 206) sprechen von einer ‚verweigerten' Kategorisierung: Durch den Gebrauch des neutralen Demonstrativums wird es möglich, „à décatégoriser péjorativement un référent en lui refusant sa dénomination usuelle." Wird *ça* zur Bezeichnung von Menschen verwendet, so wirkt es versächlichend, woraus sich seine überwiegend pejorativen Bedeutungen ergeben.

Nicht nur die ‚metaphorischen' Verwendungen der Pronomina gelten als expressiv, auch den betonten pronominalen Formen wird häufig global die Eigenschaft eines *pronom d'insistance* oder *d'emphase* zugeschrieben. Besonders deutlich wird ihr emphatischer Charakter in der appositiven Verwendung mit einem Nomen oder einem klitischen Pronomen. Nach Weinrich (1982: 79) verleihen solche Formen den Gesprächsrollen des Senders und des Empfängers einen besonderen Nachdruck. Mit dem expressiven Wert der betonten Pronomina hat sich insbesondere Guillaume (1973) befaßt. Innerhalb seines psychomechanischen Ansatzes gelten diese Formen sogar als Indikatoren der Expressivität. Guillaume situiert seine Beschreibung der Pronomina vor dem Hintergrund einer fundamentalen Zweiteilung des Sprachsystems in eine verbale und eine nominale Ebene, wobei er die klitischen Pronomina der verbalen Ebene, die betonten Pronomina hingegen der nominalen Ebene zuordnet. Ausschlaggebend für diese Klassifikation ist im wesentlichen das Kriterium der Expressivität, das an die nominale Ebene gebunden wird, während die verbale Ebene durch *non-expressivité* bzw. „expression seulement" gekennzeichnet ist.[6]

Bisher war nur von Subjektpronomina die Rede; doch auch Objektpronomina kennen expressive Verwendungen. Zahlreiche Grammatiken verweisen auf eine insbesondere in der gesprochenen Umgangssprache übliche und häufig als expletiv bezeichnete Verwendung der Pronomina, die mit dem *ethischen Dativ* des Lateinischen in Beziehung gesetzt wird. Der expressive Wert dieser Pronomina liegt darin, das Involviertsein des Sprechers in die dargestellten Sachverhalte anzuzeigen und/oder die Aufmerksamkeit des Zuhörers zu gewinnen bzw. ihn stärker einzubeziehen:

---

5   Vgl. Drescher (1992: 110ff.).
6   Vgl. Guillaume (1973: 101 und passim): „C'est du côté nominal que se situe, se loge, l'expressivité, et du côté verbal que se situe la simple expression, et le refus d'expressivité qu'elle comporte."

> La langue familière emploie d'une manière explétive le pronom personnel de la 1re ou de la 2e personne, pour exprimer l'intérêt que le locuteur prend à l'action ou pour solliciter l'interlocuteur de s'intéresser à l'action (c'est le *dativus ethicus* de la grammaire latine) (Grevisse ^{12}1993: 1027).

Nach Riegel/Pellat/Rioul (^{2}1996: 226) lädt der Sprecher mit Formulierungen wie *Il TE lui a filé une de ces gifles* den Zuhörer zur emotionalen Beteiligung ein: „Le *datif éthique* [...] s'interprète comme une invitation directe au destinataire (littéralement pris à témoin) à s'investir affectivement dans l'action décrite. Aussi le rencontre-t-on surtout dans les phrases exclamatives et les constructions appréciatives."[7] Weinrich (1982: 125) behandelt dieses Phänomen im Zusammenhang mit einer dem Ausdruck der Emphase dienenden Überwertigkeit des Verbs. Seiner Ansicht nach hat das ‚zusätzliche' Pronomen, in dem die Gesprächsrolle des Empfängers (seltener auch die des Senders) und die Handlungsrolle des Partners verschmolzen sind „im Sprachspiel die Bedeutung eines Kontaktmorphems mit der emphatischen Bedeutung ‚stell dir vor!'."

Frei (1971) deutet diese Verwendung der Pronomina als Spur eines alten indoeuropäischen ‚mittleren Modus' (*la voix moyenne*), dessen Leistung gerade darin lag, das Involviertsein des sprechenden Subjekts zu indizieren: „La valeur du moyen était celle du ‚sujet intéressé', c.à.d. prenant part subjectivement au procès énoncé par le verbe" (Frei 1971: 245). Die ‚subjektivierende' Pronominalisierung greift im Französischen offenbar v.a. bei den Verben des Denkens und des Fühlens. Nach Frei (1971: 246) hat der ethische Dativ eine Entsprechung im Bereich der Gesten: „Le pendant du datif éthique [...] dans le langage gestuel, tel qu'il appert des petits faits de la vie quotidienne, est le geste qui consiste à prendre l'interlocuteur par le bouton de son gilet, ou à lui poser la main sur l'épaule." Hier klingt bereits an, daß der Kookkurrenz verschiedener, über den rein verbalen Bereich hinausreichender Mittel im Zusammenhang mit dem Ausdruck von Gefühlen eine zentrale Bedeutung zukommt.

3.5 Verb

Die Hinweise der Grammatiken auf expressive Werte des Verbs sind nicht sehr umfangreich. Dies bestätigt möglicherweise die These Guillaumes, wonach verbalen Konstruktionen für den Ausdruck der Expressivität eine weitaus geringere Relevanz zukommt als nominalen, ja das Verb als geradezu ‚kontra-expressiv' anzusehen ist.[8] Ein weiterer Grund könnte darin liegen, daß gerade beim Verb die Kontextabhängigkeit der sprachlichen Mittel des Gefühlsausdrucks besonders deutlich wird. Offenbar entstehen die expressiven Werte des Verbs aus seiner Beziehung zu den Tempora vorausgehender und/oder nachfolgender Formen einerseits sowie aus der situativen Angemessenheit des gewählten Tempus andererseits. Als relationale Größen lassen sie sich nicht an isolierten Formen festmachen, sondern sind – wie etwa der Tempuswechsel – nur im Kontrast zu anderen, in der direkten

---

[7] Mit dem ethischen Dativ verwandt ist die v.a. im Südfranzösischen gebräuchliche Pronominalisierung von Verben des Typs: *alors, je (tu, on) me (te, se) la mange, cette pizza?*, auf die Arrivé/ Gadet/Galmiche (1986: 500) verweisen.

[8] Vgl. Guillaume (1973: 205): „le mouvement expressif est un antagoniste de la représentation verbale. Une phrase expressive est partout et toujours d'abord une phrase nominalisée."

(textuellen) Umgebung vorkommenden Formen zu verstehen.[9] Ihre Wirkung beruht also in erster Linie auf der Markiertheit der im gegebenen Kontext ungewöhnlichen bzw. nicht erwarteten Formen. Weitgehend kontextunabhängig ist demgegenüber der unterwertige Gebrauch mancher Verben, der Emphase signalisieren kann.[10]

Unter den verschiedenen Tempora wird insbesondere zweien ein an eine spezifische Verwendung gebundener expressiver Wert zugesprochen: Es ist dies zum einen das *historische* oder auch *narrative Präsens*, zum anderen das *hypokoristische Imperfekt*. Der expressive Wert des v.a. in den zentralen Passagen einer Erzählung üblichen Präsens entsteht aus dem Kontrast zu einem erwartbaren Tempus der Vergangenheit.[11] Sein Gebrauch hat einen dramatisierenden und veranschaulichenden Effekt, durch den der Kern der Erzählung eine größere Dichte und Lebendigkeit erhält.[12] Frei (1971: 248) spricht von einer semantischen Figur, die mit einer „certaine intensité d'images motrices, affectives, ou visuelles" einhergehe und zum Zwecke der besseren Repräsentation oder Illusionserzeugung erfolge. Und auch Weinrich (1982: 179) schreibt der Verwendung des Präsens in Erzählungen den stilistischen Ausdruckswert der besonderen Anschaulichkeit zu, die einem Wunsch nach unmittelbarer Vergegenwärtigung beim Hörer entspreche.[13]

Der hypokoristische Gebrauch des Imperfekts ist demgegenüber wesentlich eingeschränkter. Er geht häufig mit der oben unter Abschnitt 3.4 beschriebenen Enallage der Person einher und dient insbesondere der Abschwächung bzw. der Distanzierung von gegenwärtigen Vorgängen oder Ereignissen: „Cette forme marque alors que le locuteur prend de la distance, considère de loin et comme étrangère la chose qui, cependant, constitue bien son actualité" (Wagner/Pinchon [14]o.J.: 366). Hinsichtlich seiner Wirkung steht dieser gleichsam modale Gebrauch des Imperfekts, der offenbar typisch für bestimmte diaphasische Varietäten ist,[14] in direktem Kontrast zum veranschaulichenden Effekt des expressiv gebrauchten Präsens.

---

[9] Vgl. dazu Weinrichs ([2]1971) Beschreibung der Tempus-Übergänge.

[10] Nach Weinrich (1982: 127) lenkt in einer Äußerung vom Typ *Il emprunte mais n'aime pas rendre* „der Verzicht auf die Nennung bestimmter Handlungsrollen, welche nach der Kode-Valenz eigentlich zugelassen sind, die Aufmerksamkeit des Hörers auf die Bedeutung des Verbs, die dadurch häufig eine emphatische Konnotation erhält."

[11] Vgl. dazu bereits Frei (1971: 247): „L'expressivité du présent historique est due à son opposition avec le passé attendu par la logique."

[12] Vgl. Riegel/Pellat/Rioul ([2]1996: 301): „L'introduction insolite du présent dans un système temporel au passé crée un effet d'accélération ou de rapidité, voire de dramatisation [...]. La variation soudaine de la forme verbale, sans changement d'époque, pique l'attention du lecteur car le présent abolit le décalage entre le passé et le moment de l'énonciation."

[13] Siehe unten Abschnitt 7.3.2.

[14] Vgl. Riegel/Pellat/Rioul ([2]1996: 309), die von einem ‚*imparfait hypocoristique*' oder auch ‚enfantin' sprechen, das im wesentlichen auf den Umgang mit Kleinkindern und Haustieren beschränkt sei.

3.6 Adjektiv

Adjektive können aufgrund ihrer lexikalisch-semantischen Eigenschaften wie auch aufgrund ihrer Stellung relativ zum Nomen Bedeutungsnuancen übermitteln, die in den Grammatiken als ‚expressiv' bezeichnet werden. Insbesondere qualifizierende Adjektive in attributiver Verwendung (frz. *épithète*) tragen zur Charakterisierung des Nomens und damit zur notionalen Spezifizierung des jeweiligen Begriffes bei. Viele der attributiven Adjektive sind bewertender Natur; insofern steuern sie evaluative Bedeutungskomponenten bei, die im Zusammenhang mit dem sprachlichen Ausdruck von Gefühlen offenbar eine herausragende Rolle spielen. Diese lexikalisch-semantisch vermittelten affektiven Werte geraten in den Grammatiken nicht in den Blick. Hier sind es vielmehr die stellungsbedingten Varianten des Adjektivs einerseits sowie seine Steigerung andererseits, die Beachtung erfahren. Letztere wird in den Grammatiken nur in ihren ‚abweichenden', diskursiven oder stilistisch markierten Varianten als ‚expressiv' ausgewiesen. So gilt die Bildung des Superlativs mit Hilfe eines verdoppelten Adjektivs oder eines feststehenden Vergleichs in einigen Grammatiken als expressiv.[15] Hier zeigt sich erneut, was schon in Kapitel 2 im Zusammenhang mit der Diskussion sprachwissenschaftlicher Ansätze aufschien, daß nämlich in das Konzept der Expressivität bzw. Affektivität ganz unterschiedliche semantisch-kommunikative Aspekte einfließen. Neben der evaluativen Dimension ist offenbar auch die Idee der Abweichung bzw. Markiertheit konstitutiv.[16] Darüber hinaus dürften für eine umfassende Beschreibung der Expressivität auch die regulären Steigerungsformen von Interesse sein, da mit ihnen die für den Ausdruck der Gefühle ausgesprochen relevante Dimension der Intensität ins Spiel kommt.[17]

Die Relevanz des Parameters ‚Markiertheit' zeigt sich v.a. im Zusammenhang mit der außerordentlich komplexen Frage der Stellung des attributiven Adjektivs in Relation zum Nomen. Die meisten attributiven Adjektive sind im Französischen hinsichtlich ihrer Stellung zum Nomen variabel. Es lassen sich jedoch bestimmte Präferenzen beobachten, die durch rhythmisch-syntaktische und/oder durch semantische Aspekte bestimmt werden. Bally ([4]1965a: 232) bringt die Voranstellung des Adjektivs grundsätzlich mit affektiven Werten in Verbindung. Die meisten Grammatiken setzen die Zuschreibung affektiver Werte allerdings in Beziehung zur Häufigkeit der jeweiligen Stellungsvarianten bzw. entsprechender Abfolgeerwartungen. Insgesamt kann man für das heutige Französisch – wobei die Zahlen in Abhängigkeit vom jeweiligen Texttyp stark schwanken – eine Tendenz zur Nachstellung des Adjektivs ausmachen, so daß seine Voranstellung im allgemeinen als markierte Variante angesehen wird.[18] Als solche wird sie wiederum häufig mit affektiven Werten in Verbindung gebracht: „la position avant le nom, moins fréquente, a une valeur

---

[15] Vgl. Riegel/Pellat/Rioul ([2]1996: 363). Allgemein zur Reduplikation siehe unten Kapitel 6.
[16] Vgl. Bally ([4]1965a: 364f.), der v.a. die Abweichungen und Unregelmäßigkeiten als privilegierte Ausdrucksformen der Expressivität ansieht: „Les irrégularités d'une langue servent indirectement l'expressivité par ce seul fait qu'elles mettent de la variété dans le discours." An anderer Stelle heißt es: „L'expressivité, par instinct, recherche l'inédit, l'imprévu" (Bally [3]1965b: 96).
[17] Vgl. unten Abschnitt 4.4.2.
[18] Vgl. Wagner/Pinchon ([14]o.J.: 152; kursiv im Original): „D'une manière générale, un adjectif épithète tend à se placer après le substantif auquel il se rapporte. En regard de l'ordre normal Substantif-adjectif épithète, l'ordre inverse Adjectif épithète-substantif est donc toujours motivé."

affective, empathique, et met en relief la notion exprimée par l'adjectif" (Dubois/Lagane 1973: 109). Für das Entstehen einer expressiven bzw. affektiven Bedeutung ist jedoch weniger das absolute Überwiegen der Nachstellung von Belang, als vielmehr eine spezifische Erwartung, die sich aus der für das jeweilige Adjektiv üblichen Stellungsvariante ergibt. Letztlich handelt es sich also um eine ‚relative Norm', wobei nicht die Voranstellung schlechthin, sondern die Abweichung von der jeweiligen Normalabfolge expressive Werte erzeugt: „le fait d'inverser l'ordre attendu – aussi bien dans un sens que dans l'autre – est générateur d'un effet qui dépend et de l'adjectif employé et du contexte" (*Grammaire Larousse* 1988: 207).[19] Allerdings dürfte bei der Entstehung solcher Werte auch die Bedeutung der entsprechenden Adjektive eine nicht unerhebliche Rolle spielen, so daß man letztlich wohl von einem Zusammenspiel lexikalischer, syntaktischer und pragmatisch-kontextueller Phänomene ausgehen muß.

Schließlich werden auch Ergänzungen des Nomens, wie in Syntagmen des Typs *un amour d'enfant* oder *cet imbecile de gendarme*, von zahlreichen Grammatiken als expressiv bzw. affektiv bewertet. In ihnen kommen verkürzte, nominalisierte Urteile zum Ausdruck, die im Grunde einem prädikativen Adjektiv entsprechen. Frei (1971: 256) hält Beispiele vom Typ *une beauté de spectacle* für besonders expressiv, weil das vorangestellte Nomen „un qualificatif (*beau*, *énorme*, etc.) sous un rapport de relation", ‚verstecke'. Hier zeigt sich erneut die Relevanz der der Charakterisierung inhärenten evaluativen Dimension für die Beschreibung des sprachlichen Gefühlsausdrucks. Das Spektrum der charakterisierenden Formen und Strukturen ist groß.[20] Neben den qualifizierenden Adjektiven und ihren Äquivalenten gehören dazu auch die schon zuvor erwähnten expressiven Verwendungen der Artikel sowie der Possessiv- und Demonstrativdeterminanten.

3.7 Interjektion

Der Verwendung von Interjektionen im Zusammenhang mit dem Ausdruck von Gefühlen wird später ein eigenes Kapitel gewidmet.[21] Hier kommt zunächst nur ihre Behandlung in den verschiedenen Grammatiken des Französischen zur Sprache. Interjektionen stellen eine ausgesprochen heterogene Klasse dar; dies spiegelt sich auch in ihrer Behandlung in den Grammatiken wider. Während einzelne Autoren die Berechtigung dieser Klasse grundsätzlich in Frage stellen (vgl. etwa Arrivé/Gadet/Galmiche 1986: 343), gehören sie für manche zu den Wortarten (*Grammaire Larousse*), andere wiederum zählen sie aufgrund ihrer syntaktischen Unabhängigkeit zu den satzwertigen Konstruktionen (Frei, Galichet, Grevisse, Riegel/Pellat/Rioul) bzw. rücken sie in die Nähe der Exklamativsätze (Brunot,

---

[19] Vgl. ähnlich Martinet (1979: 79): „la position choisie, parce qu'elle est inhabituelle, permet d'obtenir un effet particulier. Comme, statistiquement, l'adjectif est postposé au nom de 80% il y a plus de chance qu'un tel effet soit obtenu par antéposition. Mais l'inverse n'est pas exclu et l'on ne saurait dire que l'effet stylistique est la prérogative d'une position particulière."
[20] Vgl. Wagner/Pinchon ([14]o.J.: 125) für eine entsprechende Zusammenstellung.
[21] Siehe unten Kapitel 5.

Dubois/Lagane).[22] Tesnière ([2]1965: 98) spricht mit Blick auf die Interjektionen von *phrasillons affectifs*. Weitgehende Übereinstimmung besteht jedoch hinsichtlich ihrer Beurteilung als einem zentralen emotiven Ausdrucksmittel und damit als expressive Manifestation par excellence. Der Heterogenität der in dieser Klasse zusammengefaßten Phänomene begegnen die meisten Grammatiken durch eine auf unterschiedlichen (formalen, funktionalen, semiotischen etc.) Kriterien fußende, interne Differenzierung des Formenbestandes. So unterscheidet Bally ([4]1965a: 42f.) zwischen emotionalen und volitiven Interjektionen, Onomatopoetika und Signalen. Während bei den ersten beiden Typen der Ausdruck eines Gefühls bzw. eines Wunsches im Vordergrund steht, spielen bei der Zuordnung zur Gruppe der Signale und Onomatopoetika insbesondere semiotische Aspekte eine Rolle.

Interessant mit Blick auf den Gefühlsausdruck ist die Subkategorie derjenigen Interjektionen, die von Grevisse ([12]1993: 1590) unter dem Begriff des *mot-phrase subjectif* als weitgehend sprecherzentriert beschrieben werden: „C'est l'expression comme irrésistible d'une sensation ou d'un sentiment (tristesse, joie, etc.). L'interlocuteur joue ici un rôle négligeable. Ces mots-phrases équivalent à des phrases exclamatives."[23] Interjektionen vom Typ *ah! oh! bah! fi!* etc. erscheinen als „bruits produits par l'homme pour manifester directement ses sensations, ses sentiments ou ses prises de position" (Martinet 1979: 149). Die semantischen Werte dieser Interjektionen werden über die Zuordnung zu verschiedenen Emotionen spezifiziert. Allerdings können meist nur sehr globale Bedeutungszuschreibungen vorgenommen werden, da es primär situativ-kommunikative Merkmale sind (v.a. der Äußerungskontext in Verbindung mit der jeweiligen prosodischen Realisierung), die zur Disambiguierung beitragen. Diese für die Interjektionen charakteristische hohe Kontextabhängigkeit betonen fast alle Grammatiken.[24]

Interjektionen erscheinen häufig in Kookkurrenz mit Exklamativsätzen, wobei sie deren kommunikativen Wert sie unterstreichen. Sie können jedoch auch jedem anderen Satz eine entsprechende Einfärbung verleihen:

> Comme les interjections manifestent l'affectivité, elles sont souvent liées aux phrases exclamatives, auxquelles elles servent fréquemment de renforcement. [...] Mais elles peuvent aussi [...] renforcer n'importe quel type de phrase, dès que son contenu est envisagé avec une certaine affectivité (Riegel/Pellat/Rioul [2]1996: 462).[25]

Zusammen mit dem Exklamativsatz bilden sie offenbar den Kern der sprachlichen Mittel des Gefühlsausdrucks.

---

[22] Vgl. Dubois/Lagane (1973: 162): „Les interjections, dont la fonction est d'exprimer un sentiment plus ou moins vif, peuvent être assimilées à des phrases exclamatives."

[23] Ähnlich Riegel/Pellat/Rioul ([2]1996: 462) und Guillaume (1973: 207).

[24] Vgl. Bonnard (1971ff.: 2756f.), der die Interjektion definiert als „un mot [...] affecté spécifiquement à la communication d'un sentiment ou d'un désir dont l'objet n'est connu que par la situation ou le contexte." Ähnlich Riegel/Pellat/Rioul ([2]1996: 463): „généralement, leur occurrence en discours a plus d'importance que le sens qu'ils [i.e. les termes, M.D.] pourraient véhiculer."

[25] Vgl. ähnlich *Grammaire Larousse* (1988: 434): „L'interjection n'a souvent pas d'autre valeur que de signaler que la phrase est exclamative."

3.8 Affektive Syntax

Exklamativsätze, unter die gelegentlich auch nominale Sätze und andere elliptische Konstruktionen subsumiert werden, stehen zusammen mit Dislokationen und Cleft-Konstruktionen sowie dem Modus des Imperativs im Zentrum der affektiven Syntax.[26] Sie werden von ausnahmslos allen Grammatiken mit dem Ausdruck subjektiver bzw. emotiver Befindlichkeiten in Verbindung gebracht.

Ähnlich wie die Interjektion wird auch der Exklamativsatz in der Regel als sprecherzentrierte, hinsichtlich ihrer affektiven Einfärbung relativ unspezifische affektive Reaktion auf ein Ereignis definiert. Die übermittelten Bedeutungen sind ähnlich breit und zugleich vage wie im Falle der Interjektion. Disambiguierend sind auch hier die Intonation, der Äußerungskontext sowie die lexikalische Füllung. Semantisch gesehen enthält der Exklamativsatz grundsätzlich eine intensivierende Komponente, insofern er auf eine hohe Quantität (*comme il pleut!*) oder Qualität (*comme elle est intelligente!*) Bezug nimmt.[27] Aus dem intensivierenden Charakter der Exklamativsätze läßt sich auch ihre oftmals elliptische Struktur erklären, die nicht nur durch die starke Verhaftung der Ausrufe im Äußerungskontext möglich wird, sondern auch ikonisch, als Hinweis auf den sprachlich eigentlich nicht ausdrückbaren hohen Grad an Quantität oder Qualität zu deuten ist.[28] Der affektive Gehalt der Exklamativsätze hat seine Wurzeln also offenbar v.a. in der semantisch-kommunikativen Dimension der Intensität.[29]

Der Exklamativsatz kann durch unterschiedliche syntaktische Strukturen realisiert werden, wobei sein spezifisches Intonationsmuster – steigender bzw. steigend-fallender Tonhöhenverlauf, der in der Regel mit einer Erhöhung der Lautstärke einhergeht – als deutlichstes formales Merkmal gilt. Riegel/Pellat/Rioul ([2]1996: 402ff.) unterscheiden 1. ausschließlich intonatorisch markierte Exklamative; 2. Exklamative, die durch unvollständige oder nominale Sätze realisiert werden; 3. Exklamative mit Subjektinversion sowie 4. Exklamative mit Exklamativwörtern. Die Präsenz von Interjektionen, Anredeformen, Intensitätsadverbien oder Cleft-Konstruktionen und Dislokationen sowie ein hyperbolisches Vokabular können die exklamative Lesart eines Satzes begünstigen.[30] Eine wichtige Rolle spielen auch die expressiven Verwendungen der Artikel und Demonstrativa sowie der ‚exklamative' Infinitiv.[31] Gerade im Zusammenhang mit der Beschreibung der Exklamativsätze gerät in den Grammatiken des Französischen eine Fülle weiterer expressiver Formen und

---

[26] Der Begriff der ‚affektiven Syntax' geht wohl auf Bally zurück. Vgl. auch Henry ([2]1977). Speziell zum Exklamativsatz siehe Culioli (1974), Gérard (1980) sowie das Themenheft *L'exclamation* der Zeitschrift *Faits de langues* 6 (1995).

[27] Vgl. Arrivé/Gadet/Galmiche (1986: 265).

[28] Vgl. Riegel/Pellat/Rioul ([2]1996: 402): „Comme le haut degré de quantité [...] ou de qualité [...] est tel qu'il échappe à toute expression, le locuteur ne peut pas le formuler autrement que par une phrase tronquée qui implique, par sa forme ouverte, ce degré extrême. Et le caractère affectif de l'exclamation, particulièrement adapté à la communication orale, est une conséquence de l'expression du degré extrême."

[29] Siehe oben Abschnitt 2.4.1 und unten Abschnitt 4.4.2.

[30] Als typische Einleitungsfloskeln für Ausrufe können auch formelhafte Wendungen wie *(et) dire* oder *qui sait si* dienen. Vgl. Arrivé/Gadet/Galmiche (1986: 264f.) und Bally ([4]1965a: 219).

[31] Vgl. *Grammaire Larousse* (1988: 372) sowie Guillaume (1973: 103).

Strukturen in den Blick. Offenbar fungieren die Exklamative als eine Art Kristallisationspunkt, an dem sich die unterschiedlichen Beobachtungen zu expressiven Phänomenen verdichten. Diskutiert wird in diesem Zusammenhang auch der Stellenwert, der dem Ausdruck von Gefühlen oder allgemein der Subjektivität unter syntaktischen und pragmatischen Gesichtspunkten zukommt. Diese Frage klingt einerseits im Zusammenhang mit der Differenzierung der Modi und andererseits mit der eng verwandten Problematik der Satzarten an.[32]

Viele Grammatiken zählen neben dem Exklamativsatz auch den durch den Modus des Konjunktivs charakterisierten Optativ sowie den Imperativsatz zur ‚affektiven Syntax'. Die expressiven Werte des Imperativs ergeben sich in erster Linie daraus, daß er ein ‚Wollen' (was gelegentlich in die Nähe des ‚Fühlens' gerückt wird) des Sprechers zum Ausdruck bringt.[33] Darüber hinaus dürften jedoch auch seine – im direkten Gegensatz zum sprecherzentrierten Exklamativ stehende – hörerorientierte Appellfunktion bzw. sein unmittelbarer Handlungscharakter hineinspielen. So beschreibt Guillaume (1973: 68) den Imperativ aufgrund seiner Ausrichtung auf den Gesprächspartner als einen *mode allocutif* und damit als grundsätzlich expressiv.[34] In der Zuordnung des Imperativs zu den affektiven Satzarten zeigt sich, daß die Charakterisierung einer Form oder Struktur als expressiv bzw. affektiv in vielen Grammatiken nicht auf ausschließlich sprecherzentrierte Phänomene beschränkt wird. Sie dient darüber hinaus auch zur Bestimmung von Formen und Strukturen, deren angemessene Beschreibung den Rekurs auf situative und/oder kommunikative Parameter erforderlich macht.

Ähnliches gilt für die verschiedenen Varianten segmentierter Sätze, die häufig mit dem Ausdruck der Affektivität, speziell der Emphase, in Verbindung gebracht werden. Die Beschreibung des Satzes orientiert sich traditionell stark am Aussagesatz in seiner affirmativen Form, für die im Französischen die Abfolge SVO als normale Ordnung der Konstituenten gilt. In älteren Grammatiken wird diese Abfolge kognitiv fundiert und als direkte sprachliche Widerspiegelung einer den Gesetzen der Logik folgenden Anordnung der Gedanken gedeutet. Diese kanonische Ordnung bildet die Basis für die seit dem 18. Jahrhundert v.a. in sprachpuristischen Kreisen propagierte Auffassung, das Französische sei die

---

[32] Vgl. Riegel/Pellat/Rioul (^{2}1996: 387): „Cependant, si l'exclamation représente bien une modalité, exprimant une attitude affective du sujet parlant à l'égard de l'état de choses évoqué par son énoncé, on voit mal à quel acte de langage original elle pourrait correspondre. [...] l'expression de la subjectivité ne constitue pas un acte de langage premier et unique. Par l'exclamation, le locuteur apporte une information supplémentaire: son sentiment à l'égard de ce qu'il dit. De ce point de vue, l'exclamation vient plutôt se surajouter à l'un des trois types obligatoires [i.e. Deklarativ-, Interrogativ- und Imperativmodus, M.D.], auquel elle apporte sa coloration subjective. Elle ne peut donc pas être traitée, au même niveau, comme un type obligatoire." Für die Annahme einer spezifisch exklamativen Satzart sprechen sich demgegenüber Dubois/Lagane (1973: 14), Grevisse (^{12}1993: 658ff.) und Arrivé/Gadet/Galmiche (1986: 531) aus.

[33] Wagner/Pinchon (^{14}o.J.: 338) charakterisieren den Imperativ als „mode d'action" und beschreiben seine Verwendung als „toujours motivé par un mouvement affectif." Einige Autoren machen den affektiven Wert des Imperativs v.a. an seiner Intonation fest (vgl. Bally ^{4}1965a: 217 sowie Riegel/ Pellat/Rioul ^{2}1996: 389). Léon (1993: 135) deutet die typische Intonationskontur des Imperativs als ‚stilisierten Ärger' und zählt sie ebenfalls zu den Ausdrucksformen der Expressivität.

[34] Keinerlei Hinweise auf mögliche affektive bzw. expressive Werte dieses Modus finden sich in der *Grammaire Larousse* (1988), bei Dubois/Lagane (1973) und Arrivé/Gadet/Galmiche (1986).

klare Sprache par excellence.³⁵ Abweichungen von diesem Muster wurden mit einem Einfluß der Gefühle als dem Gegenspieler des Intellekts in Verbindung gebracht, so daß in der Folge zwischen logischer Abfolge einerseits und affektiver Abfolge andererseits unterschieden wurde. Dem „ordre dit *logique*, qui répond aux exigences de la pensée réfléchie lorsqu'aucun autre facteur ne vient troubler son fonctionnement normal ni son expression par la langue" wird „l'ordre dit *psychologique* (ou *affectif*)" gegenübergestellt, „c'est-à-dire celui qui est inspiré par les nuances innombrables du sentiment et les mille fantaisies de l'imagination" (Le Bidois/Le Bidois 1971: 2). Die dem intellektuellen Ausdruck zugrundeliegende kanonische Ordnung ist „presque toujours contraire aux sensations, qui nomment le premier l'objet qui frappe le premier", so daß im Umkehrschluß eine von der logischen Abfolge abweichende Anordnung der Satzglieder als Indiz für das Bedürfnis des Sprechers gilt, „de reproduire avec exactitude la courbe imprévisible des mouvements de l'âme et du cœur" (Le Bidois/Le Bidois 1971: 3). Letztlich wird damit jedes Abgehen von der logischen Ordnung ‚affektverdächtig', so daß das Feld der affektiven Syntax nicht nur sehr groß, sondern auch sehr unspezifisch ist: „Le sentiment détruit l'ordonnance logique et régulière des phrases. Elles s'accourcissent, se tronquent, se réduisent en fragments où ne restent plus queles [sic] mots destinés à faire impression" (Brunot ³1965: 542). Frei kommt das Verdienst zu, die Idee einer unmittelbaren kausalen Verknüpfung zwischen der abweichenden Anordnung der Konstituenten einerseits und einem Einfluß der Gefühle andererseits in Frage gestellt zu haben. Er plädiert für eine Konzeptualisierung, die die Abweichung in Relation zu einer erwartbaren Normalabfolge definiert.³⁶ Der expressive Gehalt der von der logischen Ordnung abweichenden Sätze resultiert primär aus einem Erwartungsbruch und erscheint als Ergebnis einer Wahl zwischen stilistischen Alternativen.

Wagner/Pinchon (¹⁴o.J.: 512f.) stellen der normalen Konstituentenabfolge den „ordre expressif des éléments ou des termes de la phrase" gegenüber, dem sie die folgenden drei Strukturtypen zuordnen: 1. *mutation des éléments ou des termes*, 2. *dégagement d'un terme mis à la première place* sowie 3. *prolepse*. Der erste Typ umfaßt zweigliedrige, im Prinzip verblose Sätze vom Typ *Très bon, ce plat!*, die häufig eine abweichende Konstituentenabfolge aufweisen und exklamativ realisiert werden. Zur zweiten, über die Herausstellung einer Konstituente definierten Gruppe gehören die mit Hilfe des Präsentativ-Morphems *c'est* und den Pronomina *qui* bzw. *que* gebildeten Cleft-Konstruktionen, die in erster Linie der Hervorhebung (*mise en relief*) dienen und in den Grammatiken häufig global mit einer affektiven Tönung in Verbindung gebracht werden. Dies trifft auch für den dritten Typ, die

---

[35] Vgl. bereits Rivarol, in dessen *Discours sur l'universalité de la langue française* das Prinzip der direkten, logischen Ordnung einen herausragenden Platz einnimmt: „Ce qui distingue notre langue des langues anciennes et modernes, c'est l'ordre et la construction de la phrase. Cet ordre doit toujours être direct et nécessairement clair. Le français nomme d'abord le *sujet* du discours, ensuite le *verbe*, qui est l'action, et enfin l'*objet* de cette action: voilà la logique naturelle à tous les hommes; voilà ce qui constitue le sens commun" (Rivarol zitiert nach Le Bidois/Le Bidois 1971: 4).

[36] Vgl. Frei (1971: 271): „La séquence expressive est, elle aussi, une variété de la substitution; elle consiste [...] à substituer à la séquence normale attendue par la grammaire une séquence imprévue: la suite des éléments placés sur la chaîne du discours s'oppose à la suite des éléments logés dans la mémoire, et c'est sur cette opposition, plus ou moins consciente, que repose l'expressivité de la séquence. Le type syntagmatique inédit frappe dans la mesure où il est associé au type virtuel exigé par la norme grammaticale."

Dislokation zu, die Wagner/Pinchon mit dem aus der Rhetorik entlehnten Begriff der Prolepse bezeichnen.

Dubois/Lagane (1973: 170ff.) tragen den verschiedenen Varianten der Herausstellung durch die Annahme einer emphatischen bzw. insistierenden Form des Satzes Rechnung. Emphatische Sätze sind nach Arrivé/Gadet/Galmiche (1986: 244) „caractérisées par des phénomènes de détachement, de dislocation, de focalisation." Diese Phänomene werden häufig auf „des raisons tenant à l'expressivité (insistance ou emphase)" (Arrivé/Gadet/ Galmiche 1986: 441) zurückgeführt.[37] Demgegenüber fehlt der Verweis auf pragmatisch-syntaktische Eigenschaften von Sätzen, die aus einer unterschiedlichen kommunikativen Gewichtung der entsprechenden Einheiten (Thema-Rhema) herrühren. Oder anders ausgedrückt: Auch Aspekte der informationsstrukturellen Gliederung eines Satzes werden in den ausgewerteten Grammatiken häufig mit dem Ausdruck der Expressivität in Verbindung gebracht und damit eher psychologisch als kommunikativ erklärt. Ganz ausdrücklich geschieht dies etwa bei Guillaume, der Modifikationen in der thematisch-rhematischen Gliederung mit dem Aufbau von Spannung sowie der Erregung von Aufmerksamkeit erklärt und darin wiederum ein allgemeines expressives Prinzip zu erkennen meint.[38] Ähnlich wie Guillaume leitet auch Bally ([4]1965a: 69) die kommunikativen Werte der Segmentation, die er als einen „procédé éminemment expressif" betrachtet, aus Modifikationen in der Informationsstruktur des Satzes ab. Bally akzentuiert in erster Linie die beim Hörer erzielten Effekte – je nach thematisch-rhematischer Artikulation Überraschung oder Spannung –, die als expressiv charakterisiert werden. Daneben kommt bei ihm auch die das Verstehen erleichternde Portionierung der Information zur Sprache, die gerade für die mündliche Kommunikation zentral ist: „les nécessités de la communication rapide exigent que les éléments de l'énonciation soient présentés pour ainsi dire par morceaux, de manière à être plus facilement digérés" (Bally [4]1965a: 70).[39]

Während also ältere Arbeiten die Abweichungen von der logischen Ordnung mit dem emotionalen Erleben des sprechenden Subjekts in Verbindung bringen und damit psychologisch deuten, werden sie später als ein konventionelles sprachliches Phänomen gesehen, das vor dem Hintergrund bestimmter Abfolgeerwartungen zu interpretieren ist und das in erster Linie die kommunikative Gewichtung der entsprechenden Äußerungen verändert. Letztlich dürften viele der in den Grammatiken als ‚expressiv' bzw. ‚affektiv' charakterisierten syntaktischen Strukturen als pragmatisch bedeutsame Veränderungen in der Informationsstruktur des entsprechenden Satzes zu beschreiben sein. Deren pauschale Rückführung auf die Gefühlslage des Sprechers greift natürlich zu kurz. Mit Blick auf das eingangs anvisierte Repertoire affektiver Ausdrucksmittel des Französischen erweist sich die Charakterisierung einer sprachlichen Struktur als ‚expressiv' bzw. ‚affektiv' gerade im Bereich der Syntax daher als wenig aussagekräftig. Über den abweichenden Charakter der meisten der zur affektiven Syntax gerechneten Strukturen lenkt sie die Aufmerksamkeit jedoch erneut auf die Relevanz der Markiertheit bzw. pragmatisch gesprochen: der Hervorhebung, für den emotionalen Ausdruck. Diese scheint – neben den bereits erwähnten semantisch-

---

[37] Ähnlich Riegel/Pellat/Rioul ([2]1996: 386).

[38] Vgl. Guillaume (1973: 194): „D'une manière générale, un ressort important de l'expressivité est de susciter une attente à laquelle il est donné ensuite satisfaction."

[39] Zu segmentierten Sätzen bzw. allgemein zur informationsstrukturellen Gliederung im Französischen siehe Stempel (1981), Gülich (1982), Ashby (1988), de Fornel (1988), Lambrecht (1994).

kommunikativen Dimensionen des Bewertens und Intensivierens – ein weiteres wichtiges Kriterium für die Beschreibung der sprachlichen Affektivität zu sein.

3.9 Fazit

In diesem Kapitel ging es v.a. um grammatische Formen und Strukturen des Französischen, die mit dem Ausdruck von Gefühlen in Verbindung gebracht werden. Die zuvor präsentierte Zusammenstellung erhebt nicht den Anspruch auf Vollständigkeit; auch dürften die erfaßten sprachlichen Mittel nicht ausschließlich auf den Ausdruck von Gefühlen spezialisiert sein. In der Mehrzahl der Fälle läßt sich vermutlich keine eineindeutige Form-Funktionszuordnung vornehmen. Dennoch ist damit zumindest ein Teil des Fundus' an konventionellen Mitteln des Gefühlsausdrucks beschrieben. Als Ergebnis der Auswertung unterschiedlicher Grammatiken liegt ein erstes Inventar expressiver Ausdrucksmittel des Französischen vor. Es macht deutlich, daß diese ein breites Spektrum an Formen und Strukturen umfassen, das weit über die üblicherweise mit dem Ausdruck von Gefühlen in Beziehung gesetzten Phänomene hinausgeht.

Bei der Auswertung der Grammatiken wurden jedoch auch weitere, mit einer Konzeptualisierung des Gefühlsausdrucks verbundene Probleme sichtbar. Es ist dies zum einen das Fehlen einer zusammenhängenden Behandlung des sprachlichen Gefühlsausdrucks.[40] Eine übergreifende funktionale Systematisierung des entsprechenden Formenbestandes, wie sie etwa in der rhetorischen Figurenlehre mit der Annahme einer Klasse affektischer Figuren vorliegt, ist nicht vorhanden.[41] Zum anderen werden Konzepte wie ‚expressiv', ‚affektiv', ‚emotiv' oder auch ‚emphatisch' in der Regel in alltagssprachlicher, zumindest aber in vortheoretischer Weise verwendet.[42] Grammatiken befassen sich primär mit der Beschreibung des Regelapparats einer Sprache. Die Frage nach dem Gebrauch tritt zumeist dahinter zurück.[43] Da jedoch zwangsläufig auch pragmatische Faktoren hineinwirken, finden die entsprechenden Aspekte ebenfalls, wenn auch häufig in eher unsystematischer Weise, in der grammatischen Beschreibung Berücksichtigung. Vor diesem Hintergrund erscheinen Kategorien wie Expressivität oder Affektivität und in eingeschränkterem Maße auch Emphase stellvertretend für eine differenziertere Beschreibung der verschiedenen Verwendungskontexte der jeweiligen Formen und Strukturen zu stehen. Sie fußen jedoch nicht auf

---

[40] Eine Ausnahme bildet lediglich die inhaltsbezogene Grammatik Brunots, die dem Ausdruck des Gefühls ein – allerdings sehr impressionistisch anmutendes – eigenes Kapitel widmet. Die fehlende Berücksichtigung der Expressivität bzw. Affektivität in den Grammatiken wird auch von Guillaume (1973: 68) beklagt: „Le fait d'expressivité, et ses conséquences, n'a pas du reste, il s'en faut de beaucoup, suffisamment retenu l'attention des linguistes."

[41] Siehe unten Abschnitt 4.3.2.2.

[42] Eine Ausnahme bilden hier Bally und Frei, die sich allerdings explizit mit Fragen der Expressivität befassen. Frei (1971: 236) definiert die Affektivität kausal, die Expressivität demgegenüber als *intentionalen* Gebrauch sprachlicher Zeichen zum Zwecke des Selbstausdrucks oder der Hörerbeeinflussung; vgl. ähnlich Guillaume (1973: 196f.), der unter Expressivität die sprachlich kodierte Seite der Affektivität versteht.

[43] Vgl. aber Weinrich (1982).

einer theoretischen Auseinandersetzung mit dem Phänomen der sprachlichen Emotivität und erfassen daher auch Erscheinungen, die nur mittelbar mit dem sprechenden Subjekt bzw. dem Ausdruck von Gefühlen in Verbindung gebracht werden können. Expressivität, Affektivität und verwandte Begriffe scheinen gelegentlich als standardisierte funktionale Erklärungen zu dienen, die einen Teil des innerhalb eines sprachimmanenten grammatikorientierten Zugangs nicht zu erfassenden pragmatisch-kommunikativen Bedeutungsüberschusses auffangen.[44] In der Verwendung dieses ‚funktionalen Etiketts' lassen die ansonsten auf unterschiedlichen theoretischen Vorannahmen basierenden Grammatiken eine überraschende Kontinuität erkennen. Dies macht ihre Auswertung auch unter wissenschaftshistorischen Gesichtspunkten interessant, insofern hier eine gewisse Komplementarität zwischen dem Typ der funktionalen Erklärung einerseits und dem sprachimmanenten Ansatz der Sprachbeschreibung andererseits zu beobachten ist.

Aus der eher alltagssprachlichen Verwendung von funktionalen Charakterisierungen wie ‚expressiv', ‚affektiv' oder ‚emotiv', die als Richtschnur bei der Auswertung der Grammatiken dienten, ergeben sich gewisse Einschränkungen hinsichtlich der Verläßlichkeit des erhobenen Formenbestandes, der einer kritischen, empirisch basierten Überprüfung zu unterziehen ist. Der eigentliche Gewinn der Auswertung liegt m.E. darin, für die Vielfalt der sprachlichen Mittel des Gefühlsausdrucks im Französischen zu sensibilisieren. Die Fülle von aufschlußreichen Detailbeobachtungen zu Einzelphänomenen auf verschiedenen Ebenen des Sprachsystems kann insgesamt zu einer genaueren Kenntnis des ‚affektiven Systems' des Französischen beitragen. Dies ist umso wichtiger, als den Ausdrucksmitteln gerade im Rahmen der hier gewählten phänomenologisch-interaktiven Perspektive auf Gefühle eine besondere Relevanz zukommt. Es ist zu erwarten, daß zumindest ein Teil der beschriebenen Phänomene im Zusammenhang mit den mikrostrukturellen Manifestationen der Gefühle in der Interaktion wieder in den Blick geraten wird. Denn letztlich bildet ja die Konventionalität des sprachlichen Gefühlsausdrucks die Voraussetzung für die interaktive Relevanz der Gefühle im Diskurs. Damit kann diese Zusammenstellung auch einen Beitrag leisten zu dem bislang vernachlässigten Brückenschlag zwischen grammatischen Beschreibungen einerseits und interaktionstheoretischen Ansätzen andererseits.

Eine genauere Betrachtung der in den Grammatiken als ‚expressiv', ‚emotiv' oder ‚affektiv' charakterisierten semantisch-kommunikativen Werte deckt darüber hinaus auch ein Phänomen auf, das bereits in der Diskussion verschiedener sprachwissenschaftlicher Konzeptualisierungen des Gefühlsausdrucks in Kapitel 2 aufschien, nämlich die Auflösung dieser funktionalen Kategorie in andere, basalere Kategorien wie Intensität, Bewertung, Veranschaulichung oder Markiertheit.[45] Zu klären bleiben u.a. der Beitrag der einzelnen Basiskategorien zum sprachlichen Gefühlsausdruck, ihre Spezifik sowie das etwaige Zusammenwirken der verschiedenen Kategorien beim Entstehen einer als ‚expressiv' bzw. ‚emotiv' zu charakterisierenden kommunikativen Bedeutung. So fällt auf, daß die Grammatiken nicht jede intensivierende Form bzw. Struktur als expressiv deuten. Im Rekurs auf diese funktionale Zuschreibung lassen sich einige Konstanten erkennen: Es handelt sich einerseits um Verwendungen von Formen und Strukturen, die von einem ‚normalen' Gebrauch abweichen, also markiert sind. Andererseits finden sich auch eine Reihe von ‚regu-

---

[44] Vgl. etwa Galichet ([5]1973: 226), der die Analyse der kommunikativen Bedeutungen ausdrücklich in den Bereich der Stilistik verweist.
[45] Vgl. unten Abschnitt 4.4.

lären' grammatischen Phänomenen, die – wie etwa die Interjektion oder der Exklamativ – von vornherein in Bezug zum sprechenden Subjekt gesetzt werden. Unter semantischen Gesichtspunkten spielt bei dieser zweiten Gruppe der Aspekt einer besonderen Qualität und/oder Quantität eine wichtige Rolle. Insofern kommt hier – wenn auch in anderer Weise – wiederum die Idee der Markiertheit bzw. Auffälligkeit ins Spiel. Zu den grundlegenden Eigenschaften der als ‚expressiv', ‚affektiv' oder ‚emotiv' bezeichneten sprachlichen Phänomene gehört also ihr markierter Charakter. Viele affektive bzw. expressive Formen und Strukturen scheinen auffällig, weil sie von einer im Text aufgebauten oder durch das Sprachsystem vorgegebenen Erwartung abweichen. Der Erwartungsbruch kann auf unterschiedlichen Ebenen angesiedelt sein und sowohl syntagmatisch – etwa durch einen unvermittelten Übergang in der Wahl des Tempus' –, als auch paradigmatisch – aus dem Vergleich mit einer erwartbaren Normalform, etwa bei der Voranstellung des Adjektivs – erzeugt werden. Die grundlegende Bedeutung der Markiertheit im Zusammenhang mit der Expressivität unterstreicht bereits Frei (1971: 276f.): „ce n'est pas telle et telle position en soi qui est expressive, mais l'opposition du normal et de l'inédit."

Schließlich macht die Auswertung der Grammatiken und in noch größerem Maße die empirische Arbeit an den Daten die Notwendigkeit eines komplementären Zugangs zu emotiven Formen und Strukturen deutlich. So greift eine von isolierten Zeichen ausgehende Beschreibung der affektiven Dimension der Kommunikation mit Sicherheit zu kurz. Ein Inventar an Ausdrucksmitteln allein genügt nicht, um den sprachlichen Gefühlsausdruck in seiner interaktiven Relevanz zu erfassen. Darüber hinaus ist eine Erweiterung der Fragestellung vonnöten, um dem schon mehrfach angeklungenen holistischen Charakter des Gefühlsausdrucks Rechnung zu tragen und auch die Bündelung verschiedener affektiv markierter Formen und Strukturen in die Analyse mit einzubeziehen. Schließlich ist auch der dynamisch-prozessuale Aspekt stärker zu berücksichtigen. Die Integration dieser Aspekte hat nicht nur eine Ausdehnung des Gegenstandsbereichs zur Folge, sondern macht, insofern mit der systematischen Beschreibung interaktiver Phänomene aus kontext- und situationsbezogener Perspektive ganz neue Aspekte relevant werden, auch qualitativ andere Konzepte und methodische Zugänge notwendig, die in dem nun folgenden vierten Kapitel entwickelt werden.

> Wir kennen den Kontur des Fühlens
> nicht: nur was ihn formt von außen.
> Rilke, *Vierte Duineser Elegie*

4 Affektivität in der Interaktion

Obgleich in der Forschung immer wieder die Vernachlässigung von Subjektivität und Affektivität beklagt wird, zeigen die vorausgehenden Kapitel, daß diesen Phänomenen in verschiedenen Bereichen der Linguistik durchaus Aufmerksamkeit geschenkt wurde. Wenn dies auch meist nicht in zusammenhängender Weise geschah, so haben sich doch Arbeiten aus unterschiedlichen theoretischen Perspektiven mit Aspekten des Gefühlsausdrucks befaßt. Zugleich wurden jedoch auch die Grenzen solcher primär sprachimmanenter Modellierungen des Verhältnisses von Sprache und Affekt deutlich, die insbesondere für eine Konzeptualisierung der kommunikativen Realität von Gefühlen in wesentlichen Punkten zu kurz greifen. Ein weiteres Problem ergibt sich außerdem aus der Übernahme traditioneller essentialistischer Emotionsvorstellungen in die Sprachwissenschaft. Emotionen werden in der Regel als Ausfluß eines letztlich individuell gedachten, spezifisch emotionalen psychischen Vermögens gedeutet, was jedoch in grundlegender Weise mit dem sprachwissenschaftlichen Interesse an der Beschreibung von Eigenschaften der sozial verfaßten Sprache konfligiert. Ein Ausweg aus diesem Dilemma besteht in der Abkopplung sprachlicher Affektivität von psychischen wie kommunikativen Gegebenheiten und einer Begrenzung des Gegenstandes auf emotive Zeichen als spezifischen Elementen des Sprachkodes. Mit einer solchen Reduktion des Gegenstandsbereichs wird man jedoch der kommunikativen Dimension von Emotionen nicht gerecht. Dies gilt in noch stärkerem Maße für die Behandlung des Gefühlsausdrucks in den Grammatiken des Französischen. Das zugrundegelegte Emotionskonzept bleibt auch hier vortheoretisch. Gerade in diesem Punkt scheint es mir jedoch erforderlich, weitaus mehr als bisher der Interdisziplinarität des Gegenstandes Rechnung zu tragen und einen substantielleren linguistischen Emotionsbegriff zu entwickeln. Möglich wird dies insbesondere dann, wenn Berührungspunkte zu anderen, an der Erforschung des Gefühlsausdrucks interessierten Disziplinen aufgezeigt und deren Erkenntnisse bei der Theoriebildung berücksichtigt werden. Damit wird nicht nur einer Verflachung linguistischer Emotionskonzepte vorgebeugt, sondern auch die interdisziplinäre Zusammenarbeit in diesem, im Schnittpunkt aller Humanwissenschaften liegenden Bereich ermöglicht. Im folgenden werden daher Anschlußstellen zu verschiedenen philosophischen bzw. sozialwissenschaftlichen Konzepten der Emotion deutlich gemacht.

4.1 Grundlagen eines interaktiv-phänomenologischen Emotionskonzepts

Im Zentrum dieses Kapitels steht die Entwicklung eines für eine konversationsanalytische Untersuchung handhabbaren Konzepts der Emotion. Dieses hat sich einerseits in der Auseinandersetzung mit dem untersuchten Material herausgebildet und integriert andererseits Erkenntnisse aus Teilgebieten der Philosophie, der Psychologie und der Soziologie.[1] Zentral ist dabei die Vorstellung eines *sozialen Subjekts*, das zwangsläufig auch in seinen Gefühlen eine soziale Prägung erfahren hat. Diese soziale Dimension des Subjekts zeigt sich in der Begegnung und im Austausch mit anderen. Hier spielen Gefühle eine herausragende Rolle. Die Relevanz der Interaktion in der Onto- wie auch in der Aktualgenese von Emotionen führt zu der für diese Arbeit fundamentalen Annahme, daß diese ein grundlegend interaktives Phänomen darstellen, und zwar in zweifacher Weise: Einerseits erscheint die Interaktion als der Ort, an dem Emotionen als eine *soziale Realität* greifbar werden. Aufgrund ihrer interaktiven Bedeutsamkeit müssen Emotionen auch für andere wahrnehmbar werden, also eine soziale Existenz besitzen, die über eine dem sie erfahrenden Subjekt zugängliche innerpsychische Qualität hinausgeht. Dies ist jedoch nicht nur als ein ausschließlich durch das Individuum zu verantwortender Übergang von einer inner- zu einer interindividuellen Realität zu verstehen, sondern in einem sehr viel weitreichenderen Sinne, insofern auch der Beitrag der anderen Interaktanten zu berücksichtigen ist. Daher kann man Gefühle letztlich als ein interaktives Konstrukt, als ein *interactional achievement* im Sinne von Schegloff (1982) ansehen, an dessen Hervorbringung die Interaktanten gemeinsam arbeiten.[2] Andererseits sind Gefühle in ihren alltäglichen Ausformungen ein konstitutives Element vieler Interaktionen, so daß sich gerade diese als natürliches Beobachtungsfeld anbieten, wenn es darum geht, Formen des Gefühlsausdrucks zu untersuchen.[3]

Ein beständiges affektives Gestimmtsein gehört zu den menschlichen Grundkonstanten und spielt in jeder zwischenmenschlichen Begegnung – unabhängig von der Partnerkonstellation, dem Thema und dem situativen Rahmen – eine Rolle, denn „Fühlen und Stimmung bleiben die Grundlage unseres Weltbezuges" (Schulz 1979: 121). Diese Annahme wird durch neuere psychologische Erkenntnisse gestützt, die von einem stetigen, meist unbewußten Gestimmtsein ausgehen, auch *baseline* genannt (vgl. Scherer 1990: 7). Dabei handelt es sich nicht notwendigerweise um einen neutralen oder gleichsam ‚affektfreien' Zustand, sondern eher um eine vergleichsweise stabile, entspannte mittlere Affektlage:

> Wenn Affekte umfassende psycho-physische Gestimmtheiten oder Befindlichkeiten von wechselnder Bewußtseinsnähe sind, so ist man immer in irgendeiner Weise affektiv gestimmt [...]. Vor allem aber erscheint auch die scheinbar affektneutrale, in Wirklichkeit aber durch eine mehr oder weniger entspannte mittlere Affektlage charakterisierte Alltagsstimmung als ein spezifisch affektiver Zustand (Ciompi 1997: 69).

---

[1] Daß die theoretischen Positionen hier vor den Analysen erscheinen, hat in erster Linie darstellungstechnische Gründe und ist nicht im Sinne eines deduktiven Vorgehens zu verstehen. Siehe dazu auch oben Abschnitt 1.2.

[2] Von emotionssoziologischen Positionen kommend betont insbesondere Fiehler (1990: 44f.) die interindividuelle Seite der Emotionen. Dabei akzentuiert er v.a. die mit der kommunikativen Deutung der Emotionen verbundenen Aspekte, wobei die theoretische Auseinandersetzung mit den mentalen wie sozialen Bedingungen der Konstitution von Emotionen im Vordergrund steht.

[3] Es sei an dieser Stelle in Erinnerung gerufen, daß es im Rahmen dieser Arbeit nur um alltägliche Gefühle, wie sie in natürlichen Kommunikationssituationen zu beobachten sind, gehen wird. Pathologische Emotionen, die im Zentrum der medizinischen, psychiatrischen und psychoanalytischen Forschung stehen, bleiben hingegen ausdrücklich unberücksichtigt.

Diese fundamentale Form des affektiven Gestimmtseins muß im Verhalten der Interaktanten nicht unbedingt aufscheinen.[4] Allerdings werden Gefühle, ob es sich nun um eine eher latente affektive Alltagsstimmung handelt oder – psychologisch gesprochen – um eine Emotion mit Episodencharakter,[5] in jeder zwischenmenschlichen Begegnung als interpretative Ressource genutzt. Sie steuern maßgeblich das Verständnis, indem sie die Haltungen des Sprechers und damit auch seine Gewichtungen und Relevantsetzungen vermitteln.[6] Gefühle ermöglichen eine Differenzierung der verschiedenen Realitätsbezüge sprachlicher Äußerungen und sind darüber hinaus für den Vollzug zahlreicher kommunikativer Aktivitäten konstitutiv. Schließlich spielen sie bei der Selbstrepräsentation und Identitätsbildung eine herausragende Rolle. Und nicht zuletzt kommt ihnen im Zusammenhang mit der Konstitution interpersonaler Beziehungen eine besondere Bedeutung zu.[7] In Abhängigkeit von der Situation, dem Interaktionstyp, dem Thema usw. können sie mehr oder weniger im Fokus der Aufmerksamkeit stehen, d.h. der Grad ihrer interaktiven Relevanz kann variieren.

Schon aufgrund ihrer interaktiven Relevanz können Emotionen kein privates, ausschließlich in der Innerlichkeit des Individuums zu lokalisierendes Phänomen sein, sondern sie müssen sich auch in einer spezifischen Form des Verhaltens manifestieren. Die interaktive Relevanz der Emotionen läßt weiterhin vermuten, daß es sich dabei nicht – zumindest nicht nur – um idiosynkratische Formen handeln kann, sondern daß das Zeigen und Verstehen von Gefühlen in der Interaktion gewissen Regelmäßigkeiten folgt. Denn die wichtigste Voraussetzung für die interaktive Relevanz der Emotionen ist ihre auf konventionellem Verhalten basierende wechselseitige Erkennbarkeit. Wenn auch die emotionale Ausdruckskomponente insbesondere in der psychologischen Forschung in erster Linie mit nonverbalem Ausdruck etwa durch Mimik und Gestik in Verbindung gebracht wurde, so gehört doch ein nicht unerheblicher Teil dieses Verhaltens zur verbalen Dimension. Gefühle – so die zentrale These – besitzen nicht nur eine soziale, sondern auch eine spezifisch *diskursive Realität*. Und vor allem die Regelmäßigkeiten dieses Bereiches sind es, denen hier das Interesse gilt. Der Akzent liegt also nicht auf einer Rekonstruktion des emotionalen Erlebens des sprechenden Subjekts, sondern auf einer ‚Phänomenologie' der emotionalen Kommunikation.[8]

---

[4] Vgl. ähnlich Nuyts (1990: 234): „one can assume that there is a constant emotional involvement of a human being with everything in the world (s)he has knowledge of. As long as this emotional involvement remains within some limits of ‚strength', it may very well go unnoticed."

[5] Vgl. unten Abschnitt 4.1.2.

[6] Die Relevanz der affektiven Dimension in jeder Art von zwischenmenschlicher Begegnung erklären Ochs/Schieffelin (1989) unter Rekurs auf das aus der Entwicklungspsychologie entlehnte Konzept des *social referencing*. Demnach deuten Kleinkinder in unsicheren Situationen das v.a. mimisch-gestisch übermittelte affektive Ausdrucksverhalten ihrer Bezugspersonen und richten ihre eigenen Handlungen und Verhaltensweisen daran aus. Ochs/Schieffelin (1989: 8) nehmen an, daß sich diese Art der Deutung affektiven Ausdrucksverhaltens über das Kleinkindalter hinaus fortsetzt und in jeder Interaktion eine zentrale Rolle spielt, wobei später nicht nur das mimisch-gestische, sondern auch das sprachliche Ausdrucksverhalten als Basis für entsprechende Deutungen herangezogen wird.

[7] Vgl. unten Abschnitt 7.1.

[8] Die hier vertretene Position ähnelt in ihrer phänomenologischen Ausrichtung und der Abkehr von der Innerlichkeit des Sprechers vordergründig der in Kapitel 2 thematisierten strukturalistischen.

Eine an der sozialen und speziell diskursiven Realität der Gefühle ansetzende Konzeptualisierung ist m.E. die einzige, die diese Problematik überhaupt für linguistische Fragestellungen öffnet. Sie reagiert nicht nur auf ein methodisches, sondern auf ein ganz grundlegendes theoretisches Problem: Da der Blick in das Innenleben verstellt ist, sind verläßliche, auch empirisch belegbare Aussagen über Gefühle in natürlichen Interaktionssituationen nur über das zu machen, was das Individuum ausdrucksseitig zu verstehen und über (sprachliche) Verhaltensweisen zu erkennen gibt. An diesem Punkt setze ich unter Rekurs auf eine Methode an, die den Akzent klar auf Oberflächenphänomene legt und damit eine Konzeptualisierung, die die Außenseite der Emotionen in den Vordergrund stellt, unterstützt: Nicht die Rekonstruktion der sprecherseitigen Befindlichkeiten interessiert hier, sondern die Art und Weise, wie Gefühle in der Kommunikation vermittelt werden. Theoretische und methodische Annahmen ergänzen sich in diesem Punkt wechselseitig. In Einklang mit den in Kapitel 1.2 angestellten methodischen Überlegungen steht auch der analytische Zugang bei der Zuschreibung affektiver Bedeutungen: Hier wird die Perspektive des Rezipienten eingenommen. Der Vorteil liegt dabei darin, daß die Perspektive des Rezipienten diejenige ist, die der Analysierende unter Rückgriff auf die im Gesprächstext konservierten Deutungen des Hörers zumindest teilweise rekonstruieren kann. Nicht die Motive und Regungen des Sprechers stehen im Mittelpunkt, sondern die Deutungen seines Ausdrucksverhaltens durch den oder die anderen Teilnehmer.[9] Zeichentheoretisch gesprochen wird der Emotionsausdruck als Signal aufgefaßt und in seinen Effekten beschrieben.[10] Die Übernahme der Rezipientenperspektive akzentuiert die kommunikative Relevanz des Gefühlsausdrucks, der nicht als ein sprecherzentriertes, sondern als ein interaktives Phänomen gesehen wird.[11] Vor einem solchen Hintergrund erhält auch die nun nicht mehr isoliert und losgelöst von deren Verwendung erfolgende Untersuchung der sprachlichen Mittel des Gefühlsausdrucks einen völlig neuen Stellenwert.

Die zuvor skizzierten theoretischen Vorstellungen und Prämissen sind für die vorliegende Arbeit leitend. Sie werden im Rahmen dieses Kapitels argumentativ entfaltet und führen zur Entwicklung des interaktiv basierten Konzepts der *Darstellung emotionaler Beteiligung*. Die folgenden Abschnitte dienen jedoch zunächst dazu, eine phänomenologisch-interaktive Konzeption der Gefühle in einem interdisziplinären Kontext zu verorten und sie in ihren zentralen Thesen durch philosophische, psychologische und soziologische Positionen zu stützen.

Während dies in strukturalistischen Arbeiten jedoch zu einer Konzentration auf den Sprachkode unter Ausblendung der Sprachverwendung führt, stehen hier gerade kommunikative Erscheinungen im Mittelpunkt, die in ihren Bezügen zu den Kommunikationsteilnehmern erfaßt werden.

[9] Hier liegt ein entscheidender Unterschied zu sprechakttheoretischen Konzeptualisierungen des Gefühlsausdrucks, die primär Fragen der Intentionalität in den Vordergrund stellen und mit dem Konzept des expressiven Sprechakts eine sprecherzentrierte, mentalistische Modellierung der Gefühle vornehmen, die deren interaktiver Verfaßtheit nicht gerecht werden kann.

[10] Siehe oben Abschnitt 2.2.

[11] Eine ähnliche Verschiebung der Perspektive konstatieren Scherer/Wallbott (1990: 381) bei emotionspsychologischen Untersuchungen zum mimischen Ausdruck, die vielfach „nicht als Ausdrucks-, sondern eher als Eindrucksuntersuchungen zu werten" sind. Aufgrund einer vergleichbaren methodischen Aporie kommen die Autoren zu dem allgemeinen Schluß, „daß sich der Ausdruck von Emotionen nur im Zusammenhang mit Eindrucksprozessen im Rahmen interpersonaler Kommunikation umfassend untersuchen und verstehen läßt" (Scherer/Wallbott 1990: 397).

4.1.1 Substantielles vs. soziales Subjekt

Nimmt man mit Wittgenstein (1963: 90) an, daß das Subjekt nicht zur Welt gehört, sondern eine Grenze der Welt ist, so interessiere ich mich im folgenden für die Seite, die das Subjekt der Welt zeigt, also seine soziale Verfaßtheit. Eine soziale Definition des Subjekts und damit auch der Emotion als einer seiner zentralen Eigenschaften unterscheidet sich erheblich von traditionellen abendländischen Konzeptualisierungen. Hier wird das Subjekt im Sinne der idealistischen Philosophie entweder für sich gesetzt und als ein absolutes, nur über die (Selbst-) Reflexion zugängliches Prinzip gesehen, oder aber im Sinne der Vermögenstheorie quasi psychologisch über seine Substantialität definiert.[12] Eine solche Vorstellung des Subjekts ist jedoch im Grunde theoretisch nicht zu konzeptualisieren.[13] Insofern bietet sie sich kaum an für wissenschaftliche Annäherungen an Fragen der Subjektivität oder des Gefühlsausdrucks. Einen geeigneteren Ausgangspunkt bildet demgegenüber die Idee der sozialen Verfaßtheit des Subjekts, die ihre Wurzeln v.a. in der nachidealistischen Philosphie des 19. Jahrhunderts hat. Hier wird die Abkehr von einem substantiell-mentalistischen Subjektsbegriff dadurch vorbereitet, daß die Subjektivität in objektiver Außenbetrachtung zu erfassen versucht und dabei der Mitmensch als eine andere Subjektivität zur Orientierung genommen wird. Die Subjektstheorie wird also durch eine Sozialtheorie ergänzt. Schulz (1992: 18) stellt ausdrücklich heraus, „daß der Mensch gar nicht primär als für sich bestehendes Ich zu verstehen ist. Die Subjektivität ist nicht durch die Aufmerksamkeit auf sich selbst, sondern wesentlich durch ihre Bezüge zur Natur und vor allem zu den Mitmenschen zu deuten."[14] Auch in Nowaks (1983: 23) an von Humboldt angelehnten Überlegungen zu Sprache und Individualität verweist der Begriff nicht auf das Partikulare, auf die totale Andersartigkeit eines Menschen, sondern auf „das jeweils Einmalige und Besondere *jeder* Individualität als ihre Gemeinsamkeit."

Nicht nur Philosophen, auch Psychologen betonen die soziale Seite in der Konstitution des Subjekts. Von einem sozialbehavioristischen Standpunkt aus wird eine soziale Sicht des Subjekts von Mead ([10]1995) ausbuchstabiert, der Identität als eine Spiegelung des gesellschaftlichen Prozesses, in den das Individuum eingebunden ist, versteht und ihren primär sozialen Charakter unterstreicht:

> Es kann keine scharfe Trennungslinie zwischen unserer eigenen Identität und der Identität anderer Menschen gezogen werden, da unsere eigene Identität nur soweit existiert und als solche in unsere

---

[12] Vermögen im Sinne der klassischen Vermögenstheorie sind immer höhere Vermögen, also Vermögen des Geistes. Als solche werden sie von den körperlichen Fähigkeiten unterschieden. Die Vermögen selbst werden wiederum in eine Rangordnung gestellt, wobei das *Fühlen*, hinter *Denken* und *Wollen*, den letzten Platz einnimmt und damit an der Schwelle zu den über die Körperlichkeit bestimmten Fähigkeiten steht. Allerdings wird diese Hierarchie in der nachklassischen Epoche umgekehrt. Als stärkste Kraft gelten nun die dem leiblichen Bereich zugehörigen Triebe.

[13] Vgl. ähnlich Vion (1992: 60).

[14] Vgl. auch Schulz (1979: 65): „Die Selbigkeit der Person, die sich schon auf Grund ihrer besonderen Körperlichkeit bestimmt, mag sich subjektiv als Selbstgefühl darstellen. Entscheidend aber ist der Umgang mit anderen. Von diesen her muß die Person als Träger von Verhaltensweisen und Eigenschaften verstanden werden. Nur unter diesen Voraussetzungen läßt sich ja ihr Verhalten [...] im vorhinein berechnen." Einen Überblick über philosophische Konzeptualisierungen der Subjektivität gibt Frank (1991a und b).

Erfahrung eintritt, wie die Identitäten anderer Menschen existieren und als solche ebenfalls in unsere Erfahrung eintreten. Der Einzelne hat eine Identität nur im Bezug zu den Identitäten anderer Mitglieder seiner gesellschaftlichen Gruppe. Die Struktur seiner Identität drückt die allgemeinen Verhaltensmuster seiner gesellschaftlichen Gruppe aus (Mead [10]1995: 206).

Eine noch weitergehende Position findet sich in konstruktivistischen Theorien eines dialogisch konzipierten Selbstkonzeptes, wo Identität in eine Vielzahl von ‚fremden Stimmen' aufgelöst wird.[15] Im Vergleich mit anderen Kulturen offenbart sich die ethnozentristische Prägung einer essentialistischen Subjektskonzeption. Die Vorstellung eines nicht-autonomen Selbst, eines Selbst, das sich primär in Relation zu anderen definiert, ist im fernöstlichen Denken weitaus geläufiger als im westlichen. So entwickelt Maynard (1993) ausgehend von japanischen Traditionen eine soziale Konzeption des Subjekts, in dessen Bestimmung der Austausch mit anderen einen zentralen Stellenwert erhält: „In fact subjectivity exists only when it is supported by interactionality. Thus the speaking self must be viewed as a metamorphic, fluid self which is defined partly in relation to the other" (Maynard 1993: 16).

Auch in der vorliegenden Arbeit wird eine Konzeption des Subjekts zugrundegelegt, die dessen soziale Dimension in den Vordergrund stellt. In dieser Fokussierung des Allgemeinen im Partikularen liegt m.E. der einzige gangbare Weg aus dem grundlegenden Dilemma, mit dem sich jede mit Fragen der Subjektivität befaßte Wissenschaft konfrontiert sieht. Sie basiert auf der Erkenntnis, daß sich der einzelne über die Bezüge, in denen er steht, definiert und daß sein Handeln, sobald es öffentlich erfolgt, einen sozialen Charakter hat.[16] Auf diese Weise verschiebt sich der Blick von der Innerlichkeit als der Essenz des Subjekts hin zu seinem Verhalten. Mit der Akzentuierung der sozialen Dimension wird zugleich die Frage der Vermittlung und damit auch der Kommunikation relevant.

Eine die soziale Seite und damit das Verhalten in den Vordergrund stellende Konzeption des Subjekts läßt sich mutatis mutandis auch auf die Gefühle als einer klassischen Domäne der Subjektivität übertragen. Die Betrachtung der Gefühle aus einer ‚überindividuellen Außenperspektive' ist nicht so ungewöhnlich wie sie zunächst scheinen mag. Auch hier führen kulturvergleichende Beobachtungen wiederum zu einer Erweiterung des Blickfeldes. Während die abendländische Tradition Gefühle v.a. innerhalb des Individuums verortet, lokalisieren andere Kulturen Emotionen auch oder sogar überwiegend in sozialen Beziehungen oder in den Beziehungen zwischen dem Individuum und dem ihm widerfahrenden Ereignis.[17] Auch in emotionstheoretischen Konzeptualisierungen finden sich zahlreiche Hinweise auf die soziale Dimension der Gefühle einerseits sowie auf die Relevanz der emotionalen Ausdruckskomponente andererseits. Diese liefern wichtige Argumente für ein interaktives und zugleich phänomenologisches Verständnis der Gefühle und bestätigen darüber hinaus die Bedeutung, die diese beiden Aspekte in der vorliegenden

---

[15] Vgl. etwa Hermans/Kempen/van Loon (1992: 29): „The dialogical self is conceived as social – not in the sense that a self-contained individual enters into social interactions with other outside people, but in the sense that other people occupy positions in the multivoiced self." Ein Überblick über psychologische Subjektivitätstheorien im Zeitalter der Postmoderne findet sich bei Bruder (1993).
[16] Vgl. ähnlich Vion (1992: 64): „Les sujets produisent du social dès lors qu'ils participent activement à la définition de la situation dans laquelles [sic] ils sont engagés."
[17] Vgl. Irvine (1990).

Arbeit erhalten. Daher werden in den folgenden Abschnitten in Gestalt eines Exkurses zunächst zentrale emotionstheoretische Argumente für eine interaktiv-phänomenologische Konzeption der Gefühle diskutiert. Ihre Berücksichtigung bildet die Voraussetzung dafür, daß kommunikative Prozesse in Ansätzen mit psychosozialen korreliert werden können. Dies kann der bereits angesprochenen Verflachung traditioneller linguistischer Emotionskonzepte wie auch ihrer einseitigen Akzentuierung intraindividueller Aspekte entgegenwirken.

4.1.2 Exkurs: Die interaktiv-phänomenologische Seite der Gefühle

Die theoretische Beschäftigung mit Gefühlen kann auf eine lange philosophische Tradition zurückblicken.[18] Erst seit der im 19. Jahrhundert erfolgten Ablösung der Erfahrungswissenschaften von der Philosophie und ihrer Konstituierung als eigenständige Disziplinen hat eine Verlagerung der entsprechenden Fragen in die Psychologie und in geringerem Maße auch in die Soziologie stattgefunden.[19] Allerdings gibt es in der Psychologie als der heute vorrangig mit der Untersuchung von Gefühlen befaßten Disziplin bisher keine verbindliche Definition dieses Phänomens, sondern – im Gegenteil – die Situation ist durch eine verwirrende terminologische Vielfalt gekennzeichnet, die sinnbildlich für eine geradezu ‚karikaturale Zersplitterung' (Ciompi 1997) des Forschungsgebietes steht.[20] So deuten Begriffe wie Gefühl, Emotion, Affekt, Stimmung, Erregung, Gemütsbewegung, Disposition etc., die teilweise als Synonyme verwendet werden, aber auch weit auseinanderliegende Definitionen kennen, nicht nur auf die Komplexität der in Frage stehenden emotionalen Phänomene hin, sondern auch auf Probleme bei deren Eingrenzung und Präzisierung. In einer ersten Annäherung kann man *Emotionen* als Zustandsveränderungen definieren, „die durch dis-

---

[18] Vgl. Parret (1986: 154ff.) für einen kurzen Abriß der philosophischen Diskussion über Gefühle sowie Fink-Eitel/Lohmann (Hgg.) (1993). Siehe außerdem Sartre (1965) für eine phänomenologische Theorie der Gefühle.

[19] Einen Überblick über verschiedene Strömungen der Emotionsforschung geben Plutchik/Kellerman (Hgg.) (1980 und 1983), Scherer (1990) sowie Lewis (Hg.) (1993). Eine einführende Darstellung bietet Ulich (^{2}1989). Vgl. auch Tritt (1992, Kapitel 2). Emotionssoziologische Positionen diskutiert Gerhards (1988); vgl. auch Kahle (1981) sowie Kemper (Hg.) (1990). Darüber hinaus waren Emotionen in jüngster Zeit Gegenstand literatur- und kulturwissenschaftlicher Studien; vgl. Campe (1990), Alfes (1995) und Krause/Scheck (Hgg.) (2000).

[20] Gerade in emotionspsychologischen Arbeiten standen lange Zeit die Abgrenzung der Emotionen zu Trieben und Kognitionen sowie typologische Fragen der Differenzierung einzelner, insbesondere basaler Emotionen im Vordergrund. Nicht selten wurden Emotionen vor dem Hintergrund anderer, nicht unbedingt emotionsspezifischer Theorien diskutiert, was die terminologische Konfusion begünstigt haben dürfte. Unabhängig davon hat sich die Emotionsforschung bisher v.a. auf pathologische oder mit Entwicklungsstörungen verbundene Emotionen konzentriert. Weniger ‚dramatische' Affekte wurden hingegen vernachlässigt. Darüber hinaus dominieren in psychologischen Untersuchungen in der Regel experimentelle Settings, so daß insgesamt alltägliche Emotionen in natürlichen Kommunikationssituationen kaum Berücksichtigung fanden. Zu einem ähnlichen Schluß kommen Lazarus/Kanner/Folkman (1980: 195): „there is little naturalistic study of daily emotional activity in normally functioning persons at various periods of life."

krete Ereignisse oder Reize ausgelöst werden" (Scherer 1990: 6).[21] Es handelt sich um spezielle Zustände des Organismus, die von unterschiedlicher Dauer sein können, auf jeden Fall aber Episodencharakter haben, also ein herausgehobenes und zugleich abgegrenztes Phänomen darstellen. Darin unterscheiden sie sich von den mittel- oder langfristigen, psychologisch eher ganzheitlichen und kaum gerichteten *Stimmungen* und den ebenfalls relativ stabilen *affektiven Einstellungen*, wenngleich zwischen allen dreien enge Wechselwirkungen angenommen werden und die Frage, wo eine Grenze zwischen ihnen zu ziehen wäre, hochgradig kontrovers ist. *Erregung* nimmt Bezug auf die neurophysiologische Komponente. *Gefühl* verweist auf das emotionale Erleben, den durch Emotionen hervorgerufenen Gemütszustand,[22] der in philosophisch-anthropologisch orientierten Arbeiten großen Raum einnimmt, in der Psychologie, v.a. in ihren biologistischen Ansätzen, jedoch weniger bedeutsam ist. Bei Ciompi (1997: 62) heißt es zu den unterschiedlichen Terminologien:

> Der *Begriff der Affekte* wird in der Literatur bald als synonym und bald als verschieden von anderen ebenso uneinheitlich definierten Ausdrücken wie ‚Gefühle', ‚Emotionen', ‚Stimmungen', ‚Launen' oder ‚Gemütsbewegungen' verwendet, wobei das umgangssprachliche ‚Gefühl' dem subjektiven Körpererleben und auch der Intuition besonders nahesteht während der [...] Begriff der ‚Emotion' [...] mehr die energetische und motivationale Seite des Gemeinten betont.

Anders als Scherer (1990), der Affekt nicht ausdrücklich definiert und den Begriff der Emotion in den Mittelpunkt seiner Überlegungen stellt, macht Ciompi Affekt zum zentralen Konzept seiner Theorie, das er wie folgt definiert: „Ein Affekt ist eine von inneren oder äußeren Reizen ausgelöste, ganzheitliche psycho-physische Gestimmtheit von unterschiedlicher Qualität, Dauer und Bewußtseinsnähe" (Ciompi 1997: 67, kursiv im Original). ‚Emotion' im Sinne Scherers und ‚Affekt' im Sinne Ciompis sind also weitgehend deckungsgleiche Begriffe.

Übereinstimmung besteht unter Emotionstheoretikern in der Annahme, daß Emotionen bzw. Affekte ein komplexes multidimensionales Phänomen darstellen, dessen Beschreibung die analytische Unterscheidung zwischen mehreren Komponenten erforderlich macht. Unterschiedliche Auffassungen gibt es jedoch hinsichtlich der Anzahl der anzunehmenden Komponenten sowie ihrer jeweiligen Gewichtung im Gesamt des emotionalen Erlebens. Scherer (1990: 10f.) geht von den folgenden Komponenten aus: 1. eine *neurophysiologische* Komponente, die sich mit Aspekten der Erregung befaßt; 2. eine *motivationale* Komponente, die die Auswirkungen und Verhaltenstendenzen verschiedener Emotionszustände thematisiert; 3. eine *kognitive* Komponente, die sich „mit der Auslösung und Differenzierung von Emotionen durch kognitive oder quasi-kognitive Bewertungsprozesse" (Scherer 1990: 8) beschäftigt; 4. eine subjektive Erlebniskomponente, hier *Gefühlskomponente*

---

[21] Auch Ciompi (1997: 68) betont das Episodenhafte der Emotion bzw. – in seiner Terminologie – des Affekts, wenn er diesen als kurzfristigen Übergang von einem Affektzustand zu einem anderen definiert. Als gesichert gilt, „daß intensive Affekte aller Art, ausgeprägten Wellenbergen und -tälern vergleichbar, dazu tendieren, immer wieder zu jenem entspannteren, mit relativ geringen Ausschlägen um ein Mittelmaß herum fluktuierendem Basiszustand zurückzukehren, der dem Alltagsverhalten entspricht" (Ciompi 1997: 123). Als Episoden bzw. spezielle Zustände des Organismus stellen Emotionen immer eine Veränderung gegenüber einem vorherigen Zustand – der *baseline* oder mittleren Affektlage – dar.

[22] Abweichend dazu Ciompi (1997: 68), der Gefühl „vorwiegend im Sinn eines körperlich spürbaren bewußten Affekts" versteht.

genannt, die auf die mit emotionalen Prozessen einhergehenden Veränderungen der menschlichen Gefühlszustände und auf das Bewußtsein von Gefühlen in der psychischen Struktur Bezug nimmt sowie 5. eine *Ausdruckskomponente*, die dem motorischen Ausdruck als zentralem Faktor der Emotionsdifferenzierung Rechnung trägt.[23]

Insbesondere emotionstheoretische Ansätze biologistischer und behavioristischer Provenienz definieren Emotionen als genetisch determinierte, mehr oder weniger universelle physiologische Erregungszustände bzw. als eine Art Reflex, ein erworbenes Reaktionsmuster. Solche Ansätze bieten sich kaum als interdisziplinäre Schnittstelle für ein interaktiv-phänomenologisches Verständnis der Emotion an. Von ihrer theoretischen Ausrichtung her geeigneter erscheinen demgegenüber Ansätze, die die Ausdruckskomponente akzentuieren bzw. die Relevanz der Emotionen für die Kommunikation herausstellen.

Bereits Darwin (1986) galt der Ausdruck als privilegierter Indikator emotionaler Zustände. In jüngster Zeit betonen wiederum Scherer/Wallbott (1990) die Relevanz der Ausdruckskomponente, die in keiner der ansonsten stark divergierenden Emotionsdefinitionen fehlt. Sie schränken diese jedoch weitgehend auf den nonverbalen Ausdruck ein, wenn sie Gesicht, Stimme (insbesondere paralinguistische Faktoren, Veränderungen der Stimmqualität etc.), und Körperbewegungen eine Schlüsselrolle bei der Analyse von Emotionsprozessen zuschreiben (vgl. Scherer/Wallbott 1990: 346).[24] Wurden emotionale Ausdrucksmuster früher in erster Linie biologisch interpretiert als Resultat adaptiver physiologischer Veränderungen, so setzte sich zwischenzeitlich die Auffassung durch, daß in nicht unerheblichem Maße auch soziale, interaktive und allgemein kulturelle Faktoren an deren Herausbildung beteiligt sind. Die universalistische Position, wonach Emotionen und insofern auch emotionale Ausdrucksmuster weitgehend genetisch determiniert sind, wird zunehmend durch ‚kulturrelativistische' Modelle in Frage gestellt, die von einer soziokulturellen Beeinflussung ausgehen.[25]

Eine solche kulturrelativistische Position liegt auch den meisten kognitivistisch sowie konstruktivistisch ausgerichteten Emotionstheorien zugrunde, die verschiedene Anknüpfungspunkte für ein phänomenologisch-interaktives Verständnis der Emotionen bieten. Diese Ansätze haben ihre Wurzeln im Symbolischen Interaktionismus oder der Wissenssoziologie und gehören damit zu einem dem konversationsanalytischen Zugang verwandten wissenschaftlichen Paradigma. Sie zeichnen sich zum einen durch die Akzentuierung der interaktiven und/oder kognitiven Dimension in der Konzeptualisierung der Emotion aus

---

[23] Gerth/Wright Mills (1981: 120ff.) nehmen lediglich eine neurophysiologische, eine Gefühls- und eine Ausdruckskomponente an. Die Integration einer kognitiven Komponente in die Definition der Emotion war lange Zeit Gegenstand emotionstheoretischer Kontroversen. Eine dezidert ‚pro-kognitivistische' Position vertreten Lazarus/Kanner/Folkman (1980: 198): „Emotions are complex, organized states [...] consisting of cognitive appraisals, action impulses, and patterned somatic reactions." Ähnlich Ulich (^{2}1989: 32).

[24] Wenn die sprachliche Seite des Gefühlsausdrucks in emotionspsychologischen Arbeiten in den Blick gerät, so geschieht dies meist in Verbindung mit bestimmten methodischen Verfahren wie der Attribution von Eigenschafts- oder Gefühlswörtern (vgl. Friedrich 1982). Interesse erfuhren die Gefühlswörter auch, weil ihre Bedeutungen als lexikalisch verfestigte Typisierungen von Gefühlen interpretiert werden (vgl. Kövecses (1990) und Tritt (1992); aus sprachwissenschaftlich-diachroner Perspektive auch Jäger/Plum (1988)).

[25] Zur soziokulturellen Varianz des Emotionsausdrucks aus anthropologisch-linguistischer Sicht siehe insbesondere Lutz/Abu-Lughod (Hgg.) (1990) sowie Besnier (1994).

und zum anderen durch ihre Oberflächenorientiertheit, die in der Regel bei der emotionalen Ausdruckskomponente ansetzt.

Insbesondere konstruktivistische Ansätze betonen die soziale Verfaßtheit der Emotionen, die aus dieser Sicht im Verlauf der kindlichen Ontogenese erworben werden und zumindest teilweise kulturspezifisch geprägt sind. Dabei wird die Ausdruckskomponente der Emotionen zu einer zentralen Bedingung ihres Erwerbs, denn nur wenn Emotionen eine soziale Realität haben, können sie in der Interaktion vermittelt werden. Auch Arbeiten aus dem kognitiv-phänomenologischen Kontext wenden sich vermehrt der Interaktion als dem für die aktuale Emotionsgenese entscheidenden Ort zu, wobei hier ein Interesse an den eher alltäglichen Emotionen leitend ist.[26] Aus der Verschiebung des Untersuchungsgegenstandes von den auffälligen bzw. pathologischen hin zu den alltäglichen Emotionen ergibt sich beinahe zwangsläufig eine veränderte Modellierung, wobei die prozessuale und v.a. die *interaktive* Facette der Emotionen in den Vordergrund tritt. Emotionen sind von zentraler Bedeutung für jede Art von zwischenmenschlicher Begegnung, insbesondere für die angemessene Deutung des Verhaltens anderer Interaktionsteilnehmer: „Since few meaningful encounters, actions, and thoughts occur without emotion, or at least the potential for it, the presence of an emotion provides an important clue to the significance of a person's ongoing adaptional encounter with the environment." Emotionen erweisen sich als „central to our understanding of human behavior and experience on every level of scientific analysis – sociological, psychological, and physiological" (Lazarus/Kanner/Folkman 1980: 189f.). Zu ergänzen ist hier die linguistische Dimension, die aus psychologischer Perspektive offenbar vernachlässigenswert scheint.

Neben der interaktiven Dimension erhält die kognitive Bewertungskomponente in diesem emotionstheoretischen Modell einen zentralen Stellenwert.[27] Diese hat entscheidenden Anteil an der Entstehung von Emotionen und kommt in der je spezifischen Bewertung einer gegebenen Interaktionssituation zum Tragen: „Emotions are always appraised outcomes of actual, imagined, or anticipated transactions, the most important of which in human affairs are usually social" (Lazarus/Kanner/Folkman 1980: 213). Letztlich ‚macht' das Individuum, indem es bestimmte bewertende Situationsdeutungen vornimmt, seine Gefühle selbst. Emotionen sind grundsätzlich in zwischenmenschliche Begegnungen eingebunden. Sie erscheinen als „the result of the outcomes of ongoing interpersonal relationships" (Lazarus/ Kanner/Folkman 1980: 196) und haben daher zwangsläufig sozialen bzw. interaktiven Charakter. Insofern muß ihre Beschreibung auch eine prozessual-dynamische Perspektive erhalten. Mit der von Lazarus/Kanner/Folkman vorgeschlagenen Konzeption der Emotion als einer primär *sozial determinierten und interaktiv erzeugten Konstruktion* eröffnet sich eine erste wichtige Schnittstelle zwischen kognitiv-phänomenologischen Positionen einerseits und pragmalinguistischen Konzeptualisierungen andererseits. Aus diesem emo-

---

[26] Dies hat seinen Grund darin, daß viele der kognitiv-phänomenologischen Arbeiten im Kontext der Streßforschung stehen, für die gerade die alltäglichen Emotionen zentral sind.

[27] Das Postulat, wonach „affektive und kognitive Komponenten – oder Fühlen und Denken – in sämtlichen psychischen Leistungen obligat zusammenwirken" steht auch im Mittelpunkt der Arbeit von Ciompi (1997: 13) zu den emotionalen Grundlagen des Denkens. Allerdings erfährt hier nicht nur der Einfluß von Kognitionen auf Emotionen, sondern auch umgekehrt der von Emotionen auf Kognitionen Beachtung.

tionstheoretischen Ansatz lassen sich insbesondere Argumente für eine Auffassung der Emotion als interaktiver Praxis ableiten.

Vor dem Hintergrund eines wissenssoziologischen Ansatzes betont auch Averill (1980) die soziokulturelle Prägung der Emotionen, die er als Resultat einer vorübergehenden Rollenübernahme begreift. Als Folge aus der sozialen Verfaßtheit von Emotionen ist „the meaning (or functional significance) of the emotions within a social context" (Averill 1980: 324f.) zu sehen. Emotionen sind in hohem Grade durch Bündel von sozialen Regeln bzw. Verhaltenserwartungen determiniert, welche das emotionale Erleben des Individuums steuern.[28] Das emotionale Ausdrucksverhalten ist daher vorstrukturiert durch die soziale Situation, in die es eingebunden ist, und kann als weitgehend standardisiert gelten. Nach der rollentheoretischen Konzeption der Emotion gestaltet ein Individuum in bestimmten Situationen und auf der Basis verinnerlichter sozialer Normen sein eigenes Verhalten als emotional, ähnlich wie ein Schauspieler seine Rolle ‚mit Gefühl' interpretiert. Das Problem der Authentizität von Gefühlen ist hier von nachgeordneter Bedeutung. Da der Schluß von der Geste auf das Gefühl nicht mit Sicherheit zu ziehen ist, kann nicht zwischen fingierten Formen wie der ‚Stilisierung von Gefühlen' oder der Verwendung ‚emotionaler Masken' einerseits und ‚echtem' emotionalen Erleben andererseits unterschieden werden.[29] Aus der Bedeutung, die Averill der soziokulturellen Verfaßtheit der Emotionen und damit auch der Ausdruckskomponente zuschreibt, ergibt sich ein weiterer Berührungspunkt zu linguistischen Konzeptualisierungen. In seiner Fokussierung des Emotionsausdrucks und der interaktiven Dimension eröffnet dieser Ansatz Anschlußstellen für konversationsanalytische Untersuchungen zu Emotionen.

Noch konsequenter wird das emotionale Ausdrucksverhalten in dem vom Symbolischen Interaktionismus geprägten Ansatz von Gerth/Wright Mills (1981) in den Mittelpunkt gestellt. Hier wird die übliche Sichtweise, derzufolge der Emotionsausdruck einen Hinweis auf inneres Erleben gibt, umgekehrt und damit dem entsprechenden Verhalten die Funktion zugeschrieben, das emotionale Erleben zu induzieren. Die Funktion der emotionalen Ausdruckskomponente wird also nicht in einer Abfuhr der neurophysiologischen Spannung gesehen, sondern sie trägt im Gegenteil zu einer Verstärkung der Erregung bei, ja sie kann sogar deren Ursache sein. Besonders deutlich wird die durch das Ausdrucksverhalten ausgelöste Emotionsgenese beim ‚Entleihen' von Emotionen. Dies geschieht etwa im Falle der Empathie, wo wir ein bestimmtes emotionales Verhalten bei anderen beobachten und mit den entsprechenden Gesten auf sie reagieren. Dieses Ausdrucksverhalten kann dann die

---

[28] Die Übernahme einer emotionalen Rolle setzt die Fähigkeit voraus, eine Fremdperspektive zu übernehmen, also das eigene Verhalten mit den Augen eines anderen zu sehen, wobei dieser andere eine konkrete Person in der Interaktionssituation oder ein ‚generalized other' im Sinne Meads sein kann, der die Erwartungen der soziokulturellen Gruppe, zu der das Individuum gehört, symbolisiert. Insofern enthält auch die rollentheoretische Konzeptualisierung der Emotionen ein interaktives Moment. Allerdings schließt sie nicht deren gemeinsame Hervorbringung ein (vgl. auch unten Gerth/Wright Mills (1981)), sondern beschränkt sich – wie das folgende Zitat Averills (1980: 323) zeigt – auf den Aspekt der interaktiven Funktionalität: „Many emotional roles are like soliloquies; only one actor is directly involved, but the response is played for and to an audience." Die Übernahme einer emotionalen Rolle erscheint gleichsam als ein ‚monologischer Akt', der jedoch stets mit Blick auf den bzw. die anderen vollzogen wird, also interaktiv funktional ist. Für eine linguistisch gewendete Beschreibung dieser ‚Emotionsregeln' siehe Fiehler (1990).

[29] Vgl. ähnlich Gerth/Wright Mills (1981: 128f.).

korrespondierenden Gefühle in uns selbst hervorrufen, so daß das, was zunächst nur Zurschaustellung war, internalisiert wird und Gefühle im Sinne der subjektiven Erlebniskomponente erzeugt.[30] Das Ausdrucksverhalten spielt jedoch nicht nur bei der Interpretation fremden emotionalen Erlebens eine entscheidende Rolle, sondern kann auch bei der Deutung eigener, zunächst häufig diffuser Zustände helfen, denn „Personen internalisieren solche sozialen Erwartungen der emotionalen Zurschaustellung, die bei passender Gelegenheit durch die psychische Struktur exemplifiziert werden" (Gerth/Wright Mills 1981: 125). Diese Verdeutlichung an und für sich diffuser emotionaler Zustände erfolgt in der Interaktion wechselseitig. Der Partner kann – indem er die aus dem Ausdrucksverhalten des anderen herausgelesenen Emotionen durch sein Verhalten spiegelt und damit eine Deutung liefert – zu einer Klärung von dessen emotionalem Erleben beitragen:

> Durch unser Mienenspiel, unsere Worte und Gesten machen wir anderen Personen unsere psychischen Reaktionen sichtbar. Wenn unsere Gefühle aber unbestimmt sind und gerade erst aufkommen, können uns die Reaktionen anderer auf unsere Gesten helfen, uns darüber klar zu werden, was wir wirklich fühlen. [...] In solchen Fällen ‚drücken' unsere Gesten nicht notwendig unsere ersten Gefühle ‚aus'. Sie stellen anderen ein Zeichen zur Verfügung, aber wovon es ein Zeichen ist, kann durch deren Reaktion darauf beeinflußt werden. Auf der anderen Seite kann man deren Reaktion internalisieren und auf diese Weise das aufkommende Gefühl bestimmen. Die soziale Interaktion von Gesten kann so unsere Gefühle nicht nur zum Ausdruck bringen, sondern sie auch lenken (Gerth/Wright Mills 1981: 125).[31]

Daß das emotionale Ausdrucksverhalten keineswegs nur ein Indiz für vorgängige emotionale Zustände ist, sondern im Gegenteil diese Zustände erst formt, wird in der pointierten Formulierung besonders deutlich, mit der Kahle (1981: 298, Hervorhebung M.D.) die Position von Gerth/Wright Mills resümiert: „*So kann der Prozeß der Emotionen gleichsam rückwärts laufen, nämlich von den Gesten und Handlungen zu den Affekten und Emotionen. Die gegenseitige Beobachtung der Gesten führt zur Erfahrung der eigenen Emotionen.*" Auch in diesem Ansatz erscheint die Interaktion als der Ort, an dem der mit der Emotionsgenese verwobene reflexive Prozeß der Emotionsdeutung erfolgt. In diesem Prozeß sind das emotionale Ausdrucksverhalten und die Präsenz eines spiegelnden Gegenübers von herausragender Bedeutung.

Wenn Emotionen ein hochgradig interaktives und soziokulturell determiniertes Phänomen darstellen, wird ihre *Darstellung in der Interaktion* zu der eigentlich relevanten Dimension des komplexen emotionalen Geschehens. Genau diese Facette soll im folgenden im Mittelpunkt stehen. In diesem Zusammenhang will ich noch einmal betonen, daß eine phänomenologische Konzeptualisierung – ähnlich wie andere Ansätze in diesem Bereich – niemals das ganze Spektrum emotionaler Phänomene, sondern stets nur Teilaspekte beschreiben kann.[32] Der Vorteil dieses Zugangs liegt in der Lokalisierung der Emotionen

---

[30] Auf diesem Prinzip basiert die in den klassischen Rhetoriken beschriebene und der Erhöhung der Persuasionskraft dienende ‚emotionale Selbstaffizierung' des Redners. Vgl. dazu unten Abschnitt 4.3.2.2.

[31] Dieses Prinzip der Spiegelung emotionalen Verhaltens macht sich insbesondere die Psychoanalyse mit dem Konzept der Übertragung zunutze.

[32] Diese Beschränkung ergibt sich einerseits aus forschungspraktischen Gründen, andererseits auch aus der Wahl der Methode: Für einen an Oberflächenphänomenen interessierten konversations-

innerhalb eines soziokulturellen Systems, aus dem heraus sie ihre Bedeutung erhalten. Mit der Akzentuierung des Ausdrucks sollen jedoch weder die Körperlichkeit der Emotionen in Frage gestellt, noch die Bedeutung intraindividueller, physio-psychischer Prozesse geleugnet werden. Deren Relevanz für ein umfassendes Verständnis emotionaler Phänomene steht außer Zweifel.

4.2 Emotionen als diskursive Praxis

Kognitiv-phänomenologische und konstruktivistische Emotionstheorien stellen interdisziplinäre Anknüpfungspunkte für ein interaktiv konzipiertes, auf die Ausdruckskomponente abhebendes Emotionskonzept zur Verfügung, das der empirisch ohnehin augenfälligen Bedeutung der Emotionen in der Interaktion Rechnung tragen kann. Im folgenden sollen die stärker linguistischen Aspekte eines solchen Emotionskonzeptes zur Sprache kommen, wobei der Fokus auf den sprachlichen Emotionsmanifestationen im Gesamt des emotionalen Ausdrucksverhaltens liegt. Wie schon zuvor mehrfach anklang, ist das emotionale Ausdrucksverhalten komplex und umfaßt weitaus mehr als die verbalen Manifestationen.[33] Typisch ist gerade seine hohe Signalisierungsredundanz, d.h. Emotionen werden simultan und meist komplementär auf mehreren Kommunikationskanälen – Mimik, Gestik, Körperhaltung, Stimmqualität usw. – übermittelt und in unterschiedlichen semiotischen Systemen enkodiert. Aus diesem Zusammenspiel erklärt sich auch der holistische, gestalthafte Charakter des emotionalen Ausdrucksverhaltens, in dem die Sprache nur ein, allerdings zentrales Medium ist.

Als die privilegierte Domäne des emotionalen Ausdrucks gilt die leibesvermittelte Kommunikation, zu der aus dem sprachlichen Bereich hauptsächlich die suprasegmentalen Phänomene gerechnet werden.[34] Es steht außer Frage, daß ein großer Teil des emotionalen Ausdrucks nonverbal erfolgt.[35] Und gerade im Rahmen einer phänomenologischen Betrachtung müssen solche Erscheinungen ihren Platz finden. Allerdings ist es für eine Einzeluntersuchung wie die vorliegende aufgrund der Komplexität der Fragestellung sowie der Vielfalt der Erscheinungen unmöglich, das gesamte emotionale Ausdrucksverhalten in den Blick zu nehmen. Für eine solche Beschränkung sprechen jedoch nicht nur forschungspraktische Gründe, sondern auch der holistische, verschiedene Kanäle umfassende Charakter des emotionalen Ausdrucksverhaltens und die damit einhergehende Redundanz, die

---

analytischen Zugang ist es nicht möglich, Aussagen über kognitive oder neurophysiologische Korrelate zu Ausdrucksphänomenen zu machen. Siehe oben Abschnitt 1.2.

[33] Siehe dazu Scherer/Wallbott (1990) sowie aus linguistischer Sicht Fiehler (1990: 96f.).

[34] Bisweilen entsteht sogar der Eindruck, emotionales Ausdrucksverhalten sei ausschließlich im Bereich der nonverbalen, analogen Kommunikation zu beobachten Vgl etwa Watzlawick/Beavin/Jackson (1972: 60) sowie unten Kapitel 7.1.

[35] Zum mimisch-gestischen Emotionsausdruck vgl. Ekman (Hg.) (1973) und (1979) sowie Ekman/Friesen (1967 und 1969); zur Körperhaltung siehe Birdwhistell (1970). Zur Stimmqualität siehe Kappas/Hess (1995). Zum nonverbalen Ausdruck von Emotionen in einem interkulturellen Kontext vgl. Niemeier (1997). Arndt/Janney (1991) berücksichtigen im Rahmen ihres integrativen pragmalinguistischen Ansatzes auch Parameter wie Gesichtsausdruck, Blickrichtung und Prosodie.

eine Fokussierung auf einen der beteiligten Kanäle nahelegen, ohne zugleich die Relevanz der anderen Dimensionen zu leugnen.

Für eine Herausstellung der verbalen Seite des Emotionsausdrucks lassen sich verschiedene Argumente anführen. Zum einen sind in der verbalen Dimension diejenigen Mittel zu verorten, die auch außerhalb der ursprünglichen *face-to-face*-Kommunikation in räumlich (Telefon) und/oder zeitlich (schriftliche Texte) verschobenen Kommunikationssituationen zum Tragen kommen. Insofern handelt es sich hier um einen mehr oder weniger situationsunabhängigen Kernbereich emotionaler Kommunikation. Zum anderen scheint es so, daß wir ausgehend vom verbalen Emotionsausdruck in der Lage sind, das korrespondierende mimisch-gestische Verhalten zu ergänzen.[36] Dank unserer rekonstruktiven Fähigkeiten reicht häufig schon die verbale Information aus. Umgekehrt scheint dies nicht unbedingt der Fall zu sein.[37] Auch aus der Tatsache, daß eine empirisch basierte, konversationsanalytisch inspirierte Beschreibung dieses Phänomenbereichs für das Französische bislang nicht vorliegt, läßt sich ein weiteres Argument für eine Konzentration auf die verbale Seite des Emotionsausdrucks ableiten. Die Beschränkung auf den verbalen Ausdruck darf jedoch den Blick für die enge Verzahnung sprachlicher und nichtsprachlicher Verhaltensweisen nicht verstellen.

Im folgenden vertrete ich in einer konsequenten linguistischen Weiterentwicklung der These von der sozialen Realität der Emotionen die Auffassung, daß diese auch eine spezifisch *diskursive Realität* besitzen. Denn wenn Emotionen sich überwiegend in der Interaktion konstituieren und Interaktionen wiederum maßgeblich durch das Medium der Sprache bestimmt sind, dann bedeutet das zugleich, daß ein nicht unerheblicher Teil der Emotionen spezifische Spuren im Diskurs als dem sprachlichen Produkt der Interaktion hinterlassen muß. Insofern können Emotionen als eine globale *diskursive Praxis* verstanden werden. Aus einer äußerungstheoretischen Perspektive argumentierend unterstreicht auch Parret (1986: 160) diese diskursive Realität der Emotionen, wenn er in Analogie zur illokutiven eine ‚emotive Kraft' annimmt und als ihr genuines Wirkungsfeld den Diskurs benennt. Nur so könne eine „dégradation vers le psychologisme – l'émotion comme état psychologique préexistant et ‚traduit' en discours" vermieden werden (Parret 1986: 160). Aus ethnographischer Sicht betonen Abu-Lughod/Lutz (1990: 12) die ‚diskursive Materialität' des Emotionsausdrucks: „Emotion can be said to be *created in*, rather than shaped by, speech in the sense that it is postulated as an entity in language where its meaning to social actors is also elaborated." Mit einer solchen Verschiebung von der sozialen hin zur diskursiven Realität wird die Bedeutung der verbalen Emotionsmanifestationen innerhalb des Ausdrucksverhaltens stärker gewichtet. Zudem wird durch die Anbindung an kompatible Emotionstheorien eine interdisziplinäre Anschlußstelle aufgezeigt, die zu der eingangs geforderten ‚Substantialisierung' eines linguistischen Emotionskonzepts beiträgt.

In der Modellierung der Emotion als einer diskursiven Praxis liegt ein wesentlicher Unterschied zu pragmalinguistischen Arbeiten v.a. aus dem anglo-amerikanischen Raum, die sich unter dem Etikett *involvement* ebenfalls mit Fragen der kommunikativen Relevanz von

---

[36] Vgl. ähnlich Boueke/Schülein/Büscher/Terhorst (1995: 107) mit Blick auf die paralinguistischen Faktoren beim Ausdruck von Emotionen.

[37] Vgl. ähnlich Goffman (1979). Auch Scherer/Wallbott (1990: 395) verweisen darauf, daß nicht von der generellen Dominanz eines Kanals ausgegangen werden kann, sondern daß bestimmte Emotionen besser aufgrund vokaler, andere hingegen aufgrund visueller Informationen erkannt werden.

Emotionen beschäftigen. Tannen (1984), die den Begriff in dieser Prägung popularisiert hat, bindet *involvement* in der Tradition der *politeness*-Forschung an die Beachtung des positiven *face* und assoziiert es mit Nähe und Zuwendung in der Interaktion.[38] Allerdings ist der ursprünglich aus der Psychologie kommende und meist in einem alltagsweltlichen Sinn gebrauchte Begriff des *involvement* auch in seiner diskursanalytischen Verwendung nicht frei von mentalistischen Assoziationen, so daß im Grunde kognitive Erklärungen für eigentlich interaktive Phänomene vorgeschlagen werden. Eine solche Konzeptualisierung ist umso unbefriedigender, als die meisten der mit dem Konzept des *involvement* operierenden Arbeiten einen soziolinguistischen Hintergrund haben und insofern gerade die relationale, interpersonale, nicht aber die intraindividuelle, sprecherzentrierte Dimension der Kommunikation akzentuieren.[39] Aufgrund dieser Verankerung des Konzepts ergeben sich auf der Ebene des Diskurses letztlich ähnliche theoretische und methodische Probleme wie in der älteren sprachstilistischen Forschung, die mit den ebenfalls psychologische Implikationen beinhaltenden Begriffen der Expressivität und Affektivität operierte. Modelliert man Emotionen hingegen als diskursive Praxis, so tritt die Ebene der sprachlichen Gestaltung, der Formulierungen in den Vordergrund. Aus dem Interesse an der verbalen Außenseite, dem Ausdruck, der Darstellung von Emotionen ergibt sich zwangsläufig eine eher ‚logozentristische' Auffassung. Der Akzent bei der Beschreibung emotionaler Phänomene liegt nun auf dem *wie*, auf dem Durchführungsaspekt bzw. der spezifischen Art des Handlungsvollzugs. Insofern rücken bei der Betrachtung der sprachlichen Manifestationen von Emotionen rhetorisch-stilistische Aspekte ins Zentrum der Aufmerksamkeit, da emotional getöntes Sprechen letztlich als Wahl eines über bestimmte Formulierungen strukturell greifbaren Sprechstils zu beschreiben ist.[40]

---

[38] Tannen (1984) verwendet *involvement* im Anschluß an Gumperz (1982) und Chafe (1982) im Sinne eines auch sprachlich manifesten (emotionalen) Engagements des Sprechers. Bei Gumperz bezieht sich *involvement* auf die Bereitschaft eines Individuums, den Teilnehmerstatus innerhalb einer Interaktion zu übernehmen. Chafe bindet *involvement* an die physische Präsenz der Sprecher in einer *face-to-face*-Interaktion, die als eines der Kriterien fungiert, um die strukturellen Unterschiede zwischen mündlich und schriftlich produzierten Texten zu erklären. Bei Tannen wird der Begriff lediglich über eine Fülle von Paraphrasen erhellt. Zu den mehr oder weniger synonymen Begriffen für *involvement* gehören Kooperativität, Harmonie, Vertrautheit, Zustimmung, Interesse, Solidarität, Verständnis und Betroffenheit. *Involvement* überlappt darüber hinaus mit soziokulturellen Parametern wie Status, Intimität und Macht. Tannen (1989: 14) stellt *involvement* in die Nähe von *total engagement* oder *emotional identification*. Eine ähnliche Verwendung des Konzepts findet sich bei Katriel/Dascal (1989: 276), die innerhalb ihrer von sprechakttheoretischen Prämissen ausgehenden Studie zwischen *commitment*, als einer Art Verpflichtung auf bestimmte, mit den verschiedenen sprachlichen Handlungen verbundenen Einstellungen und Haltungen sowie *involvement*, als „the speaker's mode of participation in the exchange" unterscheiden: „This can range from very casual to very intense engagement, either in the topic of the exchange or in the relationship between the participants in it."

[39] Aus ethnographischer Perspektive wird die Validität dieses Konzepts von Besnier (1994) in Zweifel gezogen, der seine unpräzise, im westlichen Alltagsverständnis verankerte Bedeutung kritisiert, die es zu einem für die Beschreibung der soziokulturellen Dimension von Emotionen völlig ungeeigneten analytischen Werkzeug mache. Kritisch äußert sich bereits Stempel (1987: 111).

[40] Zur Bedeutung des Durchführungsaspekts im Zusammenhang mit einer pragmalinguistischen Konzeptualisierung der Emotionen vgl. auch Arndt/Janney (1991: 522): „Emotive techniques make it possible to express feelings and attitudes toward objects, actions, qualities, etc., and are

4.3 Die Darstellung emotionaler Beteiligung

Das oben entwickelte Emotionskonzept sollte seinen Widerhall in der Wahl eines Begriffs finden, der Aufschluß über die zentralen, an die Konstitution des Gegenstands gebundenen Hypothesen gibt. Die bisherigen Ausführungen machten deutlich, daß für die Benennung des Verhältnisses von Sprache und Affekt eine Fülle von zumeist alltagssprachlich verwendeten und mit unterschiedlichen Assoziationen beladenen Begriffen zur Verfügung steht. Um dieser terminologischen Verwirrung zumindest ansatzweise zu begegnen, soll zunächst die Wahl eines geeigneten Begriffs zur Verdeutlichung der skizzierten phänomenologisch-interaktiven bzw. diskursiven Auffassung der Emotion reflektiert werden.

4.3.1 Begriffsklärung

In der Einleitung klang bereits an, daß in der linguistischen Forschungstradition Konzepte wie Expressivität, Affektivität, Emotion, Emotionalität, Affekt, Gefühl aber auch Subjektivität oder Emphase in der Regel in einem vortheoretischen Sinn verwendet und als mehr oder weniger austauschbar behandelt werden.[41] Diese terminologische Vielfalt wird in der neueren, pragmatisch bzw. interaktionistisch ausgerichteten Forschung zur kommunikativen Relevanz von Emotionen eher noch verstärkt, da durch die Rezeption von Ansätzen aus den Nachbardisziplinen Psychologie und Soziologie eine Reihe weiterer Vorstellungen aus anderen theoretischen und methodischen Zusammenhängen Eingang in die Linguistik gefunden haben. Dadurch wurde die begriffliche Palette um Konzepte wie Engagement, *involvement*, *commitment*, (emotionale) Beteiligung, Betroffenheit, Anteilnahme etc. erweitert, die in der Regel ohne genauere Definition Verwendung finden.[42] Die terminologische Vielfalt ist insofern aufschlußreich, als sie auf eine unklare Bestimmung des Gegenstandsbereichs hindeutet, deren Ursache einerseits in der relativ neuen Beschäftigung der Linguisten mit diesen Fragen zu sehen ist, andererseits aber auch mit der bereits skizzierten Komplexität des im Schnittpunkt verschiedener Disziplinen liegenden Gegenstands zusammenhängt.

Die phänomenologisch-interaktive Orientierung des hier entwickelten Emotionsbegriffs kann nur ein Konzept verdeutlichen, das nicht zu mentalistischen Assoziationen einlädt, sondern primär auf den Ausdruck abhebt. Aus diesem Grund scheiden alltagssprachliche

---

firmly embedded in the *how* of speech." Ähnlich Ochs/Schieffelin (1989: 1), Selting (1994: 376) sowie Christmann/Günthner (1996).

[41] Vgl. oben Abschnitt 1.1.
[42] Besonders deutlich wird diese begriffliche Vielfalt in einer Reihe von überwiegend sprachsoziologischen Arbeiten, die Manifestationen von Affekt im Kontext moralischer Kommunikationsformen beschreiben (siehe unten Abschnitt 7.3.1 für eine ausführlichere Diskussion dieser Arbeiten), auf die mit Formulierungen wie Strategien zur Demonstration emotionalen Engagements (Günthner 1993a: 4), emotionale Darstellung (Günthner 1993a: 5), emotionaler Involvementstil (Günthner 1993a: 17), affektive Evaluierung (Günthner 1993a: 15), Affekt, affektive Ladung, affektive Färbung, hohe Affektladung (Goll 1996: 45), (Christmann/Günthner 1996: 2) oder Affektmarkierung (Christmann 1993: 12) verwiesen wird.

Begriffe wie Gefühl, Affekt und Emotion aus.[43] Den Ausdrucksaspekt fokussiert hingegen der aus der sprachstilistischen Tradition entlehnte Begriff der *Expressivität*, der primär auf eine Eigenschaft sprachlicher Formen verweist. Allerdings fehlt diesem Konzept der Hinweis auf die interaktive Facette der Emotionsmanifestationen, die ja als dynamische Hervorbringungen der Interaktanten zu verstehen sind. Dieser letzte Aspekt ist in dem Konzept der *(Sprecher-) Beteiligung* enthalten, das in der konversationsanalytischen Forschung auch andere Verwendungen kennt. Insbesondere verweist es auf die verschiedenen formalen Beteiligungsrollen, die den Teilnehmerstatus einer Person im Gespräch charakterisieren.[44]

Um sowohl die Orientierung auf die Außenseite der Emotionen wie auch die interaktive Dimension des dieser Arbeit zugrundeliegenden Emotionskonzepts deutlich zu machen, spreche ich im folgenden von *Darstellung emotionaler Beteiligung* oder gelegentlich verkürzt von *emotionaler Beteiligung*.[45] Unter ‚Darstellung emotionaler Beteiligung' will ich die interaktiv hervorgebrachten diskursiven Manifestationen fassen, die von den Interaktanten selbst als Ausdruck von Emotionen gedeutet werden. Der gewählte Begriff hat gegenüber Konzepten wie Emotion oder Affekt den Nachteil, etwas lang und schwerfällig zu sein. Im Unterschied zu dem schon kritisierten Terminus *involvement* bzw. dem gelegentlich als deutsche Entsprechung gewählten Begriff ‚Engagement'[46] betont er jedoch

---

[43] Ochs (1989: 1) zieht ‚Affekt' gegenüber ‚Emotion' vor, um auf die (sprachliche) Außenseite von Emotionen zu verweisen. Als Argument gibt sie an, daß Affekt der weitere Begriff sei und zudem auf „expressed emotional dispositions or ‚the expressive and experiential part of emotion'" Bezug nehme. Vgl. ähnlich Ochs/Schieffelin (1989: 7). M.E. stimmt dies jedoch nicht mit der alltagssprachlichen Verwendung der beiden Begriffe im Deutschen überein. ‚Affekt' fehlt die Anbindung an die Ausdruckskomponente; eher verweist der Begriff auf ein Gefühl von einer gewissen Intensität. Der *Duden* (1983: s.v.) gibt die Bedeutung von ‚Affekt' (von lat. *afficere*: ‚in eine Stimmung versetzen') mit ‚heftige Erregung; Gemütsbewegung; Zustand außergewöhnlicher seelischer Angespanntheit' an. Demgegenüber gilt ‚Affektivität' als psychologischer Fachterminus, der ‚jemandes Neigung, emotional bis affektiv auf Umweltreize zu reagieren' charakterisiert. Hier suggeriert das ‚bis' die höhere Intensität des Affekts gegenüber der Emotion. ‚Emotion' (von lat. *emovere*: ‚herausbewegen, emporwühlen' und über das Französische ins Deutsche gelangt) gilt, im Gegensatz zu ‚Affekt', als fach- oder bildungssprachlich. Es bezeichnet eine ‚seelische Erregung, Gemütsbewegung, Gefühl, Gefühlsregung'. Laut *Duden* wäre der Darstellungsaspekt am deutlichsten in dem Begriff ‚Emotionalität' enthalten, der auf eine ‚emotionale Verhaltensweise, Äußerungsform' verweist.

[44] Vgl. Goodwin (1981) sowie Schwitalla (1992).

[45] Wenn andere Begriffe wie Gefühl, Affekt oder Emotion Verwendung finden, so geschieht dies aus Gründen der stilistischen Variation. Sie sind nicht als terminologische Unterscheidungen zu verstehen. Die Adjektive ‚expressiv', ‚emotiv' und ‚affektiv' verwende ich weiterhin zur Bezeichnung von sprachlichen Formen, die der Darstellung emotionaler Beteiligung dienen, um hier umständliche Paraphrasen zu vermeiden.

[46] Im Deutschen ist der Begriff des Engagements problematisch, weil er in seiner alltagssprachlichen Verwendung auf den persönlichen Einsatz aus (weltanschaulicher) Verbundenheit, auf ein Gefühl des Verpflichtetseins zu etwas bzw. ein starkes persönliches Interesse an etwas verweist (vgl. *Duden* 1983: s.v.). Der Zusatz ‚weltanschaulich' verdeutlicht die mit diesem Begriff verbundenen politischen Konnotationen, die ihn in einem Kontext, in dem es um emotionale Manifestationen geht, eher ungeeignet erscheinen lassen. In seiner fachsprachlichen soziologischen Verwendung (etwa bei Goffman oder Goodwin) verweist ‚Engagement' auf die Aufmerksamkeitsausrichtung des Sprechers in der Interaktion und läßt in dieser Verwendung eine gewisse Nähe zu dem Kon-

ausdrücklich die sozialen und diskursiven Facetten der hier entwickelten Konzeption von Emotionen.

4.3.2 Formen der Darstellung emotionaler Beteiligung

Konzentriert man sich auf den verbalen Bereich der Darstellung emotionaler Beteiligung, so lassen sich vorab zwei hinsichtlich ihrer Explizitheit divergierende Varianten unterscheiden. Zum einen können Emotionen in Form einer expliziten Thematisierung kommuniziert werden. Zum anderen können sie begleitend zu anderen kommunikativen Aktivitäten übermittelt werden und damit eher impliziten Charakter haben.[47] Aufgrund der Vielfalt der verbalen Mittel, die geeignet erscheinen, emotionale Beteiligung auf implizite Weise zu übermitteln, ist in neueren linguistischen Arbeiten zu diesem Thema eine Verlagerung auf explizite Formen zu beobachten, obgleich diese nur einen Ausschnitt aus dem Repertoire der verbalen Emotionsmanifestationen darstellen, und vermutlich nicht einmal den relevantesten. So liegt bei Fiehler (1990), der im Bereich der verbalen Emotionsmanifestationen zwischen *Thematisierung* und *Ausdruck* trennt, der Akzent ausdrücklich auf den expliziten Formen. Die indexikalischen sprachlichen Mittel zum Ausdruck emotionaler Beteiligung finden demgegenüber nur am Rande und in eher unsystematischer Weise Beachtung.[48] Im Mittelpunkt stehen hier „Verlaufsmuster der Prozessierung von Emotionen", d.h. gesprächsstrukturelle Auswirkungen thematisierter Emotionen. Diese Emotionsthematisierungen haben im Prinzip metakommunikativen Charakter, d.h. sie machen emotionales Erleben zum Thema der Interaktion.

Emotionsthematisierungen finden sich, allerdings eher selten, auch in den von mir untersuchten Daten. In Abhängigkeit von der Zuschreibung und der zeitlichen Situierung der thematisierten emotionalen Erfahrung lassen sich verschiedene, empirisch belegte Typen unterscheiden: Emotionsthematisierungen können einerseits *in situ* erfolgen und sich damit auf Emotionen der unmittelbar an der Interaktion Beteiligten beziehen (emotionale Selbst- bzw. Fremdthematisierungen).[49] Andererseits können sie auch *rekonstruiert* werden und damit vergangene emotionale Erfahrungen zum Gegenstand machen. Eine solche Rekonstruktion emotionalen Erlebens muß sich nicht auf die Teilnehmer an der aktuellen Interaktion beziehen, sondern sie kann auch Dritte betreffen. Auch diese Variante kann Konsequenzen für den weiteren Verlauf der Interaktion, insbesondere ihren ‚Affektivitätspegel' haben, insofern sie stellvertretend für andere, interaktiv brisantere Formen der Emotions-

---

zept der Sprecherbeteiligung erkennen. Zu den Beziehungen zwischen Engagement einerseits und Emotionalität andererseits vgl. unten Abschnitt 7.2.

[47] Siehe dazu bereits Ayer (1970: 144ff.), der zwischen dem indexikalisch vermittelten Empfindungsausdruck und der symbolisch vermittelten Empfindungsaussage unterscheidet. Vgl. auch Bittner (^{2}1973), der von der Benennung und Artikulation des Affekts im Wort spricht, die er der affektiven Bestimmung des Sprechens selbst gegenüberstellt. Ähnlich Kerbrat-Orecchioni (1980: 153), wo mit Blick auf die Manifestationen der Subjektivität „parler ouvertement de soi" und „parler d'autre chose, mais en termes médiatisés par une vision interprétative personnelle" kontrastiert werden.

[48] Vgl. Fiehler (1990: 127f.); seine Zusammenstellung der verbalen Ausdrucksmittel des Deutschen enthält v.a. die traditionellerweise mit der emotiven Sprachfunktion assoziierten Erscheinungen.

[49] Siehe dazu auch Tritt (1992, v.a. Kapitel 6).

thematisierung erfolgen bzw. zu diesen überleiten kann.[50] Grundsätzlich ist zu vermuten, daß (insbesondere negative) Emotionsthematisierungen das *face* der Beteiligten in Gefahr bringen und damit einen interaktiv heiklen Gesprächszug darstellen. Aus diesem Grund dürfte emotionalen Selbst- und Fremdthematisierungen in situ die größte interaktive Brisanz zukommen, rekonstruierten Emotionsthematisierungen Dritter hingegen die geringste.[51] Emotionsthematisierungen können ein distinktives Merkmal bestimmter Kommunikationstypen sein, wobei das therapeutische Gespräch den Prototyp einer solchen explizit emotionalen Kommunikation darstellt. Hier werden Emotionen nicht nur begleitend zu anderen, im Fokus der Aufmerksamkeit stehenden Aktivitäten zum Ausdruck gebracht, sondern sie sind selbst Gegenstand des Gesprächs.[52] Die Grenzen zwischen explizitem und implizitem Ausdruck von Emotionen sind jedoch fließend: Einerseits kommen Emotionsthematisierungen – sofern sie in den von mir analysierten Daten überhaupt erscheinen – kaum ohne begleitende indexikalische Emotionsmanifestationen aus.[53] Andererseits kann gerade die Verdichtung affektiver Ausdrucksmittel in eine Thematisierung der emotionalen Befindlichkeit münden.

Im Unterschied zu Arbeiten, die explizite Emotionsthematisierungen zum Gegenstand machen und damit m.E. nur einen speziellen Aspekt des emotionalen Ausdrucksverhaltens erfassen, gilt mein Interesse in erster Linie den nicht-thematischen Ausdrucksmitteln, mit deren Hilfe Emotionen signalisiert, jedoch nicht expliziert werden. Der Schwerpunkt liegt im folgenden also auf der Beschreibung der impliziten Formen der Darstellung emotionaler Beteiligung, die – das legen zumindest die von mir untersuchten Daten nahe – in Alltagsgesprächen den weitaus häufigeren Typ der emotionalen Kommunikation repräsentieren. Diese impliziten Formen zeichnen sich durch die folgenden Merkmale aus: Sie sind 1. konventionell, 2. indexikalisch bzw. kontextsensitiv, 3. dynamisch, 4. weitgehend emotionsunspezifisch und haben 5. Verfahrenscharakter. Ich diskutiere die einzelnen Aspekte genauer, wobei ich mich zunächst auf die mikrostrukturellen Ausprägungen der Darstellung emotionaler Beteiligung konzentriere. Abschnitt 4.3.2.1 befaßt sich mit der Konventionalität der sprachlichen Mittel des Gefühlsausdrucks; Abschnitt 4.3.2.2 beleuchtet genauer den Verfahrenscharakter der Darstellung emotionaler Beteiligung und geht besonders auf die Rolle der Prosodie in diesem Zusammenhang ein (Abschnitt 4.3.2.2.1); Abschnitt 4.3.2.3 plädiert schließlich für eine dynamische Konzeption der Darstellung emotionaler Beteiligung. In Abschnitt 4.4 schließlich wird im Zusammenhang mit den verschiedenen interaktionssemantischen Dimensionen nochmals die Frage der Emotionsspezifik aufgegriffen.

---

[50] Siehe dazu unten Kapitel 8.
[51] Eine situationsunabhängige Typisierung ist natürlich nur tentativ möglich. Sie kann durch spezifische Interaktionsbedingungen, etwa die Art und die Intensität der thematisierten Emotion, das Verhältnis einer möglichen dritten Person zu den an der Interaktion Beteiligten etc., außer Kraft gesetzt werden.
[52] Zu Emotionen im psychotherapeutischen Gespräch siehe Baus/Sandig (1985, v.a. Kapitel 8).
[53] Allerdings finden sich in den Daten auch Sequenzen, in denen über Gefühle geredet wird, es also zu (rekonstruierten) Emotionsthematisierungen kommt, ohne daß dies zugleich mit einer auffälligen Darstellung emotionaler Beteiligung verbunden wäre. Im Gegenteil, es kommt teilweise sogar zu Generalisierungen im Bereich der Sprecherrolle (*on* bzw. generisches *tu* anstelle von *je*), die eher als eine Distanzierungstechnik im Zusammenhang mit der Versprachlichung subjektiver Erlebensinhalte zu verstehen sind. Vgl. unten Abschnitt 8.2.

4.3.2.1 Konventionalität und Kontextsensitivität

Die impliziten Formen der Darstellung emotionaler Beteiligung basieren auf kontextsensitiven und zugleich konventionellen Ausdrucksmitteln, wobei die Konventionalität der Ausdrucksformen nicht unabhängig von der interaktiven Relevanz der Gefühle zu sehen ist. Die Konventionalität bildet hier wie bei jeder anderen Form der Kommunikation die Brücke, über die die Verständigung zwischen Sprecher und Hörer überhaupt erst möglich wird. Dabei gehe ich davon aus, daß auch und gerade in den Zurschaustellungen der emotionalen Beteiligung in der Interaktion auf Konventionen fußende Regelmäßigkeiten zu beobachten sind. Dieser systematische Aspekt wird auch in den einschlägigen pragmalinguistischen Arbeiten herausgestellt. So betont Léon (1970: 58), „que les éléments émotifs du discours constituent un système de relations autonomes dont on peut essayer de trouver les règles." Den konventionellen Aspekt des diskursiven Emotionsausdrucks unterstreicht auch Irvine (1990: 128):

> In short, the communication of feeling is not merely a property of the individual, or a function of transient irrational impulses, or an unruly force operating outside the realm of linguistic form. Instead, it is socially, culturally, and linguistically structured, and we cannot adequately interpret individuals' behavior as emotional expression until we understand some of that framework.

Und Parret (1986: 157) betont von einer äußerungstheoretischen Warte aus „la conventionalité [...] des expressions émotives et le fait que leur production soit gouvernée par des règles."

Wie wir in Kapitel 2 gesehen haben, geht auch die sprachimmanente Forschung von der Konventionalität des Emotionsausdrucks aus. Allerdings wird dies mit der Annahme einer relativ kleinen Zahl spezifisch emotiver Zeichen verknüpft, die unabhängig von ihrer jeweiligen Verwendung als Träger emotionaler Bedeutungen gelten. Die Beschäftigung mit den diskursiven Manifestationen des Gefühlsausdrucks zeigt jedoch, daß eine solche direkte Zuordnung von Form und Funktion bzw. kommunikativer Bedeutung im Falle affektiver Mittel zu kurz greift, da sie deren kontextsensitiven Charakter nicht hinreichend berücksichtigt. Die Konventionen, die das Zusammenspiel von Form und Funktion regeln, sind im Falle kommunikativer Bedeutungen lockerer als dies herkömmlicherweise bei der Beschreibung emotiver Zeichen angenommen wird. Es handelt sich um eine Bedeutung ‚zweiter Ordnung', die konventionell an die entsprechenden Formen gebunden ist, ohne daß jedoch eine eineindeutige Beziehung zwischen Form und Funktion besteht.[54] Vielmehr enthalten diese Formen ein Potential, das sie zwar dazu prädestiniert, emotionale Bedeutungen zu signalisieren, zu ihrer Aktualisierung bedarf es jedoch spezifischer Kontextbedingungen. Hier kommt der Verwendung in der Interaktion eine entscheidende Rolle zu, denn erst der Einfluß kontextueller und situativer Faktoren ermöglicht eine Disambiguierung. Insofern ist der eher starre Indikatorenbegriff, der üblicherweise zur Umschreibung kommunikativer Bedeutungen genutzt wird, durch ein dynamisches Konzept zu ersetzen, das einerseits die Multifunktionalität bestimmter Formen erfaßt und andererseits den Kon-

---

[54] Siehe ähnlich Hymes (1974: 436ff.), der zwischen referentieller und stilistischer Bedeutung unterscheidet. Vgl. auch Auer (1986: 26): „Einzelne sprachliche Elemente können in zwei Zeichenrelationen stehen, von denen die eine einen referentiellen Bezug etabliert, die andere ein Schema als Kontext indiziert."

text konsequent in die Zuweisung der Bedeutung einbezieht. Ein solches Konzept sollte dem beobachtbaren Zusammenhang zwischen Form und Funktion Rechnung tragen und zugleich die Varianz erklären sowie die Bedingungen ihres Auftretens spezifizieren. Es gilt also, das Spannungsverhältnis affektiver Ausdrucksmittel zwischen Konventionalität und Kontextsensitivität theoretisch befriedigend zu erfassen.[55]

Zur Konzeptualisierung einer solchen kontextsensitiven Form der Konventionalität kann man auf die in der Ethnostilistik v.a. von Gumperz entwickelte Vorstellung des *Kontextualisierungshinweises* zurückgreifen.[56] Kontextualisierungshinweise sind sprachliche Mittel, die einen für die Interpretation der Äußerung relevanten Kontext etablieren bzw. das entsprechende Hintergrundwissen aktivieren. Damit wird das herkömmliche Konzept des Indikators gleichsam um eine situative Ebene erweitert. Die Beziehung zwischen dem sprachlichen Datum und dem dadurch evozierten Kontext wird in der Art einer Schlußprozedur als ‚konversationelle Inferenz' konzipiert.[57] Durch Kontextualisierung wird also eine „zeichenhafte Beziehung zwischen einem (Oberflächen-) Merkmal sprachlicher und nichtsprachlicher Handlungen auf der Ausdrucksebene und einer komplexen semantischen Struktur etabliert" (Auer 1986: 25). In diesem Sinne können auch die sprachlichen Mittel, die bei der Darstellung emotionaler Beteiligung Verwendung finden, als Kontextualisierungshinweise aufgefaßt werden. Es handelt sich hier um eine inhaltlich spezifizierte Form der Kontextualisierung, durch die affektive Haltungen der Interaktanten übermittelt und damit als relevanter Kontext etabliert werden. Im Unterschied zu der von Auer (1992) vorgenommenen und theoretisch m.E. nicht zu rechtfertigenden Beschränkung der Kontextualisierungstheorie auf Phänomene, die keine diskrete referentielle Bedeutung haben,[58] will ich alle Formen und Strukturen, die in einer konventionellen und zugleich kontextabhängigen Weise der Darstellung emotionaler Beteiligung dienen, unabhängig davon, ob sie auf der phonetischen, syntaktischen, morphologischen oder lexikalischen Ebene operieren, als affektive Kontextualisierungshinweise auffassen. Eine ähnlich weite Definition findet

---

[55] Besnier (1994: 285) fordert daher „the recognition that affective dimensions of language [...] are semiotically complex, a complexity they owe primarily to their status as indexes. Like all other instances of indexicality, they are highly polysemic and frequently ambiguous, and their meaning always depends on the linguistic and social context in which they occur."

[56] Vgl. Gumperz (1992: 50). Dem Begriff der Kontextualisierung liegt die Annahme eines dynamischen, von den Interaktanten aktiv konstruierten Kontexts zugrunde, der nicht unabhängig von der Interaktion besteht. Vor diesem Hintergrund werden die Techniken, mittels derer die Interaktanten Kontext aufbauen bzw. seine für die Interaktion relevanten Aspekte signalisieren, zu einem eigenen Untersuchungsgegenstand.

[57] Zur konversationellen Inferenz vgl. Gumperz (1977). Gumperz (1992: 50) spricht mit Blick auf Kontextualisierungshinweise auch von *indexical signs*. Zum indexikalischen Charakter der Kontextualisierung vgl. auch Silverstein (1992).

[58] Vgl. Auer (1992: 24; 2. Hervorhebung M.D.): „,*Contextualization cues*' are, generally speaking, all the form-related means by which participants contextualize language. [...] There is therefore no a priori restriction to the class of contextualization cues. However, contextualization research has restricted this class *for practical reasons* [...] to the class of non-referential, non-lexical contextualization cues, most notably: prosody, gesture/posture, gaze, backchannels, and linguistic variation (including ‚speech styles')." Eine solche Beschränkung ist insofern kaum nachvollziehbar, als gerade in die linguistische Variation alle Ebenen der Sprachbeschreibung eingehen. Für eine Kritik an dieser Art der Gegenstandskonstitution siehe auch Schmitt (1993).

sich bei Ochs (1989: 2f.) und Ochs/Schiefflin (1989: 15). Die Autorinnen spezifizieren das dem Kontextualisierungshinweis verwandte Konzept des Indexes bzw. des *key* in *affect key*, worunter „linguistic features that intensify or specify affect" fallen.[59]

Eine solche kontextuell angereicherte Vorstellung der Konventionalität ermöglicht es nicht nur, die mikrostrukturellen Eigenschaften der emotionalen Beteiligung besser zu erfassen. Sie läßt sich auch auf die makrostrukturelle Ebene übertragen und erlaubt es somit, die indexikalischen Leistungen der Darstellung emotionaler Beteiligung als einem holistischen, äußerungsübergreifenden Phänomen zu beschreiben. Auf der makrostrukturellen Ebene kann die emotionale Beteiligung nämlich selbst wieder als Kontextualisierungshinweis fungieren, mit dessen Hilfe typische kommunikative Kontexte oder ‚Rahmen' (*frames*) – Gesprächs- oder Aktivitätstypen, Beziehungsrollen etc. – signalisiert werden, für die Affektivität konstitutiv ist. Diese zweite Ebene der Indexikalität klingt auch bei Ochs (1989: 3) an: „A linguistic feature or set of features [...] may index a kind or intensity of affect or knowledge and this indexical meaning in turn helps to constitute, that is, index affective actions and identities." Aufgrund der konventionellen Bindung der Affektivität an bestimmte Rahmen kann sie dazu beitragen, diese Rahmen zu indizieren.[60]

Neben der Kontextsensitivität zeichnet sich die Darstellung emotionaler Beteiligung durch ihren *Verfahrenscharakter* aus. Gerade die empirischen Beobachtungen legen die Auffassung nahe, daß im Zusammenhang mit der Darstellung emotionaler Beteiligung auch über das einzelne sprachliche Zeichen hinausgehende Strukturen konventionalisiert werden. Im Unterschied zu den eher auf isolierte Einzelphänomene ausgerichteten sprachsystematischen Arbeiten eröffnet eine solche Herangehensweise also neue Perspektiven auf den Gefühlsausdruck, die auch die Berücksichtigung komplexer kommunikativer Strukturen einschließen.

4.3.2.2 Verfahrenscharakter

Die Darstellung emotionaler Beteiligung erfolgt in der Regel unter Rekurs auf sprachliche Verfahren. Unter Verfahren verstehe ich routinisierte Techniken, die zur Bewältigung einer bestimmten kommunikativen Aufgabe – in diesem Fall eben der Darstellung emotionaler Beteiligung – eingesetzt werden und deren Vollzug seinen Niederschlag in komplexen sprachlichen Ausdrücken findet. Verfahren sind also Formulierungsroutinen, mit denen einzelne sprachliche Mittel in komplexe, interaktiv funktionale Einheiten integriert werden. So wird gerade die emotionale Beteiligung üblicherweise nicht durch einzelne Formen, sondern durch das Zusammenspiel verschiedener Formen und Strukturen auf unterschiedlichen sprachlichen (und nicht-sprachlichen) Ebenen dargestellt. Die Präsenz mehrerer Ausdrucksmittel mit einem ähnlichen funktionalen Potential ist ein wesentlicher kontextueller Faktor, der entscheidend zur Disambiguierung der einzelnen Entitäten beiträgt. Durch diese Signalisierungsredundanz, die nicht nur zwischen den verschiedenen Kanälen des Emotionsausdrucks, sondern auch innerhalb der verbalen Dimension zu beobachten ist,

---

[59] Vgl. ähnlich Christmann/Günthner (1996: 2).
[60] Ähnlich Selting (1994: 376): „A linguist [...] can look at outward displays of emotive involvement, expression of *attitudes*, *emotive* signalling styles and strategies, etc., as contextualization cues: that is, as conventional means of making certain interpretive frames relevant and available for the interpretation of interlocutor's talk." Vgl. dazu unten Kapitel 7.

kommt es zur Reduktion der zuvor skizzierten ‚funktionalen Polysemie' der beteiligten sprachlichen Mittel. Spezifisch *affektive Verfahren* entstehen durch die Bündelung und Verfestigung einzelner Formen und Strukturen, die damit als routinisierte Lösungen für die Bearbeitung dieser spezifischen kommunikativen Aufgabe zur Verfügung stehen. Affektive Verfahren sind also funktional spezifizierte und potentiell äußerungsübergreifende Formulierungsroutinen mit einer spezifischen Gestalt, die losgelöst von ihrer je einmaligen Verwendung zu beschreiben ist. Es handelt sich um die mikrostrukturellen Bausteine der Darstellung emotionaler Beteiligung, in denen in besonderer Weise der mit dem Darstellungskonzept fokussierte Aspekt der Durchführung greifbar wird, insofern die Annahme spezifisch affektiver Verfahren Antwort gibt auf die Frage nach dem *wie*, nach der spezifischen Art und Weise, emotionale Beteiligung zu übermitteln.

Die einzelnen Verfahren, die an der Darstellung emotionaler Beteiligung mitwirken, scheinen jedes für sich genommen eher emotionsunspezifisch zu sein, d.h. sie signalisieren primär die Relevanz von Emotionen, nicht aber eine bestimmte Emotion. Diese Vermutung wird durch verschiedene Beobachtungen am Material gestützt. So sind etwa die in Kapitel 6 zur Sprache kommenden Reduplikationen keineswegs an die Darstellung eines spezifischen Gefühls, beispielsweise Ärger, gebunden. Hier kommt erneut die bereits mehrfach betonte Signalisierungsredundanz ins Spiel. Nach meinem Eindruck ist es v.a. die Kombination aus bestimmten Verfahren und inhaltlichen, vokalen, suprasegmentalen sowie mimisch-gestischen Informationen, die eine Spezifizierung der Emotion erlaubt.[61] Allerdings wurden mögliche Korrelationen zwischen bestimmten Emotionen – beispielsweise Ärger – und einzelnen affektiven Verfahren – etwa Reduplikationen – im Rahmen dieser Arbeit nicht systematisch untersucht.

Für eine theoretische Diskussion der verschiedenen Formulierungsverfahren bietet insbesondere die rhetorische Tradition zahlreiche Anknüpfungspunkte. Gerade die *elocutio*, als die der Versprachlichung, dem ‚Einkleiden' des Gedankens gewidmete Domäne, enthält nützliche Hinweise auf den affektiven Gehalt bestimmter Formulierungsmuster bzw. Figuren.[62] Rhetorische Techniken, die in besonderer Weise zum Ausdruck wie zur Erregung von Gefühlen geeignet zu sein scheinen, werden in der funktionalen Kategorie der *Affektfiguren* zusammengefaßt.[63] Dabei liegt eine deutliche Parallele zwischen dem rhetori-

---

[61] Den emotionsunspezifischen Charakter verbaler Affektmanifestationen, der offenbar ein grundlegendes und sprachübergreifendes Phänomen ist, betonen auch Ochs/Schieffelin (1989: 15): „From this cross-linguistic research, it appears that linguistic structures more often specify a range of affective meanings than pinpont a precise affective meaning. Thus, many structures simply encode ‚positive affect' [...] or ‚negative affect' [...]. One implication of this finding is that affect tends to be specified syntagmatically through co-occurring or emergent features in talk, gesture, facial expression and other semiotic systems."

[62] Insofern kann man in der rhetorischen *elocutio* in mancher Hinsicht die Vorläuferin einer pragmatischen Text- bzw. Formulierungstheorie sehen (vgl. Morel 1983). Dies gilt jedoch nicht für ihre rein formal ausgerichteten Neubewertungen, in denen die Figuren aus ihrem persuasiven Zusammenhang herausgerissen und ohne Bezug zu Verwendungssituationen und Effekten katalogisiert werden.

[63] Lausberg (1960) spricht von *affektischen*, Plett (1975) von *pathetischen* Figuren. Bei Fuhrmann (1984: 98) findet sich der Hinweis auf die ‚pathetischen Darstellungen' als einem rhetorischen Verfahren der Affektelizitierung. Breuer (1988: 200) sieht in der rhetorischen Affektlehre eine

schen Zugang und den hier entwickelten Vorstellungen in der beiden Ansätzen gemeinsamen phänomenologischen Perspektive: Im Vordergrund steht jeweils die Affektivität unter ihrem Darstellungsaspekt. In den Rhetoriken hat diese Sichtweise ihren Grund in der fundamentalen persuasiven Wirkungsabsicht. Der Ausdruck von Affekt gilt – in Gestalt der rhetorischen Wirkungsfunktion des *movere* – als eine zentrale Strategie zur Beeinflussung des Gegenübers.[64] Aus didaktischen Gründen wird die Darstellung von Affekten daher als eine vom Erleben des Redners losgelöste Technik beschrieben und als solche lehr- und lernbar gemacht. In diesem Zusammenhang erhalten die Affektfiguren als routinisierte, ‚automatisierte' Mittel des Affektausdrucks eine zentrale Bedeutung.[65] Als schwerpunktmäßig affektische Figuren gelten nach Lausberg (1960: 399ff.) die *exclamatio*, die *evidentia*, die *sermocinatio*, die *fictio personae*, die *expolitio*, die *similitudo* sowie die *aversio*. Plett (1975: 32) erwähnt darüber hinaus die *dubitatio*, die *interrogatio* sowie die *apostrophe*. Es sind dies Figuren, die über die Darstellung von Affekten korrespondierende Wirkungen beim Zuhörer hervorrufen sollen. Zugrunde liegt die Annahme, daß eine affektrhetorische Wirkung eine affektrhetorische Darstellung voraussetzt. Die affektive Selbstpräsentation des Sprechers spielt insofern eine Rolle, als *delectare* und *movere* eine „Affekt-Brücke zwischen dem Redner und dem Publikum" (Lausberg 1960: 141) erfordern, die nur über die Selbstaffizierung, also eine gewisse Verinnerlichung der dargestellten Affekte erreicht werden kann.[66] Der Affekt-Brücke geht die Idee einer Durchdringung von Produzenten- und Rezipientenseite voraus, mit der die Dichotomie von Darstellung und Wirkung letztlich im Sinne einer (idealerweise eintretenden) ‚Synchronisation' von Sprecher und Hörer aufgehoben wird.[67]

---

emotionspsychologische Stillehre, in der die einzelnen Figuren hinsichtlich ihrer jeweiligen psychischen Valenz systematisiert werden.

[64] In der Regel werden die Wirkungsfunktionen des *docere*, *delectare* und *movere* als Spezifikationen des globalen rhetorischen Prinzips des *persuadere* angesehen, wobei das *docere* eine eher intellektuelle Überzeugung beinhaltet, *delectare* und *movere* hingegen auf eine emotionale Überzeugung hinwirken. Dabei steht das *delectare* für die sanfteren, auch als *Ethos* bezeichneten Affektstufen, während das *movere* den höchsten Persuasionsgrad mit der größten affektiven Intensität darstellt (*Pathos*). Die rhetorische Affektlehre beschränkt sich jedoch keineswegs nur auf die Effekttrias, sondern sie schließt auch eine hinsichtlich unterschiedlicher Zielgruppen spezifizierte Affektpsychologie ein. Siehe Aristoteles (1980), insbesondere Buch II.

[65] Vgl. Lausberg (1960: 399). Die Erregung von Gefühlswirkungen kann mit bestimmten Redeteilen verbunden sein. Als besonders affekthaltig erscheinen die abschließende *peroratio*, in der „alle Affektschleusen geöffnet werden" können (Lausberg 1960: 238), das einleitende *exordium* sowie die *narratio* (vgl. Lausberg 1960: 185ff.).

[66] Besonders eindrücklich betont Quintilian (1972: 709) die Bedeutung, die der Selbstaffizierung für die Überzeugungskraft des Redners zukommt. Vgl. ähnlich Lausberg (1960: 144): „Da im Publikum starke Affekte nur erzeugt werden können, wenn der Redner selbst von den Affekten innerlich erfaßt ist, muß der Redner also [...] die Erregung starker Gemütsbewegungen in der eigenen Seele wie ein vollkommener Schauspieler beherrschen."

[67] Vgl. ähnlich Plett (1975: 100). Hier liegen deutliche Unterschiede zu Zilligs (1982a) sprechakttheoretischer Konzeptualisierung der Emotion als perlokutionärem Effekt, die Korrelationen zwischen bestimmten, nicht notwendigerweise expressiven Sprechakttypen und den durch sie ausgelösten emotionalen Wirkungen beschreibt und damit Produzenten- und Rezipientenperspektive gleichsam entkoppelt.

Die Vorzüge des rhetorischen Zugangs zu Affekten liegen in der Konzentration auf den Darstellungsaspekt, wobei die Ausdrucksmittel als konventionelle Techniken erfaßt, unter funktionalen Gesichtspunkten systematisiert und mitunter auch bezüglich spezifischer Wirkungen beschrieben werden. Allerdings liegt der rhetorischen Affektlehre ein eher einseitiges Verständnis der Kommunikation zugrunde, das auf der Vorstellung eines sich an sein Publikum wendenden Redners basiert. Die im Zusammenhang mit der Analyse spontaner Begegnungen zentralen Prinzipien der Kooperativität, Reziprozität und Interaktivität erhalten in der rhetorischen Sicht der Kommunikation, die auf die wirkungsvolle monologische Rede in typisierten Situationen vor Gericht, im Parlament etc. ausgerichtet ist, keinen Raum.[68] Für einen interaktionistisch ausgerichteten Ansatz stellt dies ein wesentliches Defizit dar. Dennoch bildet die rhetorische Affektlehre – was die funktionale Systematisierung wie auch die strukturelle Beschreibung verschiedener affektiver Verfahren angeht – eine Quelle, aus der pragmalinguistische Ansätze mit Gewinn schöpfen können.

Die in der Rhetorik beschriebenen Affektfiguren bilden einen Ausschnitt aus dem Repertoire an affektiven Verfahren, auf das die Mitglieder einer Sprachgemeinschaft rekurrieren, wenn sie emotionale Beteiligung darstellen. In der ethnostilistischen Forschung wird ein solches zusammenhängendes und zugleich konventionelles System an kommunikativen Verfahren und diskursiven Praktiken, das durch eine je spezifische Auswahl und Organisation des sprachlichen Materials zustande kommt, als ‚Sprechstil' bezeichnet. Nach Hymes (1974: 440) stellen Sprechstile eine kohärente und komplexe Verbindung unterschiedlicher sprachlicher Mittel dar, die – und hierin liegt ihr definitorisches Kriterium – strukturell und daher auch außerhalb ihres spezifischen Verwendungszusammenhangs über Kookkurrenz-Regeln identifiziert werden können.[69] Sprechstile sind typischerweise an bestimmte soziale Situationen oder Aktivitäten gebunden. Das in einer Sprachgemeinschaft zur Verfügung stehende Repertoire an Verfahren zur Darstellung emotionaler Beteiligung kann man daher in Anlehnung an Hymes auch als einen ‚affektiven Sprechstil' bzw. als ein ‚affektives Register' bezeichnen.[70] Eine Konzeptualisierung als Sprechstil ermöglicht es, der Konventionalität und Kontextgebundenheit affektiver Ausdrucksmittel sowie ihrer Organisation in einem kohärenten System Rechnung zu tragen und damit zugleich deren holistischen Charakter zu unterstreichen.

4.3.2.2.1 Affektive Prosodie

Die herausragende Bedeutung der Stimme in ihren paraverbalen und konventionalisierten Facetten für den Ausdruck von Emotionen klang bereits mehrfach an. Unter den Aus-

---

[68] Die Vernachlässigung der interaktiven Dimension in der antiken Rhetorik beklagt auch Kallmeyer (1996) in seinem Entwurf einer ‚Gesprächsrhetorik'.
[69] Zu Sprechstilen siehe auch Selting (1989) und Auer (1989).
[70] Der Begriff des ‚affektiven Registers' findet sich bei Irvine (1990: 127): „The study of registers is a convenient way to look at the verbal aspects of affective display, because it suggests a set of complementary representations of feelings that are conventionalized among a community of speakers." Affektive Register „represent the resources the person has to draw on for affective display, the terms in which his or her behavior will be interpreted by others, and the framework of interpretation for the experiencer as well" (Irvine 1990: 131). Vgl. ähnlich Seltings (1994) Konzept eines ‚emphatischen Sprechstils'.

drucksmitteln, die an der Konstitution affektiver Verfahren beteiligt sind und die auch in die Konstitution eines affektiven Sprechstils einfließen, spielen die prosodischen und intonatorischen Phänomene daher eine prominente Rolle. Zwar verweisen die meisten Untersuchungen zum Verhältnis von Sprache und Gefühl auf die Relevanz des ‚Tones' für den Ausdruck von Emotionen. V.a. die sprachimmanent ausgerichteten Arbeiten, die in den vorausgehenden Kapiteln diskutiert wurden, konzentrieren sich jedoch meist auf einzelne Formen und Strukturen des Lexikons, der Morphologie oder – seltener – der Syntax. Insofern kamen prosodische und intonatorische Phänomene, trotz ihrer unbestrittenen Bedeutung für die Darstellung emotionaler Beteiligung, dort nicht in systematischer Weise zur Sprache.[71] Auch in diesem Abschnitt kann es natürlich nicht darum gehen, die ‚Prosodie der Emotion', deren Untersuchung ein eigenes Forschungsgebiet darstellt, erschöpfend zu behandeln. Da prosodische Aspekte an der Konstitution affektiver Verfahren entscheidend mitwirken und entsprechende Überlegungen konsequent in die empirischen Analysen der Kapitel 5, 6 und 8 einbezogen werden, soll an dieser Stelle jedoch aufgezeigt werden, in welchem Kontext diese Beobachtungen stehen, ohne daß damit der Anspruch auf eine umfassende theoretische Diskussion der Problematik erhoben würde.[72]

Um den Zusammenhang zwischen Emotionen und prosodischen Phänomenen genauer zu beleuchten, kann man für das Französische v.a. auf die Studie von Léon (1993) zurückgreifen, der den konventionalisierten vokalen Emotionsausdruck in eine allgemeine variationistische Theorie einbettet und als einen ‚style sonore' bzw. *phonostyle* beschreibt.[73] Léon unterscheidet einerseits zwischen eher segmentalen Phänomenen wie der Dehnung, dem *staccato*-Sprechen sowie einer als *emphase par joncture expressive* bezeichneten Variante des Insistenzakzents,[74] die allgemein der Hervorhebung dienen und andererseits typischen prosodischen Mustern – sogenannten *phonostylèmes*–, die eine (mehr oder weniger spezifizierte) Emotion signalisieren. Hier ergeben sich direkte Bezüge zu Emotionstypologien, insofern der Versuch unternommen wird, eine spezifische prosodische Kontur (möglichst unabhängig von ihrem inhaltlichen ‚Träger') mit einer spezifischen Emotion zu korrelieren. Daher verwundert es nicht, daß ein großer Teil der v.a. akustischen Forschung zum vokalen Ausdruck von Emotionen experimentell ausgerichtet und im Bereich der Psychologie angesiedelt ist. Nach Léon (1993: 119) gehören zu den Parametern, die beim vokalen Ausdruck von Emotionen relevant werden, die Dauer, die Intensität, die Sprechgeschwindigkeit, der Rhythmus, die Grundfrequenz und der Tonhöhenverlauf. Insbesondere dieser letzte Parameter ist entscheidend, wobei v.a. seine spezifische Kontur sowie die Abstände zwischen den Extrempunkten eine Rolle spielen. Der prosodisch vermittelte Emotionsausdruck hat also an sich bereits holistischen Charakter – eine Komplexität, die sich im Zusammenspiel mit anderen sprachlichen Mitteln im Rahmen affektiver Verfahren und Sprechstile noch verstärkt.

---

[71] Diese Vernachlässigung der stimmlichen Ausdrucksformen scheint auch für die psychologische Emotionsforschung zu gelten. Vgl. Scherer/Wallbott (1990: 384 und passim) sowie Scherer (1990: 19).
[72] Zur vokalen Kommunikation von Gefühlen siehe Tischer (1993).
[73] Vgl. auch das dem Zusammenhang von *Phonetics and emotion* gewidmete Themenheft von *Quaderni di semantica* VII (1986).
[74] Vgl. Léon (1993: 143) sowie oben Abschnitt 3.1.

Die emotionsspezifischen prosodischen Muster lassen sich auf ursprünglichere, ‚rohe' vokale Manifestationen zurückführen, die sich durch Metaphorisierung und Ritualisierung verfestigt und konventionalisiert haben. Léon (1993: 135ff.) spricht hier von einen Prozeß der ‚emotiven Stilisierung' (*stylisation émotive*), in dessen Verlauf sich mehrere Phasen bzw. Grade unterscheiden lassen: Während am einen Ende die „émotion brute, peu ou pas contrôlée" steht, sind am anderen Ende die „modalités grammaticales du système prosodique" zu verorten. Dazwischen liegen die versprachlichten Ausdrucksformen von Emotionen und Einstellungen (*attitudes*), wobei letztere als eine intellektuellere und insofern auch deutlicher stilisierte Spielart der Emotion angesehen werden. Auch der konventionelle Emotionsausdruck hat also Anteil an relevanten Aspekten der ursprünglichen Basisemotion bzw. ihrer spezifischen vokalen Ausdrucksqualität; letztlich kann er als deren auf konstitutive prosodische Merkmale reduzierte, schematisierte und stilisierte Variante gelten. Jeder emotiven prosodischen Kontur ist damit ein ikonisches Element zu eigen – sie verweist mittelbar auf die ‚rohe' Basisemotion –, was sie in die Nähe der mimischen und gestischen Ausdrucksformen sowie allgemein der nonverbalen Kommunikation von Emotionen rückt.[75] Allerdings ist dieser Verweis keineswegs immer eindeutig. Auch hier kommt die oben unter Abschnitt 4.3.2.1 diskutierte Kontextsensitivität ‚affektiver Indikatoren' zum Tragen. Zwar scheint es so, daß – isoliert gesehen – prosodische Muster einen höheren Grad an Emotionsspezifik aufweisen als strukturelle Verfahren wie etwa die Reduplikation, d.h. sie erlauben eher und mit größerer Zuverlässigkeit den Rückschluß auf eine spezifische Emotion, beispielsweise Ärger. Aber auch vokale und prosodische Manifestationen sind – für sich genommen – nicht eineindeutig mit einer Emotion korreliert. So kommen Scherer/ Wallbott (1990: 384) aus psychologischer Sicht zu dem Ergebnis, „daß zuverlässige Schlußfolgerungen über konkrete akustische Muster für den Ausdruck einzelner Emotionen bislang nicht gezogen werden können", so daß sich die Frage stellt, „ob der vokale Emotionsausdruck nicht lediglich eine Unterscheidung zwischen aktiven, auf Sympathikuserregung beruhenden Emotionen [...] und passiven Emotionen [...] erlaubt." Letztlich läßt sich also auch aus der Diskussion der prosodischen Eigenschaften des Emotionsausdrucks ein Argument für den kontextsensitiven und holistischen Charakter der Darstellung emotionaler Beteiligung ableiten. In der Analyse prosodischer Konturen manifestiert sich darüber hinaus in besonderer Weise die Relevanz der Sequentialität. Dieser dynamische Aspekt der Darstellung emotionaler Beteiligung, der sowohl auf der mikro- wie auch auf der makrostrukturellen Ebene zum Tragen kommt, ist Gegenstand des folgenden Abschnittes.[76]

4.3.2.3 Dynamik

Da die Darstellung emotionaler Beteiligung zumeist kein ausschließlich lokales, sondern ein äußerungsübergreifendes Phänomen ist, greift eine rein statische Beschreibung zu kurz. Erst wenn man auch den sequentiellen Aspekt berücksichtigt, offenbart sich ihr grundlegend dynamischer Charakter. Die Analysen längerer Interaktionssequenzen zeigen, daß die Art und Weise, in der die Darstellung emotionaler Beteiligung von den Teilnehmern als

---

[75] Siehe unten Abschnitt 5.3.3.
[76] Siehe unten Abschnitt 7.2.2 für eine Diskussion der makrostrukturellen Ebene.

eine interaktive Ressource genutzt wird, Schwankungen unterliegt. Bezogen auf den gesamten Verlauf einer Interaktion ist sie meist nur für bestimmte Phasen konstitutiv. Ihre interaktive Relevanz entsteht also aus dem Verlauf der Interaktion heraus.[77] Hier lassen sich zwei komplementäre Bewegungen beobachten: Einer ansteigenden Bewegung hin zu einem Mehr an emotionaler Beteiligung (Eskalation) steht eine abfallende, den Affektausdruck abschwächende Bewegung (Deskalation) gegenüber.[78]

Mit einer eskalierenden Bewegung wird die Darstellung emotionaler Beteiligung als ein in der Gesprächssituation interaktiv relevanter Faktor etabliert. Damit rückt sie in den Fokus der Aufmerksamkeit, wobei in Abhängigkeit von der jeweiligen Kommunikationssituation unterschiedliche Grade der Relevanz anzunehmen sind. Die Interaktanten verfügen im Prinzip über zwei, in konkreten Gesprächsverläufen meist ineinander greifende komplementäre Techniken, um emotionale Beteiligung relevant zu setzen: Es ist dies zum einen die *Häufung* affektiver Verfahren, zum anderen der *Kontrast*, der aus einem Bruch mit den zuvor etablierten Erwartungen entsteht. Im ersten Fall hängt die Relevanz, die die emotionale Beteiligung erhält, von der Dichte und der Art der verwendeten affektiven Verfahren ab. In der Regel wird eine Eskalation strukturell durch die Präsenz affektiver Verfahren über mehrere Äußerungen hin greifbar. Affektiv getönte Sequenzen sind jedoch meist keine explizit gerahmten Einheiten mit einem klar markierten Anfang und Ende. Die Eskalation ist eher eine gerichtete Bewegung, die auf einen Höhepunkt, eine ‚affektive Klimax' zusteuert und die ihren deutlichsten Ausdruck in der Konvergenz verschiedener, funktional äquivalenter Verfahren findet.[79] Aus heuristischen Gründen liegt der Akzent in der vorliegenden Arbeit auf den Eskalationen, da hier die affektiven Verfahren aufgrund ihrer stärkeren Verdichtung besser in den Blick treten.

Auch der Kontrast, der sich über das Fehlen affektiver Verfahren in vorausgehenden Sequenzen aufbaut, spielt bei der Relevantsetzung der emotionalen Beteiligung eine Rolle. Besonders anschaulich wird dieser Aspekt in der klassischen Analogie der rhetorischen Figuren mit dem menschlichen Körper, wobei hier eine genauere Bestimmung der ‚ausdruckslosen Ruhelage des Körpers', also der relevanten Vergleichsbasis unterbleibt:

> Die schmucklose Rede wird der (ausdruckslosen) Ruhelage des Körpers [...] verglichen, während die *figura* [...] die von der Ruhelage abweichende Körperhaltung [...] ist: die abweichende Körperhaltung ist eine Lebensäußerung und drückt Affekte aus [...]. Dementsprechend sind auch die rhetorischen Figuren eine Lebensäußerung und drücken Affekte aus, und zwar eben durch die Abweichung von der sprachlichen Ruhelage (Lausberg 1960: 309).

Weniger metaphorisch gesprochen kommt es bei dieser zweiten Technik über einen markierten Wechsel des Sprechstils zur Konstitution kommunikativer Bedeutungen. Maßgeblich ist dabei die zuvor etablierte Sprechweise, die als eine Art Folie fungiert, vor der das Auftreten affektiver Verfahren als markiert und damit als interaktiv bedeutsam wahrgenommen wird. Die Relevanz der emotionalen Beteiligung ergibt sich daraus, daß sie in

---

[77] Kapitel 8 liefert an Hand der exemplarischen Analyse einer längeren Gesprächssequenz empirische Evidenz für diese These.
[78] Vgl. ähnlich Vion (1992: 237ff.) im Rahmen einer stärker an das grammatische Modalitätskonzept angelehnten, kommunikativ-dynamischen Konzeptualisierung der Subjektivität im Diskurs.
[79] Vgl. ähnlich Christmann/Günthner (1996: 29): „Es gilt: Je mehr Entrüstungsmarkierungen gleichzeitig eingesetzt werden, desto stärker wirkt die (re)inszenierte Entrüstung."

einem syntagmatischen Kontrast zu vorausgehenden, emotional weniger aufgeladenen Sequenzen steht.

In dieser kontextbezogenen Sichtweise liegt ein zentraler Unterschied zu traditionellen sprachstilistischen Arbeiten, die ein textexternes Bezugssystem – bei Bally etwa die Standardsprache oder die Wissenschaftssprache – zugrundelegen, um affektiv markierte Einheiten über den Vergleich verschiedener Sprachkodes zu ermitteln.[80] Hier ist demgegenüber die Annahme leitend, daß der (Gesprächs-) Text selbst über kontextuell aufgebaute Erwartungen sein Bezugssystem etabliert. Dieses Bezugssystem ist zwangsläufig relativ und dynamisch. Eine vergleichbare Auffassung – allerdings in Bezug auf literarische Texte – entwickelt bereits Riffaterre (1971), der in seinem rezeptionsstilistischen Ansatz ‚Stil' grundsätzlich mit ‚Markiertheit' bzw. *mise en relief* gleichsetzt und deren Wirkungen auf den Leser in den Mittelpunkt seiner Untersuchung stellt. Die stilistischen Wirkungen werden durch eine spezifische Art der Textstrukturierung ausgelöst, die Riffaterre mit den Konzepten der Konvergenz (Häufung stilistischer Verfahren an bestimmten Textstellen) und des Kontrastes (Bruch eines durch den Vortext etablierten Musters durch ein unvorhersehbares Element) beschreibt. Auch hier nimmt also der Kontext als eine variable, unmittelbar zugängliche und zugleich relative Größe die Stelle einer unabhängigen, als absolut anzusehenden textexternen Norm ein.[81]

Der markierte Charakter der Darstellung emotionaler Beteiligung steht im übrigen in Einklang mit psychologischen Befunden, die Emotionen als mehr oder weniger flüchtige Episoden konzeptualisieren, welche sich von einer *baseline*, einer mittleren Affektlage abheben.[82] Auch wenn emotionales Erleben insgesamt durch „flux and change" charakterisiert ist (Lazarus/Kanner/Folkman 1980: 197), scheint es aus heuristischen Gründen durchaus legitim, Passagen mit einer affektiven Klimax zum Gegenstand der Untersuchung zu machen und damit die ‚Spitzen' der emotionalen Beteiligung zu fokussieren. Allerdings darf dabei der oszillierende Charakter, das dynamische Ansteigen und Abfallen der Affektivität, das nur aus dem Verlauf der Interaktion heraus zu verstehen ist, nicht aus dem Blick geraten.[83]

Psychologische Untersuchungen fokussieren bei ihrer Beschreibung der Emotionsverläufe v.a. Reaktionen auf außerhalb der Interaktion liegende folgenschwere Ereignisse. In Alltagsgesprächen, wie sie im Rahmen der vorliegenden Arbeit untersucht werden, liegen die auslösenden Momente jedoch häufig in der Interaktion selbst. Zudem betreffen sie meist gewöhnlichere bzw. interaktionsnähere Bedürfnisse und Ziele, etwa den Aufbau oder die Bestätigung eines positives Selbstbildes. Hier ergeben sich Parallelen zu Phänomenen, die

---

[80] Vgl. oben Abschnitt 2.3.

[81] Vergleichbare Vorstellungen finden sich in der linguistischen Ethnostilistik, insbesondere in den Arbeiten von Hymes. Vgl. auch Selting (1989), Auer (1989) sowie Hinnenkamp/Selting (1989). Speziell mit Blick auf Emotionalität vgl. ähnlich Bloch (1996: 328), die den unmarkierten Stil jedoch eher personenbezogen definiert: „This procedure was based on our assumption that emotionality is reflected in changes of discursive style. What constitutes the normal style, of course, varies from person to person."

[82] Siehe Dörner (1985) sowie oben Abschnitt 4.1.2.

[83] Vgl. Tannen (1984), die ganz selbstverständlich von *high-involvement* spricht. Ähnlich Selting (1994), die sich mit „heightened emotive involvement" befaßt. Gegen eine ausschließliche Beschäftigung mit den „high peaks of emotional expression" wendet sich bereits Goffman in der Diskussion des Ansatzes von Stankiewicz (1964: 269).

in der Pragmalinguistik im Zusammenhang mit Aspekten der Höflichkeit bzw. des *facework* bearbeitet wurden.[84] Gerade die Verletzung bzw. Nichtbeachtung von Höflichkeitsmaximen scheint ein Grund für die Darstellung emotionaler Beteiligung sein.[85]

4.4 Interaktionssemantische Dimensionen der Darstellung emotionaler Beteiligung

In den vorausgehenden Abschnitten wurden strukturelle, indexikalische und sequentielle Aspekte der Darstellung emotionaler Beteiligung herausgearbeitet. Insofern sie der Übermittlung komplexer kommunikativer Bedeutungen dient, hat die Darstellung emotionaler Beteiligung jedoch auch eine semantische Seite. Es klang bereits mehrfach an, daß emotionale Bedeutungen offenbar keine ‚letzten' atomaren Kategorien sind, sondern daß sie sich aus anderen semantischen Dimensionen speisen bzw. auf basalere semantische Kategorien zurückgeführt werden können. In den in Kapitel 2 diskutierten Arbeiten zur sprachlichen Affektivität schien insbesondere die Relevanz der bewertenden sowie einer indexikalisch auf den Sprecher verweisenden, subjektiven Dimension auf. Die Auswertung französischer Grammatiken in Kapitel 3 brachte Hinweise auf eine veranschaulichende, Präsenz erzeugende Komponente. Allgemein zeigte sich die Relevanz der semantischen Dimension der Intensität, die in enger Beziehung zur Markiertheit steht. Diese ‚Auflösung' bzw. Rückführung emotionaler Bedeutungen, die schon in den sprachimmanenten Betrachtungen der Affektivität aufschien, gilt in noch stärkerem Maße für die Darstellung emotionaler Beteiligung in der Interaktion, wo ähnliche interaktionssemantische Dimensionen relevant werden. Wie die Analyse der Daten zeigt, basiert sie – wie die emotionale Bedeutung eines Wortes oder einer sprachlichen Struktur – ebenfalls auf einem mehrdimensionalen und schwer zu differenzierenden kommunikativ-semantischen Raum. Empirisch nachweisen lassen sich mindestens die folgenden Kategorien, die als spezifische Teilaktivitäten der Darstellung emotionaler Beteiligung gelten können: 1. *Bewerten*; 2. *Intensivieren*; 3. *Subjektivieren* sowie 4. *Veranschaulichen*.[86] Diese stehen in einer *indem*-Relation zur Darstellung emotionaler Beteiligung, d.h. indem ich bewerte, intensiviere etc., stelle ich emotionale Beteiligung dar. Allerdings ist nicht jede Bewertung, Intensivierung etc. als Darstel-

---

[84] Vgl. Arndt/Janney (1985), deren Konzept der Höflichkeit ganz auf den ‚emotiven Dimensionen des Sprechens' aufbaut. Kritisch dazu Kerbrat-Orecchioni (2000).

[85] Vgl. unten Kapitel 8.

[86] Hinweise auf die Relevanz dieser oder ähnlicher semantischer Werte im Zusammenhang mit sprachlicher Affektivität finden sich auch in anderen pragmalinguistischen Untersuchungen. So gehen Arndt/Janney (1991) mit der *assertiveness*, der *positive/negative value-ladenness* sowie der *intensity* von drei als interpretative Dimensionen der emotiven Kommunikation bezeichneten globalen semantischen Kategorien aus. Boueke/Schülein/Büscher/Terhorst (1995: 108ff.) verwenden im Zusammenhang mit ihrer semantischen Klassifikation der Affekt-Markierungen in Alltagserzählungen die Kategorien der *psychologischen Nähe* (eine Art der Perspektivierung, mit der die Sichtweise der Hauptfigur aktiviert wird), der *Valenz* („Amplifikation der emotionalen Grundqualität") sowie der *Plötzlichkeit* („Amplifikation der Unerwartetheit").

lung emotionaler Beteiligung zu interpretieren. Disambiguierend wirkt die bereits erwähnte, in einer Häufung affektiver Verfahren manifest werdende Signalisierungsredundanz.

Die notwendige Rückführung emotionaler Bedeutungen unterschiedlicher Komplexität auf semantische Subkategorien wie Bewerten, Intensivieren, Subjektivieren und Veranschaulichen legt die Vermutung nahe, daß es so etwas wie ein auf fundamentalen und möglicherweise auch universalen Dimensionen basierendes semantisches Affektsystem gibt, in dem sich verschiedene Aspekte des emotionalen Erlebens widerspiegeln. Dieses semantische Affektsystem fußt jedoch offenbar auf anderen Kategorien als den in emotionstheoretischen Arbeiten bei der Annahme verschiedener Basisemotionen zum Tragen kommenden.[87] Mit anderen Worten: Die semantischen Größen, auf die sich die komplexen emotionalen Bedeutungen zurückführen lassen, decken sich nicht mit einer bestimmten Basisemotion. Im Gegenteil, die Spezifik einzelner Emotionen läßt sich nur bedingt unter Rekurs auf die interaktionssemantischen Dimensionen erklären. Diese scheinen eher emotionsunspezifisch zu sein, in dem Sinne, daß es keine unmittelbare Korrelation zwischen einer semantischen Dimension und einer bestimmten Emotion gibt.[88] Für die Spezifizierung einer Emotion sind – wie schon oben in Abschnitt 4.3.2.2 anklang – weitergehende Informationen erforderlich, die sich über die rein sprachliche Ebene hinaus aus anderen Kanälen und semiotischen Systemen speisen.

Die Differenzierung emotionaler Bedeutungen in vier interaktionssemantische Dimensionen könnte als Ausgangspunkt für eine weitergehende Klassifikation affektiver Formen und Strukturen dienen, die dann jeweils einer dieser Dimensionen zuzuordnen wären. Allerdings ist dabei wohl eher von Dominanzen als von eindeutigen Zuordnungen auszugehen. Abschließend will ich der Frage nachgehen, wie die genannten interaktionssemantischen Dimensionen genauer zu fassen sind, welchen Anteil sie jeweils an der Darstellung emotionaler Beteiligung haben und wo sich gegebenenfalls Berührungspunkte zu emotionstheoretischen Überlegungen ergeben.

4.4.1 Evaluieren

Das Evaluieren bzw. Bewerten ist wohl die wichtigste semantische Dimension im Zusammenhang mit der Darstellung emotionaler Beteiligung. Darauf deuten nicht nur die Frequenz von Bewertungen in den untersuchten Daten hin, sondern auch die Konstanz, mit der diese Dimension im Zusammenhang mit der Beschreibung des sprachlichen Gefühlsausdrucks Erwähnung findet. Bewertungen kann man als den sprachlichen Ausdruck einer auf

---

[87] Die Differenzierung des emotionalen Spektrums und die damit einhergehende Annahme sogenannter Basisemotionen bereitet im übrigen auch aus psychologischer Sicht Schwierigkeiten. Nach Ciompi (1997: 78ff.) wird die Annahme von Grundgefühlen heute allgemein bejaht, wobei ihre Zahl je nach Ansatz zwischen fünf und zehn schwankt. Als emotionspsychologisch am besten gesicherte Grundgefühle gelten Interesse, Angst, Wut, Trauer und Freude. Ähnlich äußern sich Scherer/Wallbott (1990: 382), die Ärger, Furcht/Angst, Trauer, Freude/Glück, Abscheu und Überraschung zu den Basisemotionen rechnen. Gerade der Status der Überraschung bzw. des Erstaunens ist jedoch umstritten. Aus linguistischer Sicht plädieren Léon (1993: 125), Ludwig (1988) sowie Sandhöfer-Sixel (1988) dafür, auch diese Kategorie zu den Basisemotionen zu zählen.
[88] Zu einem ähnlichen Schluß kommt Kövecses (1998) mit Blick auf emotionsspezifische Metaphern.

einer positiv-negativ-Dimension einzuordnenden Haltung eines Individuums gegenüber einem Objekt auffassen.[89] Für Bewertungen wie für Emotionen ist also die subjektive Anteilnahme des Sprechers konstitutiv. In beiden Fällen kommt ein Bezogensein des Sprechers auf etwas, sein Interesse an einem Objekt, einer Person, einem Sachverhalt etc. zum Ausdruck, wobei in der Regel eine Präferenz erkennbar wird. Im Falle der Bewertung ergibt sich dieser Bezug über die Bindung des Wertes an individuelle Interessen bzw. ein subjektives Wertsystem.[90] Umgekehrt äußert sich die für Emotionen konstitutive Selbstbetroffenheit, die in direktem Kontrast zur Gleichgültigkeit steht, häufig in Bewertungen. In der Psychologie gilt es als gesichert, daß Emotionen Urteilsbestandteile haben. Im Rahmen der in den letzten Jahren erfolgten ‚Kognitivierung der Emotionen' rückte diese bewertende Dimension in den Vordergrund, so daß Emotionen nun mitunter als „die ‚evaluativen' Anhängsel der Kognitionen" (Ulich [2]1989: 73) erscheinen.

Die Affinitäten zwischen Emotionen und Bewertungen werden auch in einigen sprachphilosophischen Arbeiten akzentuiert, die die kausale Relation jedoch umkehren: Emotionen gelten hier nicht als Resultat vorgängiger Bewertungen, vielmehr werden Bewertungen als eine Form der Emotionsaussage konzeptualisiert. Begründet wird eine solche These damit, daß Bewertungen nicht rational erklärbar sind, sondern auf der Basis von persönlichen Interessen und Gefühlen gefällt werden.[91] Auch Marten-Cleef (1991: 90) betont mit Blick auf die dem Ausdruck von Gefühlen dienenden expressiven Sprechakte, daß diese stets mit Bewertungshandlungen verbunden sind. Ganz ähnlich fassen Boueke/Schülein/Büscher/Terhorst (1995: 111) Bewertungen als den Kern des sprachlichen Ausdrucks von Gefühlen auf. Volek (1990: 336) sieht die bewertende Dimension ebenfalls als zentrale Komponente emotionaler Bedeutungen an: „The evaluative component forms the main supportive base for the emotive component in a great number of signs." Am deutlichsten herausgearbeitet werden die Beziehungen zwischen Bewertungen und Gefühlen bei Fiehler (1990: 48f.), der Emotionen als ‚bewertende Stellungnahmen' definiert und sie als eine Subkategorie der Bewertungen versteht. Im Unterschied zu Bewertungen ist bei den ‚bewertenden Stellungnahmen' die ganze Person betroffen und ein deutlicherer Ich-Bezug zu erkennen. Außerdem sind sie von größerer Intensität und zugleich auch punktueller als die nicht-emotionalen Bewertungen. Die Kriterien, auf denen die Abgrenzung der emotionalen gegenüber anderen Arten der Bewertung fußt, bleiben eher vage. Offenbar besteht zwischen Bewertungen und bewertenden Stellungnahmen kein kategorialer, sondern nur ein gradueller Unterschied, der lediglich an den jeweiligen Endpunkten deutlich hervortritt.

---

[89] Vgl. ähnlich Sager (1982: 40).
[90] Vgl. Sandig (1979: 139), die die *Perspektive des Bewertenden* zu den zentralen Aspekten von Bewertungsmaßstäben zählt. Ähnlich Sager (1982: 45ff.).
[91] Vgl. insbesondere Ayer (1970), der im Rahmen seiner ‚emotionalen Werttheorie' ethische und ästhetische Urteile als Formen der Bewertung beschreibt und diese auf die Übermittlung von Gefühlen zurückführt. Nach Ayer (1970: 142f.) ist im Falle ethischer Urteile „die Funktion des relevanten ethischen Wortes rein ‚emotional'. Es wird dazu verwendet, eine Empfindung über bestimmte Gegenstände auszudrücken, nicht aber eine Behauptung über sie aufzustellen. Es ist erwähnenswert, daß ethische Begriffe nicht nur dem Ausdruck von Empfindungen dienen. Sie sind auch dazu ausersehen, Empfindungen hervorzurufen, um so Handlungen anzuregen." Vgl. dazu auch Zilligs (1982b) sprechakttheoretische Modellierung des Bewertens.

Unter semantisch-kommunikativen Gesichtspunkten ist Fiehlers monodimensionale Bestimmung der Emotionen als bewertende Stellungnahmen ausgesprochen reduktiv.[92]

In Einklang mit der besonderen Gewichtung der evaluativen Dimension steht auch das ausgesprochen breite Spektrum sprachlicher Realisierungsmöglichkeiten von Bewertungen, das vielfältige explizite wie implizite Formen umfaßt.[93]

4.4.2 Intensivieren

Die Kategorie der Intensität, insbesondere unter der dynamisch-prozessualen Facette des Intensivierens, ist eine zweite wichtige interaktionssemantische Domäne, aus der die Interaktanten schöpfen, um emotionale Beteiligung darzustellen. Intensität liegt „at the heart of social and emotional expression" (Labov 1984: 43).[94] ‚Intensivieren' ist eine kommunikative Aktivität, mit der Bedeutungen modifiziert werden, und zwar in der Weise, daß eine Verstärkung der in ihnen enthaltenen quantitativen und/oder qualitativen Aspekte bewirkt wird.[95] Auf kommunikativer Ebene können intensivierende Formen dazu beitragen, die Geltung einer Äußerung zu bekräftigen. Intensität signalisiert hier kommunikative Relevanz bzw. Hervorhebung.[96] Ähnlich wie die bewertende scheint auch die Intensitätsdimension mit Aspekten des emotionalen Erlebens zu korrelieren. Emotionen sind hinsichtlich ihrer Intensität variable Erfahrungen, die jedoch „meist mit einem erhöhten Grad von Erregung erlebt werden" (Ulich ²1989: 40) und die somit wohl grundsätzlich eine intensivierte Form der Erfahrung darstellen. Deutlich wird dies in der psychologischen Konzeption der Emotion als einer von einer neutralen *baseline* abweichenden Episode.

Intensivieren ist ein graduelles Phänomen, das in hohem Maße kontextabhängig ist. Greifbar wird die semantische Dimension der Intensität zunächst im Zusammenhang mit der Steigerung von Adjektiven. Aber auch andere grammatische Kategorien können Veränderungen in der Intensität unterworfen sein, wobei die Intensivierung diesen zugleich eine Nuance der Charakterisierung verleiht.[97] Daran wird die enge Wechselbeziehung zwi-

---

[92] Kritisch dazu insbesondere Arndt (1991: 495). Siehe auch unten Abschnitt 7.1.

[93] Allgemein zu konversationellen Bewertungen siehe Auer/Uhmann (1983). Realisierungsmöglichkeiten bewertender Sprechereinstellungen im Deutschen diskutiert von Polenz (1985: 218ff. und passim). Siehe auch Sandig (1979 und 1993).

[94] Die Bedeutung, die dem Intensivieren im Zusammenhang mit der Darstellung emotionaler Beteiligung zukommt, zeigt sich darin, daß Labov den Begriff der Intensität in einem sehr weiten Sinn verwendet als „the emotional expression of social orientation toward the linguistic proposition: the commitment of the self to the proposition" (Labov 1984: 43f.). Eine solche Beschränkung auf die Manifestationsformen der Intensität zur Charakterisierung des sprachlichen Gefühlsausdrucks schlechthin ist jedoch ähnlich verkürzend wie die Reduktion auf Bewertungen.

[95] In seiner Studie zur Intensivierung im Deutschen faßt van Os (1989) neben der Ausdrucksverstärkung auch die Ausdrucksabschwächung unter die Erscheinungsformen der Intensivierung. Im Zusammenhang mit der Darstellung emotionaler Beteiligung steht die Ausdrucksverstärkung und damit die Bewegung hin zu einer größeren Intensität im Mittelpunkt des Interesses. Siehe oben Abschnitt 4.3.2.3.

[96] Kommunikative Kontexte, in denen es typischerweise zu Intensivierungen kommt, beleuchtet Pomerantz (1986) in ihrer Untersuchung sogenannter *Extremformulierungen*.

[97] Die engen Beziehungen zwischen Charakterisierung und Graduierung betont Galichet (⁵1973: 86): „La catégorie du degré répond au besoin de nuancer, de doser la caractérisation de l'être ou du

schen Bewerten und Intensivieren deutlich, auf die auch Ochs/Schieffelin (1989: 14f.) hinweisen, wenn sie im Bereich der affektiven Indikatoren zwischen *affect intensifiers* und *affect specifiers* differenzieren, wobei die erste Gruppe den affektiven Gehalt einer Äußerung im Sinne einer Intensivierung modifiziert, während die zweite die affektive Wertigkeit zumindest hinsichtlich ihrer positiven bzw. negativen Ausrichtung präzisiert.[98] Ähnlich wie für die Formen des Bewertens gilt auch für die des Intensivierens, daß das Repertoire an Ausdrucksmitteln sehr breit gefächert ist. In Kapitel 6 wird mit der Reduplikation ein auf dem Prinzip der Wiederholung basierendes intensivierendes Verfahren genauer untersucht.

4.4.3 Subjektivieren

Die grundlegendste und daher auch am wenigsten spezifische interaktionssemantische Dimension, die in die Darstellung emotionaler Beteiligung eingeht, bildet das Subjektivieren. Der Akzent liegt hier auf der Markierung einer persönlichen Perspektive, wobei sich das sprechende Subjekt ausdrücklich als Träger dieser Perspektive darstellt.[99] Ausschlaggebend für die Relevanz dieser Dimension dürften die engen Beziehungen zwischen Subjektivität einerseits und Gefühlen andererseits sein: Emotionen gelten als Kern der Subjektivität, so daß umgekehrt ausdrückliche Hinweise auf diese Subjektivität der Darstellung emotionaler Beteiligung dienen können. Die Relevanz der subjektiven Dimension zeigt sich auch darin, daß die emotionale Bedeutungskomponente von einigen Autoren als indexikalischer Verweis auf das sprechende Subjekt modelliert wird.[100] Diese beschränkt sich jedoch nicht nur auf solche impliziten Verweise, sondern sie wird auch durch sprachliche Ausdrucksmittel aktiviert, mit denen der Sprecher explizit auf seine subjektive Welt Bezug nimmt. Dazu gehört in erster Linie der Bereich der personalen Deixis, v.a. in seiner betonten Form.[101] Die subjektivierenden Leistungen der Personalpronomina müssen grundsätzlich textbezogen betrachtet werden: Der Eindruck der Subjektivierung kann durch eine Häufung, aber auch durch den Wechsel im Bereich der pronominalen Referenz entstehen, d.h. aus dem Kontrast subjektiver und weniger subjektiver Formulierungen. Darüber hinaus existiert eine Reihe floskelhafter Ausdrücke wie *pour moi, à mon avis, personnellement*, die ebenfalls eine Subjektivierung indizieren. Auch Verben der Formgebung – insbesondere

---

procès, ce qui permet de préciser ceux-ci. Elle est, en quelque sorte, une modification d'éclairage ou, si l'on veut une autre comparaison, une sorte de coefficient appliqué à la caractérisation pour la tempérer ou l'exalter, la restreindre ou l'élargir."

[98] Die Interdependenzen zwischen Intensivierungen und Bewertungen unterstreicht auch Bally ([4]1965a: 236) zunächst mit Blick auf Adjektive und Adverbien: „le plus souvent, la nuance appréciative est greffée sur l'idée d'intensité, parce que l'impression agréable ou désagréable est déclenchée par le haut degré de la qualité; beaucoup d'adverbes et d'adjectifs font la part égale aux deux notions." Etwas später heißt es allgemein: „la grande quantité et l'intensité créent des impressions qui se transforment en concepts appréciatifs (louange, blâme)" (Bally [4]1965a: 237).

[99] Vgl. Sandig (1996: 40f.).

[100] Siehe oben Abschnitt 2.4.1.

[101] Siehe oben Abschnitt 2.1. Die Bedeutung der Ich-Deixis im Zusammenhang mit Exaltationen und Betroffenheitsmanifestationen unterstreicht auch Kallmeyer (1979a und b). Katriel/Dascal (1989: 289f.) zählen die Wahl der Personalpronomina zu den Mitteln, mit denen ein Sprecher *involvement* signalisieren kann.

solche, mit denen der Sprecher einen nachfolgenden Inhalt als innere Erfahrung, Wunsch, Hoffnung oder auch persönliche Meinung ausweist – können bei ihrer Verwendung in der ersten Person eine solche Subjektivierung markieren.[102] Hier wie bei allen anderen an der Zurschaustellung von Gefühl beteiligten interaktionssemantischen Dimensionen sind jedoch weitere, die affektive Interpretation bestätigende Signale erforderlich.

4.4.4 Veranschaulichen

Eine letzte, weniger klar konturierte Dimension der Darstellung emotionaler Beteiligung ist die Veranschaulichung. Als veranschaulichend sind diejenigen sprachlichen Mittel anzusehen, die Präsenz und Unmittelbarkeit signalisieren und dadurch den Eindruck der Nähe und der Teilhabe am Geschehen vermitteln. Bezüge zu emotionalen Erlebensaspekten ergeben sich über die Charakterisierung des Gefühls als Ausdruck eines ‚Zustands-Bewußtseins'.[103] Emotionen gelten als eine Art des Umweltbezugs, die durch den ‚wie-bin-ich'-Modus bestimmt wird.[104] Sprachlich findet diese Unmittelbarkeit des Erlebens möglicherweise ihren Widerhall in der Bedeutung, die veranschaulichenden Verfahren zukommt. Es handelt sich um eine bislang wenig erforschte Dimension, bei der das ikonische Prinzip auf verschiedenen Ebenen zum Tragen kommt. Da es überwiegend diskursive Verfahren sind, die diesen Effekt hervorrufen, verwundert es nicht, daß die entsprechenden Ausdrucksmittel in den Grammatiken kaum berücksichtigt werden. Teilweise Beachtung fanden sie hingegen im Rahmen narratologischer Untersuchungen, da verschiedene Techniken der Veranschaulichung, wie etwa die Inszenierung und/oder Detaillierung eines Geschehens, die Verwendung von bildlichen Redensarten und Onomatopoetika, gehäuft im Zusammenhang mit der Ausgestaltung eines narrativen Kerns zu beobachten sind.[105] Mit ihrer Hilfe wird die Erlebensperspektive des Sprechers, die auch zu der des Hörers werden soll, rekonstruiert. Nur so kann eine Affekt-Brücke im Sinne der rhetorischen Affektlehre entstehen, durch die es letztlich zu einer ‚affektiven Synchronisation' der Interaktanten kommt.[106]

Die Relevanz von sprachlichen Visualisierungen im Zusammenhang mit Affekten tritt besonders klar hervor in Quintilians Diskussion der Frage, wie die emotionale Selbstaffizierung des Redners zu erreichen sei. Quintilian schreibt Phantasiebildern bei der Erzeugung von Ergriffenheit eine wichtige Rolle zu. Diese Technik, die sich bei der emotionalen Selbstaffizierung bewährt, läßt sich auf die Erregung von Gefühlswirkungen bei anderen übertragen. Auch hier ist die Vergegenwärtigung abwesender Dinge dergestalt, „daß wir sie scheinbar vor Augen sehen und sie wie leibhaftig vor uns haben" (Quintilian 1972: 709), entscheidend für die Erregung von Gefühlen. Einer solchen Figur „folgen die Gefühlswirkungen so, als wären wir bei den Vorgängen selbst zugegen" (Quintilian 1972: 711). Mit veranschaulichenden Verfahren verhilft der Sprecher seinen Gesprächspartnern zu dem Gleichzeitigkeitserlebnis des Augenzeugen. Die Bedeutung der Bildlich-

---

[102] Vgl. ähnlich Weinrich (1982: 649ff.).
[103] Vgl. Ulich (^{2}1989: 21) im Anschluß an Wundt.
[104] Vgl. aber Sartre (1965), der sich gegen gängige psychologische Auffassungen wendet und die Emotion als Rückkehr des Bewußtseins zu einer magischen Haltung charakterisiert.
[105] Zur Darstellung emotionaler Beteiligung im Zusammenhang mit Narrationen siehe unten Abschnitt 7.3.2.
[106] Siehe dazu unten Abschnitt 5.3.3.

keit im Zusammenhang mit der Erzeugung von *involvement* betont auch Tannen (1989). Nach Koch/Oesterreicher (1990: 116) ist die Anschaulichkeit – neben der Steigerung – eines der fundamentalen semantischen Ziele expressiv-affektiver Ausdrucksverfahren. Umgekehrt verweisen Untersuchungen, die sich mit bildhaften Ausdrücken wie Redensarten oder phraseologischen Vergleichen befassen, immer wieder auf deren spezifisch affektive Funktion.[107] Auch empirisch läßt sich die Bedeutung, die den Techniken der Visualisierung zukommt, an der vergleichsweise hohen Frequenz ikonischer Verfahren im Zusammenhang mit der Darstellung emotionaler Beteiligung ablesen.

4.5 Fazit

Im Rahmen dieses Kapitels wurden die theoretischen Konturen einer den Darstellungsaspekt betonenden Sicht auf Emotionen skizziert. Ziel war es, eine Konzeptualisierung der Emotionen zu entwickeln, die deren kommunikativer Bedeutung durch die Verankerung in der Interaktion Rechnung trägt. Dies kann nur ein Ansatz leisten, der die sprachwissenschaftliche Auseinandersetzung mit Emotionen in einen interdisziplinären Zusammenhang stellt. Ausgehend von ihrer interaktiven Relevanz wurde hier die Annahme vertreten, daß Emotionen nicht nur eine individuelle, intrapsychische, sondern auch eine soziale Realität besitzen, die sich in einer spezifischen Form des Verhaltens manifestiert. Ein Teil dieses Verhaltens ist sprachlicher Natur. Dies führte zu der zentralen These, wonach Emotionen eine diskursive Praxis darstellen. Erst eine solche Konzeptualisierung ermöglicht es, die Thematik auch für einen oberflächenorientierten linguistischen Zugang zu öffnen. Den theoretischen Hintergrund dazu bildete ein die Ausdruckskomponente fokussierender phänomenologisch-interaktiver Emotionsbegriff, dessen genuin linguistische Seite mit dem Konzept der Darstellung emotionaler Beteiligung erfaßt wurde. Als konstitutive Eigenschaften der Darstellung emotionaler Beteiligung wurden die Indexikalität und Konventionalität der Ausdrucksmittel, der Verfahrenscharakter sowie die Sequentialität bzw. Dynamik herausgearbeitet. Diese stärker den Durchführungsaspekt akzentuierende Beschreibung wurde abschließend um eine interaktionssemantische erweitert, wobei sich die Dimensionen des Bewertens, Intensivierens, Subjektivierens und Veranschaulichens für eine Spezifizierung der an sich komplexen emotionalen Bedeutungen als besonders relevant erwiesen.

In den folgenden Kapiteln will ich mich einer genaueren empirischen Analyse der mikrostrukturellen Dimension der Darstellung emotionaler Beteiligung zuwenden. Auf der Basis von Gesprächen aus dem Französischen werden verschiedene, an der Darstellung emotionaler Beteiligung mitwirkende Verfahren ermittelt und genauer beschrieben. Dabei kann es schon allein aufgrund der großen Bandbreite affektiver Ausdrucksmittel nicht um eine exhaustive Erhebung gehen. Vielmehr ist der Gedanke leitend, exemplarisch den Gewinn einer Beschreibung unter dem Verfahrensaspekt aufzuzeigen und damit zugleich das methodische Vorgehen bei den Analysen zu verdeutlichen. Den Aufhänger bilden zunächst Interjektionen, die üblicherweise als ein typisches Mittel des Gefühlsausdrucks gehandelt werden. In der Auseinandersetzung mit diesen Formen treten einerseits die Unterschiede

---

[107] Vgl. Drescher (1997b) und Militz (1982).

eines phänomenologisch-interaktiven Ansatzes gegenüber sprachimmanenten Konzeptualisierungen des Gefühlsausdrucks besonders deutlich hervor. Andererseits geraten dabei auch spezifische Verwendungskontexte sowie eine Vielzahl anderer affektiver Verfahren in den Blick, so daß sich letztlich ausgehend von den Interjektionen eine breite Palette sprachlicher Realisierungsmöglichkeiten in ihrem Zusammenspiel auftut.

*und wenn sie artikuliert und als Interjektionen aufs Papier hinbuchstabiert werden, so haben die entgegengesetztesten Empfindungen fast **einen** Laut.*
Herder, *Abhandlung über den Ursprung der Sprache*

5 Verfahren der Darstellung emotionaler Beteiligung: Interjektionen

Mit den in den Kapiteln 5 und 6 nachzulesenden Analysen verfolge ich eine doppelte Absicht: Ein erstes, eher methodisches Ziel besteht darin, das in Kapitel 1 theoretisch diskutierte Vorgehen zu konkretisieren und die empirische Arbeit durch die detaillierte Analyse einer Reihe von Beispielen zu exemplifizieren. Indem sie die Praxis verdeutlichen, aus der heraus die in Kapitel 4 entwickelten theoretischen Überlegungen entstanden sind, ermöglichen es diese Analysen, die Erklärungsadäquatheit des skizzierten Ansatzes vor einem breiten empirischen Hintergrund zu verifizieren. Ein zweites Ziel liegt darin, durch empirische Untersuchungen zu einer genaueren Kenntnis der an der Darstellung emotionaler Beteiligung mitwirkenden Verfahren zu gelangen. Aufgrund der großen Vielfalt der dazu beitragenden Phänomene müssen diese Analysen zwangsläufig exemplarisch bleiben.

Im vorausgehenden Kapitel wurde dafür argumentiert, die Darstellung emotionaler Beteiligung als eine komplexe Aktivität zu betrachten, die den Vollzug der interaktionssemantisch differenzierten Teilaktivitäten des Evaluierens, Intensivierens, Subjektivierens und Veranschaulichens einschließt. Für eine systematische Präsentation der Analyseergebnisse hätte man nun von diesen Kategorien ausgehen und die erhobenen sprachlichen Mittel hinsichtlich ihres Beitrags zum Vollzug dieser Teilaktivitäten beschreiben können. Der Vorteil eines solchen Vorgehens läge darin, den kommunikativen Zugang auch in der Präsentation zu verdeutlichen, weil man auf diese Weise zu einer Anbindung spezifischer sprachlicher Mittel an eine kommunikative Aktivität gelangt, die Form also von vornherein auch eine funktionale Charakterisierung erhält. Probleme ergeben sich jedoch daraus, daß die entsprechenden Teilaktivitäten zwar analytisch einigermaßen klar zu trennen sind, in der Praxis aber eine enge Verflechtung aller interaktionssemantischen Dimensionen die Regel ist. Es kommt hier zu vielfachen Überlappungen zwischen den Teilaktivitäten einerseits und den sprachlichen Mitteln andererseits, so daß eine solche Zuordnung nur um den Preis einer Verzerrung der kommunikativen Realität vorgenommen werden könnte. Besonders deutlich wird diese Teilhabe an verschiedenen interaktionssemantischen Dimensionen im Falle der Interjektionen. Aus diesem Grund habe ich mich für eine Aufbereitung der Analyseergebnisse entschieden, die nicht die semantisch differenzierten Teilaktivitäten, sondern einzelne Verfahren zum Aufhänger nimmt. Wobei – dies sei hier ausdrücklich noch einmal betont – die Ausrichtung auf eine Form nicht das Vorgehen bei den Analysen widerspiegelt. In diesem Kapitel dienen die Interjektionen, im folgenden sechsten Kapitel die Reduplikationen als eine Art Kristallisationspunkt, von dem ausgehend die Darstellung emotionaler Beteiligung untersucht wird, so daß im Verlaufe der Analysen automatisch weitere Ausdrucksmittel in den Blick geraten.

5.1 Die Interjektion als affektiver Indikator?

Die Analyse des Materials liefert vielfache Belege dafür, daß Interjektionen im Zusammenhang mit der Darstellung emotionaler Beteiligung vorkommen. Dies erscheint als ein wenig überraschender Befund, stehen doch Interjektionen seit jeher im Zentrum der Debatte um sprachliche Affektivität.[1] Die Tatsache, daß Interjektionen auch im hier untersuchten Material im Zusammenhang mit dem Gefühlsausdruck vorkommen, mag daher zunächst lediglich als eine Bestätigung ihres emotiven Charakters bzw. ihrer Funktion als eines prototypischen affektiven Indikators erscheinen. Diese These ist jedoch – auch das zeigt das Material – in ihrer Allgemeinheit unzutreffend und aus mehreren Gründen zu nuancieren.

Während v.a. die ältere Forschung die affektive Funktion akzentuierte und Interjektionen als zwar symbolisch vermittelte, aber dennoch eng mit den Gefühlsregungen des Sprechers verknüpfte und primär der psychischen Entlastung dienende Formen ansah, läßt sich in späteren Arbeiten zu diesem Thema eher eine entgegengesetzte Tendenz verzeichnen. Einer ausschließlich sprecherzentrierten, ‚unkommunikativen' Sichtweise auf die Interjektionen steht nun eine die kommunikativen Leistungen betonende Position gegenüber, die die affektive Funktionszuschreibung in der Regel negiert bzw. kommunikativ – insbesondere gesprächsstrukturell – redefiniert. Die Parallelisierung von Affektivität und Interjektionen scheint einer überholten mentalistischen Tradition der Sprachbeschreibung geschuldet, die Phänomene der gesprochenen Sprache üblicherweise mit dem Ausdrucksbedürfnis der Sprecher korreliert und dabei kommunikative Zusammenhänge vernachlässigt. Gewicht erhält diese Auffassung dadurch, daß sie im Gegensatz zu traditionellen, eher von der Introspektion ausgehenden Arbeiten, die den affektiven Charakter der Interjektionen betonen, durch ein breites und in der Regel mündliches Textkorpus gestützt wird.[2] Besonders

---

[1] Vgl. bereits das diesem Kapitel vorangestellte Zitat von Herder (1979: 8) sowie Jakobson (1963: 214): „La couche purement émotive, dans la langue, est présentée par les interjections." Auch in neueren Arbeiten zum Themenkreis von Sprache und Affekt erscheinen Interjektionen als ein prototypischer Indikator des Gefühlsausdrucks. Vgl. Volek (1987), Fiehler (1990: 127 und passim), Marten-Cleef (1991: 127 und passim). Speziell zu Interjektionen im Französischen siehe Carstensen (1936), der den Formenbestand nach phonologischen Kriterien systematisiert, Olivier (1986) sowie Drescher (1997a). Allgemein zu Interjektionen siehe auch Karcevski (1941), Burger (1980), Trabant (1983), Ehlich (1986) sowie Fries (1990).

[2] Sofern die Arbeiten, die die These von der Affektivität der Interjektionen vertreten, überhaupt eine empirische Grundlage haben, handelt es sich meist um schriftliche Belege – insbesondere Theaterstücke und volkstümliche Erzählungen –, die als Quelle zur Ermittlung des Formenbestandes wie auch zur Exemplifizierung funktionaler Eigenschaften dienen. Dies steht einerseits in einem gewissen Widerspruch zu der allgemein geteilten Auffassung, derzufolge Interjektionen ein genuin mündliches Phänomen darstellen. Andererseits hat es eine Beschränkung auf bestimmte, häufig veraltete Interjektionen zur Folge, deren kommunikative Leistungen in der Regel nicht in den Blick kommen.

deutlich herausgearbeitet werden die kommunikativen Funktionen einiger Interjektionen bei Gülich (1970), wo sie hinsichtlich ihrer Eigenschaften als ‚Gliederungssignal' im gesprochenen Französisch in den Blick geraten. Ähnlich wie bestimmte Adverbien und Konjunktionen dienen Interjektionen offenbar v.a. dazu, die für die Organisation des Gesprächs maßgeblichen strukturellen und/oder inhaltlichen Einheiten (Redebeitrag, thematische Einheit etc.) zu markieren, indem sie deren Anfang oder Ende signalisieren (Eröffnungs- vs. Schlußsignal). Gerade für einen Teil der besonders frequenten primären Interjektionen ergeben sich hier ganz andere Funktionszuschreibungen, so daß die These von der Affektivität in dieser Globalität nicht länger aufrechterhalten werden kann.[3]

Aber auch eine Reduktion der Interjektionen auf gesprächsstrukturelle Funktionen greift zu kurz. Insofern ist Gülich (1970) zu widersprechen, wenn sie den emotiven Charakter von Formen wie *ah* und *oh* oder auch *hein* völlig in Abrede stellt und deren kommunikative Werte auf die gesprächsgliedernden Leistungen beschränkt.[4] Eine ausschließlich gesprächsstrukturelle Beschreibung dieser Formen scheint mir ebenso verfehlt wie die traditionelle Beschränkung auf affektive Werte. Eher ist davon auszugehen, daß diese Einheiten multifunktional sind, also neben der strukturierenden weitere kommunikative Informationen übermitteln. Denn auch wenn den Interjektionen *ah* und *oh* eine gesprächsorganisatorische Funktion zukommt, bleibt zu fragen, warum manche Redebeiträge interjektionell eingeleitet werden, andere hingegen nicht. Formen wie *ah* und *oh* scheinen mehr zu signalisieren als das, was sich aus ihrer Position im Gespräch ableiten läßt. Dies wird dann besonders augenfällig, wenn man sich die kommunikativen Kontexte, in denen diese Formen bevorzugt erscheinen, genauer ansieht. Eine solche Untersuchung der Umgebung zeigt, daß die Verteilung der Interjektionen nicht beliebig ist, sondern präferent mit bestimmten thematischen Komplexen und/oder interaktiven Konstellationen korreliert. Dabei wird auch deutlich, daß affektive und kommunikative Werte nicht als Gegensätze im Sinne eines Entweder-Oder anzusehen sind. Vielmehr steht auch der sprachliche Ausdruck von Gefühlen, die Darstellung emotionaler Beteiligung, in interaktiven Bezügen und kann mittelbar ebenfalls zur Strukturierung des Gesprächs beitragen. Die nachstehenden Analysen zeigen, daß Interjektionen, sofern sie im Kontext der emotionalen Beteiligung Verwendung finden, insbesondere als Einladung an den/die Partner zum ‚affektiven Mitschwingen' zu sehen sind. Sie tragen damit zu der für jede Begegnung fundamentalen affektiven Synchronisation der Interaktanten bei.[5]

---

[3] Als primäre Interjektionen gelten Formen wie *ah*, *oh* etc., die nur als Interjektionen vorkommen. Demgegenüber sind sekundäre Interjektionen abgeleitete Verwendungen anderer Wörter bzw. Syntagmen, die ihren begrifflichen Gehalt weitgehend eingebüßt und kommunikative Werte hinzugewonnen haben. Vgl. ähnlich Carstensen (1936: 2), Burger (1980: 56f.) sowie Ameka (1992).

[4] Vgl. Gülich (1970: 73ff. sowie 89), wo es heißt: „Die These vom affektischen Charakter von *oh* und *ah* ist [...] schon zurückgewiesen worden. Auch in den hier zitierten Beispielen scheinen uns *oh* und *ah* nicht Anzeichen für irgendwelche Affekte zu sein, sondern nur Signale der Eröffnung, d.h. sie haben ausschließlich kommunikative Funktion." Gülich faßt die Formen *ah* und *oh* in ihrer funktionalen Charakterisierung zusammen. Allerdings verwundert diese Gleichsetzung, überwiegt doch in meinem Korpus die Frequenz von *ah* deutlich gegenüber der von *oh*. Vgl. ähnlich Henry ([2]1977: 83) und Barbéris (1995).

[5] Siehe dazu unten Abschnitt 5.3.3.

5.2 Prosodische Realisierung der Interjektionen in affektiven Verwendungskontexten

Wenn auch aus forschungspraktischen Gründen im Rahmen dieser Arbeit auf eine theoretische Auseinandersetzung mit dem Beitrag der Stimme, insbesondere der Prosodie, zur Darstellung emotionaler Beteiligung verzichtet wurde, so sollen in den Analysen doch relevante prosodische Aspekte zumindest ansatzweise Berücksichtigung finden. Schon aufgrund der Bedeutung des ‚Tons' (Herder) für eine genauere Charakterisierung des semantisch-pragmatischen Wertes dieser Formen ist dies unerläßlich. Offenbar sind Interjektionen in affektiven Verwendungskontexten Träger einer spezifischen prosodischen Kontur. Die Deutlichkeit, mit der diese Kontur realisiert wird, trägt in nicht unerheblichem Maße dazu bei, eher gliedernde von eher affektiven Verwendungen zu unterscheiden.

Sofern sie in affektiven Kontexten erscheinen, erhalten Interjektionen die für Ausrufe charakteristische exklamative Kontur.[6] Der wichtigste Parameter in diesem intonatorischen Muster ist die Tonhöhe. Konstitutiv für die exklamative Kontur ist eine ausgeprägte melodische Steigung, auf die fakultativ eine fallende Tonhöhenbewegung folgen kann.[7] Werden die steigende und die fallende Bewegung realisiert, so entsteht die für Ausrufe typische ‚Glockenkontur', die *courbe en cloche*. Wichtig ist nicht nur die Richtung der Tonhöhenbewegung, sondern auch ihr Umfang (normalerweise über die höchste Stimmlage des Sprechers hinausgehend in den Bereich des *suraigu*).[8] Die Beobachtungen am Material ergeben, daß der Umfang der realisierten Tonhöhenbewegung zur Intensität der dargestellten emotionalen Beteiligung in Beziehung zu setzen ist: Je ‚größer' eine solche Bewegung ist, desto höher ist offenbar auch der Grad der übermittelten Affektivität.[9] Das für Ausrufe typische Intonationsmuster kann als ‚konventionalisiertes Signal einer aktiven Emotion' (Léon) gelten. Inhaltlich spezifiziert – etwa im Sinne eines positiven vs. negativen Gefühls – wird diese durch die exklamative Kontur jedoch nicht. Die prosodische Realisierung der Interjektion ist nicht als ein isoliertes Phänomen zu betrachten, sondern in ihrem Umfeld zu sehen. Dabei zeigt sich, daß in der Regel nicht nur die Interjektion, sondern auch andere Elemente in diesem Kontext eine prosodische Markierung erhalten, so daß es letztlich zu

---

[6] Aufgrund dieser Ähnlichkeit in der prosodischen Realisierung sowie der Tatsache, daß sie häufig im Vorfeld von Exklamativsätzen erscheint, gilt die Interjektion auch als ein Indikator des Exklamativsatzes (siehe oben Abschnitt 3.8). Barbéris (1995) spricht gar von einer *loi de couplage*.

[7] Vgl. Léon (1993: 142).

[8] Vgl. Léon (1993: 149): „On notera que lorsque le contour exclamatif n'est pas en cloche [...], la marque exclamative reste le passage par un niveau suraigu (niveau 5)." Daß die Tonhöhe ein wichtiges Merkmal der ‚Intonation des Affekts' ist, betont bereits Gamillscheg (1937: 197, im Original hervorgehoben): „Die Elemente, die den Sprecher in die stärkste seelische Erregung bringen, finden sich in der Sprache des Affekts zuerst, mit dem stärksten dynamischen Druck und in der größten Tonhöhe."

[9] Vgl. ähnlich Léon (1993: 119): „*L'écart* entre les points extrêmes du patron mélodique évoque l'acuité du sentiment exprimé. Plus le patron de base est accusé plus le sentiment exprimé tend à être mis en valeur."

einem besonderen, von einigen Autoren als ‚emphatisch' bezeichneten Sprechstil kommt.[10] Dabei wird die exklamative Kontur auch über anderen Gesprächssegmenten realisiert bzw. von weiteren prosodischen Verfahren begleitet, die der Hervorhebung und/oder Intensivierung dienen. Zu erwähnen ist der als kurze Pause wahrzunehmende Glottisschlag, durch den in meinem Material v.a. die turninternen Interjektionen mittels einer kurzen Zäsur aus dem sie umgebenden Diskurs herausgehoben werden.[11] Aber auch Dehnungen und Erhöhungen der Intensität erhalten einen unmittelbaren symbolischen Wert und spielen insgesamt im Zusammenhang mit der Darstellung emotionaler Beteiligung eine herausragende Rolle. Das Ziel der folgenden Abschnitte ist es, einige der spezifischen Kontexte herauszuarbeiten, in denen Interjektionen im Zusammenhang mit der Darstellung emotionaler Beteiligung erscheinen. Möglicherweise legt das untersuchte Korpus dieser Auswahl gewisse Beschränkungen auf. So kann ein Einfluß des hauptsächlich zugrundegelegten Gesprächstyps – Interviews, die in der Regel in der Situation einer Erstbegegnung stattfinden[12] – nicht ausgeschlossen werden. Die grundlegende Berechtigung der ermittelten Kategorien dürfte dies jedoch nicht in Frage stellen.

5.3 Turneinleitende Verwendungen

Bei der Systematisierung der Beispiele erweist es sich als sinnvoll, zunächst von einem gesprächsstrukturellen Kriterium auszugehen und zwischen Verwendungen zu differenzieren, bei denen die Interjektion nach einem Sprecherwechsel am Beginn des Redebeitrags, also turneinleitend erscheint, und solchen, bei denen die Interjektion innerhalb des Redebeitrags (turnintern) steht. Diese strukturelle Unterscheidung läßt sich mit bestimmten Aktivitätstypen korrelieren, die auf der Basis inhaltlich-thematischer sowie handlungstheoretischer Eigenschaften zu spezifizieren sind. Auch hinsichtlich der verwendeten Formen ergeben sich Unterschiede, wobei am Turnbeginn beinahe ausschließlich die semantisch besonders unspezifischen Interjektionen *ah* und *oh* vorkommen, die Palette bei den turninternen Verwendungen ist hingegen breiter. Im folgenden befasse ich mich zunächst mit turneinleitenden Interjektionen, auf die turninternen Verwendungen komme ich unter Abschnitt 5.4 zurück.

Interjektionen kennen im Anschluß an einen Sprecherwechsel zwei typische kommunikative Bedeutungen, die ihre Verwendung im Zusammenhang mit der Darstellung emotionaler Beteiligung erklären: Sie markieren erstens einen Bruch in der Erwartung des Sprechers, der – wenn er mit einer entsprechenden prosodischen Kontur unterlegt wird – als Ausdruck von Erstaunen bzw. Überraschung zu interpretieren ist (Abschnitt 5.3.1). Und sie signalisieren zweitens besonderen Nachdruck bzw. Emphase, womit sie zu der für die Dar-

---

[10] Eine Beschreibung der prosodischen Eigenschaften des ‚emphatischen Sprechstils' am Beispiel des Deutschen gibt Selting (1994). Für eine integrative und kontextbezogene Sicht prosodischer Phänomene im Französischen, siehe auch Krafft/Dausendschön-Gay (1996).

[11] Léon (1993: 143) deutet diese als *emphase par joncture expressive* bezeichnete Technik als eine Variante des Insistenzakzentes. Siehe oben Abschnitt 3.1.

[12] Zu Erstbegegnungen vgl. Schenkein (1978).

stellung emotionaler Beteiligung konstitutiven Dimension der Intensität beitragen (Abschnitt 5.3.2).

5.3.1 Erwartungsbruch

Die Beschäftigung mit diesem Typ ist deshalb interessant, weil die fließenden Übergänge zwischen affektiven Verwendungen einerseits und redegliedernden andererseits deutlich werden. Offenbar läßt sich die redegliedernde Funktion der Interjektionen, nämlich Eröffnungssignal zu sein, auf ihre grundlegende Eigenschaft, einen Erwartungsbruch zu indizieren, zurückführen. Interjektionen sind reaktive Elemente, d.h. mit ihnen reagiert der Sprecher auf ein nicht vorhersehbares Ereignis. Goffman spricht daher von *response cries*, die in erster Linie auf einen Kontrollverlust hinweisen.[13] Dieser Kontrollverlust kann Umstände in der Lebenswelt des Sprechers betreffen – etwa eine Ungeschicklichkeit, ein körperliches Versagen. Aber auch eine Entwicklung in der Interaktion, die den Erwartungen eines der Interaktanten zuwiderläuft, kann man in einem eher allgemeinen Sinn als eine Variante des Kontrollverlustes auffassen.[14] Ihr reaktiver Charakter sowie die Tatsache, daß sie einen Bruch in den Erwartungen des Sprechers signalisieren, prädestinieren die Interjektionen für bestimmte Verwendungen im Gespräch. Interjektionen erscheinen typischerweise im Anschluß an eine für den Sprecher nicht vorhersehbare Veränderung im Interaktionsgeschehen. In der Regel handelt es sich dabei um einen mehr oder weniger unvermittelten Wechsel des Aktivitätstyps. Dazu gehören die Eröffnung von Nebensequenzen, aber auch Fragen sowie andere Aktivitäten, mit denen eine thematische Um- bzw. Neufokussierung vorgenommen wird. In diesen Fällen kann es für denjenigen, der die Position des Rezipienten innehat, zu einer nicht vorhersehbaren Neuausrichtung des Gesprächs und damit auch zu einem gewissen Bruch im konversationellen Fluß kommen, der durch Interjektionen signalisiert werden kann.

Unerwartete Aktivitätswechsel können insbesondere beim Sprecherwechsel auftreten. Daher finden sich Interjektionen wie *ah* oder *oh* besonders häufig am Beginn eines Redebeitrags. Ihre redegliedernde Funktion als Eröffnungssignal läßt sich m.E. aus der primären kommunikativen Funktion der Markierung eines Erwartungsbruchs ableiten: Da dieser am Beginn eines Redebeitrags auftritt, erscheinen auch die Interjektionen bevorzugt dort und können – zieht man nur ihre Stellung in Betracht – sekundär als Eröffnungssignale im Sinne Gülichs (1970) interpretiert werden. Es handelt sich dabei um eine in der primär gesprächsorganisatorischen Verwendung konventionalisierte und extrem abgeschwächte Markierung des Erstaunens, die jedoch durch kontextuelle Faktoren sowie eine entsprechende prosodische Realisierung jederzeit reaktiviert werden kann.[15] Entscheidend scheint mir zu sein, daß die Möglichkeit zu affektiven Werten – insbesondere der Markierung von Erstaunen – auch in der routinisierten Verwendung der Interjektionen angelegt ist. Die

---

[13] Vgl. Goffman (1978: 805), der *response cries* als „standardized vocal comments on circumstances that are not, or are no longer, beyond our emotional and physical control" beschreibt.

[14] Vgl. ähnlich Barbéris (1995: 93): „c'est la survenance phénoménale qui agit comme déclencheur, mais à des niveaux de représentation divers."

[15] Siehe oben Abschnitt 4.3.2.2.1 zur ‚emotiven Stilisierung'. Die für Interjektionen in affektiver Verwendung typische exklamative Kontur läßt sich als eine stilisierte Form der prosodischen Eigenschaften des Erstaunens auffassen.

Übergänge zwischen primär gesprächsorganisatorisch motivierten Hinweisen auf einen Erwartungsbruch und den als Darstellung emotionaler Beteiligung zu deutenden Markierungen des Erstaunens sind gerade bei Interjektionen wie *ah* und *oh* fließend.

Diesen graduellen Aspekt bildet auch die nachfolgende Anordnung der Beispiele ab. Ich stelle zunächst einige Gesprächsausschnitte vor, bei denen die Interjektionen auf einen Bruch in den Erwartungen hinweisen.[16]

5.3.1.1 Aktivitätswechsel

In Beispiel 1 markiert die prosodisch eher unauffällige Interjektion *ah*[17] einen Erwartungsbruch, der durch eine Nebensequenz ausgelöst wird. Es handelt sich um eine routinisierte, affektiv nicht markierte Verwendung, mit der A den für sie nicht vorhersehbaren Aktivitätswechsel signalisiert. B, ein zum Zeitpunkt der Aufnahme in Deutschland lebender afrikanischer Student mit quasi-muttersprachlicher Kompetenz im Französischen, hat Schwierigkeiten bei der Wortfindung, die er durch kurze Pausen sowie den Hesitationsmarker *euh* signalisiert und dann durch ein Code-switching löst: Das im Französischen offenbar problematische Lexem *Wahrnehmung* erscheint auf Deutsch.

Beispiel 1, drague

1	A	ben, c'est quoi' pour toi'* la vérité,
	B	la justice,* pour moi' la
2	B	vérité' elle est relative, en fait, elle est, .
3	B	elle est DÉpendante' de notre . euh . WAHRNEHMUNG,
4	A	ah' oui, not(re) CONception du monde,
	B	not(re)
5	B	conception du monde, nous ne faisons qu'une
6	B	PROJECTION'. c'est' . en fait' . la vériTÉ' n'est

Es folgt eine kurze Nebensequenz, in der das Formulierungsproblem kooperativ in Form einer interaktiven Vervollständigung gelöst wird: Die französische Muttersprachlerin A signalisiert zwar zunächst den Erwartungsbruch durch die turneinleitende Interjektion *ah*, unterbreitet dann jedoch sofort einen Formulierungsvorschlag, den B in die Fortführung seines Redebeitrags integriert und damit zugleich ratifiziert.[18] Die zuvor unterbrochene Aktivität wird fortgesetzt.

---

[16] Die den Beispielen vorangestellten Angaben *voile 1-3*, *drague* und *masques* verweisen jeweils auf das Gespräch, dem der zitierte Ausschnitt entnommen wurde. Siehe oben Abschnitt 1.3. für eine Präsentation der Daten. Erläuterungen zu den verwendeten Transkriptionssymbolen finden sich auf S. VI.

[17] Die Zitate aus der analysierten Gesprächssequenz werden im Text in vereinfachter Form wiedergegeben, d.h. unter Verzicht auf die exakte prosodische Notation.

[18] Treffend beschreibt Carstensen (1936: 22) diese Funktion der Interjektion: „Als Ausdruck des plötzlichen Erkennens einer Sache oder einer Person, des plötzlichen Erfassens (des ‚Aufgehens') eines – oft anstrengend gesuchten – Gedankens, des plötzlichen Einfallens eines entfallenen Gedankens."

Auch im nachstehenden Ausschnitt markiert die prosodisch im Vergleich zu Beispiel 1 deutlich stärker exklamativ realisierte Interjektion *ah* einen Erwartungsbruch. In diesem Fall geht die melodische Steigung auf *ah* zudem mit einer extremen Dehnung des Vokals einher, so daß die Interjektion schon durch ihre Dauer ein besonderes Gewicht erhält. Eine solche Längung der Vokale gibt dem Träger der exklamativen Kontur ‚mehr Substanz', insbesondere dann, wenn es sich um kurze primäre Interjektionen vom Typ *ah* oder *oh* handelt.[19] FR, der im Besitz des Rederechts ist, liefert mit der Mitteilung *j'étais à l'asptt*[20] eine Information, die für ET ein offenbar neues und inhaltlich relevantes Element darstellt. Dies führt zu einer interjektionell eingeleiteten Unterbrechung, die in diesem Fall eine fremdinitiierte Nebensequenz auslöst.

Beispiel 2, voile 1

1	FR	je l'ai connu à l'âge de huit ans' parce que c'est lui
2	FR	qui m'entraînait quand j'étais à l'a s p t t
	ET	A:H'!
3	ET	t'étais à l'a s p t t . et tes parents travaillaient à .
4	FR	eh: ma mère travaillait aux télécoms .
	ET	la poste'

Die Interjektion signalisiert einen Erwartungsbruch angesichts einer von FR eher beiläufig vermittelten Information, die offenbar eine veränderte soziale Kategorisierung des Interviewten durch den Interviewer zur Folge hat.[21] Daß diese für ET wichtige Information zur Biographie seines Informanten unerwartet kommt, rechtfertigt zum einen die Unterbrechung und erklärt zum anderen, warum er das entscheidende inhaltliche Element FR noch einmal explizit zur Ratifizierung unterbreitet, um es dann im Rahmen einer Nebensequenz zu vertiefen.

Das folgende Beispiel enthält zwei unterschiedliche Verwendungen der Interjektion *ah*, wobei die erste als Hinweis auf einen Erwartungsbruch, die zweite hingegen als Ausdruck der Emphase zu interpretieren ist.

Beispiel 3, voile 1

1	FR	sinon le:s <respire> à la BARRE' euh c'est vraiment un
2	FR	bateau/ c'est une mobilette' quoi, par rapport à
3	FR	l'aut(re), l'aut(re) l'aut(re) était le cAMion' euh là
4	FR	elle est très sensible à la barre' et TRÈS sympa à

---

[19] Diese mit der Steigung der Tonhöhe einhergehende Dehnung ist in vielen Beispielen zu beobachten. Sie scheint – neben dem Umfang der Tonhöhenbewegung – v.a. der Intensivierung des Ausrufs zu dienen. Vgl. Léon (1993: 119), der der „*durée* du patron mélodique" eine „valeur de symbolisme direct" zuspricht.

[20] Das Akronym ASPTT steht für eine von der französischen Post gesponserte sportliche Ausbildungsstätte, die in erster Linie Mitarbeiter des Unternehmens fördert.

[21] Die Relevanz dieser Information erklärt sich aus der interaktiven Konstellation: ET führt seine Interviews im Auftrag eines Magazins durch, das sich in erster Linie an die Mitarbeiter der französischen Post richtet. In einem solchen Kontext ist es von besonderer Bedeutung, wenn einer der am Wettkampf Beteiligten tatsächlich ein Mitarbeiter dieses Unternehmens ist bzw. schon früher von diesem gefördert wurde.

5	FR	barrer' c'est vraiment euh ⟶ AH'
	ET	AH' bon, tu l'as barrée'
6	FR	oui'! bon, moi je suis je suis pas du tout barreur'
7	FR	enfin, j'aime BIEN barrer' dans la dans la grosse brise'
8	FR	c'est que là où j'arrive à peu près à me concentrer'

FR vergleicht das Boot der vorausgehenden Regatta mit dem jetzigen. Zur Charakterisierung rekurriert er auf eine Analogie, deren Bilder dem Bereich der Fahrzeuge entnommen und dem Hörer wohl vertrauter sind als die maritimen Entsprechungen. Was genau die durch die Begriffe *mobilette* bzw. *camion* evozierte Qualität ist, wird im Anschluß an die Analogie deutlich, wenn für das aktuelle Boot eine Einordnung auf der Skala der leichten bzw. schweren Steuerbarkeit vorgenommen und damit auch der Vergleichsmaßstab expliziert wird. FR formuliert zwei inhaltlich nur wenig nuancierte Bewertungen (*elle est très sensible à la barre et très sympa à barrer*), die beide durch das Intensitätsadverb *très* verstärkt werden, wobei *très* im zweiten Fall zugleich Träger eines Insistenzakzentes ist. ET unterbricht nun mit einer Verbalisierung der den Äußerungen FRs zugrundeliegenden Präsupposition – nämlich, daß FR das Boot gesteuert haben muß, um Aussagen über seine Steuerbarkeit machen zu können – und unterbreitet diese FR zur Ratifizierung. Zugleich gibt er auch seine Verwunderung über diesen Sachverhalt zu erkennen (*ah bon tu l'as barré*), die er insbesondere mittels der die Äußerung einleitenden Interjektion *ah* manifestiert. Zusammen mit dem nachfolgenden Gliederungssignal *bon* ist diese Träger einer exklamativen Glockenkontur.

Um das hier zur Schau gestellte Erstaunen ETs zu verstehen, muß man den weiteren Gesprächskontext heranziehen. FR ist ET bislang nur in seiner Funktion als Mechaniker bekannt, und das Steuern eines Bootes gehört augenscheinlich nicht zu den Aktivitäten, die ET mit dieser Aufgabe verbindet. Die neue Information paßt nicht zu den typischerweise mit der sozialen Kategorie ‚Mechaniker' assoziierten Eigenschaften und Aktivitäten.[22] Diese Inkongruenz signalisiert ET durch den erstaunten Einwurf, mit dem er zugleich eine Nebensequenz eröffnet. FR seinerseits reagiert auf die Nachfrage ETs mit einer Bestätigung, in der sich – wie schon in seinem vorausgehenden Beitrag – emotionale Beteiligung manifestiert. Seinen Turn leitet er ebenfalls mit der Interjektion *ah* ein, die das nachfolgende Satzadverb *oui* emphatisch verstärkt. Beide sind Träger einer steigenden Tonhöhenbewegung. Hier steht also die einen Erwartungsbruch signalisierende Interjektion *ah* in unmittelbarem Kontakt mit einer emphatische Zustimmung zum Ausdruck bringenden Verwendung derselben Form. Das Beispiel macht damit deutlich, daß sich die für die jeweiligen Verwendungen typischen Kontexte im Einzelfall durchaus überlagern können. Auf das exklamative Segment folgt eine Präzisierung, die unter Herausstellung der subjektiven Perspektive (pronominale Verstärkung des Subjektpronomens) die in Frage stehende Präsupposition nuanciert (*moi je suis je suis pas du tout barreur*). Dies geschieht zunächst durch eine verstärkte Negation (*du tout*), auf die eine mit dem Marker *enfin* eingeleitete Reformulierung folgt, in der FR seine Vorliebe für das Steuern bei bestimmten Windverhältnissen zum Ausdruck bringt (*j'aime bien barrer dans la dans la grosse brise*). Damit gibt er

---

[22] Zu solchen sozialen oder auch konversationellen Kategorien vgl. Sacks (1972 und 1992) und Drescher/Dausendschön-Gay (1995).

zu erkennen, daß sich die Negation der Kategorie ‚Steuermann' lediglich auf die professionelle Ausübung der Tätigkeit bezieht, nicht aber auf das Steuern an sich.

In den vorausgehenden Sequenzen wurde der Erwartungsbruch durch einen Aktivitätswechsel, in der Regel die Eröffnung einer Nebensequenz, ausgelöst. Auch für die folgenden Beispiele ist eine solche Neufokussierung konstitutiv, wobei hier auch die Selbsteinbringung des Sprechers eine Rolle spielt, so daß diese Verwendungen deutlicher affektiv markiert erscheinen.

5.3.1.2 Selbsteinbringung

Interjektionen stehen in den hier untersuchten Daten häufig am Beginn eines reaktiven Zugs, dem eine Initiative mit dem illokutiven Wert einer Frage vorausgeht, welche Vorlieben, Wünsche, individuelle Eigenschaften etc. des Partners zum Gegenstand hat. Der interjektionell eingeleitete Beitrag ist damit Teil einer Paarsequenz, deren erste Konstituente aus einer ‚Einladung zur Selbsteinbringung' besteht, mit der Subjektivität thematisch wird.[23] Es handelt sich um Aufforderungen zu Selbstcharakterisierungen und Erlebensthematisierungen, mit denen die subjektiv-emotionale Dimension aktiviert wird.[24] Was die Verwendungen von Interjektionen in dieser gesprächsstrukturellen Position interessant macht, ist die Tatsache, daß sie organisatorische und affektive Momente beinhalten, also sowohl einen Erwartungsbruch indizieren als auch auf emotionale Beteiligung hinweisen. Während die emotionale Dimension inhaltlich über eine Relevantsetzung entsprechender Themenbereiche aufgerufen und durch die gleichzeitige Präsenz weiterer affektiver Ausdrucksmittel signalisiert wird, deutet die thematische Neufokussierung auf einen Erwartungsbruch hin. Für den Partner nicht unbedingt vorhersehbare Themenwechsel sind in Interviews, die sich im Vergleich zu ungesteuerten Alltagsgesprächen auch durch eine lockerere thematische Kohärenz auszeichnen, besonders frequent. Allerdings fällt auf, daß längst nicht alle auf thematische Neufokussierungen des Interviewers folgenden Beiträge mit einer Interjektion eröffnet werden. Vielmehr sind es bevorzugt die auf das Erleben des Interviewten abzielenden persönlichen Fragen, die eine solche Reaktion auslösen. Insofern kann man annehmen, daß die Interjektionen in diesen Kontexten nicht nur ein ‚kommt unerwartet', sondern auch ein ‚betrifft mich' signalisieren.

Im folgenden Beispiel leitet der Interviewer einen durch die Floskel *et sinon* markierten Themenwechsel ein. Die Frage nach weiteren Interessen neben dem Segeln findet sich auch in den anderen Interviews. Sie gehört offenbar zum allgemeinen, nicht an die aktuelle Interviewsituation angepaßten Fragenkatalog Gs.

---

[23] Das Konzept der *Selbsteinbringung* bzw. *self-disclosure* stammt aus der sozialpsychologischen Forschung, wo es als die „Weitergabe intimer Informationen an wohlbekannte Partner in einer vertrauten Situation" (Holling 1983: 271) definiert wird. Die Selbsteinbringung wird als ein wichtiger Faktor der psychischen und sozialen Situation gesehen, da sie das Selbst- und Fremdbild ebenso wie die emotionalen Beziehungen der Interaktionspartner in positiver wie negativer Hinsicht beeinflussen kann.

[24] Zu Emotionsthematisierungen siehe oben Abschnitt 4.3.2. Zu Selbstcharakterisierungen vgl. Drescher/Gülich (1996).

Beispiel 4, voile 2

1	G	et sinon' quelles sont tes tes autres passions,
2	G	parce que j'ai compris que tu aimes bien le BOIS'
3	C	\<bruit de lèvres\> AH'! mes AUT(res)
	G	et la (?.)
4	C	passions, euh mes/ ma sp/ ce que j'aime euh sp/ passions
5	C	sportives' \<ins\> euh . j'aime le RUGby, je euh j'ai
	G	ouais
6	C	joué au rugby'

G führt bereits durch die Wortwahl – er spricht von *passion*[25] und nicht etwa von *hobbys*, *intérêts* etc. – eine affektive und zugleich hyperbolische Dimension ein. C leitet seine Antwort mit der exklamativ intonierten Interjektion *ah* ein und greift Teile von Gs Frage noch einmal auf (*ah mes autres passions*). Die zu beobachtenden Formulierungsschwierigkeiten deuten darauf hin, daß er nicht sofort eine Antwort parat hat. Dies ist möglicherweise der Vagheit des Lexems *passion* geschuldet, das C im Verlauf seiner Äußerung in *passions sportives* präzisiert. Erst dann ist er in der Lage, mit *j'aime le rugby* eine seiner sportlichen Vorlieben zu nennen und damit auf Gs Frage zu antworten.

Die in Wiederholungen und Abbrüchen manifest werdenden Formulierungsschwierigkeiten am Beginn von Cs Antwort deuten auf eine weitere Funktion der Interjektion mit Blick auf die verbale Planung hin. Während Cs Wiederholung des zentralen inhaltlichen Elements *autres passions* als Spur kognitiver Planungsprozesse zu verstehen ist, gibt die Interjektion als konventionelles Signal eines Erwartungsbruchs möglicherweise einen Hinweis auf deren Gründe. Zugleich erlaubt sie es dem Sprecher aufgrund ihrer ökonomischen Produktionsbedingungen – sie bedarf keiner syntaktischen Strukturierung – schnell zu antworten und damit Planungsprozesse zu überbrücken bzw. auf den Handlungsdruck der Situation zu reagieren.[26] Noch empirisch zu überprüfen wäre, ob v.a. Fragen, die an das subjektive Erleben des Sprechers rühren, solche Verzögerungen in der Planung bewirken.

Beispiel 5 enthält neben zwei Interjektionen auch eine Reduplikation, auf die später noch einmal zurückzukommen sein wird.[27]

Beispiel 5, voile 2

1	C	peut-ÊT(re) oui' . ah'! j'aimerais
	G	tu fais ça: après la: la whitebread'

---

[25] Der *Petit Robert* gibt die Bedeutung von *passion* in dem hier relevanten Sinne mit „vive inclination vers un objet que l'on poursuit, auquel on s'attache de toutes ses forces" an. Die auch in der übertragenen Verwendung von *passion* enthaltene starke affektive Dimension wird in der Paraphrase u.a. deutlich durch die Wahl des charakterisierenden Adjektivs *vive* sowie in dem Ausdruck *de toutes ses forces*.

[26] Diesen letzten Aspekt akzentuiert Bres (1995: 86), der die Verwendung von Interjektionen mit Bezug auf ihre ökonomischen Produktionsbedingungen erklärt. Bres spricht in diesem Zusammenhang von der „précocité de l'interjection", die es ermögliche, schnell und dennoch situationsadäquat zu reagieren: „La meilleure réponse à l'urgence de la situation qui entraîne l'urgence du dire semble bien être l'interjection."

[27] Siehe unten Kapitel 6, Beispiel 27.

2	C	bien'
	G	aha, .. ok, sinon quelles sont le:s euh <vite> images
3	G	positives enfin je présume que t'as plein, plein, plein,
4	G	plein, de souvenIRs'+ du bord de la mer' et de la de la
5	G	réGATe' ou même de la' croisière' . euh. QUEL est le le
6	C	<bruit de lèvres>
	G	pour TOI le souvenir' le plus important,
7	C	oa:h' les souvenirs sont bien sûr nombreux' <ins> il
8	C	y en a des bons' et des trÈ:s et des plus mauVAIS' euh
9	C	il y a des moments aussi dU:Rs' qu'on s'en souvient
10	C	parce que on a/ . moi je me souviens' entre autres euh
11	C	du fastnet soixante-dix-neuf'

G leitet nach einer kurzen Pause zu einem neuen thematischen Aspekt über, wobei er mit der Frage nach den positiven Bildern bzw. der wichtigsten Erinnerung im Zusammenhang mit dem Segeln wiederum die subjektive Dimension akzentuiert. Ausdrucksseitig manifestiert sich dies insbesondere in der Fokussierung des individuellen Erlebens des Partners (*pour toi*). In diesen Kontext paßt auch die Intensivierung mittels Reduplikation. C reagiert auf die Einladung zur Selbsteinbringung zunächst mit einer Interjektion, wobei die weniger frequente Form *oh* Verwendung findet, deren Vokal bis zur Diphtongierung gedehnt wird. Wie in den beiden vorausgehenden Beispielen erscheint die Interjektion unmittelbar nach einem Themenwechsel, so daß *oh* auch einen Bruch in den Erwartungen des Sprechers signalisieren könnte.[28]

Im Anschluß an die Interjektion vermeidet C eine durch die Frage Gs vorbereitete persönliche Formulierung: Anstelle der Form *mes* gebraucht er die pluralische Form des bestimmten Artikels *les* und gibt damit eine gewisse Distanz zu erkennen. Dies setzt sich auch in den folgenden Äußerungen fort, in denen C zunächst an einer Präzisierung von *important* arbeitet und über die Differenzierung in gute und schlechte Erinnerungen schließlich dazu kommt, eine dieser eher harten Erfahrungen zu schildern. Erst jetzt ist ein Übergang zu einer subjektiveren Formulierung zu beobachten (*moi je me souviens*). Solche Distanzierungen sind – im Gegensatz zu dem, was man vermuten könnte – im Zusammenhang mit der Behandlung persönlicher Themen häufiger zu beobachten. Offenbar muß eine inhaltliche Selbsteinbringung nicht immer ihren Widerhall auf der Formulierungsebene finden. In der Mehrzahl der Fälle kommt es dabei zu Generalisierungen im Bereich der pronominalen Referenz, wobei insbesondere die Sprecherrolle betroffen ist.[29] Andere Bereiche der Darstellung emotionaler Beteiligung wie Intensivierungen und Bewertungen werden davon weniger berührt. Ein solches ‚Sich-Zurücknehmen' des Sprechers ist in erster Linie vor dem Hintergrund interaktioneller Aspekte wie Selbstdarstellung, Beziehung zum Partner etc. zu sehen. Dadurch wird die Verantwortung für Äußerungen herabgesetzt, die gerade aufgrund ihrer subjektiven Anteile ein größeres Risiko – insbesondere für das *face* der Beteiligten – in sich bergen.

---

[28] Damit in Zusammenhang steht möglicherweise auch die Dehnung, die als ein Hesitationssignal zu verstehen sein könnte, das auf Planungsprozesse nach der Übernahme des Rederechts hinweist. Zu Hesitationen vgl. Vick (1985).

[29] Vgl. Drescher (1992: 110ff.) zur sogenannten generalisierenden Enallage.

Der nächste Ausschnitt ist dem Ende des Interviews zwischen G und C entnommen. G fragt seinen Gesprächspartner, ob er in Träumen gelegentlich einen Sieg vorweggenommen habe.

Beispiel 6, voile 2

1	G	et tu as eu des rêves' comme ça' (?près euh près euh
2	C	euh ben, quand j'étais petit'
	G	près) des victoires' ou eh'
3	C	je rêvais' qu'un jour je ferais la whitebread,
	G	<rire>+ c'est
4	C	<rire> ouais OH'! je devais
	G	vrai' et t'avais quel âge'
5	C	avoir douze ans, oui tu vois'+
	G	AH'! tu vois + ok, bon
6	G	ça a été ça

C kommt auf Kindheitsträume zu sprechen, die genau das zum Inhalt hatten, was er nun erreicht hat, nämlich an der *Whitebread*-Regatta teilzunehmen. Bei dieser, das Gesprächsende vorbereitenden Äußerung ist eine gewisse Fiktionalisierung in der Ereignisrekonstruktion zu beobachten, die das Interview in eine ausleitende, eher der Interaktionsmodalität des Spaßes verpflichtete Passage überführt.[30] Deutlich wird dies auch an den Reaktionen von G, der Cs Bemerkung mit einem Lachen kommentiert und die Wahrhaftigkeit der Äußerung mit einer Nachfrage fokussiert (*c'est vrai*). C ratifiziert ebenfalls lachend mit einer Bestätigung, an die sich eine Frage Gs nach dem Alter anschließt. Seine Antwort leitet C – immer noch lachend – durch die mit einer exklamativen Intonationskontur versehene Interjektion *oh* ein. G evaluiert mit einem ausgebauten Zuhörersignal, dem er eine exklamativ unterlegte und emphatisch verstärkende Interjektion voranstellt (*ah tu vois*).[31] Die Analyse dieser Sequenz macht deutlich, daß gerade in den rahmenden Passagen einer Interaktion vermehrt mit Äußerungen zu rechnen ist, in denen über die verstärkte Darstellung emotionaler Beteiligung auch soziale Beziehungen bekräftigt werden.

Auch hier ist nicht auszuschließen, daß die Häufigkeit, mit der solche interjektionell beantworteten Einladungen zur Selbsteinbringung in meinen Daten zu beobachten sind, auf einen Einfluß der überwiegend zugrundegelegten Interaktionstypen zurückzuführen ist. Bei den meisten Gesprächen handelt es sich um Erstbegegnungen, in denen es bevorzugt darum geht, bestimmte grundlegende und personenbezogene Informationen über den Gesprächspartner einzuholen. Die Tatsache, daß diese Erstbegegnungen darüber hinaus meist im Rahmen eines Interviews stattfinden, das sich durch relativ feste Frage-Antwort-Abfolgen

---

[30] Zur Interaktionsmodalität siehe oben Abschnitt 2.4.2 sowie unten Abschnitt 7.3.1.

[31] Die Verwendung von Interjektionen innerhalb von Zuhörersignalen erfolgt stark routinisiert, wenngleich auch nicht willkürlich: Zwischen einem *oui* und einem durch die Interjektion verstärkten *ah oui* läßt sich ein Unterschied in der kommunikativen Bedeutung ausmachen. Es ist generell zu beobachten, daß die Zuhörersignale in Passagen, in denen es zur Darstellung emotionaler Beteiligung kommt, zunehmen. Vgl. ähnlich Tannen (1984: 30f.), die kooperative Überlappungen und vermehrte Zuhörersignale zu den Indikatoren eines *high-involvement-style* zählt. Auch Laforest (1996), die die Frequenz von Zuhörersignalen in Alltagserzählungen untersucht, konstatiert einen deutlichen Anstieg während evaluativer Passagen.

und ihre komplementäre Verteilung auf die beteiligten Personen auszeichnet, fördert sicher das Vorkommen dieser kommunikativen Aktivitäten. Für die Interviewsituation ist es geradezu konstitutiv, daß der Interviewer das Ziel, möglichst viel über den bis dahin meist unbekannten Partner in Erfahrung zu bringen, offen und mit Hilfe direkter Fragen verfolgen kann. Hier erhalten die Einladungen zur Selbsteinbringung ihren Platz. Demgegenüber dürften die intensivierenden Vorkommen von Interjektionen, die im folgenden zur Sprache kommen, weitgehend unabhängig von einem bestimmten Interaktionstyp sein.

5.3.2 Emphase

Nachdem in den vorausgehenden Abschnitten Interjektionen als Indikatoren eines affektiv getönten Erwartungsbruchs diskutiert wurden, soll es im folgenden v.a. um intensivierende Verwendungen gehen, wobei wiederum die primären Interjektionen *ah* und *oh* in turneinleitender Position im Mittelpunkt stehen.

Die intensivierenden Verwendungen sind in unmittelbarem Zusammenhang mit einer pragmatischen Besonderheit der Interjektionen zu sehen: Diese haben nur einen illokutiven, aber keinen propositionalen Gehalt. Ihnen fehlt die referentielle Funktion, mit der man jemandem *etwas* mitteilt: „Sofern sie nur die pragmatische Dimension gestalten, die Dimension des ego und des alter ego, kommunizieren sie nichts über das Dritte, über das alter. D.h. sie sind ‚kommunikativ' im Sinne der Alterität (*sich* jemandem mitteilen)" (Trabant 1983: 75, Hervorhebung M.D.). Als Formen, die lediglich einen *mentis affectus*, eine Einstellung zum Ausdruck bringen, bedürfen sie der semantischen Auffüllung durch den Kontext. Da ihnen selbst der propositionale Gehalt fehlt, geben Interjektionen ihre illokutive Kraft gewissermaßen weiter. Sie beeinflussen die Äußerungsbedeutung nachfolgender Konstituenten und tragen so dazu bei, die Konstituenten in ihrem unmittelbaren Umfeld zu verstärken. Interjektionen dienen also in erster Linie der Amplifikation kommunikativer Bedeutungen.[32] Hier ergibt sich ein unmittelbarer Bezug zu der für die Darstellung emotionaler Beteiligung relevanten semantisch-kommunikativen Dimension der Intensität.

Auf der Basis des untersuchten Materials lassen sich zwei typische Verwendungen turneinleitender Interjektionen in intensivierenden Kontexten unterscheiden: Im ersten Fall gehen die Interjektionen einer konversationellen Bewertung voraus. Sie verstärken das evaluative Element und kommen primär auf einer inhaltlich-thematischen Ebene zum Tragen. Im zweiten Fall verstärken die Interjektionen eine sprachliche Handlung: Sie leiten kommunikative Aktivitäten ein, mit denen Zustimmung bzw. Widerspruch zum Ausdruck gebracht wird. Auch hinsichtlich ihrer gesprächsstrukturellen Eigenschaften unterscheiden sich die beiden Vorkommen, da sie aus unterschiedlichen Beteiligungsrollen heraus geäußert werden: Die interjektionell verstärkten Bewertungen haben beinahe ausschließlich den Status eines ausgebauten Zuhörersignals bzw. einer *minor speaker contribution* im Sinne

---

[32] Vgl. ähnlich Scherer (1977: 203), der in Analogie zu den Funktionen gestischer Embleme drei ‚parasemantische' Funktionen der Interjektionen unterscheidet: Amplifikation, Kontradiktion und Modifikation. Als Amplifikation bezeichnet Scherer eine semantisch gleichlaufende Verstärkung einer Äußerung durch die Interjektion. Im Falle der Kontradiktion stimmen referentielle und prosodisch übermittelte Bedeutung nicht überein. Modifizierend im Sinne Scherers wäre etwa ein einer Äußerung vorausgehendes entschuldigendes Räuspern.

von Bublitz (1988), mit der das Rederecht nicht beansprucht wird.[33] Sie bringen keine thematische Fortführung, sondern dienen der Unterstützung desjenigen, der gerade im Besitz des Rederechts ist. Demgegenüber haben die interjektionell eingeleiteten Bekundungen von Zustimmung bzw. Widerspruch den Status eines eigenen Redebeitrags.

5.3.2.1 Bewertungen

In den nachstehend diskutierten Beispielen haben die durch Interjektionen verstärkten Bewertungen stets positiven bzw. den Partner unterstützenden Charakter. Sie finden sich v.a. im Anschluß an Äußerungen, in denen sich dieser in der einen oder anderen Weise selbst eingebracht hat, etwa nachdem er eigene Schwächen oder Vorlieben formuliert, eine evaluative Darstellung eines Sachverhalts gegeben oder andere Arten der Bewertung übermittelt hat. Das Vorkommen von interjektionell eingeleiteten Zuhöreraktivitäten in diesem Kontext dürfte seinen Grund v.a. darin haben, daß gerade Bewertungen als subjektive Äußerungen, die zudem ein höheres Risiko der Nichtübereinstimmung mit dem Partner in sich bergen, ein relativ unbeliebter erster Turn sind.[34] Insofern erstaunt es nicht, daß die Partner in kooperativ geführten Interaktionen in solchen Kontexten mit einer gleichlaufenden, unterstützenden Aktivität reagieren.

Die Darstellung emotionaler Beteiligung mittels interjektionell eingeleiteter Bewertungen und evaluierender Ausrufe hat häufig sehr lokalen Charakter. Es handelt sich um ‚affektive Einsprengsel', die in der Regel nicht zu ausgebauten Sequenzen führen. Darüber hinaus sind die intensivierenden Verwendungen nicht immer eindeutig von Markierungen des Erstaunens zu trennen. Eine solche Ambivalenz besteht im folgenden Beispiel, das dem Gespräch zwischen der französischen Studentin A und dem afrikanischen Studenten B entnommen ist. B hat A zuvor um eine allgemeine Einschätzung der Deutschen gebeten, die diese jedoch in der eher formellen Aufnahmesituation verweigert, so daß er sich gezwungen sieht, selbst einen Beitrag zu diesem schwierigen Thema zu leisten.

Beispiel 7, drague

1	B	euh: . <s'éclaircit la voix> l'allema:nd euh . il
2	B	est trÈs euh . discipliné' . en majorité' .. euh un
3	B	exemple en VILLE' .. tu remarques quelquefois
4	B	surtout les VIEIlles' personnes, pas cette
5	B	génération' mais surtout les vieilles personnes
6	A	hmh' ah' oui,!
	B	alleMANDES' tu vois qu'au feu rouGE'. e:t

---

[33] Bublitz führt damit eine intermediäre Einheit zwischen dem vollen Redebeitrag und der eher phatisch zu deutenden Rückkopplung durch Zuhörersignale ein. Er differenziert hinsichtlich der interaktiven Beteiligung zwischen der Rolle eines ersten Sprechers, der eines zweiten Sprechers und der eines Hörers. Der zweite Sprecher liefert lediglich kleinere Redebeiträge, mit denen er Position bezieht (*stating a position*), ohne thematische Handlungen im Rahmen von komplexen Sprechakten zu vollziehen. Er beansprucht nicht den *floor*. Im Unterschied zum Hörer gibt er jedoch mehr als eine bloß phatisch zu deutende Rückkopplung.

[34] Vgl. ähnlich Auer/Uhmann (1983).

7	A	\<vite\> ça' ça m'a frappée' aussi,+*
	B	euh:* il y a pas de
8	B	voiture' euh' il y a pas de voiture' mais le mec'
9	A	le bonhomme soit vert
	B	il attend jusqu'à ce qu'i(l) soit soit

B leitet seinen Turn mit einer allgemeinen Aussage zu den Eigenschaften der Deutschen ein, wobei die generische Bedeutung über die typisierende Verwendung des bestimmten Artikels sowie das gnomische Präsens zustande kommt (*l'allemand il est très discipliné*). Die Äußerung enthält zahlreiche Hesitationsmarkierungen (Pausen sowie Verzögerungssignale); sie wird im weiteren Verlauf relativiert (*pas cette génération mais surtout les vieilles personnes*) und dann durch ein Beispiel belegt. Zur Exemplifizierung der allgemeinen Behauptung führt B das Verhalten der Deutschen im Straßenverkehr an, insbesondere deren Gewohnheit, als Fußgänger an roten Ampeln zu warten. Für A reicht jedoch schon das inhaltliche Element *feu rouge*. Sie nutzt eine kurze Pause, um mit einem ausgebauten Zuhörersignal zu intervenieren, in dem sie zu erkennen gibt, daß auch ihr das bisher nur angedeutete Verhalten der Deutschen aufgefallen ist (*ah oui ça ça m'a frappée aussi*). Ihren Einwurf leitet sie mit der Interjektion *ah* ein, die eine steigende Tonhöhenbewegung erhält, während das sich anschließende *oui* mit fallendem Akzent gesprochen wird. Die Interjektion verstärkt die anschließend explizit formulierte Betroffenheitsbekundung der Sprecherin. Da die Kommunikation von Vorurteilen allgemein als verpönt gilt, läuft Sprecher B mit seiner stereotypen Einschätzung der Deutschen Gefahr, seinem positiven Image zu schaden. Indem A explizit und noch vor Beginn der eigentlichen thematischen Entfaltung zeigt, daß sie die Perspektive Bs teilt und in diesem Zusammenhang sogar eine gewisse emotionale Beteiligung darstellt, schafft sie eine kooperative Gesprächsatmosphäre. Diese hat unmittelbare Auswirkungen auf das Gesprächsverhalten des Partners: In Bs Schilderung des disziplinierten Deutschen sind nach dieser Perspektivenübernahme deutlich weniger Hesitationsmarkierungen und Abschwächungen zu erkennen. Offenbar führt die intensivierte Äußerung hier dazu, in einer Situation, in der die Themeneinführung nicht ganz unproblematisch ist, die thematische Expansion des Partners über intensivierte Bekundungen des Interesses zu fördern.

Nach dem Ergebnis eines bestimmten Wettkampfs gefragt, berichtet C im folgenden Beispiel, warum die zunächst erfolgreiche Mannschaft das Ziel nicht erreichte. Das bewertende Zuhörersignal des Interviewers G erscheint hier – und zwar als Kombination aus primärer und sekundärer Interjektion (*ah ouais tu penses*) – als Reaktion auf Cs vorausgehende Schilderung eines bedauerlichen Vorfalls: dem Auseinanderbrechen des Bootes und dem dadurch bedingten vorzeitigen Ausscheiden aus dem Wettkampf.

Beispiel 8, voile 2

1	G	ouais . vous avez fait que:l euh . quel
2	C	là' on était donc en tÊte' dans notre
	G	résultat'
3	C	classe' malheureusemen:t à: . quarante mille de
4	C	l'arrivée' le bateau s'est disloQUÉ' puisque l'étrave
5	C	est montée à la verticale' . \<ins\> \<bas, monotone, peu
6	C	d'écarts mélodiques\> ça avait fait un petit peu

7	C	de bruit à l'époque' . c'était un problème euh
	G	mhm
8	C	de calcul' et d'architecture' en fait'+ . c'était
9	C	dommage <rire> pour nous'+ ↗ ↗ →
	G	<rire> ah' ouais'+ tu penses,!
10	C	e:t sino:n j'ai fai:t à l'iss/ . suite à ça j'ai fait

In seiner Darstellung stuft C das für das Scheitern der Mannschaft verantwortliche Ereignis auf verschiedene Weise in seiner Relevanz hoch – etwa, indem er die Bedeutung, die andere diesem Vorfall zugemessen haben, in seine Schilderung integriert (*ça avait fait un petit peu de bruit à l'époque*). Diese Äußerung sowie die sich anschließende Erklärung der technischen Details (*c'était un problème de calcul et d'architecture en fait*) werden durch eine Veränderung im Sprechstil – C hat hier eine tiefe und monotone, kaum melodische Bewegungen aufweisende Stimme – deutlich als Einschub abgesetzt. Seiner Darstellung verleiht er durch explizite negative Bewertungen (*malheureusement, c'était dommage pour nous*) eine bestimmte Orientierung. Die den Turn beschließende Bewertung wird von Lachen begleitet. Die Relevanzhochstufung, die Bewertungen, die paraverbalen Phänomene und nicht zuletzt auch die kommunizierten Inhalte signalisieren die emotionale Beteiligung des Sprechers, auf die der Partner mit einem ausgebauten Zuhörersignal reagiert, das auf der verbalen wie auch auf der paraverbalen Ebene die emotionale Beteiligung erwidert: G stimmt in Cs Lachen ein. Darüber hinaus signalisiert er Empathie, die durch die Wahl der primären Interjektion *ah* eine unspezifische affektive Färbung erhält, welche durch die sich anschließende Floskel *tu penses* verstärkt wird. Die Äußerung wird mit der exklamativen Glockenkontur realisiert, wobei zwei melodische Steigungen auf *ah* und *ouais* sowie eine fallende Bewegung auf *tu penses* zu erkennen sind. Mit seinem Zuhörersignal stellt G eine emotionale Angleichung an das Erleben des Partners dar, so daß es an dieser Stelle zu einer ‚affektiven Synchronisation' der Interaktanten kommt.[35]

Ganz ähnlich gelagert ist auch das folgende Beispiel. Die zitierte Stelle ist einer Sequenz entnommen, in der C seine Aufgabe an Bord (Wartung aller Leinen und Taue) schildert und besonderen Wert darauf legt, dem Gesprächspartner deren Bedeutung zu vermitteln. Dazu zählt er – mit einer Steigerung zum Schlimmeren hin – einige der Konsequenzen auf, die eintreten könnten, wenn diese Tätigkeit nicht entsprechend sorgfältig ausgeführt wird.

Beispiel 9, voile 2

1	C	ça veut dire qu'une vOIle peut tomber à l'eau' . une
2	C	voile sur ce bateau là' coûte trÈs CHÈRE' .
3	C	elle peut faire PERdre la régate' . elle peut
4	C	faire . PERdre CARRÉMENT aussi vite fait de l'argent,
	G	↗
		AH'
5	C	↗ AH' oui, parce qu'o:n/ si
	G	ouais, . à ce point' là,!
6	C	elle'/ si ça casse brutalement, ça tOMbe à l'eau' .
7	C	avec la vitesse du bateau on rattrappe plus rien' . ça

---

[35] Siehe dazu unten Abschnitt 5.3.3.

8	C	peut êt(re) DANgereux pour les équipiers parce que à ce
9	C	moment ils peuvent êt(re) PROjetés aussi à l'eau'

Durch eine Reihe von Bewertungen und Intensivierungen hat C eine bestimmte ‚Lesart' seines Beitrags vorgegeben. Zu den Mitteln, die dabei zum Einsatz kommen, gehören etwa die Intensitätsadverbien *très* und *carrément*, das wertende Adjektiv *chère* sowie der syntaktische Parallelismus *elle peut faire perdre X*, dessen negativ konnotierter semantischer Kern *perdre* zudem einen Insistenzakzent erhält. G reagiert auf diese dramatisierte Darstellung mit einem ausgebauten Zuhörersignal, das durch die Interjektion *ah* eingeleitet wird, die zusammen mit dem sich anschließenden *ouais* Träger einer exklamativen Glockenkontur ist. Nach einer kurzen Pause folgt der mit einer abgeschwächten exklamativen Kontur versehene Ausdruck *à ce point-là*, der den Wert der Interjektion präzisiert und dabei auch Erstaunen hinsichtlich der Tragweite der skizzierten Konsequenzen zum Ausdruck bringt, in das sich möglicherweise ein leichter Zweifel mischt. C führt daraufhin die Dramatisierung in seiner ebenfalls mit einer Interjektion eingeleiteten Replik fort. Man kann in seiner anschaulichen Darstellung der Auswirkungen die affektische Figur der *evidentia* erkennen, mit der ein Sachverhalt zum Zwecke seiner größeren Präsenz atomisiert und dabei in einzelne Aspekte aufgefächert wird. In dieser Detaillierung finden sich wiederum explizite Bewertungen (*ça peut être dangereux pour les équipiers*). Während die Interjektion *ah* am Beginn von Gs Zuhörersignal intensivierte Anteilnahme signalisiert, in die sich auch eine Nuance des Erstaunens mischt, verleiht ihre zweite Verwendung der erneuten Bestätigung Cs einen größeren Nachdruck und ist als eine intensivierte Form der Zustimmung zu sehen.[36]

In Beispiel 10 bleibt die explizite Zurschaustellung emotionaler Beteiligung in erster Linie auf den Zuhörer beschränkt.

Beispiel 10, voile 1

1	FR	elle est hôtesse cuisinière sur un bateau de charter,
2	FR	donc euh oui
	ET	ah' d'accord, sur un charter aussi à vOIle' enfin
3	FR	un bateau à voile, sur un: . un voilier
	ET	AH' c'est GÉNIAL'!
4	FR	de vingt-trois mètres, mhm
	ET	ah' c'est un . SU:PER' bateau, ah
5	FR	aux antilles,
	ET	c'est dingue, et pareil' aux aux antilles'
6	FR	ouais,

Auf die Mitteilung FRs, seine Freundin arbeite ebenfalls an Bord eines Bootes, reagiert ET zunächst mit einer Nachfrage bezüglich der Art des Bootes. Die Information FRs, daß es sich dabei um ein Segelboot handele, wird von ET mit einem evaluierenden, interjektionell eingeleiteten Zuhörersignal kommentiert (*ah c'est génial*), dessen prosodische Realisierung die dargestellte emotionale Beteiligung verstärkt: Der Ausruf enthält zwei parallele melodische Steigungen, wobei die erste über der Interjektion *ah* realisiert wird, die zweite über

---

[36] Siehe unten Abschnitt 5.3.2.2.

dem wertenden Adjektiv *génial*, das zudem einen Insistenzakzent bekommt. FR geht jedoch nicht darauf ein, sondern liefert lediglich eine präzisierende Information (*sur un voilier de vingt-trois mètres*). Auch diese Äußerung wird von ET positiv evaluiert, wobei er seine Äußerung wiederum mit der Interjektion *ah* einleitet, die in dieser zweiten Verwendung prosodisch wenig hervorgehoben ist (*ah c'est un super bateau*). Gleich mehrfach markiert wird hingegen das wertende superlativische Adjektiv *super*, das mit deutlich erhöhter Intensität realisiert und durch eine vorausgehende kurze Pause aus dem Redefluß herausgelöst wird. Darüber hinaus wird der Vokal /y/ extrem gelängt, so daß die steigende Tonhöhenbewegung eine größere lautliche Basis erhält. FR reagiert lediglich mit einem bestätigenden *mhm*, an das sich eine weitere, wiederum interjektionell eingeleitete, prosodisch jedoch unauffällig gestaltete Bewertung ETs anschließt (*ah c'est dingue*). Die Passage vermittelt den Eindruck einer eher einseitigen, auf ET beschränkten Darstellung emotionaler Beteiligung. Ein Motiv für die Zurückhaltung FRs könnte darin liegen, daß dieser – gewissermaßen stellvertretend für seine Freundin – Komplimente entgegennimmt, also in eine Aktivität involviert ist, für die aus Imagegründen Einschränkungen hinsichtlich der präferierten Folgehandlungen gelten. Indem er das Kompliment ignoriert, trägt er selbst zur Rückstufung bei.[37]

Die zuvor diskutierten intensivierenden Verwendungen von Interjektionen erfolgen im Zusammenhang mit ausgebauten Zuhöreraktivitäten, die sicher durch die ungleiche Verteilung des Rederechts sowie die spezifische Interessenlage des Interviewers begünstigt werden. Im Unterschied zu nicht reglementierten *face-to-face*-Interaktionen, in denen es zu einer Konkurrenz um das Rederecht kommen kann, geht es beim Interview in erster Linie darum, den Befragten zur thematischen Expansion zu bewegen. Dies wird gerade durch unterstützende und anteilnehmende Zuhöreraktivitäten gefördert. Allerdings ist davon auszugehen, daß, selbst wenn die Frequenz der Zuhöreraktivitäten hier über das für spontane Interaktionen übliche Maß hinausgeht, die Verwendung von Interjektionen in Beiträgen mit diesem sequentiellen Status doch eine allgemeine, durch den untersuchten Datentyp nur unwesentlich beeinflußte Erscheinung darstellt.

5.3.2.2 Zustimmung/Widerspruch

Interjektionen in intensivierender Verwendung kommen nicht nur im Vorfeld von Bewertungen, sondern auch in der Umgebung anderer sprachlicher Aktivitäten vor, insbesondere bei der emphatischen Verstärkung von Zustimmung oder Widerspruch. Im Gegensatz zu den Bewertungen, bei denen thematische Aspekte im Vordergrund stehen, ist hier der Handlungstyp entscheidend. In den untersuchten Gesprächen treten diese emphatischen Verstärkungen v.a. im Zusammenhang mit makrostrukturellen Aktivitäten wie einem Wechsel in der Interaktionsmodalität oder der Bearbeitung von Imageaspekten auf.

In dem ersten Beispiel dieses Typs versucht B, der afrikanische Student, ‚Flirten in Deutschland' als Gesprächsthema zu etablieren und A, die französische Studentin, zur Preisgabe entsprechender Erfahrungen zu bewegen.

---

[37] Zum besonderen sequentiellen Status von Komplimenten und den möglichen Folgehandlungen vgl. Pomerantz (1978).

Beispiel 11, drague

1	B	c'est enfin un événement accidentel,. l'histoire' &mais
2	B	ce qui m'intéresse un peu c'est' ... <bruit des
3	B	lèvres> euhm . la DRAGUE, en fait, ici' en
4	A	<rire> +
	B	allemagne, avec les allemands, je sais pas comment
5	B	ça se PASSE' en fait'&j'ai comme l'impression
6	A	<amusé> non
	B	qu'ils sont très . FROIDS' envers les femmes,
7	A	parce que les NOIRS' ils sont TRÈS chauds' par
8	A	contre,+ <rire>
	B	AH' non, non,! c'est pas une
9	B	question de noir' du tout' je/ c'est une [kɛtsjon]/

Die Einführung des Themas ist, wie die Pause sowie die Hesitationsmarker im Vorfeld des intonatorisch deutlich markierten Lexems *drague* zeigen, nicht ganz unproblematisch. A reagiert zunächst mit Lachen, was ein Hinweis auf ihre Verlegenheit sein könnte, da hier in einem eher offiziellen Kontext relativ unvermittelt eher intime Erfahrungen erfragt werden. Darüber hinaus wird durch die Art der Themeneinführung die soziale Kategorie des Geschlechts neben der bereits eingeführten Kategorie der Ethnizität relevant gesetzt. B spricht A explizit in ihrer Eigenschaft als Frau an und befragt sie nach ihren Erfahrungen mit (deutschen) Männern.[38] Deutlich wird dies in der Spezifizierung seiner Frage: Aus Flirten in Deutschland (*la drague en fait ici en allemagne*) wird Flirten mit Deutschen (*avec les allemands*). B begründet seine Frage mit fehlendem Wissen (*je sais pas comment ça se passe*) und gibt zugleich eine eigene – allerdings relativierte (*j'ai comme l'impression*) – persönliche Einschätzung (*ils sont très froids envers les femmes*). Auch hier steigt A nicht auf das von B eingebrachte Thema ein, sondern reagiert mit einer Äußerung, die im Rahmen einer kontrastierenden Generalisierung mit *les noirs* eine weitere Kategorie aus dem Set der Ethnizität relevant setzt (*parce que les noirs ils sont très chauds par contre*). Während keiner der am Gespräch Beteiligten Deutscher ist, ergibt sich mit der Einführung der Kategorie der Schwarzen ein unmittelbarer Bezug zu einem der Interaktionspartner, so daß diese Kategorisierung von weitaus größerer Brisanz ist. Den Schwarzen wird eine Eigenschaft zugesprochen (*ils sont très chauds*), die in direktem Kontrast zu der Eigenschaft steht, die B selbst zuvor den Deutschen zugesprochenen hat (*ils sont très froids*). A leitet ihre Äußerung darüber hinaus mit dem begründenden Konnektor *parce que* ein und präsentiert sie damit ausdrücklich als Reaktion auf Bs vorausgehenden Zug. Die ganze Sequenz wird mit *smile voice* gesprochen, wobei das mitschwingende Lachen am Ende des Beitrags offen durchbricht. As Äußerung hat durchaus polemischen Charakter, insofern sie eine in diesem Kontext eher negative Zuschreibung vornimmt, die den Gesprächspartner als Vertreter der eingeführten Kategorie unmittelbar betrifft. Indirekt gelingt es ihr dadurch, Bs Verhalten, insbesondere seine Themeneinführung, als unangemessen zu charakterisieren und das Thema ‚Flirt' in dieser interaktiven Konstellation zu verweigern. Die Zu-

---

[38] Da es sich um eine gemischtgeschlechtliche Dyade handelt, liegt eine Übertragung auf die aktuelle Interaktionssituation nahe, woraus sich teilweise die Brisanz von Bs thematischer Initiative ergibt.

rückweisung wie auch der Angriff auf das *face* des Gegenübers werden jedoch durch die Sprechweise As wie auch durch ihr anschließendes Lachen gemildert und auf eine eher scherzhafte Ebene gelenkt. B reagiert in dieser Situation mit einer Äußerung, die er mit der Interjektion *ah* einleitet, auf die ein redupliziertes *non* folgt. Die Interjektion wird mit einer deutlich steigenden Tonhöhenbewegung realisiert, die auf *non non* in zwei parallelen melodischen Bewegungen abfällt. Auf das Segment *ah non non* folgt eine explizite Zurückweisung der von A relevant gesetzten ethnischen Kategorie (*c'est pas une question de noir du tout*), die durch die Interjektion, die Reduplikation des Satzadverbs sowie *du tout* verstärkt wird. Zusammenfassend kann man sagen, daß A in dieser Sequenz auf einen als unangemessen bewerteten Themenvorschlag des Partners mit einer interaktiv heiklen Kategorisierung reagiert. Die Darstellung von emotionaler Beteiligung, die sich in paraverbalen Phänomenen, Intensivierungen und Bewertungen manifestiert, trägt dazu bei, diese Bedrohung für das *face* abzumildern und die Auseinandersetzung in den Bereich des Spielerischen zu lenken. Sie ist damit wohl als eine Variante des ‚Frotzelns' aufzufassen.[39]

Ähnlich wie im vorausgehenden Beispiel erscheint die Interjektion auch in der folgenden Sequenz im Zusammenhang mit einem Wechsel in der Interaktionsmodalität, der hier durch eine ‚gespielte' Themenverweigerung ausgelöst wird. Die Passage wird von den Interaktanten insgesamt als ‚Spaß' inszeniert. A, der Journalist, ist auf der Suche nach Anekdoten und anderen ungewöhnlichen Begebenheiten im Alltag der Segler. Da diese – wie B zuvor ausdrücklich betont hat – nicht für eine Veröffentlichung in der Presse geeignet sind, läßt er zwar durchblicken, daß es solche Erlebnisse gibt, führt sie jedoch nicht weiter aus, was auf seiten As zu einem Insistieren führt.

Beispiel 12, voile 3

1	B	euh j'ai fait j'ai fait de grands convoYAges'
2	B	là qui (é)taient' . qui (é)taient' . qui
3	A B	c'est-à-dire' <rigole> vas-y' mais . (é)taient' . BIEN^' sympa,
4	A B	VAS-Y'! RACONTE! A:H'! SI:'!+ mais' non, parce que non c'est/ mais de toute
5	A B	(?.......) mhm façon danIEL' (en)fin daniel' est au courant' quoi, mais
6	B	<rire> euh s/ s/ c'était pas mal' <rire> <bas> c'était pas
7	B	mal,+

B deutet mit Hilfe gespielter Formulierungsschwierigkeiten an, daß es im Zusammenhang mit Schiffsrückführungen (*convoyages*) anekdotische Erlebnisse gab. Die dreimalige Wiederholung von *qui étaient* dient hier dazu, Spannung zu erzeugen. Deutlich wird dies v.a. an der prosodischen Realisierung, die in dieser stilistischen Verwendung rhythmischer erfolgt, als dies ansonsten bei Wortsuchprozessen zu beobachten ist: *étaient* wird jeweils kaum wahrnehmbar gedehnt und mit leicht steigender Intonation produziert. Auch die hinsichtlich ihrer Ausdehnung identischen, minimalen Pausen zwischen den einzelnen Gliedern der

---

[39] Vgl. Günthner (1994).

Wiederholung lassen eine solche Regelmäßigkeit erkennen. Als Ergebnis des Wortsuchprozesses erscheint mit *bien* ein zwar positiv bewertendes, ansonsten jedoch völlig vages Adjektiv, das durch eine kurze Pause und einen Insistenzakzent besonders hervorgehoben wird. Darüber hinaus erhält es eine implikative Intonationskontur.[40] Diese signalisiert den Rekurs auf geteiltes Wissen bzw. lädt den Hörer ein, dieses zu aktivieren. A verfügt jedoch nicht über dieses Wissen, weshalb er mit Hilfe des Reformulierungsindikators *c'est-à-dire* eine Aufforderung zur Präzisierung an den Partner richtet. B verweigert erneut eine thematische Expansion, indem er mit *sympa* ein anderes positiv evaluierendes, allerdings ebenso vages Adjektiv an die Stelle von *bien* setzt und im Grunde gegen das Gricesche Kooperationsprinzip verstößt. A reagiert darauf mit einer Äußerung, die deutlich emotionale Beteiligung darstellt und den bereits zuvor angedeuteten Wechsel der Interaktionsmodalität endgültig ratifiziert: Er tritt aus seiner Rolle als Journalist heraus und setzt auf diese Weise auch das institutionelle Setting außer Kraft. Dies signalisiert er nicht nur über das seine Äußerung untermalende Lachen, sondern auch über die imperativische, reduplizierte Aufforderung *vas-y*, deren Glieder durch ein verstärkendes *mais* getrennt sind.[41] Prosodisch werden die beiden Segmente mit einer steigenden exklamativen Kontur realisiert, wobei die mit deutlich höherer Intensität gesprochene Wiederholung zusätzlich durch eine kurze Pause hervorgehoben wird. Die Aufforderung zu erzählen (*raconte*) ist Träger eines deutlich markierten fallend-steigenden Akzents. Auch hier liefert B noch nicht die von A eingeforderte thematische Expansion. Daraufhin insistiert A mit einem mit Lachen unterlegten, hinsichtlich der Intensität deutlich hervorgehobenen *ah si*. Die den Widerspruch intensivierende Interjektion wird in vielfacher Weise markiert: Zunächst wird sie mit der exklamativen Kontur realisiert, die hier über das im normalen Umfang des Sprechers höchste Register deutlich hinausgeht. Die gleiche melodische Kontur erhält auch das sich anschließende *si*, so daß zwei parallele, steigende Tonhöhenbewegungen zu beobachten sind, durch die eine gewisse Rhythmisierung entsteht. Darüber hinaus werden sowohl die Interjektion *ah* wie auch das Adverb *si* stark gedehnt. Ein weiterer Indikator für die Darstellung emotionaler Beteiligung ist die Überlappung, mit der der normalerweise geltende Mechanismus, wonach nur einer spricht, außer Kraft gesetzt wird.

In dieser Sequenz ist ein allmähliches Anwachsen der emotionalen Beteiligung zu beobachten, das in einem durch eine Interjektion eingeleiteten, prosodisch deutlich markierten Ausruf kulminiert. Erst danach zeigt B Bereitschaft, die eingeforderten Informationen zu geben. Das Anwachsen der Darstellung emotionaler Beteiligung geht einher mit einer sich steigernden oppositionellen Dynamik, an deren Ende einer der beiden Sprecher nachgibt. Möglicherweise ist dies ein allgemeines Verfahren, um den ‚Spiel'- bzw. ‚Spaß'-Charakter einer Sequenz zu indizieren. Jedenfalls wird in dem vorausgehenden Beispiel auf diese Weise lokal ein Wechsel der Interaktionsmodalität von ‚Ernst' zu ‚Spaß' bzw. ‚Spiel' kontextualisiert.

In Beispiel 13 unterbricht B seine Ausführungen zum mangelnden Komfort und den Unbequemlichkeiten eines Segelbootes. Er erkundigt sich nach dem vorhandenen einschlägigen Wissen As – vermutlich, um seine Äußerungen besser auf den Kenntnisstand seines Gesprächspartners abstimmen zu können. Dabei zielt seine Frage ab auf eventuelle

---

[40] Die implikative Kontur wird in der Regel mit einer *finale en crochet* realisiert (vgl. Léon 1993: 149 sowie Léon 1970: 31).
[41] Zu dieser kopulativen Variante der Reduplikation siehe unten Abschnitt 6.5.

Aufenthalte im Inneren des Bootes. Die gewählte Formulierung suggeriert, daß er eher von einer negativen Antwort ausgeht (*t'as pas eu l'occasion d'être à l'intérieur*). A, der Interviewer, beläßt es jedoch nicht bei einer bloß bejahenden oder verneinenden Antwort, sondern thematisiert in einer Nebensequenz eigenes Erleben.

Beispiel 13, voile 3

1	B	bon t(u) as t(u) as pas eu l'occasion d'être à
2	A	<emphatique> AH' SI, SI,! . AH' SI, SI,!+ ouais, j'ai
	B	l'intérieur' SI' enfin
3	A	bouffé en BAS^, moi' <amusé> j'étais pas bien' moi'^+
	B	ouais (?tu es pas venu) au
4	A	<rire> j'étais à:+
	B	moment où on fait le:s/ au moment par exemp(le) où on
5	A	AH'! ça a fait
	B	borde une vOILE' les gars' ils tournent les maniVELLES'
6	A	un bruit, putain, t(u) as/ c'est c'est DINGUE! ça, c'est
	B	t(u) as t(u) as vu la/ t(u) as entendu la la. RÉSonance
7	A	insupportab(le) ça, c'est dingue,
	B	dans ce bateau' et <ins> et imaGINE' euh. quand
8	B	vraiment t(u) es dans la mer . bien agitée'

Emotionale Beteiligung stellt A gleich zu Beginn seines Redebeitrags durch einen emphatischen Widerspruch *(ah si si)* dar. Zu dessen Intensivierung trägt nicht nur die Verwendung der Interjektion und die Verdopplung des Satzadverbs *si* bei, sondern auch die Reduplikation des gesamten Syntagmas. Das Segment erhält eine ausgeprägte exklamative Kontur, die aus einer steigenden Bewegung auf *ah* sowie zwei fallenden Bewegungen auf *si* besteht. A fährt mit einer kurzen Schilderung seines Aufenthaltes im Bootsinneren fort, wobei sich seine Äußerungen durch implikative, den Rekurs auf geteiltes Wissen signalisierende Konturen auszeichnen. Zugleich wird die subjektive Perspektive durch ein nachgestelltes *moi* akzentuiert *(j'ai bouffé en bas moi j'étais pas bien moi)*. Dazu kommt, daß in der litotischen selbstcharakterisierenden Äußerung *j'étais pas bien moi* bereits ein Lachen durchscheint, das sich nach Abschluß der Äußerung offen manifestiert und noch in die folgende Äußerung hineinwirkt. Diese ist wegen der Überlappung nicht ganz verständlich, möglicherweise wird sie abgebrochen. Auf jeden Fall gehen hier Ausführungen zur eigenen, insbesondere physischen Befindlichkeit mit der Darstellung emotionaler Beteiligung einher.[42]

B geht jedoch nicht auf As thematische Verschiebung ein, sondern hält weiterhin am Thema der Unbequemlichkeit und des Lärms an Bord fest; dies illustriert er im folgenden am Beispiel des Segelsetzens *(au moment par exemple où on borde une voile)*. A greift diesen Aspekt in einer evaluierenden Äußerung auf, die in Überlappung mit B entsteht, wobei er seinen Beitrag durch die mit steigender Tonhöhenbewegung realisierte und die evaluati-

---

[42] Koch/Oesterreicher (1990: 115) rechnen den Bereich der Körperlichkeit zu den per se emotional besetzten Themenzentren und Interessenschwerpunkten. Mir scheint es demgegenüber angemessener, den konstruktivistischen Aspekt im Auge zu behalten, demzufolge es die Interaktanten sind, die die Behandlung eines Themas mit der Darstellung emotionaler Beteiligung verbinden oder eben nicht.

ve Komponente verstärkende Interjektion *ah* eröffnet. Es folgt eine Äußerung, die durch ihren elliptischen Charakter – es fehlt gerade das charakterisierende Element – im Grunde ikonisch darstellt, was sie zum Ausdruck bringen will, nämlich, daß der Lärm ‚unbeschreiblich' ist (*ah ça a fait un bruit*). Verstärkt wird dieser Effekt durch die turninterne Verwendung der sekundären Interjektion *putain*.[43] Es schließen sich drei weitere, noch immer in der Überlappung mit B produzierte evaluierende Äußerungen an (*c'est dingue ça c'est insupportable ça c'est dingue*), wobei die wertende Komponente zumindest im Falle der ersten Verwendung von *dingue* einen Insistenzakzent erhält. Durch die zweimalige Rechtsversetzung des Demonstrativpronomens *ça* entsteht hier zudem eine rhythmisierte Hervorhebung, die der vorausgehenden Dislokation des Personalpronomens *moi* vergleichbar ist. Auch die Äußerungen Bs sind durch die Darstellung emotionaler Beteiligung gekennzeichnet, wenn auch nicht in dem Maße wie der Beitrag von A. In seinen Äußerungen finden sich v.a. prosodische Markierungen: So setzt er das semantisch zentrale Lexem *résonance* durch einen Glottisschlag ab und verleiht der ersten Silbe einen starken Insistenzakzent. Insgesamt beschränkt er sich eher darauf, A das Material für dessen explizite Bewertungen zu liefern. Eine solche ‚Aufgabenverteilung' läßt sich auch an anderen Stellen beobachten. In der Regel erscheint sie, wenn einer der Sprecher bereits im Vorfeld eine deutliche Bewertung eines Sachverhalts hat erkennen lassen. Im folgenden beschränkt er sich dann häufig darauf, Fakten zu geben und/oder zu detaillieren, während der Partner diese im zuvor signalisierten Sinne bewertet. Die darin manifest werdende wechselseitige Geteiltheit von Wertsystemen ist eine Form der Synchronisation der Partner.[44]

Während die intensivierenden Verwendungen der Interjektion in den vorausgehenden Gesprächsausschnitten einem zumeist gespielten bzw. spaßhaft verstärkten Widerspruch Nachdruck verleihen, stehen sie in der folgenden Sequenz im Zusammenhang mit dem Ausdruck von Zustimmung. Das Thema des Ausschnitts – Bs Seekrankheit – wird zur Darstellung emotionaler Beteiligung genutzt.

Beispiel 14, voile 3

1	B	ça va' mais <ins> dès que t(u) es au PRÈS et
2	B	que c'est c'est BIEN' ça tape BIEN' euh je mange
3	A B	<amusé> AH' ouais' d'accord,! parce que tu te RAREment^, quoi, <rit> sans' t(u) es cool
4	A B	di:s . *OU:H' LÀ,*+ *<s'éclaircit la voix>* chuis pas . MALADE' tu vois' je
5	B	vais pas abandonNER' euh le POSTE' et mes/ mais je: SENS
6	B	qu(e) ça va PAS quoi,

---

[43] Der *Petit Robert* klassifiziert *putain* als Interjektion, die „l'étonnement, l'admiration, la colère, etc." zum Ausdruck bringe und rechnet sie dem familiären Sprachregister zu.
[44] Siehe auch Abschnitt 8.2.3, wo diese Technik im Anschluß an eine Gesichtsverletzung, deren Beilegung in der Interaktion in besonderer Weise die Zurschaustellung von Geteiltheit erfordert, zu beobachten ist.

Die Seekrankheit steht schon eine Weile im Mittelpunkt des Gesprächs, wobei B betont, daß er von diesem Leiden im Prinzip verschont bleibt, bei bestimmten Windverhältnissen (*dès que tu es au près et que c'est c'est bien ça tape bien*) jedoch vorbeugend auf das Essen verzichtet. Dieses Eingeständnis wird mit implikativer Intonationskontur auf *rarement* realisiert und mit einem Lachen beendet, wobei die Formulierung *je mange rarement* wohl als Euphemismus für ‚Übelkeit' fungiert. A steigt im folgenden deutlich auf die von B dargestellte emotionale Beteiligung ein: Er leitet seine Antwort mit der emphatische Zustimmung signalisierenden, exklamativ realisierten Interjektion *ah* und dem begleitenden Satzadverb *ouais* ein, die beide mit melodischer Steigung realisiert werden, wohingegen das verstärkende *d'accord* eine fallende Kontur erhält, so daß über dem ersten Teil der Äußerung die exklamative Glockenkontur entsteht.

Daneben findet sich in der Sequenz eine turninterne Verwendung von *ah*, die Teil einer nicht zu Ende geführten Redewiedergabe ist.[45] A bereitet diese durch ein Verb des Sagens vor (*tu te dis*) und leitet sie mit einer Kombination aus zwei Interjektionen ein (*ouh là*), deren prosodische Realisierung auffällig ist. Von dem vorausgehenden Segment werden sie durch eine kurze Pause abgesetzt; die Form *oh* wird extrem gelängt, so daß es zu einer Veränderung in der Vokalqualität bis hin zur Diphtongierung kommt, die insgesamt zu einer Intensivierung der Exklamation führt.[46] Auch hier findet sich die steigend-fallende exklamative Kontur. Insgesamt ist die Sequenz durch Überlappungen und paralleles Sprechen gekennzeichnet – beides kann als Hinweis auf emotionale Beteiligung gelten. So wird die von A initiierte Redewiedergabe gleichzeitig mit einer durch personale Enallage charakterisierten Äußerung Bs gesprochen (*sans tu es cool*), an die sich eine zweite Selbstcharakterisierung anschließt, welche den gleichen Zustand noch einmal aus persönlicher Perspektive formuliert (*chuis pas malade*). Interjektionen finden sich innerhalb dieser Passage, in der es zu einer eher scherzhaften und affektiv getönten Bearbeitung des Themas ‚Übelkeit auf hoher See' kommt, sowohl in der turneröffnenden als auch in der turninternen Position.

Bevor ich zu den turninternen Verwendungen übergehe, will ich die Beobachtungen zu den Verwendungen von Interjektionen in turneröffnender Position noch einmal zusammenfassen. Dabei sollen mit dem Beitrag der Interjektionen zur ‚affektiven Synchronisation' der Interaktanten einerseits und ihrer Nähe zur leibesvermittelten, nonverbalen Kommunikation andererseits zwei für die Darstellung emotionaler Beteiligung relevante Aspekte aufgegriffen und vertieft werden.

5.3.3 Affektive Synchronisation und nonverbale Kommunikation

Die Verwendungen von Interjektionen in turneinleitender Position lenken den Blick auf eine ganz grundlegende Eigenschaft der Darstellung emotionaler Beteiligung in der Interaktion: ihre Reziprozität. Stellt ein Interaktant emotionale Beteiligung dar, so ist dies als eine Einladung an den bzw. die anderen Teilnehmer zu verstehen, diese spezifische Erle-

---

[45] Siehe unten Abschnitt 5.4.2. – Es muß offen bleiben, ob das Pronomen *tu* hier generisch zu verstehen ist oder aber eine Übernahme der Perspektive des Partners signalisiert.
[46] Léon (1993: 63) vermutet in solchen abgewandelten Realisierungen der Interjektionen *ah* und *oh* einen Einfluß des Englischen. Mir scheint die Variation hingegen eher durch die damit erzielte Intensivierung motiviert zu sein.

bensperspektive zu teilen. In kooperativ geführten Interaktionen wird dem in der Regel auch nachgekommen, wobei sich die Wechselseitigkeit selbstverständlich nicht nur in der Verwendung von Interjektionen manifestiert. Sie wird jedoch an den turneinleitenden Interjektionen besonders deutlich, weil diese als erste Reaktion nach einem Sprecherwechsel an einer Nahtstelle stehen, die für die Angleichung von Haltungen in der Interaktion von großer Relevanz ist. Und Interjektionen lassen solche Haltungen unmittelbar augenfällig werden. In dem Signalisieren von affektiver Reziprozität scheint ihre wichtigste, über rein gesprächsorganisatorische Leistungen hinausreichende Aufgabe zu bestehen. Damit leisten sie einen entscheidenden Beitrag zur ‚affektiven Synchronisation' der Interaktanten.[47]

Unter ‚affektiver Synchronisation' verstehe ich eine Übernahme bzw. Angleichung der unterschiedlichen Erlebensperspektiven. Durch affektive Synchronisation kann es zu dem bereits von Mead ([10]1995: 320ff.) im Zusammenhang mit geteilten gesellschaftlichen Aktivitäten beschriebenen Gefühl des Einsseins mit anderen kommen, das auf dem Eindruck eines Individuums beruht, mit allen anderen identifiziert zu sein, weil die bei anderen hervorgerufenen Reaktionen mit der eigenen Reaktion praktisch identisch sind. Vergleichbare Vorstellungen finden sich bei Cosnier (1994: 86), der in diesem Zusammenhang von *Empathie* spricht und diese als „le partage synchronique d'états psycho-corporels, c'est-à-dire le fait qu'à un même instant, les partenaires de l'interaction vivent et éprouvent un état semblable" definiert.[48] Cosnier unterstreicht, daß bei der Angleichung von Erlebensperspektiven und Haltungen nicht nur die verbale, sondern auch die körperliche Dimension eine entscheidende Rolle spielt. Auch Barbéris (1995) akzentuiert die Relevanz der *échoïsation corporelle*, also der körperlichen Abstimmung der Partner. Offenbar wirken an der affektiven Synchronisation zu einem erheblichen Teil leibesvermittelte Anzeichen, d.h. mimisch-gestische sowie proxemische Parallelen im Verhalten der Interaktanten mit. Die Interjektionen werden in diesem Zusammenhang als eine der mimisch-gestischen Angleichung verwandte Synchronisation im Bereich des Vokalen interpretiert.[49] Mit der Nähe dieser sprachlichen Formen zur nonverbalen, leibesvermittelten Kommunikation kommt ein zweiter, für die Darstellung emotionaler Beteiligung wichtiger Aspekt ins Spiel.

Die Annahme, wonach Interjektionen besonders ‚körperverhaftete' Zeichen sind, die an der Schwelle zu leibesvermittelten Formen der Kommunikation stehen, ist weit verbreitet. Sie fußt einerseits auf dem besonderen semiotischen Status der Interjektionen, insbesondere

---

[47] Wie wichtig eine solche, auch interaktiv manifestierte Angleichung ist, zeigt sich daran, daß Interaktanten, wenn sie ein nicht-kooperatives Verhalten des Partners vorhersehen, Maßnahmen ergreifen, um dennoch in Ansätzen zu einer affektiven Synchronisation zu kommen. Vgl. dazu Pomerantz (1986), die die Wahl von Extremformulierungen als eine antizipatorische Maßnahme beschreibt, um ‚nicht-sympathischen' Reaktionen auf seiten des Zuhörers durch die Schilderung des ‚schlimmsten Falles' vorzubeugen.

[48] Zum geteilten Engagement siehe auch Goffman (1980: 377) sowie Jefferson/Lee (1981). Vion (1992: 244) spricht von der „synchronisation interactive de l'intersubjectivité."

[49] Vgl. Barbéris (1995: 101): „Le mimétisme locuteur-interlocuteur serait donc fondé en particulier sur la synchronisation corporelle, et la communication des affects qu'elle permet. La mise en phase des interlocuteurs et de leurs univers à travers l'interjection, s'inscrit sans doute plus particulièrement dans le *mimétisme vocal* [...]. Les interjections seraient donc des gestes vocaux: ambigus et vagues comme les gestes, susceptibles de créer une synchronisation inconsciente entre les protagonistes de la communication, comme les gestes. Cet accordage, au sens musical du terme (*tuning*), correspond à un niveau d'adaptation qui n'est pas celui qu'offre le langage symbolique."

ihrer Ikonizität. Andererseits deutet auch die in der Kommunikation häufig zu beobachtende Kookkurrenz dieser ‚Lautgesten' mit mimisch-gestischen Phänomenen auf eine besondere Nähe hin.[50] Für das Französische verweist Bres (1995: 88f.) auf die systematischen Interdependenzen zwischen Interjektionen einerseits und nonverbaler Kommunikation andererseits: „A travers l'interjection, c'est tout le corps qui parle: le phrasillon s'accompagne systématiquement de mimo-gestualité et d'intonèmes plus qu'ailleurs déterminants dans la production de sens." Verbaler und mimisch-gestischer Kode überlagern sich.[51]

Zu den Eigenschaften, die Interjektionen für die enge Verflechtung mit nonverbalen Phänomenen prädestinieren, gehört offenbar das den primären Interjektionen zu eigene mimetische Element.[52] Diese Ikonizität ergibt sich für einen Teil der Interjektionen aus der schematisierten und zugleich konventionalisierten Reproduktion von Affektlauten, die ihren Ursprung vermutlich in bestimmten physiologischen Prozessen haben.[53] Die Interjektionen wären demnach ritualisierte Spuren ‚natürlicher' emotionaler Ausdrucksphänomene, weshalb Barbéris (1995: 104) mit Blick auf diese Formen von „simulacres participant à la *ritualisation des expressions émotionnelles*" spricht. Den Ursprung der für die prosodische Realisierung der Interjektionen besonders relevanten exklamativen Kontur kann man in den Manifestationen des Erstaunens suchen, deren allgemeinstes Merkmal in einem „renforcement du trait mélodique" (Léon 1993: 145) besteht, das auch für das konventionalisierte Muster des Exklamativs konstitutiv ist.[54]

Bei einem anderen Teil liegt das mimetische Element eher in der Nachahmung unterschiedlichster Geräusche. Es handelt sich hier um onomatopoetische Interjektionen, auf die unter Abschnitt 5.4.1 genauer einzugehen sein wird. Auch diese werden häufig mimisch-gestisch untermalt. In beiden Fällen kommt jedoch die als konstitutiv für die Darstellung emotionaler Beteiligung anzusehende interaktionssemantische Dimension der Veran-

---

50   Besonders eindrücklich zeigt sich die enge Verflechtung der Interjektionen mit leibesvermittelten Ausdrucksformen in afrikanischen Kulturen. Vgl. Eastmann (1992: 273), die für das Suaheli betont: „Interjections in Swahili [...] range from verbal expressions alone, to verbal expressions accompanied by gesture, to gestures alone used with an interjectional function."
51   Vgl. ähnlich Scherer (1977).
52   Der Status solcher Lautgesten war ein in der älteren Sprachwissenschaft viel diskutiertes Thema. Im Mittelpunkt stand der Zeichencharakter dieser ‚Lautäußerungen der Leidenschaften', die zunächst als außerhalb der Sprache stehende, allgemein menschliche Urlaute gedeutet wurden. Zur Rolle der Interjektionen im Zusammenhang mit Sprachursprungsfragen vgl. bereits Herder (1979); einen Überblick über die Diskussion gibt Ehlich (1986, v.a. Kapitel 6). Mit dem semiotischen Status der Interjektionen befassen sich Karcevski (1941) und Trabant (1983). Ihre einzelsprachliche Gebundenheit und Konventionalität betont Carstensen (1936: 2f.) in seiner kontrastiv angelegten Studie zu den Interjektionen in den romanischen Sprachen.
53   Vgl. Scherer (1977: 209), der den bei Ekel auftretenden Gesichtsausdruck und die ihn begleitenden Lautäußerungen als Residualerscheinungen von Würgebewegungen bei einem zum Erbrechen reizenden Stimulus deutet, während „Schreckens- und Entsetzenslaute durch plötzliches Einziehen eines großen Luftvolumens [entstehen]. Lautäußerungen können also das Nebenprodukt physiologischer Veränderungen sein, die bei emotionaler Erregung, einem Alarmzustand des Organismus', funktional darauf gerichtet sind, den Organismus in die Lage zu versetzen, mit dem jeweiligen Zustand fertigzuwerden."
54   Siehe auch oben Abschnitt 4.3.2.2.1.

schaulichung zum Tragen. In den folgenden Abschnitten gehe ich auf turninterne Vorkommen von Interjektionen ein. Die Kontexte, in denen Interjektionen hier an der Darstellung emotionaler Beteiligung mitwirken, sind ausgesprochen vielfältig, so daß ich in den nachstehenden Analysen nur einige besonders prominente Verwendungen heraus greife, die die grundlegende Bedeutung des veranschaulichenden Prinzips im Zusammenhang mit der Darstellung emotionaler Beteiligung verdeutlichen.

5.4 Turninterne Verwendungen

Der Formenreichtum der turninternen Interjektionen ist in den untersuchten Daten deutlich größer als der der turneinleitenden. Während die turneinleitende Position im wesentlichen von den primären Interjektionen *ah* und *oh* besetzt wird, finden sich unter den turnintern verwendeten Formen weitere primäre sowie eine ganze Reihe von sekundären Interjektionen.[55] Darüber hinaus enthält diese Gruppe auch zahlreiche Onomatopoetika, in denen das im Dienste der Veranschaulichung stehende mimetische Element in besonderer Weise zum Ausdruck kommt. Die nicht-onomatopoetischen turninternen Interjektionen werden besonders häufig im Zusammenhang mit der Redewiedergabe und allgemein der Polyphonie verwendet. Sie erscheinen jedoch auch bei Formulierungsschwierigkeiten, im Kontext der Selbsteinbringung oder im Umfeld von Bewertungen. Hier sind ihre kommunikativen Leistungen denen turneinleitender Interjektionen vergleichbar. Im folgenden exemplifiziere ich zunächst einige dieser Verwendungen, bevor ich in den Abschnitten 5.4.1 und 5.4.2 genauer auf die beiden turninternen Vorkommen in veranschaulichender Funktion eingehe, bei denen die Interjektionen einerseits mit bestimmten Bewegungen assoziierte Geräusche symbolisieren und andererseits eine polyphone Auffächerung der Redeinstanzen begleiten.

In Beispiel 15 erscheint die Interjektion *oh* turnintern im Vorfeld eines subjektiven Einschubs, der eine Selbsteinbringung des Sprechers ankündigt und letztlich dazu dient, die kommunikative Relevanz der folgenden Äußerungen zu unterstreichen.

Beispiel 15, voile 3

1	B	j'ai navigué énormément avec LUI' quoi, mais . PAREIL'
2	B	oh! je dois l'avouer' je j'ai j'ai aucune honte' euh et
3	B	c'est c'était de la voile la voile plAIsir, .. bon, j'ai
4	B	jamais été un régatier'/ un ACHARNÉ de la réga:te' tu
5	B	vois'

---

[55] Hinsichtlich der prosodischen Realisierung sind einige Unterschiede gegenüber turneinleitenden Verwendungen zu vermerken. So ist die mehr oder weniger stark ausgeprägte exklamative Kontur, mit der turneinleitende Interjektionen in der Regel versehen werden, bei den turnintern vorkommenden Verwendungen seltener bzw. nur in abgeschwächter Form zu beobachten. Demgegenüber werden diese Interjektionen meist durch einen Insistenzakzent und/oder – insbesondere im Falle der onomatopoetischen Formen – durch eine Rahmung mittels kurzer Pausen prosodisch markiert. Auch Intensitätserhöhungen sowie Dehnungen sind zu beobachten.

Die prosodisch nur schwach markierte Interjektion *oh* leitet den metakommunikativen Einschub *je dois l'avouer* ein, mit dem die nachfolgende Äußerung explizit als ‚Geständnis' präsentiert wird. Die ergänzende Äußerung *j'ai aucune honte* thematisiert mögliche negative Auswirkungen einer solchen Preisgabe vertraulicher Informationen für das *face* des Sprechers. Der die subjektive Dimension einbringende Einschub leistet einerseits eine Relevanzhochstufung – durch das Aufschieben der eigentlichen Information entsteht eine gewisse Spannung, wobei die eine Selbstcharakterisierung des Sprechers beinhaltende Ankündigung möglicherweise auch das Interesse des Zuhörers zu erhöhen vermag – und fungiert andererseits als vorbereitende Präsequenz, die dem Partner rezeptionssteuernde Hinweise zur Interpretation der nachfolgenden Äußerungen gibt.

In deutlichem Kontrast zu dieser eher routinisierten Form der Selbsteinbringung steht die Darstellung von emotionaler Beteiligung in dem folgenden Ausschnitt. B hat zuvor ausführlich von seiner Liebe zur Malerei gesprochen. Die Frage des Interviewers A nach einem als Vorbild dienenden Maler (*tu as pas un peintre euh phare comme ça*) führt zu einem kritischen Moment im Gespräch, da B nicht sofort in der Lage ist, einen Künstler zu benennen. Damit gefährdet er seine Glaubwürdigkeit sowie den zuvor beanspruchten Expertenstatus.[56]

Beispiel 16, voile 3

1	A	t(u) as pas un PEINtre' euh PHARE' comme ça qui te ..
2	B	il y a: il y a un/ il y a un PEINtre que: .. attends,
3	B	comment il s'appelle' c'est mh:: . <bas> putain j'ai/+
4	B	..ils m'ont donné'/ disons j'aurais tendance à à COpi/
5	B	(en)fin . pas à copier' mais je me dis j'aimerais bien'
6	A	(?bon
	B	.. euh:: MERde' alors,! excuse-moi' hein' (?...)
7	A	ne t'inquiètes pas ça va) <rire>

Mit seinem Redebeitrag stellt B einerseits seine Suchprozesse dar und signalisiert andererseits seine Ungeduld bzw. Verärgerung über deren ausbleibenden Erfolg. Die zahlreichen Abbrüche, Dehnungen, explizit angekündigten, aber nicht zu Ende geführten Reformulierungen, Pausen sowie Hesitationsmarker lassen sich als Spuren solcher kognitiver Aktivitäten deuten. Darüber hinaus appelliert B explizit an den Partner (*attends*) und kehrt sein Suchen auch mit einer seine aktuelle Aktivität thematisierenden, gleichsam selbstadressierten Frage nach außen (*comment il s'appelle*). Insgesamt produziert er einen eher inkongruenten Beitrag, der seine Schwierigkeiten und Suchprozesse auch für den Partner augenfällig werden läßt. Die Inszenierung des Suchens geht mit der Darstellung emotionaler Beteiligung einher, die primär über die turninterne Verwendung von Interjektionen zum Ausdruck kommt. Hier findet sich zunächst die sekundäre Form *putain*,[57] die jedoch prosodisch nicht sehr auffällig realisiert wird: Die exklamative Kontur fehlt, und die erste Silbe des Lexems wird fast verschluckt. Möglicherweise ist *putain* in dieser Verwendung multifunktional. Als eine Art Füllwort sichert es den Turnerhalt und dient gleichzeitig dem Ausdruck von Ungeduld bzw. Verärgerung. Ganz anders ist die prosodische Realisierung der

---

[56] Zur Expertise vgl. Furchner (1997).
[57] Laut *Petit Robert* signalisiert *putain* „l'étonnement, l'admiration, la colère, etc.".

zweiten sekundären Interjektion: *merde* erhält einen starken Insistenzakzent auf der ersten Silbe sowie eine steigende Tonhöhenbewegung.[58] Die Interjektion wird durch das sie begleitende Adverb *alors* verstärkt, das Träger der fallenden melodischen Bewegung ist, so daß über diesen beiden Einheiten die exklamative Glockenkontur entsteht. *Merde alors* leitet darüber hinaus eine den Suchprozeß abschließende direkte Ansprache des Partners ein, mit der der Sprecher sich explizit für sein fehlendes Wissen entschuldigt (*excuse-moi hein*). In der hier nicht mehr zitierten Fortsetzung der Sequenz wird das daraus entstehende Imageproblem behandelt.

Relativ häufig ist in den Daten auch die Interjektion *pff*[59] vertreten, die im Französischen v.a. Geringschätzung bzw. Gleichgültigkeit zum Ausdruck bringt.[60] Es fällt auf, daß die Interjektion oft im Zusammenhang mit oder auch an Stelle einer negativen Bewertung erscheint. Ihre Verwendung läßt darüber hinaus fließende Übergänge zu Verzögerungssignalen erkennen. Dies ist wohl darauf zurückzuführen, daß negative Bewertungen eine nicht unproblematische kommunikative Aktivität darstellen, in deren Vorfeld häufig Hesitationsmarker und andere auf Formulierungsschwierigkeiten hindeutende Phänomene zu beobachten sind, die im Zusammenhang mit der Vermeidung eines explizit negativ wertenden Ausdrucks stehen. Einige Sequenzen legen sogar die Vermutung nahe, daß der Sprecher einen Abbruch simuliert, um eine negative Bewertung zu umgehen. In einer solchen Umgebung scheint die Interjektion *pff* gelegentlich den Wert eines Verzögerungssignals zu erhalten.

Beispiel 17, voile 3

1	B	c'est . là aussi' les les seuls' qui vont êt(re) euh
2	B	lésés' c'est ceux' qui: sont pas trÈs' eu:h . euh pff
3	B	qui auraient tendance' à rester les deux pieds' dans le
4	A	mhm
	B	même saBOT, quoi, t(u) sais il faut choisir' hein'

Hier gibt der Sprecher durch die Dehnung, den Abbruch sowie den Hesitationsmarker *euh* deutliche Hinweise auf das Vorliegen eines Formulierungsproblems im Zusammenhang mit einer eher negativen Charakterisierung Dritter. Der endgültigen Formulierung geht die Interjektion *pff* voraus, die eine bestimmte affektive Haltung ankündigt, die durch die sich anschließende negative Bewertung aufgefüllt wird. Allerdings wird auch diese auf mehrfache Weise abgeschwächt: Zunächst verwendet der Sprecher die Periphrase *avoir tendance à*, deren hypothetischer Charakter durch den Gebrauch des Konditionals noch einmal unterstrichen wird. Darüber hinaus wählt er zur eigentlichen Qualifizierung die metaphori-

---

[58] Aufgrund ihres eigentlichen lexikalischen Gehalts hat die sekundär interjektionell verwendete Form *merde* eher negative Bedeutung. Der *Petit Robert* beschreibt sie als „exclamation de colère, d'impatience, de mépris, de refus."

[59] Für viele der eher lautmalenden Interjektionen gibt es mehrere orthographische Transpositionen. Im Falle von *pff* bietet der *Petit Robert* außerdem die Graphie *pfft* sowie *pfut* an.

[60] Nach Carstensen (1936: 56ff.) sind alle mit dem Plosiv /p/ anlautenden Interjektionen durch Gefühlsregungen bestimmt, die Ablehnung darstellen. Am gebräuchlichsten ist im Französischen die Form *pff*: „Zur Wiedergabe besonders starker Mißbilligung, als Lautausdruck des Ausspeiens erscheint in interjektionaler Verwendung der *pf*-Laut, allein oder in Verbindung mit einem Vokal. Er dürfte innerhalb der Romania auf das Französische beschränkt sein" (Carstensen 1936: 59f.).

sche Redensart *avoir les deux pieds dans le même sabot* (ungeschickt, unfähig, passiv sein), so daß der negative Charakter der Bewertung durch das Bild ein weiteres Mal zurückgenommen wird.[61]

5.4.1 Veranschaulichung einer Sachverhaltsrekonstruktion

Turnintern verwendete onomatopoetische Interjektionen dienen häufig dazu, die sprachliche Rekonstruktion eines Sachverhalts zu konkretisieren und somit insgesamt eine größere Lebendigkeit der Rede zu erzielen. Sie stehen im Kontext anderer veranschaulichender Mittel wie Metaphern und bildlichen Redensarten. Nicht selten erscheinen sie als Teil eines globaleren, in der rhetorischen Figurenlehre als *evidentia* bezeichneten affektischen Verfahrens, das die atomisierende Rekonstruktion eines Sachverhalts bewirkt. Lausberg (1960: 399ff.) charakterisiert die *evidentia* als „die lebhaft-detaillierte Schilderung eines rahmenmäßigen Gesamtgegenstandes [...] durch Aufzählung [...] sinnenfälliger Einzelheiten." Für die Detaillierung eignen sich insbesondere kollektive Rahmenvorgänge, die in eine Vielzahl von Individualvorgängen aufgelöst werden und so den Eindruck höherer Konkretheit und unmittelbarer Präsenz erzeugen. Durch seine diskursive Auffächerung erhält der Sachverhalt nicht nur eine größere Unmittelbarkeit und Anschaulichkeit, sondern auch ein größeres Gewicht.[62] Insofern verwundert es nicht, daß das Verfahren der *evidentia* gerade im Zusammenhang mit der Dramatisierung eines narrativen Kerns häufig zu beobachten ist.[63]

Die Kookkurrenz verschiedener affektiver Mittel wird besonders augenfällig in der folgenden Sequenz, in der der Sprecher den persönlichen Gewinn evaluiert, den ihm die Teilnahme an der Segelregatta bringt. Dabei kontrastiert er seine augenblickliche positive Lebenseinstellung mit der eher niedergeschlagenen Haltung zu Beginn des Projekts.

Beispiel 18, voile 3

1	B	ça me force j'avais pris un coup de: tu sais' problèmes/
2	B	mes problèmes familiAUX' quoi, divorce' et tout' . je
3	B	m'étais un petit peu' euh . plaf . j'étais CASSÉ'
4	B	quoi, moraleMENT' t(u) sais' euh . j'avais pris'/ j'ai
5	B	vraiment'/ j'ai pris un coup de vieux' et LÀ' c'est .
6	A	<rire>
	B	<fort> BROU::M'+ . c'est des vitaMINES' quoi, hein'
7	B	je rePARS' quoi, je reprends goût au bouLO:t' et à la
8	A	mhm
	B	VIE:' SI' c'est VRAI' hein' . parce quE ben: t(u) as
9	B	pas le temps' de: . de de penser' tu vois' à cogiter'

---

[61] Zur Verwendung von Redensarten im Zusammenhang mit der Darstellung emotionaler Beteiligung siehe Drescher (1997b und 1998).
[62] Vgl. ähnlich Perelman/Olbrechts-Tyteca (^{2}1970: 232ff.), die die Onomatopoetika an erster Stelle unter den Präsenz erzeugenden sprachlichen Mitteln nennen. In einem weiteren Sinn tragen alle amplifizierenden Techniken zum Erzeugen von Präsenz bei.
[63] Siehe unten Abschnitt 7.3.2.

Der zitierte Ausschnitt enthält mit *plaf* und *broum* gleich zwei Onomatopoetika, wobei der erste Ausdruck mit einer fallenden bzw. zusammensackenden Bewegung assoziiert wird, der zweite hingegen ein Motorengeräusch imitiert.[64] Entsprechend signalisiert *plaf* im vorausgehenden Beispiel wohl Schlaffheit, *broum* hingegen Energie bzw. Vitalität. Die Interjektionen erscheinen im Zusammenhang mit zwei zeitlich kontrastierten Selbstcharakterisierungen des Sprechers, erst der Kontext ermöglicht jedoch ihre genauere semantische Auffüllung. Im ersten Fall wird die eher unspezifische Bedeutung von *plaf* durch das nachfolgende, auch prosodisch markierte qualifizierende Adjektiv *cassé* gestützt. Im Vorfeld der negativen Charakterisierung finden sich wiederum verschiedene Hesitationsmarkierungen. Eine erste Formulierung wird abgebrochen (*j'avais pris un coup de*). Mit einem Einschub ruft der Sprecher noch einmal seine persönliche Situation in Erinnerung (*mes problèmes familiaux quoi divorce et tout*). Es folgt eine zweite selbstcharakterisierende Äußerung, in der zunächst die durch kurze Pausen gerahmte Interjektion *plaf* als qualifizierendes Element erscheint, das anschließend durch die negative Zuschreibung *j'étais cassé quoi moralement* expliziert wird. Diese Äußerung wird reformuliert, wobei das eingangs abgebrochene syntaktische Muster nun aufgegriffen und zu Ende geführt wird (*j'ai pris un coup de vieux*). In der Folge wird das negative Bild mit einer die aktuelle Befindlichkeit erfassenden positiven Selbstcharakterisierung kontrastiert. Auch hier verwendet der Sprecher mit *broum* zunächst eine durch kurze Pausen hervorgehobene lautmalerische Form, um seine derzeitige vitale Haltung zu signalisieren. Die ikonisch übermittelte Bedeutung der Kraft und Dynamik wird auf der prosodischen Ebene durch zunehmende Intensität sowie die melodische Steigung gestützt. Auch ihre abschließende Präzisierung hat noch starke bildliche Anteile: Der Sprecher verwendet zunächst eine Metapher aus dem Bereich der Ernährung, um die positive Entwicklung seines Lebensgefühls zu versprachlichen (*c'est des vitamines*). Mit einem ratifizierenden Lachen stellt der Partner A an dieser Stelle seine emotionale Beteiligung dar. Erst danach wählt B explizitere Formulierungen, um das bildlich Bedeutete zu reformulieren (*je repars quoi je reprends goût au boulot et à la vie*) und im Anschluß an ein weiteres Zuhörersignal die Geltung seiner Äußerungen noch einmal zu bekräftigen (*si c'est vrai hein*).

Im folgenden Beispiel erscheint die onomatopoetische Interjektion im Rahmen einer stark dramatisierten konversationellen Erzählung. Im Kontext der Interjektion sind die Verfahren der Detaillierung sowie der Redewiedergabe zu beobachten.

Beispiel 19, masques

1	G	et les beaux mariés' superbes' et puis' euh
2	G	et puis on arrive euh et puis il y a une table'
	K	*imitiert mit Händen*
3	G	comme ça' tu vois' comme ça comme ça (?avec tout) et::
	K	*und Armen die Dimensionen des Tisches*
4	G	<voix traînante> julia salvatori' . voulez-vous euh
5	G	prendre pour vous . OUI,& machin . OUI'+ . et LÀ' .

---

[64] In den konsultierten Lexika des Französischen ist die Form *plaf* nicht verzeichnet. Daß im Bereich der Interjektionen „*noch heute die Urschöpfung nicht abgeschlossen* ist", konstatiert bereits Carstensen (1936: 6). Auf die Produktivität der Comics für die Herausbildung einer Vielzahl französischer Onomatopoetika verweist Léon (1993: 63).

6	G	crac . il y a quelque chose qui se casse, <2 sec>
	K	*heftige Kopfbewegung*
7	D	c'est-à-dire que vous avez ressenti en
	G	(?d'abord) ..
8	D	vous la mort de votre mère' <bas> non' c'est quoi'
	G	NON, mon cordon, .

Die Sprecherin berichtet von der Vermählung ihrer Tochter, wobei die Umstände der Trauung über die im narrativen Präsens gehaltene Beschreibung von Einzelheiten atomisiert und durch die Verwendung von direkter Rede inszeniert werden. Damit in Einklang steht die durch das narrative Gliederungssignal *et puis* strukturierte Chronologie der Ereignisse. Das Ritual der Trauzeremonie deutet die Erzählerin mit unvollständigen Zitaten der entsprechenden Formeln und ‚Platzhaltern' wie *machin* lediglich an, so daß die Situation eher evoziert als vollständig beschrieben wird. Das auch mimisch-gestisch inszenierte ‚Nachspielen' der Zeremonie[65] wird unvermittelt durch die mit *et là* eingeleitete und durch kurze Pausen gerahmte Interjektion *crac* unterbrochen. Diese symbolisiert – was durch die nachfolgende Äußerung expliziert wird – einen Bruch (*il y a quelque chose qui se casse*),[66] wobei die Sprecherin zunächst offen läßt, was zerbrochen ist. Die Referenz von *quelque chose* ist völlig unbestimmt. Diese Vagheit wie auch die sich anschließende zweisekündige Pause dienen der Spannungserzeugung an einem der Höhepunkte der komplexen Erzählung. Die lange Pause führt dazu, daß sich die Zuhörerin einschaltet und *quelque chose* zu präzisieren versucht. Die Interjektion erscheint hier in Verbindung mit einer Vielzahl anderer Mittel, die der Veranschaulichung dienen und damit zu einer größeren Lebendigkeit der narrativen Sequenz beitragen.

In Beispiel 20 findet sich die in redupizierter Form erscheinende Interjektion *bang* im Zusammenhang mit einer Personencharakterisierung.

Beispiel 20, voile 3

1	B	je crois' qu'il est il est à la hauTEUR' quoi, et c'est
2	B	quelqu'un' qui sait euh prendre des décision:s . BANG,
3	B	BANG, . trÈs caRRÉES' des fois un peu sévères' mais euh'
4	B	<ins> c'est . il sait trancher' quoi, .

Der Sprecher läßt sich über die Führungsqualitäten des Skippers aus, wobei er diesen über seine Fähigkeit, klare, gelegentlich auch harte Entscheidungen zu treffen, beschreibt (*prendre des décisions bang bang très carrées des fois un peu sévères*). Im Vorfeld des mehrfach hervorgehobenen qualifizierenden Adjektivs *carré*, das sowohl durch einen Insistenzakzent wie auch durch das Intensitätsadverb *très* verstärkt wird, findet sich die reduplizierte Verwendung von *bang*. Das Onomatopoetikon symbolisiert das Geräusch eines harten Schlags oder auch einer Explosion bzw. eines Schusses.[67] Durch die Reduplikation von *bang*, die durch zwei kurze Pausen aus dem Fluß des Sprechens herausgelöst ist und

---

[65] Dabei wendet sich die Sprecherin jeweils einer fiktiven Person zu, was sie insbesondere durch Drehungen des Kopfes und Nicken zum Ausdruck bringt.
[66] Der *Petit Robert* beschreibt *crac* als „mot imitant un bruit sec (choc, rupture), ou évoquant un événement brusque."
[67] Laut *Petit Robert* ahmt *bang* „le bruit d'une explosion violente" nach.

die aus zwei fallenden Akzenten bestehende typische Intonationskontur erhält, entsteht zudem der Eindruck einer rasch und entschieden ausgeführten Handlung. Durch ihren spezifischen Träger wirkt die Reduplikation in diesem Beispiel intensivierend und veranschaulichend zugleich.[68] Dabei nimmt die Interjektion die qualifizierende Eigenschaft vorweg, die mit dem nachfolgenden *carré* expliziert wird. Aufgrund der Lautsymbolisierung wie auch aufgrund des durch die Wiederholung entstehenden Rhythmus' macht sie die Bestimmtheit und Härte sinnfällig, mit der besagter Skipper Entscheidungen trifft.

5.4.2 Polyphone Auffächerung der Redeinstanzen

Insbesondere turnintern verwendete sekundäre Interjektionen markieren häufig den Beginn einer Redewiedergabe und begleiten damit eine Evokation von ‚Stimmen' im Sinne Bachtins.[69] Die Interjektionen fungieren hier, zusammen mit den meist die direkte Rede einleitenden *verba dicendi*, als ein Signal, mit dem die neue Sprechperspektive vom übrigen Diskurs abgesetzt wird. Neben ihrer gesprächsstrukturellen Funktion enthalten diese Interjektionen auch ein mimetisches Element. Sie tragen dazu bei, der fremden, nur zitierten Redeinstanz Unmittelbarkeit, Präsenz und v.a. Authentizität zu verleihen. Interjektionen sind in diesem Fall Teil eines größeren Verfahrens, das der Auffächerung der genuin monologischen Rede in eine Pluralität von Stimmen dient.[70] Die Inszenierung einer solchen ‚Polyphonie' trägt dazu bei, die Rede lebendiger und anschaulicher zu gestalten. Zusammen mit einem Wechsel im Sprechstil, der prosodisch sowie über Veränderungen in der Stimmqualität erreicht wird, unterstützen die Interjektionen eine Differenzierung der verschiedenen Stimmen.[71]

Auch die Redewiedergabe wurde bereits in der rhetorischen Figurenlehre beschrieben, die sie unter dem Namen *sermocinatio* zu den affektischen Figuren zählt.[72] Ähnlich wie die *evidentia* steht die *sermocinatio* bevorzugt im Zusammenhang mit narrativen Ereignisrekonstruktionen, wo sie v.a. zur Personencharakterisierung dient. Sie hat maßgeblichen Anteil an der szenischen Ausgestaltung von Alltagserzählungen, insbesondere ihrem narrativen Kern.[73] Die nachstehenden Beispiele belegen jedoch, daß die Redewiedergabe keinesfalls nur an das narrative Diskursmuster gebunden ist. Die Analyse der Daten zeigt darüber hinaus, daß verschiedene Typen der Redewiedergabe zu unterscheiden sind, die sich aus dem Verhältnis des Sprechers zu den von ihm in Szene gesetzten Redeinstanzen ergeben: Bei der zitierten Rede kann es sich zum einen um die (fiktive oder reale) Rede anderer Personen handeln. Zum anderen kann sich der Sprecher selbst als Redender inszenieren, sei

---

[68] Siehe dazu unten Abschnitt 6.1.
[69] Vgl. Bachtin (1979 und 1985). Für ein primär argumentationstheoretisches Konzept der Polyphonie siehe Ducrot (1984). Der Übergang zwischen strukturell deutlich markierten Redewiedergaben und den stärker in der argumentativen Struktur des Textes angelegten, durch die Verwendung bestimmter Konnektoren eingeführten Formen der Polyphonie ist jedoch fließend.
[70] Vgl. Drescher (1997a und 2000a).
[71] Für eine Beschreibung der prosodischen Verfahren im Zusammenhang mit der Redewiedergabe siehe Günthner (1997).
[72] Vgl. Lausberg (1960: 407ff.), ähnlich Plett (1975: 32). Perelman/Olbrechts-Tyteca ([2]1970: 238) rechnen die *sermocinatio* zu den Figuren der Präsenz.
[73] Vgl. unten Abschnitt 7.3.2.

es, um seinen Part in rekonstruierten Gesprächen wiederzugeben, sei es, um innere Monologe, Selbstgespräche, Reflexionen etc. nach außen zu tragen.

Das Beispiel 21 ist Teil einer dramatisierten Erzählung, in deren Verlauf die Schauspielerin Annie Girardot den Tod ihrer Mutter schildert, der in etwa zeitgleich mit der Hochzeit ihrer Tochter eintrat. Die folgende Passage steht am Beginn der narrativen Sequenz, in der die Erzählerin ihre inneren Konflikte beim Abschied von der todkranken Mutter wiedergibt.

Beispiel 21, masques

1	G	le maTIN où où je suis allée à l'aéroport'. euh
2	G	je s/ je suis passée à la clinique' et là maman' euh: ..
3	G	<vite, monotone et bas> j'ai vu le médecin, .
4	G	j'ai vu jeannot,+ et puis euh pff et elle et elle
5	G	elle hurlait' quoi, . j'étais/ je sais que' et .
6	G	tu te dis MERde, est-ce que je pars' est-ce que je pars
7	G	pas,&et en même temps' si j'étais pas partIE, .. et puis
8	G	là' bon, mon frère était là&et je sais que

Sprachlich ist die gesamte Sequenz stark aggregativ gestaltet: Viele Äußerungen enden in Abbrüchen, so daß es letztlich bei Andeutungen bleibt, die zur Spannungserzeugung beitragen (*je suis passée à la clinique et là maman; j'ai vu jeannot et puis eh pff; j'étais/ je sais que*). Bereits durch die Strukturierung ihres Redebeitrags erweckt G den Eindruck einer ganz unter dem Einfluß ihrer Gefühle stehenden Person, so daß schon hier ein ikonisches Moment ins Spiel kommt. Die sich anschließende Redewiedergabe dient dazu, die Überlegungen der Protagonistin in der damaligen Situation zu formulieren. Sie folgt auf einen Abbruch und eine längere Pause und wird durch ein Verb des Sagens im Präsens angekündigt, das auf ein generalisiertes *tu* Bezug nimmt. Die unspezifische pronominale Referenz ist ein Mittel der Distanzierung, durch das einerseits die geschilderte Erfahrung von dem Erleben der Sprecherin weg in den Bereich des Allgemeinen gehoben, andererseits aber auch eine breitere Geltung für die folgende Äußerung beansprucht wird. Zudem wird diese durch den pronominalen Wechsel von der aktuellen Gesprächssituation abgesetzt. Eingeleitet wird die Redewiedergabe durch die exklamativ unterlegte sekundäre Interjektion *merde*, die eine (eher negative) affektive Haltung zum Ausdruck bringt. Die beiden alternativen Entscheidungen werden asyndetisch nebeneinander gestellt (*est-ce que je pars est-ce que je pars pas*), was den Kontrast verstärkt. Die Redewiedergabe geht durch einen schnellen Anschluß unmittelbar in die nächste Äußerung Gs über. Auch diese Äußerung bleibt elliptisch (*et en même temps si j'étais pas partie*). Durch einen suggestiven, in seiner Wirkung durch eine Pause unterstützten Abbruch wird die Fortsetzung dem Zuhörer überlassen. Nach diesem Einschub fährt G mit ihrer durch Abbrüche und überwiegend parataktisch konstruierte Sätze eher aggregativ gestalteten Schilderung der Abschiedsszene fort. Die interjektionell eingeleitete Redewiedergabe steht hier im Kontext weiterer affektiver Verfahren, mit denen die Sprecherin emotionale Beteiligung im Rahmen einer konversationellen Erzählung darstellt.

In Beispiel 22 erscheinen die Interjektionen, darunter auch ein Onomatopoetikon, im Zusammenhang mit der Wiedergabe eines Selbstgesprächs. Der Ausschnitt ist einer Sequenz entnommen, in der B von den positiven Anregungen und Veränderungen in seinem Leben spricht, die ihm die Teilnahme an Segelwettkämpfen gebracht hat.

Beispiel 22, voile 3

1	B	<ins> la preMIÈRE transat' quand j'ai vu beaucoup
2	B	de gars par/ parlaient anglais' je me suis dit
3	B	OH' MInce!' . mes notions' elles sont quand même .
4	A	mhm
	B	VRAIment léGÈres' moi, et: quand je suis rentré'
5	A	*des cassettes t(u) as
	B	PAF j'ai acheté des . cassettes *et tout*
6	A	fait de l'anglais' enfin*
	B	ouais'

B gibt einen inneren Monolog wieder, um den Moment zu illustrieren, in dem er den Entschluß faßte, Englisch zu lernen. In der diskursiven Vergegenwärtigung von Einsichten und Erkenntnissen, die weitreichende Konsequenzen haben oder hatten, scheint eine an vielen Fällen im Material zu beobachtende Funktion dieser Art von Selbstzitaten zu liegen. In obigem Beispiel wird die Redewiedergabe durch ein auf den Sprecher bezogenes Verb des Sagens angekündigt (*je me suis dit*). Sie beginnt mit einer Kombination aus primärer und sekundärer Interjektion, wobei v.a. die primäre Interjektion prosodisch markiert wird (*oh mince*).[74] Nach einer kurzen Pause folgt die als Redewiedergabe präsentierte Information über die mangelhaften Englischkenntnisse, die gleich mehrere affektive Mittel enthält. So erscheinen hier zwei Dislokationen, durch die das Subjekt *mes notions* links sowie das betonte Pronomen *moi* rechts aus dem Satzrahmen herausgerückt wird, wobei die subjektive Perspektive durch die Stellung des Pronomens akzentuiert wird. Darüber hinaus findet sich eine Intensivierung des qualifizierenden Adjektivs *légères*, das mit einem Insistenzakzent versehen und in seiner Geltung durch das ebenfalls prosodisch markierte Adverb *vraiment* sowie *quand même* bekräftigt wird. An die Redewiedergabe, die den Moment des Bewußtwerdens szenisch vorführt, schließt sich eine Äußerung an, die die Folgen für das Verhalten des Sprechers illustriert. Vermutlich um die Promptheit seiner Handlungen zu verdeutlichen, wählt B die onomatopoetische Interjektion *paf*.[75] Der Ausschnitt gehört zu einer Sequenz, in der durch die Selbstcharakterisierung des Sprechers die subjektive Dimension relevant wird. In einem solchen Kontext, in dem persönliche Eigenschaften, Vorlieben, Haltungen etc. thematisch werden, kommt es häufig zur Darstellung emotionaler Beteiligung.[76]

Auch in dem folgenden Beispiel stehen die interjektionell eingeleiteten Redewiedergaben innerhalb einer Sequenz, in der es um eine Personencharakterisierung geht. Im Unterschied zu dem vorausgehenden Beispiel handelt es sich dabei jedoch nicht um eine Selbstcharakterisierung, sondern um die Verdeutlichung von Eigenschaften Dritter. Daher ent-

---

[74] *Mince* dient häufig als Euphemismus für *merde*. Es signalisiert Erstaunen oder gibt eine negative affektive Haltung vor.
[75] Laut *Petit Robert* bringt *paf* einen „bruit de chute, de coup" zum Ausdruck.
[76] Siehe oben Abschnitt 5.3.1.2.

steht die polyphone Struktur des Redebeitrags hier nicht über Selbstzitate, sondern über mögliche bzw. tatsächliche Äußerungen anderer Sprecher.

Beispiel 23, voile 1

1	FR	disons que: quand marc était à la barre:, personne
2	FR	disait on ferait mieux de mett(re) lui à la barre . il
3	FR	vaut mieux mettre un tel à la barre que lui, tu
	ET	ouais ouais
4	FR	vois voilà, donc ça c'est
	ET	il y a/ c'est incontestable,
5	FR	déjà' un truc qu'on disait jamais, quoi, et puis
		mhm
6	FR	on se disait jamai:s eu:h . oh putain'! mais .
7	FR	pourquoi il lofe de tro:p' ou pourquoi qu'il a pas
8	FR	trOp, (?je veux dire) quand il lofait il avait une
9	FR	raison' et quand il abattait' il avait une raison,
10	FR	par rapport à un aut(re) barreur on aurait dit mais
11	FR	PUTAIN! pourquoi il fait ça quoi, et là on/ mais on
	ET	mhm
12	FR	posait jamais de questions, c'est vraiment la .
13	FR	confiance totale eh c'est marc (?botte) à la barre'
14	FR	et on sait ce qu'il fait quoi,

Vorausgegangen ist eine Frage des Interviewers nach der Arbeitsatmosphäre an Bord sowie dem Verhältnis der Mannschaftskameraden untereinander. Das Gespräch kommt auf Marc, einen Segler, der offenbar große Autorität besitzt und das uneingeschränkte Vertrauen aller genießt. Diese an sich eher abstrakten Eigenschaften werden durch Redewiedergaben illustriert und an einem konkreten Beispiel eingeführt. Dabei erlaubt es die Redewiedergabe, Marc eher indirekt durch die Einführung anderer Sprechperspektiven zu charakterisieren. Die Redewiedergaben, die in beiden Fällen die Form von Fragen haben, werden durch *verba dicendi* eingeleitet, wobei die Instanz, der sie zugeschrieben werden, aufgrund des unspezifischen Pronomens *on* eher vage bleibt. Vermutlich verweist das Pronomen aber auf die Mannschaft bzw. einzelne ihrer Mitglieder. Im ersten Fall wird die Redewiedergabe durch eine auch prosodisch hervorgehobene Kombination aus primärer und sekundärer Interjektion eingeleitet (*oh putain*). Im zweiten Fall dient nur die Interjektion *putain* als Einstieg. Beide Male tritt ein verstärkendes *mais* hinzu, so daß die jeweiligen Äußerungen emotional getönt sind. In die gleiche Richtung weist auch der wertende Gehalt von *de trop*. Die szenisch dargestellte emotionale Beteiligung ist hier nicht eigentlich die FRs, vielmehr wird sie anderen Redeinstanzen zugeschrieben. FR übernimmt sie jedoch und stellt sie in den Dienst seiner Argumentation, die auf eine szenisch vergegenwärtigte und damit zugleich konkretisierte Personencharakterisierung abhebt. Die Redewiedergaben erlauben es, bestimmte Qualitäten durch das Einbringen anderer Perspektiven zu veranschaulichen, wobei deren Benennung erst im Anschluß stattfindet: In einer Art Fazit kommt FR zu der expliziten, durch das Adverb *vraiment* bekräftigten und durch das Adjektiv *total* intensivierten Charakterisierung *c'est vraiment la confiance totale*. Die vorausgehenden Beispiele verdeutlichen, daß auch eher ‚neutrale' Diskurse immer wieder Sequenzen enthalten, die sich von ihrem Gesprächskontext durch ein gewisses Maß an emotionaler Beteiligung abheben.

5.5 Fazit

Die Diskussion der vorausgehenden Gesprächsausschnitte zeigt, daß es gute Gründe dafür gibt, Interjektionen als emotive Zeichen zu rehabilitieren, allerdings nur in einer modifizierten und kommunikativ gewendeten Variante. Erstens ist eine solche Funktionszuschreibung empirisch zu stützen, was dazu führt, daß die These von der Affektivität nicht für alle Elemente dieser ausgesprochen heterogenen Klasse uneingeschränkt aufrecht erhalten werden kann. Zweitens zeigen die Analysen, daß Interjektionen in hohem Maße kontextabhängig sind, so daß hier grundsätzlich genauere Angaben zu spezifischen Verwendungen erforderlich sind. Mit den vorausgehenden Analysen wurden einige der thematisch-interaktiven Kontexte aufgezeigt, in denen es zur Darstellung emotionaler Beteiligung und in diesem Zusammenhang auch zur Verwendung von Interjektionen kommt. Die Kontexte, in denen sie erscheinen, enthalten in aller Regel weitere verbale und suprasegmentale Mittel des Gefühlsausdrucks, so daß die Beschäftigung mit Interjektionen zugleich den Blick auf den holistischen Charakter der Darstellung emotionaler Beteiligung lenkt. Drittens ist auch die Art der Funktionszuschreibung grundlegend zu modifizieren, und zwar in der Weise, daß nicht von einer sprecherzentrierten Deutung der Interjektion auszugehen ist, sondern von einem Verständnis als Signal. Nicht der unmittelbare, den Sprecher psychisch entlastende Ausdruck von Gefühlen bildet das entscheidende Moment für die funktionale Charakterisierung, sondern ihr auf den Partner gerichteter kommunikativer Bezug. Dieser zeigt sich besonders deutlich in dem Beitrag der Interjektionen zur affektiven Synchronisation der Interaktanten, die wiederum die Basis für einen harmonischen, kooperativ geführte Interaktionen auszeichnenden Gesprächsstil zu sein scheint. In diesem modifizierten Sinne und ohne die grundlegende Multifunktionalität der Interjektionen in Frage stellen zu wollen, die nicht nur kontextfrei gegeben ist, sondern auch bei den aktualisierten Formen in Ansätzen erhalten bleibt, kann man daher sagen, daß eine offenbar zentrale Funktion vieler Interjektionen in der Darstellung emotionaler Beteiligung liegt.

Die Beschäftigung mit Interjektionen läßt darüber hinaus die Relevanz, die der veranschaulichenden Dimension im Zusammenhang mit der Darstellung emotionaler Beteiligung zukommt, augenfällig werden. Diese zeigt sich zunächst auf einer diskursiven Ebene in der gehäuften Verwendung von Interjektionen im Zusammenhang mit der Redewiedergabe, die letztlich als eine Inszenierung anderer ‚Stimmen' zu beschreiben ist. Ein mimetisches Element ist auch den vielfältigen Geräuschsymbolisierungen sowie den auf Affektlaute zurückgehenden Interjektionen zu eigen. Es manifestiert sich zudem in der exklamativen Kontur, mit der viele Interjektionen realisiert werden. Diese kann als stark stilisierte und zugleich konventionalisierte Form ursprünglicher paraverbaler Emotionsmanifestationen gesehen werden. Hier ergibt sich ein besonderer Bezug zur Körperlichkeit: Die Interjektionen stehen den leibesvermittelten Formen des Gefühlsausdrucks nahe, von denen sie im übrigen häufig begleitet werden. Es ist zu vermuten, daß einer der Gründe für das präferente Vorkommen von Interjektionen im Kontext der emotionalen Beteiligung in der ikonischen Bedeutung dieser Formen zu suchen ist. Das ikonische Prinzip kommt auch bei dem im folgenden zu beschreibenden Verfahren der Reduplikation zum Tragen, bei dem das intensivierende ‚Mehr' über eine Wiederholung von Textsegmenten unterschiedlicher Ausdehnung und damit letztlich über die Inanspruchnahme von mehr Zeit im linearen Fluß des Sprechens zum Ausdruck gebracht wird.

> *Et moi seul seul seul comme le lierre*
> *fané des jardins de banlieue*
> *seul comme le verre.*
>
> Desnos, *Corps et biens*

6 Verfahren der Darstellung emotionaler Beteiligung: Reduplikationen[1]

Zu den interaktionssemantischen Dimensionen, die für die Darstellung emotionaler Beteiligung in der Interaktion konstitutiv sind, gehört neben dem Evaluieren, Veranschaulichen und Subjektivieren v.a. das Intensivieren.[2] Die Sprache stellt eine Vielzahl von grammatischen Mitteln der Intensivierung bereit, von denen einige bereits in Kapitel 3 zur Sprache kamen. Andere gerieten im Zusammenhang mit der Analyse von Interjektionen in den Blick, in deren Umfeld häufig auch Adverbien und Adjektive mit superlativischer Bedeutung, Exklamativsätze, prosodische Intensitätsmarkierungen usw. anzutreffen waren. Daneben fanden sich auch diskursive Verfahren wie die Wiederholung einer oder mehrerer Konstituenten. Als stilistisch markierte Verfahren haben solche intensivierenden Wiederholungen eine größere Expressivität als vergleichbare grammatische Mittel. Daher kommt ihnen im Zusammenhang mit der Darstellung emotionaler Beteiligung besondere Relevanz zu.

Die Wiederholung kann über Konstituenten ganz unterschiedlicher Ausdehnung operieren: Laut, Silbe, Wort, Syntagma, Satz. In manchen Sprachen übernimmt sie zudem grammatische Funktionen oder verfestigt sich lexikalisch. So stellt im Französischen die Silbenverdopplung ein gängiges Wortbildungsmuster dar, das zur Entstehung hypokoristischer Formen wie *fifille, bébête, bobonne, chouchou, gaga* etc. führt. Während die Wiederholung hier unabhängig von der Ebene, auf der sie zum Tragen kommt, grundsätzlich expressiv zu sein scheint,[3] stellt sie in den französisch basierten Kreolsprachen wie auch in vielen anderen Sprachen ein gleichsam neutrales, zum grammatischen System gehöriges Mittel dar, das zur Markierung des Superlativs oder zur Pluralbildung dient.[4]

---

[1] Zentrale Überlegungen dieses Kapitel wurden bereits an anderer Stelle publiziert; vgl. Drescher (2000b).
[2] Siehe oben Abschnitt 4.4.2.
[3] Zu expressiven Werten der Wiederholung in verschiedenen romanischen Sprachen siehe Koch/Oesterreicher (1996: 80ff.). Brunot (^{3}1965: 543) bringt die Wiederholung pauschal mit den Ausdrucksformen des Gefühls in Verbindung. Auf ihre expressiven Werte verweist auch Frei (1971: 277), der zugleich den sprachübergreifenden Charakter dieses Verfahrens herausstellt: „La répétition assume une valeur plus ou moins expressive dans toutes les langues. Elle peut symboliser l'activité répétée, l'alternative, l'intensité, la progression etc." Vgl. van Os (1989: 106ff.) zur Wiederholung im Deutschen sowie Irvine (1990: 142) für das Wolof.
[4] Zur Reduplikation als einem grammatikalisierten Marker der Intensität bzw. der Emphase in einigen französisch basierten Kreolsprachen vgl. Neumann (1985: 340f.). Lausberg (1960: 313) sieht in der Verdopplung „als grammatische Erscheinung eine primitive Bildung des Superlativs." Ähnlich Frei (1971: 279).

Der Beitrag der Wiederholung zur Intensivierung läßt sich auf den amplifizierenden Charakter dieser Strukturen zurückführen. Wiederholungen tragen zu einer größeren Präsenz des Redegegenstandes bei und können daher als eine auf Textebene operierende, ikonische Variante der Intensivierung angesehen werden. Lausberg (1960: 312) sieht die globale Funktion aller auf dem Prinzip der Wiederholung basierenden rhetorischen Figuren in der zumeist affektbetonten Vereindringlichung.[5] Den affektiven Gehalt der Wiederholung betont auch Bollée (1978: 318):

> Wiederholungen, Dopplungen von Wörtern, Wortgruppen oder Sätzen sind als ein beliebtes Ausdrucksmittel affektiver und expressiver Sprachverwendung jedem geläufig. [...] Starke Emotionen, besondere gefühlsmäßige Anteilnahme finden ihren Ausdruck in Wiederholungen.

Ein amplifizierendes Potential ist sowohl den primär semantischen, als auch den durch die Wiederaufnahme einzelner Konstituenten strukturell manifest werdenden Wiederholungen zu eigen.[6] Ich lasse hier die auf einer semantischen Äquivalenz basierenden Ausprägungen der Wiederholung beiseite, um mich ausführlicher mit einem bestimmten Typ der strukturell manifesten Wiederholung zu befassen, der in den untersuchten Daten ausgesprochen häufig zur Intensivierung eingesetzt wird und den ich *Reduplikation* nennen will. In den folgenden Abschnitten sollen die Reduplikationen systematisiert und von verwandten Verfahren abgegrenzt werden. Das Ziel einer solchen strukturellen Differenzierung ist es, zu einer feineren Beschreibung ihrer intensivierenden Funktion zu gelangen.

6.1 Strukturelle und funktionale Charakterisierung der Reduplikation

Als Reduplikation bezeichne ich die in unmittelbarem Kontakt stehende, wortwörtliche Wiederholung von *diskursiven* Konstituenten unterschiedlicher Ausdehnung (*très très* oder auch *c'est dingue c'est dingue*). Bislang galt das Interesse der Linguisten v.a. den mehr oder weniger verfestigten und konventionalisierten Formen der Wiederholung im Französischen. So differenziert Bollée (1978: 319) in ihrem überwiegend auf literarische Beispiele gestützten Aufsatz zur „Reduplikation und Iteration in den romanischen Sprachen" zwischen affektiven Wiederholungen, deren Beschreibung sie in den Bereich der Stilistik verlagert, und grammatikalisierten bzw. lexikalisierten Dopplungen, die ein fester Bestandteil im System einer Sprache sind und die den eigentlichen Gegenstand ihrer Untersuchung bilden.[7] Interessant mit Blick auf die hier interessierenden Phänomene ist die bei Bollée als grammatische Iteration charakterisierte Wiederholung vom Typ *café café*, *chien chien* (im Sinne von ‚richtiger Kaffee', ‚richtiger Hund'). Die Abgrenzung dieser verfestigten syntaktischen Dopplung zu den eher ad hoc realisierten affektiven Wiederholungen bleibt bei

---

[5] Ähnlich Perelman/Olbrechts-Tyteca ([2]1970: 237). Dorfmüller-Karpusa (1990) zählt Wiederholungen zu den „intensifiers operating by extension."

[6] Zahlreiche Varianten der Wiederholung wurden in der rhetorischen *elocutio* unter dem Stichwort *figurae per adiectionem* systematisiert und hinsichtlich ihrer stilistischen Wirkungen beschrieben. Vgl. Lausberg (1960: 310ff.).

[7] Den Begriff der Reduplikation reserviert Bollée für lexikalisierte Wiederholungen vom Typ *fifille*, *tata*.

Bollée unklar. Solche nicht verfestigten Wiederholungen stehen im Mittelpunkt der kurzen Studie von Drapeau/Roy (1981) zur Reduplikation als intensivierendem Verfahren im gesprochenen Französisch von Montréal. Die Beschreibung der Reduplikation erfolgt hier primär aus einer varietätenlinguistischen Perspektive.[8] Drapeau/Roy untersuchen ausschließlich die Reduplikation von Adverbien und Adjektiven und konzentrieren sich dabei auf die Frage ihrer Distribution im Vergleich mit anderen grammatischen Mitteln der Intensivierung.

Mehr Aufmerksamkeit fanden die funktionalen und pragmatischen Aspekte der Reduplikation in der rhetorischen Tradition. Lausberg (1960: 312), der das hier Reduplikation genannte Verfahren unter der Bezeichnung *geminatio* behandelt,[9] definiert diese Figur als eine auf dem Prinzip der strengen Gleichheit beruhende Wiederholung gleicher Wörter (*iteratio*) bzw. gleicher Wortgruppen (*repetitio*) im Kontakt. Wie die Daten zeigen, kann die Reduplikation jedoch nicht nur über einzelnen Wörtern oder Syntagmen operieren, sondern auch Äußerungen vom Format eines Satzes betreffen. Konstitutiv für das Verfahren ist die Wiederholung einer sprachlichen Einheit (zweimalige Nennung), wobei nach oben hin im Prinzip keine Grenzen gesetzt sind. In meinem Korpus überwiegen Reduplikationen mit einer zwei- bis dreimaligen Nennung der Konstituente. Die kommunikativ noch verträgliche Obergrenze scheint bei sechs Nennungen zu liegen, wobei Reduplikationen mit mehr als drei Konstituenten eher selten sind. Es besteht offenbar eine direkte Beziehung zwischen der Anzahl der reduplizierten Konstituenten und der symbolisierten Intensität: Je häufiger eine Konstituente redupliziert wird, desto größer ist die Intensität. Dies hängt mit der Ikonizität des Verfahrens zusammen, durch das eine globale Bedeutung, nämlich das Signalisieren eines ‚Mehr', diskursiv augenfällig gemacht wird: Mit der Wiederholung wird dieses ‚Mehr' durch die Inanspruchnahme von mehr Zeit bzw. Raum im linearen Fluß des Sprechens ikonisch abgebildet und damit zugleich auch ein ‚Mehr' im übertragenen Sinn symbolisiert. Lausberg (1960: 311) sieht einen unmittelbaren Zusammenhang zwischen den durch die Reduplikation bewirkten Effekten einerseits und der Ikonizität andererseits. Er leitet die affektivische Funktion der Figur aus der zweimaligen Präsentation einer identischen, jedoch nicht pleonastischen Information her:

> Die Gleichheit der Wiederholung impliziert eine affektische Überbietung: die Erstsetzung des Wortes hat die normale semantische Informationsfunktion (*indicat*), die Zweitsetzung des gleichen Wortes setzt die Informationsfunktion der Erstsetzung voraus und hat eine über die bloße Informationsfunktion hinausgehende affektisch-vereindringlichende Funktion (*affirmat*).

---

[8] Drapeau/Roy sehen in der Reduplikation ein charakteristisches Merkmal des frankokanadischen Substandards und machen keine Aussagen über Verwendungen dieses intensivierenden Verfahrens in anderen Varietäten des Französischen.

[9] Lausberg (1960: 314) verwendet den Begriff der *reduplicatio* zur Bezeichnung einer verwandten, auch *anadiplose* genannten Figur (siehe unten Abschnitt 6.5). Ich ziehe hier den Begriff der Reduplikation vor, da die Bezeichnung *geminatio* in der linguistischen Terminologie in erster Linie mit der Verdopplung von Lauten oder Silben innerhalb eines Wortes in Verbindung gebracht wird. Darüber hinaus suggeriert der Begriff *geminatio* (Verdopplung), daß es sich grundsätzlich um zweigliedrige Strukturen handelt. Diese machen jedoch nur einen Teil der durch die Daten belegten Vorkommen aus.

Die Reduplikation zählt er daher zu den im Dienste der rhetorischen Wirkungsabsicht des *movere* stehenden ‚Pathosformeln'.[10] Sehr schön kommt der ikonische Charakter der Reduplikation auch in der Formulierung Spitzers zum Ausdruck, wonach durch solche Verfahren eine ‚unbegrenzte Ausdehnung gemalt' werden solle.[11]

Für die Abgrenzung des Verfahrens von anderen Typen der Wiederholung ‚im Kontakt' spielen insbesondere seine spezifische prosodische Realisierung sowie in eingeschränkterem Maße auch die asyndetische Abfolge der Konstituenten eine Rolle.[12] Die prosodische Realisierung ist durch ein rhythmisches Muster charakterisiert, das sich aus der Wiederholung des Akzents bzw. der Intonationskontur der jeweiligen Konstituente ergibt. In der Mehrzahl der Fälle erhalten die einzelnen Glieder der Reduplikation einen fallenden Akzent, d.h. die Tonhöhenbewegung geht nach unten. Auf komplexeren Konstituenten findet man demgegenüber eher einen fallend-steigenden Akzent. Wichtiger als die Richtung der Tonhöhenbewegung scheint jedoch der durch die Wiederholung erzielte Rhythmus zu sein, der der Reduplikation auch prosodisch Gestalt verleiht. Häufig geht diese Rhythmisierung mit einer Erhöhung der Intensität einher, d.h. die reduplizierten Konstituenten werden (alle oder auch nur einzelne, in der Regel dann die erste) lauter gesprochen als der Rest der Äußerung.[13] In einigen Fällen werden die Konstituenten auch im schnellen Anschluß realisiert.

Die über die Reduplikation erzielte Intensivierung kann unterschiedliche, sich aus der Semantik der Konstituenten ableitende Dimensionen betreffen. Im wesentlichen handelt es sich um die Dimensionen der Quantität und der Qualität, die – in Abhängigkeit von der Bedeutung der Konstituenten – weiter spezifiziert werden können.[14] Die Auswertung des Materials ergibt, daß die Reduplikation in erster Linie zur Symbolisierung einer hohen Quantität verwendet wird. Auch die zeitliche Dimension, insbesondere die Symbolisierung von Dauer, sowie die Verstärkung der Negation spielen eine Rolle. In eingeschränkterem Maße werden Reduplikationen auch zur Veranschaulichung einer besonderen Intensität im Bereich der qualitativen Dimension eingesetzt, etwa um die ‚Prototypizität' einer Eigenschaft zu signalisieren. Mit der semantischen Intensivierung geht meist eine kommunikative Hervorhebung einher. Beide Aspekte sind kaum zu trennen, da auch die Rhythmisierung eine Hervorhebung bewirkt.

---

[10] Vgl. ähnlich Fontanier (1977: 332) und Dupriez (1984: 388).
[11] Zitiert in Anlehnung an Bollée (1978: 330).
[12] Vgl. dazu unten Abschnitt 6.5.
[13] Während die Rhythmisierung eine konstitutive Eigenschaft des Verfahrens darstellt, ist die Erhöhung der Lautstärke (Intensität im prosodischen Sinne) zwar ein empirisch häufig zu beobachtendes Phänomen, das jedoch nicht zur Abgrenzung der Reduplikation von vergleichbaren Strukturen beiträgt. Es finden sich durchaus auch Reduplikationen, in denen es nicht zu einer Erhöhung der Lautstärke kommt. Wenn ich im folgenden von einer ‚prosodischen Markierung' der Reduplikation rede, so ist damit nicht die für das Verfahren ohnehin konstitutive Rhythmisierung gemeint, sondern die zusätzliche Betonung der einzelnen Konstituenten, die in der Regel durch einen Insistenzakzent erfolgt.
[14] Vgl. Riegel/Pellat/Rioul (^{2}1996: 520), die neben den Dimensionen der Quantität und der Qualität auch die der Frequenz anführen: Demnach bringt die Reduplikation einen „haut degré d'une qualité", eine „répétition d'un procès" oder aber eine „accumulation quantitative" zum Ausdruck. Die iterative Dimension läßt sich jedoch m.E. auch auf die Dimension der Quantität zurückführen.

Die Reduplikation kann über Konstituenten von unterschiedlicher Ausdehnung operieren. In dem hier untersuchten Material ist der Typ der lexikalischen Reduplikation am häufigsten vertreten, wobei in erster Linie Adverbien und Adverbiale, aber auch Nomina und Adjektive redupliziert werden. Verben kommen nicht in der infinitivischen Form vor, sondern nur als Teil komplexer Einheiten.[15] Die Unterscheidung nach dem Komplexitätsgrad der Konstituenten bildet ein erstes Kriterium für die Systematisierung der empirisch zu beobachtenden Vorkommen: Hier kann man trennen zwischen Reduplikationen, die aus Einzelwörtern bestehen und solchen, die komplexe Einheiten betreffen. Im Bereich der lexikalischen Reduplikation wäre eine weitere Differenzierung nach der Wortart denkbar (Nomen, Adjektiv, Adverb). Mit Blick auf die Funktion des Verfahrens erweist es sich jedoch als sinnvoller, die strukturelle Systematisierung durch eine semantische zu ergänzen, die die Grundbedeutung der reduplizierten Konstituenten und insbesondere das Vorhanden- bzw. Nichtvorhandensein des Merkmals /Intensität/ berücksichtigt. Dabei ist zu unterscheiden zwischen Konstituenten, die in ihrer Bedeutung keinen Hinweis auf eine besondere Intensität haben und solchen, die bereits eine wie auch immer geartete superlativische Bedeutung enthalten.[16] Im ersten Fall erfolgt die Intensivierung ausschließlich diskursiv über die Einbindung in die Reduplikation. Im zweiten, empirisch ausgesprochen häufig belegten Fall wird eine bereits in der Bedeutung des entsprechenden Lexems angelegte semantische Komponente durch die Reduplikation diskursiv verstärkt. Die Intensivierung entsteht hier also aus einer Kombination grammatischer Ausdrucksmittel und diskursiver Verfahren.

Die Klassifikation der Beispiele folgt zunächst dem strukturellen Kriterium, woraus sich die Unterscheidung ergibt zwischen Reduplikationen, die über Einzelwörtern operieren (Abschnitt 6.2) und solchen, deren Glieder aus komplexen Einheiten bestehen (Abschnitt 6.3). Die Klasse der lexikalischen Reduplikationen wird intern auf der Basis des semantischen Kriteriums weiter differenziert. Die Anzahl der reduplizierten Konstituenten wie auch deren syntaktische Funktion werden in der Systematik nicht ausdrücklich berücksichtigt, da sie bei der strukturell-funktionalen Charakterisierung des Verfahrens nur eine untergeordnete Rolle spielen.

6.2 Reduplikation von Lexemen

Im folgenden stelle ich zunächst einige Gesprächsausschnitte vor, die in die Kategorie der rein diskursiven Intensivierung fallen (Abschnitt 6.2.1). In allen drei Beispielen operiert die Reduplikation über einem Nomen. Anschließend komme ich auf die Reduplikation von Konstituenten zu sprechen, die – weil sie bereits eine superlativische Bedeutung haben –

---

[15] Ausgeschlossen von dem Verfahren sind aufgrund der nicht möglichen Skalierbarkeit Präpositionen, Konjunktionen und Artikel. Vgl. unten Beispiel 35.

[16] Eine Differenzierung nach der Wortart würde zu beinahe identischen Unterteilungen führen, da die Konstituenten ohne Intensitätsmarkierung im wesentlichen Nomina sind, und Konstituenten, die bereits das semantische Merkmal /Intensität/ enthalten, in erster Linie zur Klasse der Adjektive bzw. Adverbien gehören. Trotz der zu beobachtenden privilegierten Zuordnungen sind die Kategorien jedoch prinzipiell nicht deckungsgleich.

keine grammatischen Möglichkeiten der Steigerung mehr zulassen (Abschnitt 6.2.2). Dazu gehören insbesondere Intensitätsadverbien wie *très*. Häufig ist gerade ihre Bedeutung semantischem Verschleiß ausgesetzt, so daß eine zusätzliche Verstärkung erforderlich erscheint. Aufgrund der Häufigkeit, mit der das Intensitätsadverb *très* redupliziert wird, behandle ich diesen Typ als eine eigene Subkategorie (Abschnitt 6.2.3).

6.2.1 Lexeme ohne semantisches Merkmal /Intensität/

In dem ersten Beispiel dieser Gruppe wird das Lexem *voile* dreimal redupliziert. Die Reduplikation reduziert sich – aufgrund der vom Sprecher gewählten Konstruktion *parler voile*, in der *voile* in quasi-adverbialer Verwendung erscheint – auf das Nomen:

Beispiel 24, voile 3

1	B	tu vis ces moments-là'. le MONde autour de toi' si tu
2	B	veux' il est un peu il est un peu occulté&t(u) es' <ins>
3	B	tu tu vois ton truc' (?ce qui est) dommage un peu les
4	B	gars' ils parlent VOILE, VOILE, VOILE, il y a QUE ÇA'
5	B	qui compte' <ins> et tout le reste' l'actualité:'
6	B	eu:h tu suis plus de toute façon' t(u) as PAS le TEMPS,

Jedes Glied der Reduplikation erhält einen fallenden Akzent, wodurch die für das Verfahren typische Intonationskontur entsteht. Hier wie auch in den folgenden Beispielen lassen sich keine Abstufungen hinsichtlich der Tonhöhe feststellen, d.h. die Stimme fällt nach jedem Glied der Reduplikation etwa gleich tief. Darüber hinaus wird die Reduplikation insgesamt mit einer höheren Intensität realisiert.[17] Die diskursive Funktion des Verfahrens liegt in diesem Fall darin, die negativ bewertete (*dommage un peu*) Ausschließlichkeit des evozierten Themas ‚Segeln' zu betonen. Dazu stellt der Sprecher den Raum, den dieses Thema einnimmt, ikonisch dar: Die Reduplikation signalisiert zunächst einmal eine hohe Quantität, die im gegebenen kommunikativen Kontext als Ausschließlichkeit zu interpretieren ist. Diese stilistisch übermittelte Bedeutung wird im Anschluß an das Verfahren mit der auch prosodisch markierten Formulierung *il y a que ça qui compte* noch einmal expliziert.

Auch im folgenden Beispiel umfaßt die Reduplikation drei Konstituenten, die jedoch neben der typischen, aus fallenden Akzenten bestehenden Intonationskontur keine Erhöhung der Intensität erkennen lassen. Redupliziert wird eine aus Nomen und Artikel zusammengesetzte Nominalgruppe.

Beispiel 25, voile 1

1	FR	je/ jusqu'à présent' mais j'avais jamais trouvé de:/
2	FR	mais moi' mon RÊVE' c'était toujours de faire de la

---

[17] Möglicherweise wird die Struktur auch aufgrund ihrer Rhythmisierung als lauter wahrgenommen. Die verschiedenen prosodischen Parameter fließen zumindest bei der auditiven Analyse ineinander und bilden eine Gestalt, so daß nicht genau zu entscheiden ist, ob der Eindruck der Markierung aufgrund der Erhöhung der Lautstärke oder aber der rhythmischen Akzentuierung entsteht. Auch hier ist eine Art Signalisierungsredundanz zu bemerken.

| 3 | FR | course, la course, la course, quoi, et |

Die Reduplikation symbolisiert die Intensität eines Wunsches, wobei diese auch mit Hilfe anderer intensivierender Mittel, insbesondere dem generischen Zeitadverb *toujours*, zum Ausdruck gebracht wird. Dabei greifen die Dimensionen der Qualität und der Quantität ineinander: Während der in der Semantik von *toujours* enthaltene Hinweis auf unbegrenzte Dauer hyperbolisch auf die Kontinuität des Wunsches – und damit letztlich natürlich auch auf seine Intensität – verweist, wird letztere in erster Linie mit Hilfe der Reduplikation ikonisch symbolisiert. Im Umfeld der Reduplikation finden sich auch in diesem Ausschnitt weitere Hinweise auf die Darstellung emotionaler Beteiligung. Dazu gehören zum einen die Verdopplung des auf den Sprecher referierenden Pronomens am Beginn der Äußerung, zum anderen die Bezugnahme auf einen Traum (*rêve*) im Sinne eines lang gehegten Wunsches, wodurch die subjektive Perspektive der Passage betont wird.

Im Unterschied zu den vorausgehenden Beispielen belegt der folgende Ausschnitt den eher seltenen Fall einer aus vier Gliedern bestehenden Reduplikation.

Beispiel 26, face aux maires: Fabius

1	F	moi j'ai fait comme beaucoup une campagne électorale'
2	F	chez moi en seine maritime' et les questions qu'on pose/
3	F	LA question principale est celle/ c'est-à-dire tout le
4	F	temps <vite> l'emploi, l'emploi, l'emploi, l'emploi,+
5	F	bon alors là-dessus' eu:h soyons clair et net, bon,
6	F	euh l'augmentation du chômage en france' a commencé en
7	F	soixante-treize,

Die prosodische Konturierung des Verfahrens erfolgt wiederum über die durch die fallenden Akzente entstehende Rhythmisierung, die hier zusätzlich durch eine schnellere Sprechweise gestützt wird. Die Reduplikation trägt dazu bei, eine Hervorhebung diskursiv zu veranschaulichen, die bereits im Vorfeld durch die Formulierung *la question principale est celle* angedeutet wurde. Intensivierend sind zum einen der auf den bestimmten Artikel *la* fallende Insistenzakzent, zum anderen die Semantik des Adjektivs *principal*. Diese eher abstrakte Äußerung wird jedoch vom Sprecher nicht zu Ende geführt; statt dessen fährt er mit einer Äußerung fort, die die Reduplikation des Lexems *emploi* enthält.[18] Die Reduplikation wird durch das ebenfalls eine hohe Intensität anzeigende Adverbial *tout le temps* eingeleitet. Auch hier läßt sich wieder beobachten, daß die stilistische Bedeutung des Verfahrens durch Formulierungen in seinem Kontext präzisiert wird. Zudem taucht in der unmittelbaren Umgebung der Reduplikation mit der Paarformel *clair et net* ein weiteres Mittel der Intensivierung auf.[19]

---

[18] Auch der Abbruch, der die Reduplikation hinsichtlich ihres gesprächsstrukturellen Status' zum zweiten Segment einer Korrektur macht, wirkt letztlich hervorhebend.

[19] Paarformeln und Reduplikationen weisen insbesondere unter funktionalen, aber auch unter strukturellen Gesichtspunkten einige Ähnlichkeiten auf. Funktional gesehen dienen beide Verfahren der häufig affektivisch motivierten Intensivierung (für die Beschreibung der expressiven Qualitäten von Paarformeln vgl. insbesondere Gréciano (1988)). Strukturell gesehen handelt es sich in beiden Fällen um eine Variante der Wiederholung. Diese ist jedoch im Falle der Paarformel wesentlich

6.2.2 Lexeme mit semantischem Merkmal /Intensität/

Unter den reduplizierten Lexemen, die in ihrer Bedeutung bereits das Merkmal /Intensität/ enthalten, finden sich in den Daten ausschließlich Adverbien, Adverbiale und qualifizierende Adjektive, wobei die Kategorie der Adverbien am stärksten vertreten ist. Die mittels Reduplikation intensivierten Adverbien stammen v.a. aus den Bereichen „indication du degré" und „modification d'un rapport de caractérisation" (vgl. Riegel/Pellat/Rioul ²1996: 378ff.) für eine semantisch basierte Klassifikation französischer Adverbien). Eine weitere Gruppe stellen die auf den Satz bezogenen Negationsadverbien dar. Viele der mittels Reduplikation intensivierten Adjektive und Adverbien haben bereits eine superlativische Bedeutung und können mit grammatischen Mitteln der Intensivierung – etwa den Adverbien *très*, *bien* oder *fort* – nicht noch ein weiteres Mal gesteigert werden. Zu den Adverbien und Adjektiven, die keinen Spezifikator vom Typ *très* erlauben, gehören die durch die Beispiele 27, 29 und 32 belegten Verwendungen von *plein, tout le temps* oder auch *terrible*. Hier bietet sich die Reduplikation als diskursives Verfahren der Intensivierung an. Die Reduplikation kann jedoch auch alternativ zu grammatischen Möglichkeiten der Intensivierung verwendet werden. Diesen Typ illustrieren die Reduplikationen von *gros* und *longtemps* (Beispiele 28 und 30). Grundsätzlich sind also zwei Verwendungen der Reduplikation zu unterscheiden: Im ersten Fall steht das Verfahren in komplementärer Distribution mit grammatischen Mitteln, insbesondere den bereits genannten Intensitätsadverbien.[20] Im zweiten Fall bildet die Reduplikation das einzig mögliche Verfahren der Intensivierung.[21] Die Fälle, in denen die Reduplikation über Lexemen mit superlativischer Bedeutung operiert, lassen sich weiter differenzieren nach dem jeweils intensivierten semantischen Aspekt: Quantität, Zeit, Negation.

6.2.2.1 Quantität

Mit Blick auf die Vorkommenshäufigkeit im zugrundegelegten Korpus nimmt die Reduplikation des Adverbs *plein* im Bereich der Quantität den ersten Platz ein, wobei das

---

gelockerter: Erstens stehen ihre Konstituenten nicht in unmittelbarem Kontakt, sondern sind durch die Konjunktion *et* verbunden. Zweitens handelt es sich bei der Paarformel meist um eine Verbindung semantisch komplementärer Begriffe und nicht um eine wörtliche Wiederholung; allerdings wird die eher gelockerte semantische Relation häufig durch lautliche Besonderheiten (Alliteration o.ä.) gestützt. Drittens sind Paarformeln – wie schon der Name sagt – zweigliedrige Strukturen und viertens ist die Verbindung dieser zwei Konstituenten gefroren, d.h. es handelt sich bei der Paarformel um eine phraseologische Einheit. Faßt man den Begriff des Phraseologismus' weit, so haben auch Reduplikationen aufgrund des ihnen eigenen festen Strukturmusters eine formelhafte Komponente. Möglicherweise könnte man sie als eine Art Phraseoschablone bzw. als Modellbildung im Sinne von Burger/Buhofer/Sialm (1982: 35) beschreiben.

20 Die Komplementarität der Distribution zeigt sich daran, daß eine Verwendung der Reduplikation in Verbindung mit den typischen Intensitätsadverbien *très* und *bien* nicht möglich, zumindest empirisch nicht belegt ist. Intensivierungen vom Typ **très fort fort fort* scheinen inakzeptabel. Vgl. ähnlich Drapeau/Roy (1981: 446).

21 Vgl. ähnlich Drapeau/Roy (1981), die darauf verweisen, daß die Distribution der Reduplikation grundsätzlich größer ist als die der intensivierenden Adverbien. Nicht möglich ist die Reduplikation lediglich bei Adverbien, die einen Vergleich indizieren.

folgende Beispiel durch die viermalige Wiederholung des Lexems auffällt. Der Ausschnitt enthält eine auf das subjektive Erleben des Partners abzielende Frage des Interviewers, mit der dieser zugleich einen Themenwechsel initiiert.

Beispiel 27, voile 2

1	C	peut-ÊT(re) oui'. ah'! j'aimerais
	G	tu fais ça: après la: la whitebread'
2	C	bien'
	G	aha, .. ok, sinon quelles sont le:s
3	G	euh <vite> images positives enfin je présume
4	G	que t'as plein, plein, plein, plein, de souvenIRs'+
5	G	du bord de la mer' et de la de la réGATE' ou même
6	G	de la' de la croisière' . euh . QUEL est le le pour
7	C	<bruit de lèvres>
	G	TOI le souvenir' le plus important,

G bricht eine erste Formulierung ab, um mit einer Äußerung fortzufahren, die den Stellenwert einer Präsequenz hat, d.h. er gibt zunächst Informationen, die die folgende sprachliche Handlung, in diesem Fall eine Frage, vorbereiten. Die Reduplikation erfolgt im Rahmen dieser Präsequenz, wobei der Sprecher eine für die Frage wesentliche Annahme expliziert und deren Status zugleich durch die Verwendung von *je présume* verdeutlicht. Das Adverb *plein* enthält in seiner Bedeutung bereits die Idee der ‚Fülle', die durch die Reduplikation diskursiv reproduziert und damit auch ikonisch symbolisiert wird. Neben der typischen Intonationskontur zeichnet sich diese Reduplikation durch eine insgesamt schnelle Sprechweise und damit einhergehend auch durch schnelle Anschlüsse zwischen den einzelnen Gliedern des Verfahrens aus. Der Grund dafür ist wohl in der diskursiven Einbettung der Äußerung und ihrer Funktion als Präsequenz zu suchen. Durch die Verwendung einer Reduplikation kann der Sprecher den Kontrast zwischen der Fülle der vermuteten Erinnerungen einerseits und dem Interesse an der wichtigsten Erinnerung andererseits deutlicher herausstellen. Gleichzeitig zeigt er damit in einem Kontext, in dem er die subjektive Dimension relevant setzt, selbst emotionale Beteiligung.

Auch Adjektive, die bereits eine große Quantität indizieren, können diskursiv intensiviert werden. Im folgenden Beispiel operiert die Reduplikation über dem Adjektiv *gros*.

Beispiel 28, face aux maires: Fabius

1	F	loin de moi l'idée .. de NIER . qu'il y ait des
2	F	difficultés et des difficultés graves, . et euh quand
3	F	on . regarde la situation des trois millions de
4	F	chômeurs, . des personnes qui sont euh sans abri, des
5	F	personnes qui sont euh en difficulté' il es:t ÉVIdent
6	F	qu'il y ait un GROS, GROs=effort, . de solidarité à
7	F	continuer dans notre pays, ça je crois que . les
8	F	maires qui sont ici et personne n'en disconviendra

Das erste Vorkommen von *gros* erhält einen Insistenzakzent sowie einen fallenden Akzent. Aufgrund der vom Sprecher realisierten Liaison zwischen *gros* und dem folgenden, vokalisch anlautenden Nomen *effort* wird dieses intonatorisch in die Struktur der dadurch erweiterten Reduplikation integriert. Ihre zweite prosodische Konstituente ist komplexer. Der fallende Akzent liegt daher stärker auf dem Lexem *effort*. Die typische Intonationskontur bleibt jedoch gewahrt und wird zudem durch eine kurze Pause im Anschluß an *effort* verstärkt. Auch hier steht die Reduplikation im Kontext weiterer amplifizierender Verfahren. Dazu gehören zum einen die im Rahmen einer Aufzählung erfolgende Detaillierung der gesellschaftlichen Problemgruppen (*chômeurs, personnes sans abri, personnes en difficulté*), zum anderen die Verwendung einer Formulierung (*des difficultés et des difficultés graves*), die strukturelle wie funktionale Ähnlichkeiten zur Reduplikation aufweist.[22] Insgesamt scheinen die verschiedenen Verfahren hier jedoch weniger auf emotionale Beteiligung hinzudeuten; vermutlich stellen sie eher eine für den politischen Diskurs charakteristische amplifizierende Technik dar, die in erster Linie auf den Erhalt des Rederechts abzielt.

6.2.2.2 Zeit

Die über Zeitadverbien operierende Reduplikation signalisiert v.a. Dauer. Da die Symbolisierung von Dauer im Grunde als eine Übertragung der quantitativen Dimension auf die Achse der Zeit zu beschreiben ist, ließen sich diese Vorkommen semantisch gesehen auch unter die Dimension der Quantität subsumieren.

Im folgenden Beispiel wird der an sich bereits superlativische adverbiale Ausdruck *tout le temps* verdoppelt. Die Reduplikation wird darüber hinaus besonders akzentuiert.

Beispiel 29, voile 1

1	FR	c'était not(re) seule chance pour nous quoi, donc on
2	FR	était jamais au contact, alors que là' la chose qui
3	FR	était vraiment bIEN' c'est que . DÈS le départ' et du
4	FR	départ jusqu'à la . LIGNE d'arrivée' on était TOUT' LE
5	FR	TEMPS, TOUT' LE TEMPS, . euh l'UN à côté de l'aut(re)
6	FR	quoi, donc c'est LÀ' on était vraiment en course quoi,
7	FR	eu:h . il était pas question de se relâcher'

Im Umfeld der Reduplikation finden sich weitere Hinweise auf eine erhöhte emotionale Beteiligung des Sprechers in dieser Sequenz. Es ist dies die explizite Bewertung (*la chose qui était vraiment bien*), mit der der mittels der Reduplikation intensivierte Sachverhalt angekündigt wird. Die Bewertung ist selbst wiederum durch prosodische Markierungen des Lexems *bien* sowie durch das Intensitätsadverb *vraiment* verstärkt. Dasselbe Adverb findet sich in einer weiteren Äußerung dieses Redebeitrags, wo es dem Fazit des Sprechers besonderen Nachdruck verleiht.

Ganz ähnlich gelagert ist das folgende Beispiel, in dem sich neben der Reduplikation des temporalen Adverbs *longtemps* eine Reihe weiterer expressiver Mittel findet:

---

[22] Zu den mit der Reduplikation strukturell wie funktional verwandten Verfahren der Wiederholung siehe auch unten Abschnitt 6.5.

Beispiel 30, masques

1	A	\<vite\> il y avait le trottoir, il y avait l'épicier,
2	A	il y avait maman, il y avait montand, il y avait bob, il
3	A	y avait ma tante, il y avait mon oncle, il y avait mon
4	A	cousin&qui . dieu merci' est encore vivant' . pourvu
5	A	que ça dure longtemps longtemps+ . mais ils étaient
6	A	TOUS LÀ' . s/ ça a été terRIBle' . et j/ je pouvais
7	A	. PAS dire c(e) que j'avais, .

Die Reduplikation ist ein Element eines Einschubs, der eine längere Aufzählung unterbricht. Diese fällt an sich bereits durch ihre regelmäßige, mit dem Präsentativ *il y avait* eingeleitete, syntaktisch parallel konstruierte und dadurch stark rhythmisierte Struktur auf. Hier eröffnet der Einschub eine Parenthese zu dem letzten Glied der Aufzählung. Die Sprecherin beschreibt eine Szene aus der Erinnerung; die darin vorkommenden Personen sind zum Zeitpunkt der Erzählung fast alle verstorben. Lediglich der Cousin der Sprecherin lebt noch, und im Anschluß an seine Erwähnung folgt – da die Nennung eines Lebenden im Zusammenhang mit Toten offenbar gewisser sprachmagischer Aktivitäten bedarf – zunächst eine mit der Floskel *dieu merci* realisierte routinisierte Anrufung Gottes. Daran schließt sich ein formelhafter Wunsch an, in den die intensivierende Verdopplung des mit einem fallend-steigenden Akzent realisierten Adverbs *longtemps* eingebettet ist (*pourvu que ça dure longtemps longtemps*). Die mit einem verstärkenden *mais* eingeleitete Äußerung *mais ils étaient tous là*, mit der die Aufzählung beschlossen wird, markiert auch das Ende des Einschubs. Es folgt eine explizite Bewertung. Auch hier signalisiert die Sprecherin über die Bündelung verschiedener expressiver Verfahren ihre emotionale Beteiligung.

6.2.2.3 Negation

In den folgenden Sequenzen dient die Reduplikation zur Intensivierung einer Verneinung. Der erste Ausschnitt illustriert die Reduplikation eines bereits intensivierten Ausdrucks der Verneinung.[23]

Beispiel 31

1	A	non le bon vin c'est la/ je pense c'est la bonne santé,
2	A	si t'en abuses pas, puis ça me manque pas remarque,
	B	mhm
3	A	ça me manque pas du tout, du tout, du tout, en
4	A	veux-tu un' en passant là il y a mon propriétaire qui
5	A	m'a donné une bouteille hier

---

[23] Das Beispiel stammt aus einem umfangreichen Korpus soziolinguistischer Interviews, die 1984 in Montréal unter der Leitung von P. Thibault und D. Vincent geführt wurden (vgl. Thibault/Vincent 1990). Die Tatsache, daß es sich hier um eine regionale Varietät des Französischen handelt, ist für diesen Typ der Reduplikation irrelevant.

In diesem Beispiel läßt sich die Genese der Intensivierung gut beobachten. Der Sprecher beginnt mit einer einfachen Verneinung (*ça me manque pas*), auf die mit *remarque* ein an die Aufmerksamkeit des Hörers appellierendes Signal folgt. Im Anschluß daran wird die Äußerung wiederholt und die Verneinung sowohl mit grammatischen als auch mit diskursiven Mitteln verstärkt: Der Sprecher verwendet die die Verneinung intensivierende Wendung *du tout*, die er zudem dreimal redupliziert und somit auch diskursiv verstärkt.

In Beispiel 32 ist die Reduplikation Teil einer komplexen semantischen Figur, an der neben der Negation auch die litotische Verwendung der reduplizierten Konstituente beteiligt ist.

Beispiel 32, voile 1

1	FR	ben, c'est pas trop une bande de copains, quoi, (?c'est)
2	FR	ouais, c'est tous des
	ET	c'est des pros qui sont sur un bateau quoi,
3	FR	pros euh' .. c'est pas une ambiance TERRIB(le),
4	FR	TERRIB(le), on est LOIN' de là, hein' je crois qu'on
	ET	mhm
5	FR	pourrait êt(re) professionnel' et puis eh:: . puis
6	FR	êt(re) plus . plus sympa: entre les uns et les autres

Die Reduplikation operiert hier nicht eigentlich über der Negation, sondern über dem negierten Adjektiv *terrible*, dessen litotische Verwendung im Sinne von ‚super', ‚irre' (den entsprechenden, in erster Linie mündlichen Kontext vorausgesetzt) als konventionalisiert gelten kann. In der Bedeutung des Adjektivs ist bereits eine superlativische Komponente enthalten, die durch die Reduplikation diskursiv verstärkt wird. Das Adjektiv *terrible* steht jedoch im Skopus einer Negation, so daß das positive Extrem verneint und die gegensätzliche negative Bedeutung suggeriert wird. Durch die Kombination von intensivierter Litotes und Negation wird eher indirekt eine verstärkte negative Bewertung übermittelt. Dies verdeutlicht der Sprecher mit der auf die Reduplikation folgenden Äußerung *on est loin de là*, die die Distanz zum positiven Pol betont und damit eine weitere Steigerung im negativen Bereich erzielt.[24]

6.2.3 Reduplikation des Intensitätsadverbs *très*

In der Gruppe der Adverbien fällt die hohe Frequenz von *très* in reduplizierter Form auf.[25] Die Häufigkeit, mit der die Reduplikation Verwendung findet, gibt Anlaß zu der Annahme, daß diese in Ansätzen konventionalisiert ist. Das Adverb *très*, das zur Markierung eines

---

[24] Dem gleichen Prinzip folgt auch die litotische Verwendung von *trop* in einem Beispiel aus dem Montréaler Korpus: *alors le gaz naturel on est pas trop trop en faveur de ça, moi je suis pas en faveur du gaz naturel.* Das Adverb *trop* verweist auf die Übererfüllung einer Norm und impliziert damit die negative Bewertung einer als zu hoch angesehenen Quantität. Es wird hier litotisch verwendet, redupliziert und zugleich negiert, und signalisiert die im Fortgang des Redebeitrags explizit formulierte, und nun aus einer subjektiven Perspektive präsentierte Ablehnung des Erdgases.

[25] Vgl. ähnlich van Os (1989: 108), der auf der Basis eines deutschen Korpus' zahlreiche Belege für redupliziertes *sehr* bzw. *ganz* anführt.

hohen Grades dient, gehört zu den prototypischen grammatischen Mitteln der Steigerung, die keine weiteren intensivierenden Spezifikatoren zulassen. Zugleich ist *très* – wie viele Formen, die eine hohe Intensität anzeigen – einem gewissen semantischen Verschleiß unterworfen. Dies erklärt, warum gerade diese Form besonders häufig verdoppelt erscheint. Die Reduplikation ermöglicht es, eine Abschwächung der lexikalischen Bedeutung zu kompensieren.[26] Die Tendenz zur Konventionalisierung zeigt sich auch daran, daß *très* in aller Regel verdoppelt erscheint. In meinen Daten findet sich jedenfalls kein Beleg für eine drei- oder mehrgliedrige Struktur. Am häufigsten kommt das reduplizierte *très* in Kombination mit *bien* und *fort* vor, die eine eher globale superlativische Bedeutung haben und teilweise als Synonyme von *très* fungieren. Darüber hinaus sind sie beide – ähnlich wie *très* – semantischem Verschleiß ausgesetzt. Nicht belegt ist ein redupliziertes *très* in Verbindung mit einem Nomen. Die beginnende Konventionalisierung der Reduplikation im Falle von *très* geht mit einem weitgehenden Verlust ihrer Expressivität einher.

Die privilegierte Verbindung von *très* mit *bien* bzw. *fort* veranschaulicht die folgende Gesprächssequenz, in deren Verlauf das reduplizierte *très* gleich zweimal erscheint, wobei es jeweils der Intensivierung von Bewertungen dient.

Beispiel 33, voile 1

1	FR	bon, maintenant grand dalton euh je trouve que c'est
2	FR	une équipe=euh qui est vraiment bien préparée, quoi,
3	FR	le bateau est TRÈS TRÈS bien préparé, et l'équipage
4	FR	a l'air d'être trÈs trÈs fort quoi .. mais l'équipagE
5	FR	euh l'équipagE MÉRite' par rapport à la poste' pour
6	FR ET	moi ils en ont pas plus euh c'est pas mieux'

In beiden Fällen ist das Adverb Träger eines Insistenzakzentes, der jedoch bei der ersten Reduplikation ausgeprägter ist. Neben der prosodischen Markierung ist mit dem verstärkenden Adverb *vraiment* in der Umgebung der Reduplikation ein weiteres Mittel der Intensivierung zu beobachten. Darüber hinaus finden sich in dieser Passage auch verschiedene subjektive Perspektivierungen (*je trouve que, pour moi*).

Auch im folgenden Beispiel steht das reduplizierte *très* im Kontext wertender Adjektive (*inconfortable, bruyant*) und intensivierender Adverbien (*aussi, si, très, vraiment*), die der gesamten Passage eine expressive Färbung verleihen, zu der auch das durch die Interjektion *ah* eingeleitete Zuhörersignal und paralinguistische Phänomene wie das Lachen beitragen.

Beispiel 34, voile 3

1	A	<vite> donc ça doit pas être . évident'
2	A	de vivre dans un truc comme/ aussi p(e)tit'+
3	A B	euh si inconfortable, ouais c'es:t ouais c'est vraiMENT trÈs

---

[26] Für eine solche Annahme spricht auch die Beobachtung, daß *très*, wenn es allein steht, häufig einen Insistenzakzent erhält, so daß die lexikalische Bedeutung zumindest prosodisch verstärkt wird.

4	A	ah' ouais, <rire> +
	B	inconfortable, ouais très très bruYANT' très .
5	A	ah' ouais,
	B	chais pas enfin t/ SI, t(u) as naviGUÉ un peu'
6	A	ouais, ouais, <ins>
	B	au début mais bon

Vorausgegangen ist eine durch *très* und das auch prosodisch markierte Adverb *vraiment* verstärkte Bewertung, auf die der Partner mit einem Zuhörersignal und Lachen reagiert. Die Reduplikation selbst findet sich in der Verbindung mit einem akzentuierten, negativ wertenden Adjektiv (*très très bruyant*).

Beispiel 35 illustriert die schrittweise Entstehung einer Intensivierung im Formulierungsprozeß. Die Äußerung bildet das Ende eines Redebeitrags, in dessen Verlauf die Sprecherin versucht, das besondere Verhältnis zwischen ihrer Mutter und ihrem Stiefvater sowie dessen Auswirkungen auf ihre eigene Entwicklung zu beschreiben. In dem nachstehend zitierten Fazit thematisiert sie noch einmal die außergewöhnliche Intensität dieser Beziehung.

Beispiel 35, masques

1	A	il fallait que je sois en bonne SANTÉ' &mais
2	A	mais <ins> mais c'étaient EUX' quoi, .
3	A	c'était quelque chose <vite> de de de de+ de . de .
4	D	difficile' .
	A	f/ FORT' . de TRÈS fort' . de très, très, fort,

Durch die mehrfache Wiederholung der Präposition *de* gibt die Sprecherin zunächst Wortfindungsschwierigkeiten zu erkennen, die durch die Wahl des charakterisierenden Adjektivs *fort* gelöst werden. In der Bedeutung dieses Lexems, das bei der ersten Nennung zudem prosodisch akzentuiert wird, ist bereits eine hohe Intensität festgeschrieben. Anschließend wird diese Form zunächst grammatisch durch die Hinzufügung des Intensitätsadverbs *très* und dann noch ein weiteres Mal diskursiv durch dessen Reduplikation verstärkt. Während die erste Verwendung des Intensitätsadverbs zugleich Träger eines Insistenzakzents ist, zeichnet sich die Reduplikation lediglich durch die typische rhythmisierte Intonationskontur aus. Die Sequenz besteht aus einer Reihe ‚skalierter' Reformulierungen, die jeweils durch kurze Pausen voneinander abgesetzt sind. Dabei ist die letzte, diskursiv intensivierte Formulierung, die auch von der Sprecherin nicht mehr weiter bearbeitet wird, offenbar als die ‚stärkste' anzusehen.

In diesem Beispiel kommen zwei funktional ganz unterschiedlich zu interpretierende Typen der Wiederholung im Kontakt vor. Während die asyndetische Wiederholung der Präposition *de* auf die Bearbeitung eines Formulierungsproblems hindeutet, wird mit der Reduplikation des Intensitätsadverbs *très* eine Intensivierung erzielt. Bei der Bestimmung des Verfahrens, insbesondere seiner Abgrenzung von verwandten Strukturen, spielt neben der prosodischen Kontur auch der Typ der beteiligten Konstituenten eine herausragende Rolle. So spricht im vorliegenden Fall schon die Wiederholung einer Form, die zur Klasse der Präpositionen gehört, gegen die Annahme einer Reduplikation, weil das Verfahren grundsätzlich nicht über Funktionswörtern operiert.[27]

6.3 Reduplikation komplexer Einheiten

Die Reduplikation größerer Einheiten scheint bestimmten Bedingungen hinsichtlich der Komplexität der einzelnen Glieder zu unterliegen. In der Regel – dies sind zumindest die Befunde, die sich aus der Durchsicht der Daten ergeben – handelt es sich um einfach strukturierte Sätze, deren Ausdehnung relativ gering ist. Die rhythmische Kontur ist nicht so ausgeprägt wie bei der über Einzelwörtern operierenden und primär durch fallende Akzente charakterisierten Variante des Verfahrens. Die spezifische Intonationskontur der reduplizierten Einheit bleibt jedoch gewahrt, d.h. die Rhythmisierung ergibt sich aus der Parallelisierung gleicher Intonationsmuster. Die Mehrzahl der reduplizierten Einheiten von Satzformat besteht aus einem pronominalen Subjekt und einem Verb (Beispiele 36 und 37). Gelegentlich tritt ein pronominales Objekt hinzu (Beispiel 38). Auch Konstruktionen mit dem Kopulaverb *être* und einem Adjektiv bzw. Nomen sind häufig anzutreffen (Beispiele 39, 40). Die Konstituenten enthalten in ihrer Bedeutung meist Intensitätsmarkierungen oder evaluative Komponenten, die durch die Reduplikation verstärkt werden.

Bei den Konstituenten mit Satzformat steht in der Regel das Verb im Zentrum, während die übrigen syntaktischen Positionen meist durch Pronomina besetzt sind. Offenbar wird die Intensität und/oder die Häufigkeit eines *Prozesses* in erster Linie durch die Reduplikation von Einheiten mit Satzformat symbolisiert. Die Dimension der Qualität spielt im Zusammenhang mit der Reduplikation komplexer Einheiten eine größere Rolle, als dies etwa bei der über Einzelwörtern operierenden Variante des Verfahrens der Fall ist. Auch die Dimension der Zeit wird mittels der Reduplikation komplexer Einheiten ikonisch symbolisiert, während die Quantität im Sinne einer großen Menge in dieser Gruppe eher selten vertreten ist. Offenbar operiert die Reduplikation komplexer Einheiten primär im Bereich der qualitativen Dimension, während bei den lexikalischen Reduplikationen die quantitative Dimension stärker vertreten ist.

Das erste Beispiel dieses Typs ist einer stark dramatisierten konversationellen Erzählung mit hoher emotionaler Beteiligung entnommen, in deren Verlauf die Schauspielerin Annie Girardot das Telefongespräch wiedergibt, durch das sie vom Tod ihrer Mutter erfahren hat.

Beispiel 36, masques

1	G	<vite> et puis' j'ai été/ j'ai téléphoné&et
2	G	puis j'ai attendu&on m'a dit'+ oui' euh j'ai
3	G	dit est-ce que mon FRÈRE' jean girardot est LÀ' mais
4	G	je n(e) sais PAS'+ et j'attends, .. et j'attends,
5	G	et j'attends, et j'attends, euh, <ins> <3 sec> AH'
6	G	mais chuis la femme de ménage' j(e) sais pas' . euh .

---

[27] Zur Abgrenzung der verschiedenen strukturell und/oder funktional verwandten Verfahren siehe auch unten Abschnitt 6.5.

| 7 | G | non, . on n(e) l'a pas vu' etcetera&et à un moment enfin |

Um die besondere Qualität des Wartens, das an sich ja bereits einen durativen Aspekt enthält, in einer Situation großer emotionaler Anspannung zu symbolisieren, verwendet die Sprecherin eine Reduplikation, die den Satz *et j'attends* gleich vierfach reproduziert. Indem sie die Dauer auch sprachlich abbildet, gelingt es ihr, die Idee eines sehr intensiv erlebten Wartens zu vermitteln. Die Reduplikation ist nicht das einzige Mittel, mit dem das Verstreichen von Zeit veranschaulicht wird. Auch die kurze Unterbrechung zwischen dem ersten und dem zweiten Glied sowie die längere Pause am Ende des Verfahrens stellen – ähnlich wie die Reduplikation selbst – ein intensiv erlebtes Warten ikonisch dar.[28] Darüber hinaus finden sich in dieser Sequenz auch andere Formen der emotionalen Beteiligung. Es sind dies insbesondere die direkte Rede, die zunächst ohne Präzisierung der jeweiligen diskursiven Instanzen auskommt, und die gehäufte Verwendung von Interjektionen.

In Beispiel 37 verwendet der Sprecher eine Reduplikation, um die Intensität eines Prozesses – die Rede ist von den Auswirkungen eines Sturmes an Bord eines Segelbootes – zu symbolisieren. Die reduplizierte Äußerung *ça cogne* erhält eine fallend-steigende Intonationskontur, wobei das intensivierte Verb *cogner* prosodisch durch die Erhöhung der Lautstärke hervorgehoben wird.

Beispiel 37, voile 1

1	ET	comment tu peux arriver à faire de la mécanique
2	FR	ah' ben,
	ET	quand il y a (?un mètre cinquante de houle)
3	FR	ça' je me débrouille quoi, ah' ouais,
	ET	tu te démerdes,
4	FR	il faut se démerder hein' parfois ça COGNE ça
	ET	ça c'est
5	FR	cOGNe bon ben faut faut y arriver faut que ça marche'
	ET	
6	FR	quoi, ça c'est le côté galère' ça c'est le côté dUr'
	ET	mhm ça ça doit être
7	FR	euh . mécanicien de bord quoi,

Die Intensivierung erscheint im Zusammenhang mit einer Schilderung der Schwierigkeiten, die ein Schiffsmechaniker bei hohem Seegang bewältigen muß. Im Verlauf der Passage ist eine Erhöhung der emotionalen Beteiligung zu beobachten. Im Vorfeld der Reduplikation finden sich mehrere, durch Interjektionen eingeleitete Äußerungen. In einer aus der Beteiligungsrolle des Zuhörers heraus realisierten Reformulierung verwendet ET darüber hinaus ein diaphasisch markiertes Lexem (*démerder*), das die vorausgehende Äußerung FRs verstärkt (*je me débrouille*). ETs Formulierung wird von FR in generalisierter Form

---

[28] Da die rhythmische Kontur der Reduplikation durch die Pause unterbrochen wird, ist der Beginn des Verfahrens eigentlich erst mit der zweiten Nennung, also im Anschluß an die spannungssteigernde Verzögerung anzusetzen.

aufgegriffen. Nach einer mit seinem bestätigungsheischenden *hein* zusammenfallenden kurzen Phase der Überlappung kommt FR mit der Reduplikation erneut auf die maritimen Bedingungen bei hohem Seegang zurück (*ça cogne*). Im Anschluß an die Reduplikation folgen zwei semantisch quasi äquivalente Bewertungen (*ça c'est le côté galère, ça c'est le côté dur*). Auch hier erscheint mit *galère* im Sinne von ‚schwierig, mühsam' ein diaphasisch markiertes Lexem.

Das nächste Beispiel ist der Talkshow mit Annie Girardot entnommen. Die Reduplikation ist insofern ungewöhnlich, als sie aus fünf Gliedern besteht und schon aufgrund ihres Formats eine auffällig hohe Intensität signalisiert.[29]

Beispiel 38, masques

1	G	là' bon, mon frère était là&et je sais que <de plus en
2	G K	plus vite> je l'ai SE:RRÉE, je l'ai SE:RRÉE, je l'ai *imitiert heftige Umarmung, Kopf nach unten geneigt, Augen geschlossen, Gesicht zusammengekniffen, Finger verkrampft, Arme vor der Brust verschränkt*
3	G	SERRÉE, je l'ai serrée, je l'ai serrée,+ .. <vite> et
4	G	puis' j'ai dit'&je suis partie,+ . et donc' quand je

Im Rahmen einer narrativ gestalteten Episode beschreibt die Schauspielerin den Abschied von ihrer todkranken Mutter. Die Intensität der letzten Umarmung wird durch die vierfache Wiederholung des eingebetteten Satzes *je l'ai serrée* symbolisiert. Die Reduplikation wird mit zunehmend schneller gesprochen. In den ersten beiden Konstituenten wird quasi jede Silbe akzentuiert, insbesondere aber das Partizip *serrée* prosodisch hervorgehoben. Auf den übrigen Konstituenten wird die Aussprache zunehmend verschliffener und die Sprecherin insgesamt leiser. In der Videoaufzeichnung ist zu sehen, daß diese Sequenz nicht nur mit sprachlichen Mitteln intensiviert wird, sondern durch eine symbolisierte Umarmung auch gestisch unterstützt wird.

Ich diskutiere ein weiteres Beispiel, in dem die Reduplikation zur Verstärkung einer Bewertung eingesetzt wird.

Beispiel 39, voile 1

1	FR	ben bon comme je suis en bas de l'échelle' t'apprendras
2	FR	toujours les choses par les AUt(res) quoi, ce sera
3	FR	jamais par le skipper quoi, . ou par l'équipage quoi,
4	FR ET	c'est DINGUE c'est DINGUE c'est DINGUE 　　　　　　　　　　　　　　　　　　　　　c'est bizarre,

Der Sprecher schildert zunächst einen für ihn nachteiligen Sachverhalt – er steht am unteren Ende der Hierarchie und wird von Informationen ausgeschlossen – und bewertet diesen abschließend – das Ende des hier zitierten Ausschnitts ist zugleich das Ende des Redebeitrags – mit der Äußerung *c'est dingue*, wobei das Adjektiv *dingue* dem umgangssprachli-

---

[29] Der Anfang dieser Sequenz wurde bereits in Kapitel 5 (siehe oben Beispiel 21) hinsichtlich der Verwendung von Interjektionen diskutiert.

chen Register angehört und eher negativ konnotiert ist. Diese Bewertung wird durch eine dreifache Reduplikation intensiviert. Das zentrale Lexem *dingue* erhält jeweils einen fallend-steigenden Akzent, der im dritten Glied der Reduplikation, die insgesamt mit abnehmender Intensität realisiert wird, weniger ausgeprägt ist. Im Kontext der Reduplikation finden sich mit den generischen Zeitadverbien *toujours* und *jamais* weitere Formen des hyperbolischen Sprechens. Auffällig ist auch der zu Beginn des hier zitierten Ausschnitts über die generische Verwendung von *tu* erreichte Wechsel der pronominalen Referenz. Bei diesem Verfahren läßt sich indirekt ein Bezug zur Darstellung emotionaler Beteiligung herstellen, und zwar insofern, als Themen, die den Sprecher unmittelbar betreffen, oft aus einer ‚distanzierten Perspektive' präsentiert werden.[30] Gerade in Sequenzen, in denen es um das subjektive Erleben des Sprechers geht, wird das Pronomen der ersten Person Singular nicht selten vermieden.

Im letzten Beispiel dieser Gruppe wird die Reduplikation noch deutlicher als in den vorangegangenen Ausschnitten von anderen Verfahren der Intensivierung begleitet.

Beispiel 40, masques

1	A	j'étais gâtÉE j'avais TOUT, j'avais TOUT' . et je ne
2	A	POUVAIS pas regarder DEvant moi, . j'avais quelque
3	A	chose qui me TIRait en arrière&j'avais le torticolis
4	D	\<rit\> image fortement
	A	dans (?le cou) ah' mais c'est VRAI'
5	D	symbolique+ et vous vous en êtes sortie catherine'
	A	mais c'est VRAI' . je vous jure que c'est
6	D	quoi' avec une psychothérapie' ouais'
	A	vrai,&et je m'en suis sortie . avec une psychothérapie .
7	D	ah' oui,
	A	oui et puis eh: . ben, .

In dem zitierten Ausschnitt finden sich mit *j'avais tout* und *mais c'est vrai* gleich zwei Wiederholungen von Einheiten mit Satzformat, die jedoch beide keine Reduplikation im bisher eingeführten Sinn darstellen. Die erste Wiederholung, die gleichzeitig das Ende einer Aufzählung markiert, ist dem Typ der Anadiplose zuzurechnen.[31] Ihr erstes Glied wird mit fallender, das zweite hingegen mit steigender Intonation gesprochen. Die zweite Nennung leitet eine neue thematische Einheit ein, deren Verbindung zu dem vorausgehenden Diskurs durch die Wiederaufnahme signalisiert wird. Explizit wird die verknüpfende Funktion auch durch die Konjunktion *et*.

Demgegenüber weist das zweite Vorkommen Ähnlichkeiten zu dem noch zu diskutierenden Typ der Reduplikation nach einem Sprecherwechsel auf (siehe unten Abschnitt 6.4). Die Sprecherin hat zuvor ein physisches Leiden erwähnt (*le torticolis dans le cou*), das ihre psychische Verfassung, nämlich nicht nach vorn sehen zu können, spiegelt und unmittelbar danach die Geltung ihrer Äußerung mit der Wendung *ah mais c'est vrai* noch einmal bekräftigt. Die Moderatorin D deutet diese Aussage jedoch metaphorisch, was sie sowohl inhaltlich mit der Bemerkung *image fortement symbolique* als auch paraverbal über ihr

---

[30] Siehe oben Abschnitt 4.3.2, Fußnote 53.
[31] Vgl. unten Abschnitt 6.5.

Lachen deutlich macht. Auf diese metaphorische Auslegung reagiert A erneut mit der Äußerung *ah mais c'est vrai*, die unter Fortfall der einleitenden Interjektion redupliziert wird. Damit betont sie die Wahrhaftigkeit ihrer vorausgehenden Ausführungen. Die bereits durch die Wiederholung erzielte Intensivierung wird durch die Einbettung von *c'est vrai* in einen performativen Matrixsatz ein weiteres Mal verstärkt, wobei das Verb *jurer*, das in seiner Bedeutung ebenfalls eine Intensitätskomponente enthält, den illokutiven Wert der Reduplikation präzisiert. Diese Äußerung wird bereits in der Überlappung mit der Moderatorin D gesprochen, die zu einem neuen thematischen Aspekt überleitet.

Das Beispiel zeigt, daß Reduplikationen nicht nur innerhalb eines Redebeitrags vorkommen, sondern auch an den Nahtstellen des Sprecherwechsels. Zwar ist die Reduplikation ein Verfahren, das üblicherweise nur von einem Sprecher realisiert wird. Jedenfalls finden sich in meinen Daten keine Belege für eine ‚duettierte' Produktionsweise. Allerdings trifft man auf Vorkommen, bei denen die Reduplikation – ähnlich wie im vorausgehenden Beispiel – als unmittelbare Reaktion auf einen Redebeitrag des Partners erscheint. Im folgenden Abschnitt werden diese Verwendungen des Verfahrens, die grundsätzlich im Zusammenhang mit einem Sprecherwechsel stehen, genauer unter die Lupe genommen.

6.4 Reduplikation nach einem Sprecherwechsel

Sieht man sich die empirischen Belege für Reduplikationen nach einem Sprecherwechsel an, so lassen sich – ausgehend vom sequentiellen Status des Verfahrens – zwei große Typen unterscheiden: Im ersten Fall stellt die Reduplikation einen Zug dar, der in der Regel aus der Rolle eines ‚zweiten Sprechers' heraus realisiert wird und damit zwischen Zuhörersignal und thematisch vollwertigem Turn steht.[32] Im Grunde genommen gehört auch die in mündlicher Kommunikation ausgesprochen häufig zu beobachtende Verdopplung von Antwortpartikeln wie *oui*, *non*, *si* zu diesem Typ. Diese mehr oder weniger konventionalisierten Ausprägungen der Reduplikation werden jedoch hier nicht weiter berücksichtigt. Im zweiten Fall findet sich die Reduplikation zumeist am Beginn des Turns im Zusammenhang mit einer direkten Ansprache des Partners. Es handelt sich um eine in der Regel durch imperativische Formen realisierte ‚adressierte Reduplikation'. Bei dieser Verwendung dürfte die zentrale Funktion des Verfahrens darin bestehen, die Aufmerksamkeit des Partners zu erlangen. Ich diskutiere zunächst einige Beispiele des ersten Typs, um dann auf die adressierte Variante zu sprechen zu kommen.[33]

In Beispiel 41 dient die Reduplikation der Verstärkung einer auf die Vorgängeräußerung des Partners Bezug nehmenden elliptischen Negation.

---

[32] Zu dieser Differenzierung, die im Anschluß an Bublitz (1988) erfolgt, siehe auch oben Abschnitt 5.3.2.

[33] Im folgenden verwende ich auch den Begriff der ‚dialogischen Reduplikation', um die umständliche Periphrase ‚nach einem Sprecherwechsel' zu vermeiden. Dies impliziert jedoch keinesfalls, daß die innerhalb eines Redebeitrags erscheinenden Reduplikationen nicht auch in dialogischer Kommunikation erscheinen.

Beispiel 41, drague

1	A	<rire>
	B	NON' ici' ça m'a frappé' ils s'en foutent' ils tiennent
2	A	
	B	pas la porte, non, non, non, ils tiennent PAS' i/ .
3	A	+
	B	ils regardent même pas derrière' s'i(l) y a quelqu'un,
4	B	et la porte' elle est battante' tu peux l'avoir sur
5	A	<rire> + PAS toujours,
	B	le NEZ' ou au front, mais c'est SÛR' ça,
6	A	PAS toujours,
	B	ah' peut-êt(re) pour TOI' t'es/&i/ ils ont
7	B	peut-êt(re) cette . GALANTERIE' euh envers les femmes'
8	B	je veux dire,

Thema der Sequenz ist die Höflichkeit der Deutschen, die am Beispiel des Türaufhaltens für Nachkommende diskutiert wird. Während B behauptet, daß die Deutschen wenig rücksichtsvoll seien und die Tür einfach zufallen ließen, hat A im Vorfeld des hier zitierten Ausschnitts mehrfach eine abgeschwächte Position vertreten. Die Reduplikation, mit der A ihren Widerspruch intensiviert (*pas toujours pas toujours*) und damit zugleich die Geltung von Bs Behauptung relativiert, steht in einer Passage, in der zahlreiche andere expressive Ausdrucksmittel Verwendung finden. So leitet B seinen Redebeitrag mit einem ausdrücklichen Hinweis auf seine Betroffenheit ein (*ça m'a frappé*). Er verwendet ein dreimal redupliziertes *non*, mit dem er möglicherweise auf gegenteilige, mimisch-gestisch realisierte Bekundungen seines Gegenübers reagiert. Es finden sich darüber hinaus amplifizierende Verfahren, insbesondere paraphrastische Reformulierungen sowie eine explizite Bekräftigung der Geltung seiner Äußerungen, der ein emphatisches *mais* vorangestellt ist (*mais c'est sûr ça*).[34] A begleitet den Beitrag Bs mit Lachen, was daraufhin deutet, daß die beiden Interaktanten die Meinungsverschiedenheit scherzhaft behandeln und kein echter Konflikt vorliegt. Die hyperbolische Ausdrucksweise steht möglicherweise im Dienste dieser eher spielerisch gestalteten Auseinandersetzung. Eine solche Interpretation legen auch die Anspielungen auf die Geschlechtsidentität der Partnerin nahe, mit denen B auf den durch die Reduplikation realisierten Widerspruch As reagiert.[35]

Auf eine dialogische Verwendung der Reduplikation trifft man auch im Zusammenhang mit Nachfragen. Diese Nachfragen betreffen in der Regel Aussagen, mit denen ein absoluter räumlicher und/oder zeitlicher Geltungsanspruch erhoben wurde. In den Beispielen

---

[34] Als Verstärker fungiert offenbar auch die Floskel *je veux dire*, die bislang v.a. als Reformulierungsindikator gesehen wurde. Hier kündigt sie jedoch keine Reformulierung an, sondern bekräftigt rückwirkend – indem allgemein auf den Akt des Äußerns Bezug genommen wird – das zuvor Gesagte. In den untersuchten Daten kommt *je veux dire* in dieser bekräftigenden Funktion relativ häufig vor. Typisch für diese Verwendung ist die Nachstellung sowie das Fehlen eines für den Reformulierungsindikator typischen zweiten Elements.

[35] Solche Anspielungen hat es schon an einigen Stellen des Gesprächs gegeben, in dessen Verlauf A immer wieder versucht, den Interaktionstyp des Flirts zu etablieren – eine Situationsdefinition, die von B jedoch eher abgewehrt wird.

aus meinen Daten redupliziert der Partner das generische Element der Vorgängeräußerung – in allen Belegen handelt es sich um eine einfache Konstituente – und präsentiert diese Struktur mit einer Frageintonation, wobei an die Stelle der fallenden eine fallend-steigende bzw. steigende Tonhöhenbewegung tritt. Das rhythmische Muster der Reduplikation wird dadurch nicht angetastet. Die Reduplikation ermöglicht es dem Sprecher, die Geltung einer Äußerung zu problematisieren, indem er diese über eine diskursive Steigerung fokussiert. Mit der hyperbolischen Ausdrucksweise lädt er zu einer Relativierung und/oder Präzisierung des zuvor erhobenen Geltungsanspruchs ein. In einigen Fällen wäre ein vergleichbarer Effekt über die Verwendung des Adverbs *vraiment* zu erreichen (etwa in Beispiel 43). Allerdings hat die Reduplikation wiederum die größere Distribution.

In Beispiel 42 wird der von FR mit der Verwendung des generischen Zeitadverbs *jamais* erhobene absolute Geltungsanspruch durch ET über die reduplizierte Wiederaufnahme eben dieses Adverbs in Zweifel gezogen.

Beispiel 42, voile 1

1	FR	pour l'instant j'ai JAMAIS' . connu la peur,
	ET	sur
2	FR	sur le bateau,
	ET	un bateau' ou sur le bateau, soit sur le
3	FR	ou même sur un bateau euh sur
	ET	bateau de la poste' euh
4	FR	n'importe quel bateau, j'ai JAMAIS eu la peur avec moi,
5	FR	↘ ↘ donc euh il y a pas de raison que:/ enfin
	ET	jamais&jamais
6	FR	j'espèrE ne pas l'attraper un jour'
	ET	c'est pas un peu
7	ET	dommAGE' <rire>

Die Reduplikation erscheint im Kontext eines längeren Aushandlungsprozesses, in dem die Geltung von FRs Aussage, niemals Angst gehabt zu haben, zur Debatte steht. Da es sich dabei um eine subjektive Aussage handelt, die auf eine nur dem Sprecher zugängliche Erfahrung Bezug nimmt und mit der ein nicht objektiv überprüfbarer Geltungsanspruch auf Wahrhaftigkeit (vgl. Habermas 1981) erhoben wird, kann ET nicht direkt widersprechen; er verlegt sich daher auf das Insistieren und Anzweifeln. Zuvor hat er mehrfach versucht, den von FR erhobenen Geltungsanspruch im Sinne einer Relativierung zu präzisieren (insbesondere, indem er Spezifikatoren wie *sur le bateau* oder *sur le bateau de la poste* vorschlägt). FR beharrt jedoch auf seinem uneingeschränkten Geltungsanspruch, den er sowohl hinsichtlich seiner räumlichen wie auch hinsichtlich seiner zeitlichen Geltung ein weiteres Mal ausdrücklich expliziert (*sur n'importe quel bateau j'ai jamais eu la peur avec moi*). ET insistiert und rekurriert an dieser Stelle auf eine Reduplikation des generischen Zeitadverbs *jamais*. Diese wird mit fallend-steigender Intonation und auffällig schnellem Anschluß zwischen den beiden Konstituenten realisiert und von FR im Fortgang des Gesprächs ignoriert.

Dies ist in dem folgenden Beispiel, in dem die Reduplikation ebenfalls als Aufforderung zur Präzisierung der Geltung einer Äußerung dient, anders. Hier schränkt der Sprecher die

Geltung seiner Äußerung im Anschluß an eine über die Reduplikation des Adverbs *tout* signalisierte Nachfrage ein.

Beispiel 43, voile 1

1	FR	euh ben québec saint malo (?...) j'ai fait TOUTes les
2	FR ET	courses euh de malborough, TOUTES' TOUTES' TOUTES' ah'
3	FR ET	ouais, d'accord quand elles s'appelaient . la poste,
4	FR	toutes les courses et donc là j'étais mécanicien mhm ok'

ET zieht durch die dreifache Wiederholung des Totalität indizierenden Adverbs *tout* die Geltung von FRs Äußerung in Zweifel. FR reagiert mit einer Spezifizierung (*de malborough*), die von ET ratifiziert wird (*ah ouais d'accord*). Daraufhin schiebt FR eine weitere Spezifizierung nach (*quand elles s'appelaient la poste*), auf die er eine Reformulierung seiner ersten Äußerung folgen läßt.

Während die Reduplikation in den beiden vorausgegangenen Beispielen jeweils die Geltung einer vom Sprecher als absolut präsentierten Äußerung zum Auslöser hatte, dient sie im folgenden Gesprächsausschnitt dazu, Präzisierungen hinsichtlich der Eigenschaften eines vom Sprecher eingeführten Referenten zu elizitieren.

Beispiel 44, voile 3

1	B	il suffisait de ramasser la tortUe' quoi,
2	A B	ah' ouais' et des grosses'&grosses' ouais AH! OUAIS'
3	A B	ça doit les les les tortues éNORMes bon, ben c'est c'est sympa'
4	A B	être maGIque' ça, quoi,

Sprecher B berichtet von Schildkröten auf hoher See, die von der Mannschaft auf das Segelboot geholt wurden. A signalisiert zunächst durch ein exklamativ realisiertes, interjektionell eingeleitetes Zuhörersignal sein Erstaunen (*ah ouais*). Im Anschluß an ein bestätigendes *ouais* seines Gegenübers fährt er mit einer Reduplikation fort, die als eine Aufforderung zu verstehen ist, mehr Informationen zur Größe der Tiere zu geben. Mit der Wahl des Adjektivs *gros*, das durch die Verdopplung gesteigert wird, unterbreitet A selbst einen Vorschlag, der von B aufgegriffen, durch die Wahl des superlativischen Adjektivs *énorme* intensiviert und anschließend bewertet (*c'est sympa*) wird.

Dialogische Reduplikationen finden sich auch im Zusammenhang mit der direkten Adressierung des Partners im Anschluß an eine Störung im Gesprächsverlauf. Diese Störung kann sowohl sprachliche als auch nicht-sprachliche Aktivitäten betreffen. Typische Störungen einer sprachlichen Aktivität sind Unterbrechungen; Störungen einer nicht-sprachlichen Aktivität liegen beispielsweise dann vor, wenn einer der Interaktanten mit einer anderen Tätigkeit (etwa mit Trinken, Essen u.ä.) beschäftigt ist und dabei durch eine (initiative verbale) Aktivität des Partners unterbrochen wird. In beiden Fällen finden sich

Reduplikationen, als deren Glieder allerdings nur einige wenige, zumeist imperativisch formulierte stereotype Ausdrücke in Frage kommen. In den hier untersuchten Daten sind *prends ton temps, vas-y, attention* sowie *attendez* belegt. Mit solchen intensivierten Adressierungen wird an ein Gegenüber appelliert, dessen Aufmerksamkeit erhalten bzw. (wieder-) gewonnen werden soll. Darin ist nur mittelbar ein Bezug zur emotionalen Beteiligung zu sehen, insofern in Phasen, in denen die Aufmerksamkeit des Partners abhanden kommt bzw. ein besonderes Bemühen zu beobachten ist, sich ihrer zu versichern, auch das Engagement der Interaktanten steigen dürfte.

Die folgende Sequenz stammt aus einer turbulenten Phase im Rahmen einer medialen Diskussion. Der ‚rechtmäßige' Sprecher André Lajoinie versucht, im Anschluß an eine Unterbrechung das Wort wieder zu erlangen.

Beispiel 45, face aux maires: Lajoinie

1	AL	c'est lui' qui a pris l'initiative à l'époque de
2	AL	proposer au parti socialiste' euh l'unité d'action'
3	AL	et créer ce qu'il a appelé lui-même' . c'est un mot
4	AL	de maurice thorez . le front populaire, en y euh
5	AL X	incorporant/ en y/ en faisant appel aux radicaux (?...) pas
6	AL X	socialistes de l'époque, c'était condamner ATTENDEZ, une révélation venue de moscou'
7	AL	ATTENDEZ, non, non, vous allez/ ne vous excitez pas!
8	AL	\<rire\> monsieur maurice thorez a donc pris cette
9	AL	initiative'

AL appelliert mit dem reduplizierten, auch prosodisch verstärkten Verb *attendez* an die Aufmerksamkeit seines Gegenübers. Gefolgt wird diese direkte Adressierung von einem reduplizierten *non*, an das sich eine Aufforderung zur Gelassenheit anschließt (*ne vous excitez pas*), die das Verhalten des anderen, insbesondere seinen Versuch zu unterbrechen, durch die Wahl des Verbs *exciter* abqualifiziert. Danach fährt Lajoinie mit seinen Ausführungen fort, wird jedoch kurz darauf wieder unterbrochen.

In Beispiel 46 dient die Reduplikation des Lexems *attention* ebenfalls in Verbindung mit einer direkten imperativischen Adressierung (*ne te lance pas*) dazu, die Aufmerksamkeit des Partners zu erlangen.

Beispiel 46, drague

1	A	est-ce que c'est VRAI' c'est est-ce que c'est
2	A B	la VERITÉ, ATTENtion, ATTENtion, t/ ne t(e)
3	B	lance PAS' dans un débat d(e) vérité' parce que
4	B	la vérité en SOMME' n'existe nUlle pArt,

Der Ausschnitt ist Teil einer Sequenz, in der es um eine Differenzierung der Begriffe *vrai* und *juste* geht. Dabei wird die von A vorgeschlagene Worterklärung zum Anlaß für ein Mißverständnis: Während A auf sprachliche Richtigkeit Bezug nimmt, greift B das Stichwort *verité* in seinem Einwurf auf, um dem A unterstellten Interesse an einer philosophischen Diskussion zuvorzukommen. Indem er seine Äußerung mit dem reduplizierten, auch prosodisch hervorgehobenen Lexem *attention* einleitet, gibt er ihr den illokutiven Status einer Warnung. Erst dadurch erhält sie eine (scheinbare) Dringlichkeit, die die Unterbrechung rechtfertigt.

Wie schon im Zusammenhang mit der Analyse der Beispiele anklang, kann man auch im Falle der Reduplikation nicht von einer direkten Entsprechung zwischen dem Strukturmuster einerseits und der intensivierenden Funktion andererseits ausgehen. Deshalb will ich abschließend den Stellenwert der Reduplikation im Kontext anderer, auf dem Prinzip der Wiederholung basierender Verfahren präzisieren. Es kann hier jedoch nicht darum gehen, einen Überblick über die kommunikativen Verwendungen von Wiederholungen zu geben; dazu sind Strukturen wie Funktionen zu vielfältig.[36] Ich konzentriere mich vielmehr auf einige wenige Beispiele, die es erlauben, die konstitutiven Eigenschaften der Reduplikation im Vergleich mit verwandten Verfahren noch einmal herauszustellen.

6.5 Verwandte Verfahren

Sieht man sich die mit der Reduplikation verwandten Strukturen an, so ist zu unterscheiden zwischen Verfahren, die eine rein strukturelle Ähnlichkeit aufweisen, funktional jedoch ganz anders gelagert sind, und Verfahren, die strukturelle und funktionale Ähnlichkeiten erkennen lassen. Zu den Vorkommen, die strukturell gleich sind, jedoch ganz andere kommunikative Funktionen erfüllen, gehören asyndetische Wiederholungen wie sie etwa im Zusammenhang mit Formulierungsprozessen zu beobachten sind.[37] Wiederholt wird hier die der ‚Störquelle' – in der Regel handelt es sich dabei um ein fehlendes Wort – vorausgehende Konstituente, wodurch der Sprecher eine ansonsten unvermeidliche Pause überbrückt und zugleich anzeigt, daß er weiterhin im Besitz des Rederechts bleiben will. Diese Form der Wiederholung unterscheidet sich von der intensivierenden Reduplikation durch eine völlig andere prosodische Realisierung: An die Stelle der rhythmischen Kontur treten Hesitationsmarkierungen, in erster Linie Dehnungen und Pausen sowie Füllwörter. Ein weiterer Unterschied ergibt sich aus der Tatsache, daß Reduplikationen im Unterschied zu Wiederholungen, wie sie im Zusammenhang mit Wortfindungsprozessen auftreten, nicht über Funktionswörtern operieren können.[38] Zur Disambiguisierung tragen darüber hinaus die jeweiligen kommunikativen Kontexte bei.

Das folgende Beispiel illustriert eine asyndetische Wiederholung im Zusammenhang mit einem Formulierungsproblem, die – darin einer Reduplikation vergleichbar – durchaus über eine einfache Verdopplung hinausgehen kann.

Beispiel 47, voile 3

| 1 | B | j'ai toujours été attiré'. mais euh je dois avouer |
| 2 | B | que:: la voile' c'est venu sur le TARD' quoi, . et |

---

36 Für eine umfassende Typologie der Wiederholung siehe Frédéric (1985).
37 Zu Wiederholungen, die durch Formulierungsprobleme im weitesten Sinn motiviert sind, vgl. Gülich/Kotschi (1995), hier speziell den Typ der Rephrasierung.
38 Vgl. oben Beispiel 35.

3	B	j'avais pas l'esprit' l'esprit' euh l'esprit régatier'
4	B	t(u) vois c'est/ pour MOI' la voile' c'était c'était
5	B	synonyme de PLAISIR' mais en fait' bon, il y a pas que
6	B	du plaisIr dans ce qu'on fait' il y a pas que du plaisIr

Die eine Fortführung signalisierende, steigende Tonhöhenbewegung auf *esprit* sowie das Verzögerungssignal *euh* deuten auf Wortfindungsschwierigkeiten hin. Darüber hinaus finden sich im unmittelbaren Umfeld der Wiederholung weitere Hinweise darauf, daß der Sprecher in dieser Sequenz nicht flüssig formuliert. Dazu gehören etwa die Dehnung am Wortende (*avouer que::*), der Abbruch sowie die prosodisch nicht rhythmisierte Wiederholung einer weiteren Einheit (*c'était*).

Natürlich können auch Lexeme mit einer superlativischen Bedeutung im Zusammenhang mit Prozessen der Wortsuche verdoppelt werden. Im folgenden Beispiel fehlt dem Sprecher offenbar das geeignete Adjektiv, so daß er das Intensitätsadverb *très* wiederholt:

Beispiel 48, voile 2

1	C	en fait cédar' c'est un boi:s . mécaniquement' qui
2	C	n'est pas trÈ:s . très résistant' mais qui a l'avantage
3	C	d'êt(re) très léger'
	G	c'est c'est du cèdre ou c'e:st

Hier sind es insbesondere die Dehnung der ersten Konstituente sowie die kurze Pause zwischen den beiden wiederholten Formen, die die Abgrenzung von einer intensivierenden Reduplikation erlauben.

Ein zweites strukturell verwandtes, funktional jedoch anders gelagertes Verfahren stellt die Wiederholung von meist komplexen Konstituenten im Rahmen sogenannter ‚closing-down-Techniken' dar.[39] Dieser Typ der Wiederholung kündigt das Ende eines Redebeitrags an und fungiert damit als Schlußsignal. Auch hier fehlt die für die Reduplikation typische Rhythmisierung. Zwischen den beiden Konstituenten findet man darüber hinaus häufig kurze Pausen, eine Verlangsamung des Sprechtempos sowie eine Reduktion der Lautstärke. Neben der prosodischen Kontur ist es die sequentielle Position – das Verfahren findet sich am Turn-Ende –, die zur Unterscheidung von intensivierenden Reduplikationen beiträgt. Ich verzichte darauf, diesen Typ durch ein Beispiel zu illustrieren, da dies die Analyse eines längeren Gesprächsausschnitts erforderlich machen würde. Im Kontext dieser Arbeit ohnehin relevanter sind diejenigen Fälle, die strukturelle *und* funktionale Ähnlichkeiten zu intensivierenden Reduplikationen aufweisen. Ausgehend von den in den Daten zu beobachtenden Vorkommen lassen sich hier drei strukturell leicht abweichende, aber funktional im wesentlichen äquivalente Verfahren unterscheiden.[40]

Die asyndetische Wiederholung stellt die reinste Form der Reduplikation dar. Daneben finden sich auch Verdopplungen, deren Glieder nicht in unmittelbarem Kontakt stehen. In der Mehrzahl der Fälle treten die Formen *et* oder *mais* zwischen die verdoppelten Konsti-

---

[39] Vgl. Schegloff/Sacks (1973).
[40] Es ist ein fließender Übergang zwischen strukturell markierten und primär semantischen Wiederholungen festzustellen. Zum zweiten Typ gehört die *gradatio* bzw. Enumeration, die man als eine gelockerte, semantisch fortschreitende Variante der Reduplikation ansehen kann.

tuenten und lassen eine ‚kopulative' Variante der Reduplikation entstehen.[41] Als Glieder des Verfahrens fungieren meist Nomina in einfacher Verdopplung, in deren Bedeutung das Merkmal /Intensität/ nicht vorkommt. In den Daten ist dieser Typ nur selten belegt.

Beispiel 49, voile 3

1	B	j'ai fait des proGRÈS' mais PAR cont(re) tout ce qui est
2	A	ça commence à être balèze
	B	en traduction' hein' ça ça commence à venir
3	A	aha
	B	ça commence à faire des PAGES et des PAGES donc mais
4	A	et t(u)
	B	c'est BIEN c'est suPER quoi, <bas> c'est bien+

Die Reduplikation bewirkt die diskursive Veranschaulichung einer großen Quantität. Im unmittelbaren Umfeld des Verfahrens finden sich zwei ‚skalierte' Bewertungen: Das positiv wertende und prosodisch markierte *c'est bien* wird durch *c'est super* reformuliert, das eine Steigerung signalisiert. Nachgeschoben wird dann eine wörtliche Reformulierung der ersten Bewertung. Zudem geht mit *c'est balèze* eine diaphasisch konnotierte Bewertung des Partners voraus. Eine Verbindung evaluativer und intensivierender Ausdrucksmittel findet sich auch im folgenden Beispiel.

Beispiel 50, voile 3

1	B	euh donc j'ai j'ai vu la coque arriver NUE'
2	B	euh depuis bordeaux je suis un petit peu
3	B	ce qui ce/ c'est VRAIMENT impressionnant' quoi,. DES
4	B	HEURES et DES HEURES de traVAIL <ins> que chacun' a
5	B	produit' pour en arriver à un bateau qui qui <vite>
6	B	est toujours pas FINI malgré tout+ parce que sans

Hier folgt die Reduplikation im Anschluß an eine sowohl prosodisch als auch semantisch (durch das Adverb *vraiment*) intensivierte Bewertung, wobei der Gegenstand dieser Bewertung – die Stunden an Arbeit, die erforderlich waren, um das Boot fertigzustellen – durch die kopulative Reduplikation eingebracht wird. Ihre Konstituenten erhalten jeweils einen fallend-steigenden Akzent, der auch noch über *de travail* zum Tragen kommt und die Rhythmisierung verstärkt.

Daneben findet sich eine zweite Variante der intensivierenden Wiederholung, die als eine eher gelockerte Form der Reduplikation anzusehen ist. Sie unterscheidet sich von der rein strukturellen Ausprägung des Verfahrens nicht nur durch die Präsenz der Konjunktion *et*, sondern auch durch das Hinzutreten einer weiteren Konstituente mit intensivierender

---

[41] Dabei fungieren *et* und *mais* als verknüpfende und zugleich intensivierende Formen. Vgl. Grevisse ([13]1993: 1545f.), der ihre verstärkende Funktion im Zusammenhang mit Aufzählungen behandelt. Im Unterschied zu Beispiel 36, wo *et* eindeutig Bestandteil der reduplizierten Konstituente ist, da es schon die Erstnennung von *j'attends* einleitet, tritt die Konjunktion bei diesem Verfahren zwischen die beiden Glieder.

Bedeutung. Hier werden grammatische Mittel der Intensivierung – in erster Linie Adverbien wie *vraiment, totalement* – in das Verfahren integriert, wodurch die asyndetische Abfolge der Konstituenten gesprengt und die rhythmische Kontur letztlich aufgelöst wird. Typisch für diese Variante ist also die Verschränkung grammatischer und diskursiver Mittel der Intensivierung.

In Beispiel 51 erzielt der Sprecher die Intensivierung über eine Wiederholung von *différent*, die von *et* und einem verstärkenden Adverb – in diesem Fall das generalisierende *totalement* – begleitet wird.

Beispiel 51, voile 3

1	B	mais SI c'est dingue' quoi, c'es:t . je fais un
2	A	mh
	B	boulot' qui es:t qui est DIfférent' et totalement
3	B	différent' . j(e) travaille avec des moyens' que je
4	B	n'avais pas auparavant' . euh::: pff t(u) as beaucoup
5	B	de: beaucoup de choses' qui sont à ta disposiTION' quoi,

Die Daten enthalten nur wenige Vorkommen dieses Typs; diese lassen allerdings ein Strukturmuster erkennen, das man als X et [intensivierendes Adverb] X bzw. X et X [intensivierendes Adjektiv][42] beschreiben kann und das funktionale Ähnlichkeiten zur Reduplikation im engeren Sinn aufweist.

Schließlich gibt es eine dritte Variante der Wiederholung im Kontakt, die im Gegensatz zur Reduplikation zwar auch, aber nicht ausschließlich der Intensivierung dient. Bei diesem Verfahren, das in der rhetorischen Figurenlehre als Anadiplose bekannt ist,[43] handelt es sich um eine einfache Wiederholung von Konstituenten unterschiedlicher Komplexität. Diese unterscheidet sich jedoch hinsichtlich ihrer prosodischen Realisierung deutlich von der Reduplikation: Die erste Konstituente ist zumeist Träger einer fallenden, die zweite hingegen einer steigenden Tonhöhenbewegung. Die steigende, eine Fortführung signalisierende Kontur deutet auf eine weitere Funktion des Verfahrens hin: Die Anadiplose stellt über die Wiederholung eine Verknüpfung zwischen zwei Diskurssegmenten her, wobei deren Verdopplung nicht nur eine gewisse Emphase vermittelt, sondern v.a. nach vorn verweist auf den Fortgang des Diskurses. Die thematische Progression tritt hier also weniger ‚auf der Stelle' als dies bei der ‚echten' Reduplikation der Fall ist. Dennoch kann man die Anadiplose zu den intensivierenden Verfahren im weiteren Sinne zählen.[44] Abschließend will ich diesen Typ, der nicht immer eindeutig von der Reduplikation abzugrenzen ist, durch die Analyse eines Beispiels illustrieren.

Der vorwärtsverweisende Charakter der Anadiplose wird in der Regel nicht nur durch die prosodische Realisierung – fallender Akzent auf der ersten, steigender, die Fortführung

---

[42] Diesen zweiten Typ illustriert das in Beispiel 28 vorkommene *des difficultés et des difficultés graves*.

[43] Nach Lausberg (1960: 312) besteht die Anadiplose „in der Wiederholung des letzten Gliedes einer syntaktischen oder verstechnischen Gruppe zu Beginn der nächstfolgenden syntaktischen oder verstechnischen Gruppe." Die Figur läßt sich wie folgt schematisieren: /...x/x.../.

[44] Die affektische Bedeutung dieser Figur wird auch in der rhetorischen Tradition herausgestellt; vgl. Lausberg (1960: 314).

ankündigender Akzent auf der zweiten Konstituente –, sondern auch durch die häufig im Anschluß an das Verfahren erscheinende Konjunktion *et* unterstrichen.

Beispiel 52, voile 3

1	B	la rouTINE' tu vois' des gens qui sont/ qui ont été
2	B	déÇUS' et il y a RIEN de plus DUR' que des gens déçus,
3	B	tu sais' parce que . les gars' ils pff ils deviennent
4	B	AIGRIS' quoi, hein' ils deviennent AIGRIS' et . c'est
5	B	DUR' de les faire sortir de là ouais

In diesem Beispiel erscheint die Anadiplose im Kontext einer sowohl grammatisch wie prosodisch intensivierten Bewertung (*il y a rien de plus dur*), die später noch einmal wiederaufgenommen wird (*c'est dur*). Sie operiert über einer durch einen Insistenzakzent auf dem evaluierenden Lexem *aigri* auch prosodisch markierten Fremdbeschreibung (*ils deviennent aigris*), wobei die Charakterisierung mit Hilfe des Partizips *aigri* durch die bereits eine negative Orientierung vorgebende Interjektion *pff* gleichsam hinausgezögert wird.[45] Da sich hier zwei Gliederungssignale (*quoi* und *hein*) zwischen die beiden Elemente des Verfahrens schieben, wird auch das typische prosodische Format leicht modifiziert, und zwar in der Weise, daß der fallende Akzent auf *quoi* liegt, während das bestätigungsheischende *hein* aus dem Rahmen des Verfahrens heraustritt. Abschließend kann man festhalten, daß zentrale Unterschiede dieses Verfahrens zur Reduplikation in der schwächeren Intensivierung einerseits und im Beitrag zur thematischen Progression andererseits liegen.

6.6 Fazit

Die vorausgehenden Analysen zeigten, daß die Reduplikation in der Mehrzahl der Fälle im Dienste eines hyperbolischen Sprechens steht. Das Verfahren hat gegenüber vergleichbaren grammatischen Mitteln den Vorzug, expressiver zu sein. Diese Expressivität verdankt es – ähnlich wie die zuvor untersuchten Interjektionen – primär seiner Ikonizität. Während das mimetische Moment dort über die motivierte Beziehung zwischen sprachlichen Zeichen und den durch sie symbolisierten Gegenständen bzw. Sachverhalten ins Spiel kam, entsteht die Ikonizität hier dadurch, daß eine größere Intensität über die mehrfache Nennung einer Entität diskursiv symbolisiert wird. Besondere Bedeutung kommt dabei der spezifischen prosodischen Realisierung zu, die durch gleichlaufende Tonhöhenbewegungen – in der Mehrzahl der untersuchten Ausschnitte fallende oder fallend-steigende Akzente – und die dadurch bewirkte starke Rhythmisierung charakterisiert ist. Insbesondere diese Rhythmisierung ist als ein konstitutives Merkmal des Verfahrens anzusehen, da sie seine Abgrenzung von ansonsten identischen Strukturen, wie sie etwa im Umfeld von Hesitationen und Wortfindungsprozessen zu beobachten sind, erlaubt.

Die Auswertung des Korpus' ergibt, daß ausschließlich Inhaltswörter redupliziert werden. Nicht belegt sind hingegen Reduplikationen, die auf der Basis von Präpositionen,

---

[45] Zu dieser Verwendung von *pff* im Vorfeld negativer Bewertungen siehe oben Abschnitt 5.4.

Konjunktionen oder Artikeln fußen. Diese Beschränkung auf Inhaltswörter erklärt sich aus der intensivierenden Funktion des Verfahrens, die einer lexikalischen Bedeutung bedarf und nicht über Funktionswörtern operieren kann. Besonders häufig werden Formen redupliziert, in deren Bedeutung bereits das Merkmal /Intensität/ enthalten ist. Dies sind in erster Linie Adverbien und Adjektive. Hier baut die Reduplikation als diskursives Verfahren auf einer semantischen Intensitätsmarkierung auf. Die vorausgehenden Analysen machen darüber hinaus deutlich, daß auch Lexeme, in deren Bedeutung das semantische Merkmal /Intensität/ nicht enthalten ist, als Basis einer Reduplikation dienen können. In diesem Fall erfolgt die Intensivierung ausschließlich diskursiv über die Wiederholung der meist nominalen Konstituenten. Sofern Verben in den untersuchten Daten redupliziert werden, sind sie Bestandteil komplexer, satzwertiger Einheiten.

In den untersuchten Gesprächsausschnitten steht die Reduplikation als intensivierendes Mittel in der Regel nicht allein. Häufig wird das Verfahren von einer expliziten Ausformulierung seiner ikonischen Bedeutung begleitet. Dies geschieht beispielsweise dann, wenn die mittels Reduplikation symbolisierte Dauer zugleich durch ein generisches Zeitadverb benannt oder die Veranschaulichung einer großen Quantität von einem globalisierenden *tout* präzisiert wird. Auf diese Signalisierungsredundanz verweist Labov (1984: 57), wenn er bemerkt: „marks of intensity usually cluster." Darüber hinaus finden sich im Kontext der Reduplikation in aller Regel weitere expressive Verfahren: Bewertungen, über die Herausstellung von Personalpronomina erzielte Subjektivierungen, Interjektionen, direkte Adressierungen des Partners sowie paraverbale Phänomene wie Lachen oder *smile voice*. Dies bestätigt einmal mehr, daß die Darstellung emotionaler Beteiligung holistisch, also unter Verwendung einer Vielzahl expressiver Verfahren erfolgt.

Nachdem bislang ausgehend von Interjektionen und Reduplikationen unterschiedliche Facetten der mikrostrukturellen Organisation der Darstellung emotionaler Beteiligung untersucht wurden, will ich im folgenden Kapitel stärker auf deren makrostrukturelle Organisation zu sprechen kommen. Dabei diskutiere ich die Zusammenhänge zwischen spezifischen Interaktionskonstellationen und der Darstellung emotionaler Beteiligung zunächst in theoretischer Hinsicht, bevor ich diese Aspekte im Rahmen einer abschließenden Fallanalyse in Kapitel 8 auch empirisch beleuchte.

> *On ne peut comprendre l'émotion que si l'on y cherche une **signification**. Cette signification est par nature d'ordre fonctionnel.*
> Sartre, *Esquisse d'une théorie des émotions*

7 Emotionale Beteiligung und Makrostruktur der Interaktion

Die vorausgehenden Kapitel stellten die mikrostrukturellen Aspekte der Darstellung emotionaler Beteiligung ins Zentrum der Überlegungen. Die Einbettung affektiver Verfahren in größere Rahmen kam jedoch im Zusammenhang mit den empirischen Analysen der Kapitel 5 und 6 immer wieder zur Sprache. Dieses Kapitel verfolgt nun das Ziel, die makrostrukturellen Eigenschaften des Gefühlsausdrucks in systematischer Weise zu erfassen und dabei dessen Funktionalität in größeren interaktionellen Einheiten zu präzisieren. Dies soll zunächst in eher theoretischer Weise geschehen, indem die Spezifika derjenigen interaktiven Kontexte diskutiert werden, für die die Darstellung emotionaler Beteiligung konstitutiv zu sein scheint. Der Blick richtet sich also von den auf der Ebene der Formulierungen anzusiedelnden affektiven Verfahren auf die Funktionalität des Gefühlsausdrucks in der Interaktion bzw. in einzelnen Interaktionsphasen. Empirisch gehe ich der die Analyse längerer Interaktionssequenzen voraussetzenden makrostrukturellen Organisation emotionaler Beteiligung im Zusammenhang mit der exemplarischen Analyse eines Gesprächsausschnitts in Kapitel 8 nach. Diese Fallstudie konkretisiert nicht nur verschiedene affektiv bestimmte Gesprächsrahmen, sondern sie zeigt auch die Korrelationen zwischen mikro- und makrostruktureller Organisation auf und arbeitet damit explizit Interdependenzen zwischen den beiden bislang weitgehend separat behandelten Beschreibungsebenen heraus.

7.1 Beziehungskonstitution und Affektivität

Gefühle legen die Position von Personen im sozialen Raum durch Sympathie bzw. Antipathie fest. Sie sind an der Strukturierung sozialer Situationen beteiligt und werden nicht selten als eine Art ‚sozialer Kitt' gesehen. Ihr Einfluß auf die Kommunikation wird im Bereich der interpersonalen Beziehungen am greifbarsten. Insofern erstaunt es nicht, daß die affektive Dimension, sofern sie in Kommunikationsmodellen überhaupt Berücksichtigung findet, in der Regel als ein Teil der Beziehungskonstitution gesehen wird. Meist geht der Gefühlsausdruck in der Beziehungsebene auf. Die linguistische Konzeptualisierung der Beziehungskonstitution knüpft im wesentlichen an Vorstellungen von Watzlawick/Beavin/Jackson (1972) an, insbesondere an deren Unterscheidung zwischen inhaltlicher und relationaler Dimension der Kommunikation. Während die inhaltliche Dimension die Übermittlung von Informationen fokussiert, hebt die relationale Dimension darauf ab, daß Kommunikation auch und v.a. dazu dient, soziale Beziehungen zu etablieren, zu erhalten oder zu verändern. In jeder Kommunikation findet also grundsätzlich auch eine Verständigung über die Art der sozialen Beziehung zwischen den Partnern statt. Watzlawick/Beavin/Jackson parallelisieren ihre Unterscheidung der zwei kommunikativen Dimensionen mit der verschiedener Informationsarten: Während die inhaltliche Information v.a. unter Rekurs auf digitale Zeichen übermittelt wird, fällt die relationale Information primär in den Bereich analoger Zeichen und erfolgt nicht selten über nonverbale Kommunikationskanäle.[1] Als prototypische Domäne der analogen, nonverbalen Kommunikation gilt der Ausdruck von Gefühlen.

Im Zuge einer linguistischen Modellierung der relationalen Dimension traten die Auswirkungen sozialer Rollen auf die interpersonale Beziehung in den Vordergrund.[2] So sieht Adamzik (1984: 64), die die Beziehungskonstitution in einen sprechakttheoretischen Ansatz zu integrieren versucht, einen wesentlichen Aspekt dieser Dimension darin, daß „Sprecher und Hörer sich in ihrem Umgang miteinander entsprechend bestimmten *persönlichen und sozialen Rollen* verhalten bzw. diesen Rollen entsprechende Identitäten aufbauen." Affektivität bleibt hier ein Randphänomen, das sich mit anderen Aspekten des Rollenhandelns vermischt. Gerade in der soziolinguistischen Forschung werden Emotionen häufig als ein vernachlässigenswertes ‚Anhängsel' anderer, eher sozialer Faktoren gesehen. Ihre Auswirkungen auf die Beziehung werden kaum von in diesem Kontext ebenfalls relevanten Parametern wie Vertrautheit, Solidarität, Status, Macht, Dominanz etc. abgegrenzt. Meist fließt Affekt als eine Komponente in das polar konzipierte Kontinuum zwischen sozialer Nähe und Distanz ein.[3] Gerade in der kommunikativ ausgerichteten Linguistik besteht noch immer „a lack of consensus [...] concerning the status and relative importance of *affect* as a pragmatic variable" (Spencer-Oatey 1996: 14). Soziolinguistische Untersuchungen zu interpersonalen Beziehungen unterstreichen jedoch ganz allgemein die Relevanz, die der affektiven Dimension für die Interaktion zukommt, wobei diese in bestimmten sozialen Konstellationen besonders prominent wird.[4] Ein Nachteil dieser Arbeiten liegt darin, daß

---

[1] Vgl. Watzlawick/Beavin/Jackson (1972: 61): „Selon toute probabilité, le contenu sera transmis sur le mode digital, alors que la relation sera essentiellement de nature analogique." Vgl. auch oben Abschnitt 4.2.

[2] Vgl. aber Ockel (1977), der in seiner Konzeptualisierung der Beziehungsebene von emotionalen Voreinstellungen zu Personen ausgeht.

[3] Diese Unschärfe kritisiert insbesondere Spencer-Oatey (1996: 7) in ihrer Diskussion der für die Beschreibung der beziehungskonstitutiven Dimension zentralen Konzepte ‚Macht' und ‚Distanz', zu deren relevanten Parametern neben ‚social similarity/difference', ‚frequency of contact', ‚length of acquaintance', ‚familarity', ‚sense of like-mindedness' auch ‚positive/negative affect' gehört. Vgl. ähnlich Koch/Oesterreicher (1990: 115), die die emotionale Beteiligung polar konzipieren und innerhalb des Nähe-Distanz-Kontinuums verorten: „In reziproker Weise [...] vergewissern sich die Partner ihres (positiven oder negativen) emotionalen Verhältnisses zueinander und stecken den Bereich der Gemeinsamkeit ihrer Bewertungen, Erlebnisse, Erfahrungen usw. ab – kurz: sie bestätigen sich ihre Vertrautheit." Das komplexe Verhältnis von „Emotional communication, culture, and power" beleuchtet auch ein von Cynthia Gallois herausgegebenes Sonderheft des *Journal of language and social psychology* 12 (1993).

[4] Vgl. Abu-Lughod/Lutz (1990: 13f.): „Two aspects of social relations emerge as crucially tied to emotion discourse: sociability and power relations. The links to sociability can be seen in the salience of emotion language in settings where solidarity is being encouraged, challenged, or nego-

die affektive Dimension der Kommunikation nicht für sich gesehen wird, sondern ganz in den Aspekt der Beziehungskonstitution eingeht, so daß Funktionen des Gefühlsausdrucks, die nicht in unmittelbarem Bezug dazu stehen, kaum Beachtung finden. Darüber hinaus vertreten solche Ansätze häufig einen ‚deterministischen' Standpunkt, insofern der Ausdruck von Gefühlen nicht als interaktive Hervorbringung konzipiert, sondern mit vorgegebenen soziolinguistischen Variablen korreliert wird.

Eine von ihrem ausschließlichen Bezug auf die Beziehungsebene losgelöste Theoretisierung der Emotionen in der Kommunikation schlägt Fiehler (1990) vor.[5] Fiehler geht von einem Verständnis der Kommunikation aus, in dem der bewertende Aspekt gleichrangig neben dem Aspekt der Informationsübermittlung steht. Die evaluative Dimension wird teilweise durch die Kommunikation von Emotionen übermittelt:

> Man muß davon ausgehen, daß die Kommunikation mindestens *zwei* prinzipiell *gleichrangige Aspekte* hat: die Verständigung über Sachverhalte und die Verständigung über Bewertungen. Parallel zum Austausch über ein Thema werden auch immer Bewertungen kommuniziert. Ein Teil der Bewertungen, die kommuniziert werden, wird als *Kommunikation von Emotionen* realisiert (Fiehler 1990: 36).

Fiehler spricht in diesem Zusammenhang von ‚bewertenden' bzw. ‚emotionalen Stellungnahmen'.[6] Die evaluative Dimension, innerhalb derer die Kommunikation von Emotionen einen entscheidenden Stellenwert erhält, ist ein Bestandteil jeder Interaktion. Sie spielt v.a. mit Blick auf die globalen Ziele der Konstitution einer sozialen Identität sowie der Konstitution sozialer Beziehungen eine herausragende Rolle. Insofern deutet sich auch hier eine privilegierte Verbindung des Gefühlsausdrucks mit der Herstellung bzw. Aufrechterhaltung interpersonaler Beziehungen an. In Fiehlers Untersuchung steht die Modellbildung im Vordergrund, wobei insbesondere die Bestimmung der Emotion als intra- vs. interindividuelle, private vs. soziale Realität großen Raum einnimmt. Hier arbeitet Fiehler die soziale Verfaßtheit der Emotionen sowie die Regeln, denen ihre kommunikative Deutung folgt, heraus. Diese werden in Form von speziellen Emotionsaufgaben formuliert, welche die Typisisierung der emotionalen Qualität der Situation, die wechselseitige Darstellung der eigenen momentanen Befindlichkeit, die wechselseitige Deutung der momentanen emotionalen Befindlichkeit des anderen, die Typisierung der Emotionalität der beteiligten Personen sowie die Typisierung der emotionalen Qualität der Beziehung zwischen den Interaktanten umfassen (vgl. Fiehler 1990: 32). Dies ist jedoch ein Aspekt, der – wie Fiehler (1990: 64) selbst anmerkt – für die Beschreibung der eigentlich interaktiven Funktionen von Emotionen und Emotionsmanifestationen irrelevant ist.

In den folgenden Abschnitten will ich Vorschläge für eine theoretische Einbindung der Affektivität in globale Interaktionsabläufe entwickeln, die weniger die kognitiven Voraussetzungen der Deutung von Emotionen beleuchten, sondern stärker deren interaktive Relevanz und Funktionalität ins Zentrum stellen und die damit auch für eine empirische Untersuchung handhabbar sind. Grundlegend ist die Annahme, daß es einerseits spezifische Interaktionskonstellationen gibt, für die emotionale Beteiligung konstitutiv ist, daß diese

---

tiated, or in the essentially interactional nature of discourse as it engages performers or speakers and audiences or interlocutors."

[5] Eine Skizze des theoretischen Ansatzes liegt bereits mit Fiehler (1986) vor.
[6] Siehe auch oben Abschnitt 4.4.1.

andererseits aber auch in Kontexten auftreten kann, in denen die Zurschaustellung von Gefühl nicht unbedingt die Erwartungen der Interaktanten bestimmt. Die interaktive Funktionalität der emotionalen Beteiligung ist dann eine jeweils andere. Im folgenden will ich zunächst unter Rekurs auf interaktionssoziologische Überlegungen einen theoretischen Rahmen skizzieren, über den die emotionale Beteiligung in die makrostrukturelle Organisation der Interaktion eingebunden werden kann. Dabei wird es zum einen darum gehen, die Ebene näher zu bestimmen, auf der die emotionale Beteiligung in der Interaktion zu verankern ist (Abschnitt 7.2). Zum anderen will ich in Ansätzen eine Systematik derjenigen Situationstypen entwickeln, in denen die Darstellung emotionaler Beteiligung zu erwarten ist (Abschnitt 7.3). Mit Klagen und Erzählungen werden anschließend zwei typische, allerdings auf unterschiedlichen Ordnungsebenen zu lokalisierende Aktivitätstypen genauer beschrieben, die im Korpus besonders häufig auftreten und für die die Darstellung emotionaler Beteiligung offenbar konstitutiv ist.

7.2 Emotionale Beteiligung und Gesprächsrahmen

Für eine Beschreibung der makrostrukturellen Aspekte emotionaler Beteiligung bietet es sich an, von dem v.a. durch Goffman popularisierten Konzept des *Rahmens* auszugehen. Rahmen sind verfestigte, typisierte Situationsdefinitionen, durch die Wirklichkeitsausschnitte unterschiedlichster Qualität und Komplexität Struktur erhalten. Rahmen stellen eine Verbindung zwischen typisierten sozialen Situationen einerseits und dem konkreten Verhalten der Interaktanten andererseits her; sie liegen zudem an der Nahtstelle von mikro- und makrostruktureller Organisation der Interaktion. Goffman (1980: 31f.) unterscheidet zwischen natürlichen und sozialen Rahmen. Während die natürlichen Rahmen bei der Wahrnehmung eher physikalischer Ereignisse eine Rolle spielen, liefern soziale Rahmen „einen Verständnishintergrund für Ereignisse, an denen Wille, Ziel und steuerndes Eingreifen einer Intelligenz, eines Lebewesens, in erster Linie des Menschen, beteiligt sind." Hier interessieren nur die sozialen Rahmen, die soziale Situationen strukturieren; sie verleihen den Handlungen des täglichen Lebens Sinn und machen sie dadurch verstehbar. Einen speziellen Typ sozialer Rahmen stellen *Gesprächsrahmen* dar. Diese kommen auf unterschiedlichen Ebenen zum Tragen: Zunächst kann jede kommunikative Begegnung als eine aus dem Fluß der Ereignisse heraustretende, gerahmte Einheit verstanden werden. Da das Gespräch in aller Regel intern strukturiert ist, kann es unter Berücksichtigung seiner prozessuralen Dimension als ein rasch wechselnder Strom verschieden gerahmter Abschnitte modelliert werden.[7]

Goffmans Konzept des Rahmens bietet sich für eine makrostrukturelle Verankerung der emotionalen Beteiligung insofern an, als einerseits interaktionelle Aspekte berücksichtigt werden und andererseits die Idee der Strukturiertheit einer sozialen Situation auch auf Erwartungen hinsichtlich des Engagements der Interaktanten ausgedehnt wird. Denn Rahmen enthalten nicht nur die Organisationsprinzipien sozialer Ereignisse, sie schließen auch ein Wissen um den für den jeweiligen Rahmen angemessenen Grad der persönlichen

---

[7] Vgl. Goffman (1980: 584).

Anteilnahme ein: „der Rahmen schafft mehr als nur Sinn; er schafft auch Engagement" (Goffman 1980: 376). Goffmans Idee des Engagements deckt sich teilweise mit dem hier entwickelten Konzept der emotionalen Beteiligung.[8] Unter ‚Engagement' versteht er eine bestimmte Art und Intensität der Beteiligung, die für eine soziale Aktivität vorgeschrieben ist.[9] Diese Form der Beteiligung charakterisiert Goffman (1980: 376) als einen psychobiologischen Zustand des ‚Gefangengenommenseins', „bei dem dem Subjekt mindestens teilweise entgeht, worauf sich seine Gefühle und seine kognitive Anspannung richten." Für die Bestimmung des Engagements ist v.a. die Aufmerksamkeitsausrichtung der Interaktanten auf den gerade relevanten Rahmen konstitutiv. Sieht man sich die Beispiele an, mit denen Goffman die Idee des Engagements präzisiert, so scheint allerdings auch ihre emotionale Beteiligung eine nicht unerhebliche Rolle zu spielen. Auch Goffman fokussiert den Darstellungsaspekt des Engagements, d.h. der Akzent liegt nicht auf der Erlebensdimension, sondern auf der Zurschaustellung des durch den Rahmen vorgegebenen Verhaltens.[10]

Aus Goffmans Ausführungen wird deutlich, daß die Wahl eines Rahmens Erwartungen hinsichtlich der Art und Intensität des Engagements bei den am Gespräch beteiligten Personen weckt. Goffman selbst gibt kaum inhaltlich spezifizierte Hinweise auf Rahmen, die typischerweise mit besonderem Engagement vollzogen werden. Darüber hinaus bleibt bei ihm auch der Stellenwert der Affektivität im Zusammenhang mit der Zurschaustellung von Engagement verschwommen. Stärker systematisiert werden die Beziehungen zwischen typisierten Situationsdefinitionen bzw. sozialen Handlungszusammenhängen und Erwartungen hinsichtlich der Affektivität der Beteiligten hingegen in bestimmten rollentheoretischen Ansätzen. Im folgenden will ich daher in einigen Punkten an diese Arbeiten anknüpfen, um sie in die Überlegungen zu affektiven Rahmen zu integrieren. Ich konzentriere mich auf fundamentale Annahmen zum Stellenwert der Affektivität in einer Typologie sozialer Rollen. Dabei kann ich nicht im Detail auf die komplexen Interdependenzen zwischen den Vorstellungen von Rahmen und Rolle eingehen. In beiden Fällen handelt es sich um Abstraktionen, durch deren Relevantsetzung in der Interaktion sowohl Wissensbestände als auch Erwartungen hinsichtlich angemessener Verhaltensweisen aktiviert werden: Rahmen verweisen auf Schematisierungen sozialer Situationen unterschiedlicher Komplexität. Demgegenüber liegt der Akzent bei dem Konzept der Rolle stärker auf den aus einer bestimmten sozialen Position erwachsenden Erwartungen an eine Person. Hier erschließt sich die Situation also eher von den Akteuren her. In die Konstitution eines Rahmens fließen

---

[8] Siehe auch oben Abschnitt 4.3.1.
[9] Vgl. Goffman (1980: 135): „Zu jedem Rahmen gehören normative Erwartungen bezüglich der Vollständigkeit, mit der die Menschen in die durch den Rahmen organisierten Vorgänge eingebunden sein sollten. Natürlich unterscheiden sich die Rahmen ganz erheblich in dem für die Beteiligten vorgeschriebenen Engagement. [...] Doch in allen Fällen werden vereinbarte Grenzen etabliert, eine Definition des zu geringen und des zu starken Engagements." Ein bestimmter Grad des Engagements gilt als optimal, es werden jedoch erhebliche Unterschiede akzeptiert, „wobei die Langeweile die eine Grenze bildet und das ‚Überengagement' die andere."
[10] Insbesondere in Kapitel III aus *Behaviour in public places* (1963), das ich hier nach einer französischen Ausgabe zitiere, betont Goffman, daß das Engagement, obzwar es sich um einen inneren Vorgang handelt, nur unter seinem Darstellungsaspekt interessieren kann: „L'engagement qu'un individu soutient au sein d'une situation donnée est question de sentiment intérieur. L'évaluation de l'engagement repose et doit reposer, en revanche, sur une forme d'expression extérieure" (Goffman 1981: 272).

stets soziale Rollen ein; umgekehrt beeinflussen soziale Rollen die Gestaltung des Rahmens. Für die hier verfolgten Zwecke soll es genügen, die soziale Rolle als ein zentrales Element des Rahmens zu verstehen.

7.2.1 Affektivität und Engagement als Teil der Rollenerwartungen

Innerhalb strukturfunktionalistischer Rollentheorien wird die Rolle als eine bestimmte Position im sozialen Gefüge definiert. Die Gesellschaft erscheint nach diesem Verständnis als ein System von Rollen, das das Verhalten des Individuums durch Normen bestimmt. Im Vordergrund steht der Strukturaspekt der Rolle, der von dem konkreten Rollenhandeln des einzelnen abstrahiert bzw. dieses als „bloße Funktion von gesellschaftlichen Strukturen" (Abels/Stenger ²1989: 132) sieht. Gegenüber dieser, die Sicht der Gesellschaft einnehmenden traditionellen Rollentheorie betont die interaktionistische, maßgeblich durch Goffman beeinflußte Rollentheorie den Handlungsaspekt der Rolle. Im Mittelpunkt steht das konkrete Rollenhandeln eines Individuums, auch *Rollenspiel* genannt. Aus dieser Perspektive erscheint die Rolle als ein Komplex von Verhaltenserwartungen, die an den Inhaber einer Position im sozialen Gefüge gerichtet sind. Die Verhaltenserwartungen stellen eine Konkretisierung von Rollennormen in sozialen Situationen dar.[11] Rollennormen sind nicht rigide. Bei ihrer Erfüllung hat das Individuum einen subjektiven Gestaltungsspielraum, der in der Interaktion ausgehandelt wird. Darin liegt ein grundlegend konstruktivistischer Aspekt: Beim Rollenhandeln kommt es zu einer flexiblen Anwendung sozialer Normen, die in der Interaktion ausgestaltet werden.[12]

Es liegt auf der Hand, daß für den hier vertretenen Zugang ein interaktionistisches Rollenkonzept, das auf das konkrete Rollenhandeln in der Interaktion abhebt, die meisten Anknüpfungspunkte bereit hält. Für Überlegungen zur Erwartbarkeit von emotionaler Beteiligung bietet es sich jedoch an, für einen Augenblick bei dem Strukturaspekt der sozialen Rolle zu verweilen, um zu sehen, inwieweit bestimmte Rollentypen entsprechende Vorgaben enthalten, die sich dann vermutlich auch im konkreten Rollenhandeln widerspiegeln. In den folgenden Abschnitten gehe ich daher zum einen der Frage nach, in welcher Weise Erwartungen hinsichtlich der Darstellung emotionaler Beteiligung an die soziale Rolle gekoppelt sein können. Zum anderen interessiere ich mich für Typen sozialer Rollen, die ein solches affektives Moment enthalten. Daraus lassen sich Hinweise auf Situationstypen bzw. Interaktionskonstellationen ableiten, in denen emotionale Beteiligung erwartbar wird.

Eine Systematik des Rollenrepertoires, die auf verschiedenen Typen von Normen aufbaut, findet sich bei Dreitzel (³1980: 86). Die verschiedenen Rollentypen liegen hier im Schnittpunkt zweier Koordinaten, die personbezogene, organisationsbezogene und situationsbezogene Normen einerseits sowie Vollzugs-, Qualitäts- und Gestaltungsnormen andererseits umfassen. Während für die erste Achse der Grad an *Identifikation* konstitutiv ist, wird die zweite Achse über das Maß an *Ich-Leistungen* charakterisiert. ‚Identifikation' meint das Maß an Hingabe, das durch die Rolle gefordert wird.[13] Hohe Identifikation for-

---

[11] Vgl. ähnlich Abels/Stenger (²1989: 123), die die Erwartungen als interaktionelle Ausdrucksformen positionsspezifischer Normierungen bestimmen.
[12] Vgl. ähnlich Peukert (1995).
[13] Im angelsächsischen Raum ist hier der Begriff des *commitment* gebräuchlich, der auch in diskursanalytische Arbeiten zur Emotionalität Eingang gefunden hat. Als Quasi-Synonym zu *commitment*

dern insbesondere die Rollen, die durch personbezogene Normen gesteuert werden (Sozialisierungsrollen wie Kind oder Patient, Helferrollen wie Eltern oder Seelsorger und Beziehungsrollen wie Ehemann, Liebhaber). Diese Rollen sind es auch, welche die höchsten Erwartungen bezüglich der Affektivität beinhalten:

> Die sozialen Rollen unterscheiden sich freilich nach dem Grad, in dem sie eine affektive Aufladung des Verhaltens erwarten: *mit der notwendigen Identifikation steigt auch die Affektivität*. In personbezogenen Rollen wird dementsprechend am meisten Affektivität erwartet, in den situationsbezogenen am wenigsten (Dreitzel ^{3}1980: 186).[14]

Daher wird, wenn in einer Interaktion soziale Rollen aktiviert werden, für die personbezogene Normen konstitutiv sind, auch die Darstellung emotionaler Beteiligung wahrscheinlich. Die Verbindungen zwischen Affektbekundungen einerseits und sozialen Rollen bzw. allgemein Situationstypen andererseits sind durch Konventionen geregelt, die in Form von Regeln der Emotionalität expliziert werden können.[15] Sie bilden einen Teil der im konkreten Rollenhandeln an das Individuum gerichteten Erwartungen. Grundsätzlich entsteht auch bei Rollen, die von dem Rollenspieler eine weniger starke Identifikation erfordern, eine emotionale Spannung, die jedoch nicht notwendigerweise manifest werden muß.[16]

Nicht nur die starke Identifikation, sondern auch hohe Ich-Leistungen wie sie für die überwiegend durch Gestaltungsnormen bestimmten Rollentypen konstitutiv sind, weisen eine besondere Affinität zur Darstellung emotionaler Beteiligung auf. Die Ich-Leistungen repräsentieren eine Art Leerstelle, die, ohne inhaltlich spezifiziert zu sein, den Spielraum für die individuelle Ausgestaltung der Rolle beschreibt.[17] Umfang und Stellenwert der erwarteten Ich-Leistungen sind je nach Rolle verschieden. Zu den Rollen, die primär über einen individuellen Stil bestimmt werden, gehören in erster Linie die Beziehungsrollen (Ehemann, Liebhaber), aber auch Leistungsrollen (Politiker, Wissenschaftler) sowie Kontaktrollen (Nachbar, Gastgeber). Die Ich-Leistungen stehen für die *expressive* Seite der Rollenerwartungen, die im konkreten Rollenhandeln ihren Ausdruck sowohl in einer Distanzierung von den durch die Rolle festgelegten Erwartungen wie auch in einer als

---

ist darüber hinaus der aus einem verwandten wissenschaftlichen Kontext stammende Begriff des *involvement* gebräuchlich. Siehe oben Abschnitt 4.3.1.

[14] Dreitzel, der die Frage der Verfügbarkeit verschiedener Rollen aus der Sicht einer Sozialpathologie diskutiert, betont die Bedeutung, die einem gewissen Gleichgewicht zwischen affektiv neutralen und emotional befriedigenden Rollen für den Rollenhaushalt des Individuums zukommt. Damit der affektive Gehalt im Rollenhaushalt insgesamt ausgeglichen ist, sollten organisationsbezogene Rollen durch ausreichend personbezogene Rollen kompensiert werden.

[15] Für eine ausführliche Diskussion solcher Regeln der Emotionalität siehe Fiehler (1990: 77-87). Fiehler unterscheidet zwischen Emotionsregeln im engeren Sinn, die die Verbindung zwischen der Situation und dem angemessenen Gefühl kodifizieren, Manifestationsregeln, die – im Gegensatz zu den Emotionsregeln – ausschließlich auf die Ausdrucksformen des jeweiligen Gefühls abheben, Korrespondenzregeln, die das Verhalten des Interaktionspartners bestimmen sowie Kodifizierungsregeln, die festlegen, welche Verhaltensweisen als Manifestation einer Emotion gelten.

[16] Vgl. Dreitzel (^{3}1980: 184): „einerseits wird von bestimmten Rollen ein bestimmter Grad an affektiver Aufladung des Rollenspiels *erwartet*, andererseits geht in den Rollenidentitäten schaffenden Identifikationsprozeß emotionale Spannung mit ein."

[17] Eine individuelle Ausgestaltung der Rolle kann für einige Rollentypen geradezu konstitutiv sein, weswegen Dreitzel auch die Ich-Leistungen zu den Rollenerwartungen zählt.

Engagement zu deutenden Intensivierung des Rollenspiels finden können.[18] Mit Blick auf Erwartungen bezüglich der emotionalen Beteiligung des Rollenspielers sind v.a. diejenigen Rollentypen interessant, die sowohl eine starke Identifikation als auch einen hohen Grad an Ich-Leistungen fordern. Am Schnittpunkt maximaler Ich-Leistungen und maximaler Identifikation liegen nach Dreitzel (^{3}1980: 86) die Beziehungsrollen. Für Beziehungsrollen ist nicht nur ein individueller Stil, sondern auch ein bestimmtes Maß an Affektivität konstitutiv.

Den bestimmten Rollentypen strukturell eingeschriebenen Erwartungen nach Affektivität steht also das im konkreten Rollenhandeln zu beobachtende Engagement gegenüber, das bereits mit Goffmans Konzept des Rahmens anklang. Nach Goffman zeigt sich das Engagement in einer freiwilligen, nicht durch die Rolle bestimmten *Intensivierung* des Rollenspiels, in einem spontanen ‚Zu-meiner-Sache-machen'.[19] Engagement enthält – auch darauf weist schon Goffman hin – zwangsläufig affektive Komponenten. Bei Dreitzel (^{3}1980: 295) wird die Überlagerung beider Aspekte begrifflich in der Redeweise von einem *emotionalen* bzw. *affektiv aufgeladenen Engagement* deutlich, das grundsätzlich zu den Ich-Leistungen beim Rollenspiel gehöre. Hier zeigt sich, daß die im konkreten Rollenhandeln aufscheinende emotionale Beteiligung unterschiedliche Quellen haben kann, die hinsichtlich ihrer theoretischen Verankerung divergieren. Diese Unterschiede lassen sich vor dem Hintergrund der vorausgehenden Ausführungen präzisieren: Die Zurschaustellung von Gefühl kann Teil der Rollenerwartungen, aber auch Ausdruck einer Intensivierung des Rollenhandelns sein. Im ersten Fall ist die emotionale Beteiligung aufgrund ihrer konventionellen Bindung an die Rolle erwartbar, und die Beurteilung des konkreten Verhaltens des Interaktanten wird an diesen Erwartungen gemessen. Im zweiten Fall stellt sie hingegen eine individuelle und spontane Leistung des Rollenspielers dar. Auch hier bilden die mit der Rolle festgelegten Erwartungen natürlich den Hintergrund, vor dem sich das konkrete Rollenhandeln abhebt. Im Unterschied zum ersten Fall ist die Affektivität jedoch kein konstitutiver Bestandteil der Erwartungen. Die Zurschaustellung von emotionaler Beteiligung wird hier als Modulation einer vorgeschriebenen Form interpretiert und kann damit als Ausdruck eines in die Interaktion eingebrachten persönlichen Stils gesehen werden.

Die Ausführungen zum Verhältnis von emotionaler Beteiligung und sozialer Rolle lassen sich mutatis mutandis auf das Konzept des Rahmens übertragen. Für die Beschreibung von

---

[18] Vgl. Dreitzel (^{3}1980: 133): „Zu diesen von den Gestaltungsnormen verlangten Ich-Leistungen gehört stets ein bestimmtes Maß an Rollendistanz im Sinne einer Distanzierung vom bloß Erwarteten: durch distanzierende Verhaltensweisen wird zum Ausdruck gebracht, daß man sehr wohl selbst in der Lage ist, das Rollenspiel zu gestalten, und dazu nicht auf präzise Vollzugsnormen angewiesen ist." Wenig später heißt es: „*Distanz* und *Engagement* sind die beiden Elemente der Ich-Leistungen im Rollenspiel" (Dreitzel ^{3}1980: 240).

[19] Vgl. ähnlich Dreitzel (^{3}1980: 83), der die Unterschiede zwischen der zur Rolle gehörigen Identifikation und dem Engagement als einem Element des Rollenspiels hervorhebt: „Das Engagement ist ein Bestandteil des Rollenverhaltens, nicht der Rolle. Denn was die Rolle normativ fordert, ist Identifikation und sind Ich-Leistungen, nicht das spontane ‚Zu-meiner-Sache-machen' des Engagements – obwohl natürlich starke Ich-Leistungen nicht ohne ein gewisses Engagement möglich sind. Dennoch ist der Unterschied festzuhalten: soll Engagement ein freiwilliger und bewußter Akt der persönlichen Intensivierung des Rollenspiels heißen, dann ist demgegenüber die Identifikation meistens unbewußt und unfreiwillig, und auch die Ich-Leistungen können immer mit erheblicher Mentalreservation erbracht werden."

Gesprächsrahmen bedeutet dies, daß die emotionale Beteiligung entweder konstitutiv für den entsprechenden Rahmen ist – ich spreche dann von einem *affektiven Rahmen* – oder aber den emotional getönten und zugleich markierten Vollzug eines nicht-affektiven Rahmens signalisiert.[20] Die Frage, ob die Darstellung emotionaler Beteiligung im Zusammenhang mit einem affektiven Rahmen oder der Modulation eines eigentlich nicht-affektiven Rahmens zum Tragen kommt, wird v.a. bei der Differenzierung ihrer interaktionellen Funktionen relevant. Allerdings ist die Unterscheidung zwischen diesen beiden Rahmentypen in erster Linie eine analytische, da ihre Bestimmung nicht allein aufgrund der entsprechenden Ausdrucksmittel möglich sein dürfte, sondern darüber hinaus einen interpretativen Zugang erfordert, der auch die durch die jeweilige Situationsdefinition aktivierten Erwartungen berücksichtigt.

7.2.2 Modifikationen der emotionalen Beteiligung

In den folgenden Abschnitten will ich die bislang eher statische Beschreibung des Verhältnisses zwischen der emotionalen Beteiligung und den entsprechenden Rahmen durch eine dynamische, die sequentielle Dimension berücksichtigende Perspektive ergänzen. Damit wird der empirisch zu beobachtenden Tatsache Rechnung getragen, daß der ‚Affektivitätspegel' im Verlaufe einer Interaktion in der Regel variiert. Dieser dynamische Charakter der Darstellung emotionaler Beteiligung kam bereits unter Abschnitt 4.3.2.3 im Zusammenhang mit der mikrostrukturellen Organisation zur Sprache. Die als *Konvergenz* bezeichnete Verdichtung expressiver Verfahren einerseits sowie der in einem gegebenen Kontext aufscheinende *Kontrast* andererseits, wurden dort als zwei komplementäre kommunikative Techniken beschrieben, mit denen die Interaktanten eine Eskalation emotionaler Beteiligung darstellen können. Folgt man darüber hinaus Goffman in der Annahme, daß das Gespräch als eine Abfolge unterschiedlicher Rahmen zu modellieren sei, so können (eskalierende) Modifikationen in der Darstellung emotionaler Beteiligung sowohl einen *Rahmenwechsel* als auch eine *Modulation* des bestehenden Rahmens signalisieren.[21]

Damit die Interaktanten in der Lage sind, Rahmenumstellungen nachzuvollziehen, werden Beginn und Ende von Gesprächsrahmen in der Regel sprachlich markiert. Veränderungen in der Darstellung emotionaler Beteiligung gehören zu den Mitteln, die solche Rahmenwechsel anzeigen können. Die Möglichkeit, einen Rahmenwechsel durch die Modifikation der emotionalen Beteiligung zu kontextualisieren, ergibt sich aus deren konventioneller Bindung an bestimmte Rahmen: Wenn ein gewisses Maß an emotionaler Beteiligung konstitutiv für einen Rahmen ist, dann können über bestimmte Grenzen hinausgehende Schwankungen als Hinweis auf die Relevantsetzung eines neuen Rahmens gedeutet werden. In Verbindung mit anderen Faktoren kann eine Eskalation der emotionalen Betei-

---

[20] Auch ein Ineinandergreifen beider Aspekte, wobei ein an sich schon affektiver Rahmen zudem markiert vollzogen wird, ist natürlich denkbar. In solchen Fällen dürfte mit besonders stark ausgeprägten Darstellungen emotionaler Beteiligung zu rechnen sein.

[21] Im Prinzip wäre es auch möglich, ‚Negativ-Modulationen' der emotionalen Beteiligung zu untersuchen, für die eine Abnahme der Affektbekundungen im Vergleich zu vorausgehenden Sequenzen konstitutiv ist. Ich lege den Akzent hier auf die gegenläufige Bewegung, bei der es zu einer Zunahme der emotionalen Beteiligung kommt. Dabei ist klar, daß sich beide Prozesse wechselseitig bedingen. Vgl. auch oben Abschnitt 4.3.2.3.

ligung signalisieren, daß ein nicht-affektiver Rahmen durch einen affektiven abgelöst und damit die Situationsdefinition modifiziert wird. So werden etwa die von Kallmeyer (1979b) untersuchten Manifestationen der Betroffenheit als Element einer Störungsdefinition eingesetzt, durch die die Interaktanten ‚kritische Momente' im Gespräch zu erkennen geben.[22] Die Darstellung von negativ getönter emotionaler Beteiligung dient also dazu, eine neue konversationelle Aktivität zu indizieren. Zahlreiche Beispiele für Rahmenwechsel, die über die Darstellung emotionaler Beteiligung kontextualisiert werden, bietet die makrostrukturelle Analyse in Kapitel 8. In dem dort untersuchten Gesprächsausschnitt initiiert einer der Interaktanten eine Klagesequenz, die sich von dem zuvor etablierten, durch sachlichen Informationsaustausch bestimmten Rahmen des Interviews v.a. durch eine andere Art der emotionalen Beteiligung abhebt. Neben der Modifikation der emotionalen Beteiligung finden sich meist weitere, auf einen Rahmenwechsel hindeutende Veränderungen (beispielsweise gesprächsorganisatorische, wenn sich etwa in einem Interview auch die Vergabe des Rederechts ändert). Die Wahl affektiver Rahmen hat globale Auswirkungen auf den Interaktionsverlauf. Diese betreffen insbesondere das Selbstbild der Interaktanten – beispielsweise geht das Klagen häufig mit einer Selbststilisierung als ‚Opfer' einher – und die interpersonale Beziehung.

Der sequentielle Kontrast, der durch eine Erhöhung der emotionalen Beteiligung entsteht, ist auch für den zweiten Typ der *Modulation* eines an und für sich nicht-affektiven Rahmens entscheidend. Anders als bei den einen Rahmenwechsel kontextualisierenden Darstellungen emotionaler Beteiligung sind die Affektbekundungen hier in aller Regel von weniger großer Reichweite. Auch die Verdichtung verschiedener expressiver Verfahren ist bei einer Modulation weniger ausgeprägt. Insgesamt scheint die emotionale Beteiligung hier eher von begrenzter, lokaler Art zu sein. Zudem fehlen weitere, einen Rahmenwechsel kontextualisierende Signale. Wie schon oben anklang, ist die Unterscheidung zwischen dem Wechsel und der bloßen Modulation eines Rahmens auf der Basis der sprachlichen Mittel letztlich nicht eindeutig zu treffen. Entscheidend ist hierbei das Wissen der Interaktanten um die konventionelle Bindung der emotionalen Beteiligung an den jeweiligen Rahmen und ihre daraus resultierende Erwartbarkeit im Falle affektiver Rahmen.

Auch durch die affektive Modulation eines bestehenden Rahmens können die Interaktanten eine Reihe von kommunikativen Bedeutungen übermitteln, wobei an erster Stelle die Relevantsetzungen zu nennen sind. Affektbekundungen fungieren als eine spezifische Form der Hervorhebung, mit der der Sprecher auf die Aufmerksamkeitsausrichtung des Partners Einfluß nehmen kann. Besonders deutlich wird dies bei den expliziten Formen der emotionalen Selbst- und Fremdzuschreibung.[23] Die emotionale Beteiligung kann dazu

---

[22] Vgl. Kallmeyer (1979b: 78): „Dieses nachhaltige Manifestieren der eigenen Betroffenheit scheint regelhaft zum Verfahren der Störungsdefinition zu gehören. Die Veränderungen in der Selbstdefinition als Beteiligter gehen im übrigen parallel zur Entwicklung der Störungsexplizierung. Die verhaltene, kühle, betont sachliche Beteiligungsweise fällt in der Regel mit praktizierten Verweigerungen in einer Anfangsphase zusammen, während die engagierte, emotional gefärbte Beteiligungsweise jeweils mit Explizierungsschüben zusammenfällt bzw. diese einleitet. Das Umschalten zur Expressivität kann geradezu als Markierung der Offenlegung führen."

[23] Tritt (1992: 186) verweist darauf, daß insbesondere Fremdzuschreibungen dazu führen können, „daß ich mich mit dem betreffenden Sachverhalt auseinandersetze bzw. ihn überhaupt wahrnehme."

beitragen, die Relevanz bestimmter inhaltlicher Aspekte zu signalisieren, deren Behandlung im Gespräch herbeizuführen oder das Verweilen bei einem entsprechend markierten thematischen Aspekt zu bewirken. Daher ist als eine weitere Funktion der affektiven Modulation die Themensteuerung zu nennen.

7.3 Affektive Gesprächsrahmen

In den folgenden Abschnitten diskutiere ich exemplarisch einige Gesprächsrahmen, für die die Darstellung emotionaler Beteiligung konstitutiv zu sein scheint. Nach der Beschreibungsebene, auf der sie innerhalb eines Ebenenmodells der Kommunikation zu verorten sind, lassen sich mindestens zwei Typen von affektiven Rahmen unterscheiden, nämlich *affektive Interaktionsschemata* einerseits und *affektive Diskursmuster* andererseits.[24] Was die Interaktionsschemata angeht, so lege ich im folgenden einen Schwerpunkt auf die in der in Kapitel 8 präsentierten Fallanalyse stark vertretene Aktivität des Klagens. Im Bereich der Diskursmuster befasse ich mich mit dem in den Daten ebenfalls frequenten narrativen Muster.

7.3.1 Interaktionsschemata

Zu den Interaktionsschemata, für deren Vollzug die (wechselseitige) Darstellung emotionaler Beteiligung eine entscheidende Rolle spielt, gehören die von Kallmeyer (1979a) beschriebenen Exaltationen sowie die von Müller (1983 und 1992) untersuchte ‚Spaß'-Modalität. Exaltationen sind von der alltagsweltlichen Handlungsfunktionalität abgehobene Interaktionsschemata, die sich primär durch „Äußerungen von gesteigerter emotionaler Expressivität" auszeichnen (Kallmeyer 1979a: 549) und durch die eine „Fokusverschiebung von den dargestellten Meinungen, Bewertungen, usw. auf das Haben dieser Meinungen, das Trägersein" (Kallmeyer 1979a: 557) vollzogen wird. Exaltationen zeichnen sich durch einen manifesten Selbstbezug aus; ihr interaktiver Vollzug dient dazu, soziale Beziehungen zwischen den Interaktanten aufzubauen bzw. bereits bestehende zu festigen.[25] Bleibt die Reziprozität aus, wird die Exaltationssequenz also lediglich von einem Interaktanten getragen, so steht die Selbstdarstellung im Vordergrund. Einseitige Exaltationen können darauf angelegt sein, „dem Partner zu zeigen, daß er sich nicht beteiligen kann, weil er bestimmte Eigenschaften nicht teilt", und daher letztlich als „Degradations- und Ausschlußtechnik" fungieren (Kallmeyer 1979a: 562).

---

[24] Für ein solches Modell siehe Kallmeyer/Schütze (1976 und 1977), die die Ordnungsebenen der Gesprächsorganisation, der Handlungskonstitution sowie der sich auf die Art der textuellen Realisierung beziehenden Sachverhaltskonstitution unterscheiden. Kallmeyer (1979a) nimmt mit der Interaktionsmodalität eine weitere Ebene an. Interaktionsschemata lassen sich sowohl der Ebene der Handlungskonstitution als auch der der Interaktionsmodalität zuordnen. Speziell zu Text- bzw. Diskursmustern vgl. Adam (^{3}1996).

[25] Vgl. Kallmeyer (1979a: 561): „In der harmonischen Form hat das Exaltationsschema eine eminente Funktion beim Aufbau von Sozialbeziehungen, indem es durch die wechselseitige Bestätigung zentraler Kategorien eine Gruppendefinition hervorbringt."

Mit der Funktionalität von Manifestationen der Subjektivität in bestimmten Interaktionstypen befaßt sich Nothdurft (1983). Ausgehend von dem gerade in konversationsanalytischen Ansätzen häufig postulierten Gegensatz zwischen Subjektivität einerseits und sozialer Ordnung bzw. Interaktion andererseits untersucht Nothdurft, inwieweit manifeste Subjektivität funktional für die Aufrechterhaltung interaktiver Muster sein kann. Es zeigt sich, daß Subjektivität ein konstitutives Element bestimmter Interaktionstypen ist. Dazu gehören etwa Arzt-Patient-Gespräche, wo insbesondere der Vollzug des Aktivitätskomplexes ‚Schilderung der Beschwerden' Manifestationen der Subjektivität auf seiten des Patienten erfordert. Die Schilderung der Beschwerden kann man als eine spezifische, situationsabhängige Variante des Klagens ansehen, die hier an die Übernahme einer bestimmten sozialen Rolle gebunden ist.[26]

Daneben finden sich jedoch auch zahlreiche andere Formen des Klagens, die in geringerem Maße situationsbestimmt sind. Einige Varianten dieses Aktivitätstyps wurden in jüngster Zeit innerhalb eines sprachsoziologischen Projekts zu ‚moralischer Kommunikation' untersucht, dessen eigentliches Ziel darin besteht, verschiedene Gattungsfamilien der moralischen Kommunikation in informellen, institutionellen und massenmedialen Kontexten zu erheben und zu beschreiben.[27] Moralische Kommunikation thematisiert Menschen und menschliches Handeln und enthält grundsätzlich ein evaluatives, nach übergreifenden Kriterien von ‚gut' und ‚böse' urteilendes Moment (vgl. Bergmann/Luckmann 1993: 11). Schon aus diesem Grund läßt sie gewisse Affinitäten zur Darstellung emotionaler Beteiligung erwarten. Tatsächlich erweisen sich viele der als ‚moralisch' geltenden Aktivitätskomplexe als affektiv aufgeladen, so daß Emotionsmanifestationen hier sekundär in den Blick geraten.[28] Die kommunikativen Gattungen, die bislang genauer beschrieben wurden und für die zugleich die Darstellung emotionaler Beteiligung konstitutiv ist, gehören v.a. der Familie des ‚Klagens' in ihren verschiedenen Spielarten an. ‚Klagen' wird als Oberbegriff für einen Aktivitätskomplex gewählt, der in alltagsweltlichen Zusammenhängen vielfältige und fein nuancierte Ausprägungen kennt und „eine ganze Familie verschiedener Klageformen" umfaßt (Christmann 1995: 1, kursiv im Original).[29] Vorwürfe, Beschwerden

---

[26] Laut Dreitzel gehört die soziale Rolle des Patienten zu denjenigen Rollen, die durch personbezogene Normen bestimmt sind. Als solche fordert sie eine starke Identifikation und macht also auch Affektbekundungen erwartbar. Siehe oben Abschnitt 7.2.1.

[27] Für eine Gesamtdarstellung des Forschungsvorhabens vgl. Bergmann/Luckmann (Hgg.) (1999). Interaktionsschemata bzw. typisierte Aktivitätskomplexe werden hier in Anlehnung an Luckmann (1988) als ‚kommunikative Gattungen' bezeichnet. Kommunikative Gattungen basieren – ähnlich wie Gesprächsrahmen – auf Situationstypisierungen. Es handelt sich um verfestigte Formen vorab existierender Lösungen für typisierte Kommunikationsprobleme, die auf rekurrente soziale Situationen bezogen und im Wissensvorrat einer Gesellschaft grundsätzlich verfügbar sind.

[28] Parallelen ergeben sich darüber hinaus auch in methodischer Hinsicht, da die in diesem Forschungskontext entstandenen Studien in der Regel einen konversationsanalytischen bzw. ethnographischen Hintergrund haben. Vgl. oben Abschnitt 1.2.

[29] Zur Bezeichnung der kommunikativen Gattungen werden im Rahmen dieses Projekts die jeweiligen *Ethnokategorien* verwendet, d.h. die Begriffe, die auch in alltäglicher Kommunikation zur Charakterisierung der entsprechenden Aktivität vorkommen. Dem geht die Annahme voraus, daß kommunikative Gattungen und Vorgänge bezeichnende alltagssprachliche Begriffe Hinweise auf ein ‚theoretisches', metakommunikatives Wissen der Sprecher über die kommunikative Praxis geben.

und andere Formen des Sich-Beklagens gehören ebenso dazu wie die zwischen Ernst und Spiel stehenden Aktivitäten des Frotzelns und Sich-Mokierens. Auch die Entrüstung wird als eine „expressive, aufgebrachte Form der Klage betrachtet" (Christmann 1995: 5). Die verschiedenen Ausprägungen des Klagens haben gemein, daß grundsätzlich ein negatives Ereignis als Auslöser fungiert.[30] Unterschiede ergeben sich hingegen aus dem Grad an emotionaler Beteiligung, mit dem die jeweiligen Varianten ausgeführt werden. Offenbar lassen sich diese auf der Basis unterschiedlicher Interaktionsmodalitäten (z.B. ‚Spaß' vs. ‚Ernst') und Affektinszenierungen differenzieren, wobei das Vorhandensein oder Nichtvorhandensein von Affektmarkierungen einerseits sowie die Art des Affekts andererseits entscheidende Kriterien darstellen.[31] Zusammen mit der Stilisierung des Sprechers als Opfer ist es v.a. die Zurschaustellung von eigener Betroffenheit, die eine Abgrenzung des Klagens von anderen negativen Moralisierungen wie Tratschen und Lästern ermöglicht.[32]

Varianten des Klagens stellen die von Günthner (1993b, 1995 und 2000) untersuchten Vorwürfe und Beschwerdeerzählungen dar. Beide Aktivitäten haben, insbesondere wenn sie in situ, also bezogen auf die aktuelle Interaktionssituation vorkommen, dadurch, daß sie Handlungen oder Verhaltensweisen des Gegenübers negativ bewerten oder diese als ‚regelabweichend' konstruieren, einen stark gesichtsbedrohenden Charakter. Damit sind sie potentielle Auslöser konfliktiver Gesprächssequenzen.[33] Im Unterschied zu Vorwürfen und Beschwerden, die einer ernsten Interaktionsmodalität verpflichtet sind, haben Frotzeleien den Charakter einer spielerischen Provokation. Es handelt sich um „*Formen kontrollierter Irritation* in etablierten sozialen Beziehungen" (Günthner 1994: 40), mittels derer die Interaktanten gesichtsbedrohende oder potentiell konfliktive Handlungen ausführen können, ohne die Verantwortung dafür zu übernehmen. Affektbekundungen dienen hier v.a. dazu, den Wechsel in der Interaktionsmodalität zu signalisieren. Während Beschwerden, Vorwürfe oder Frotzeleien auch ohne Affektbekundungen realisiert werden können, scheinen diese für die kommunikative Gattung der moralischen ‚Entrüstung' geradezu konstitutiv zu sein. Christmann/Günthner (1996: 7) sprechen von einem ‚interaktiven Affekt', der durch verschiedene verbale und paraverbale Mittel kontextualisiert und gelegentlich auch von metakommunikativen Thematisierungen begleitet werden kann.[34] Gemeinsam inszenierte

---

[30] Es fällt auf, daß Untersuchungen zu Interaktionsschemata bzw. Gattungen mit positiven Emotionen ausgesprochen selten sind. Am ehesten gehören die von Kallmeyer (1979a) beschriebenen Exaltationen zu diesem Typ. Insgesamt dominieren jedoch Arbeiten, die mit eher negativen Emotionen verbundene Aktivitätskomplexe untersuchen.

[31] Fiehler (1990: 151ff.) legt mit dem Anteilnahmemuster eine im Grunde komplementäre Beschreibung des Klagemusters vor, die aus der Sicht desjenigen Interaktanten erfolgt, der mit einer Klage konfrontiert ist.

[32] Vgl. Christmann (1995: 6).

[33] Dies scheint ein grundsätzlicher Zug moralischer Kommunikation zu sein. Bergmann/Luckmann (1993: 11) weisen darauf hin, daß moralische Kommunikation an Streit grenzt und daher ständig Gefahr läuft, zum Streit zu eskalieren.

[34] Christmann (1993) nimmt an, daß es sprachliche Mittel der Affektmarkierung gibt, die auf die Darstellung von Entrüstung spezialisiert sind, sogenannte Entrüstungsmarkierungen. Die dabei verwendeten sprachlichen Mittel sind jedoch m.E. keineswegs spezifisch für diesen Affekt, sondern können auch bei der Darstellung anderer Affekte beobachtet werden. Auch die als typische Entrüstungsmarkierungen bezeichneten prosodischen Erscheinungen wie Rhythmisierung einer

Entrüstungen tragen v.a. zur Konstitution einer geteilten moralischen Haltung und damit auch zur Festigung interpersonaler Beziehungen bei. Affinitäten zu Entrüstungen läßt auch das (ethnische) Stereotypisieren erkennen.[35]

Mit der Beschreibung von Entrüstungen werden einige der mit dem Gattungsbegriff verbundenen Probleme augenfällig. Eine Schwierigkeit liegt m.E. darin, daß nicht klar wird, auf welcher Ordnungsebene die als kommunikative Gattung etikettierte Aktivität beschrieben wird und in welcher (hierarchischen) Beziehung die verschiedenen Ausprägungen einer Gattung zueinander stehen. Ein Teil dieser Fragen klingt bereits in Günthners (1993a: 22f.) Beschreibung der verschiedenen Formen der Entrüstung an: Diese können in einem bestimmten Typ von Bewertungen zum Ausdruck kommen, in die Ereignisrekonstruktion einfließen, eine kommunikative Handlung darstellen oder als eine interaktive Aktivität organisiert sein. Stärker einzugehen wäre auch auf die Einbettung einer kommunikativen Gattung in übergeordnete Interaktionszusammenhänge sowie auf mögliche präferierte Abfolgen verschiedener kommunikativer Gattungen im Verlaufe einer Interaktion. Eine weitere, im Kontext der vorliegenden Arbeit zentrale Ambiguität betrifft die Beziehungen zwischen stärker auf der Handlungsebene anzusiedelnden Aktivitäten wie Sich Entrüsten, Sich Beschweren, Sich Beklagen etc. und dem narrativen Muster als der offenbar bevorzugten textuellen Realisierungsform. Offen bleibt hier, inwieweit die kommunikative Aktivität, die diskursive Form oder gerade die Verbindung aus Aktivität und Form konstitutiv für die entsprechende kommunikative Gattung ist.[36] Gerade dieser letzte Aspekt ist mit Blick auf die Differenzierung unterschiedlicher affektiver Rahmen relevant.

Die Arbeiten zu moralischer Kommunikation belegen jedoch in hervorragender Weise, daß besondere Affinitäten zwischen Affektbekundungen einerseits und bestimmten, primär narrativ realisierten Interaktionsschemata andererseits bestehen. Konversationelle Erzählungen spielen bei fast allen Formen der moralischen Kommunikation eine herausragende Rolle.[37] In den folgenden Abschnitten will ich daher der Frage nachgehen, was gerade Erzählungen für die Darstellung emotionaler Beteiligung prädestiniert bzw. umgekehrt, in welcher Weise Affektivität innerhalb des narrativen Diskursmusters zum Tragen kommt.

Äußerung, Registerwechsel, dichte Abfolge der Akzente oder Erhöhung der Lautstärke sind nicht allein an Manifestationen der Entrüstung gebunden.

[35] Nach Nazarkiewicz (1996: 46) besteht ein Hauptmerkmal der Stereotypisierungen darin, Entrüstungen zu transportieren, wobei sich der den Entrüstungen eigene affektive Gehalt auf die Stereotypisierungen überträgt. Zur Affektkundgabe im Umfeld von ethnischen Kategorisierungen vgl. auch Hausendorf (2000).

[36] Besonders augenfällig wird diese Überlagerung in Günthners (1993a und 1995) Untersuchungen zu ‚Beispielerzählungen mit Einladungen zur moralischen Entrüstung' (Untertitel des Beitrags) und Beschwerdeerzählungen. Für beide Gattungen scheint die durch eine je spezifische Kombination inhaltlich-kommunikativer Faktoren ausgefüllte narrative Form maßgeblich zu sein. Vgl. ähnlich Christmann/Günthner (1996).

[37] Bergmann/Luckmann (1993: 11) stellen im übrigen heraus, daß „die Analyse moralischer Kommunikation an die Narrationsanalyse grenzt." Allerdings wird dieser Bezug nur sehr locker über die alltagssprachliche Wendung von der ‚Moral einer Geschichte' hergestellt und nicht theoretisch untermauert.

7.3.2 Diskursmuster

Der affektive Charakter von Erzählungen wird bereits in der rhetorischen Beschreibung der *narratio* als einer (parteiischen) Mitteilung des (in der *argumentatio* zu beweisenden) Sachverhalts hervorgehoben.[38] Die dort für die narrativen Passagen der Gerichtsrede empfohlene Darstellung von Affekt ist auch in den meisten der in informellen Alltagsgesprächen produzierten konversationellen Erzählungen zu beobachten.[39] In solchen narrativen Rekonstruktionen vergangener Erfahrungen wird nicht nur die emotionale Dimension besonders greifbar.[40] Erzählungen sind darüber hinaus ein privilegiertes Diskursmuster alltäglicher Interaktionen. Und daran dürfte die Tatsache, daß sie großen Raum für Affektbekundungen lassen, nicht unerheblichen Anteil haben. So betont Goffman (1980: 542), daß das informelle Sprechen häufig *nachspielenden* Charakter habe: „Im Gespräch wird oft über ein Ereignis berichtet [...] und dieser Bericht wird im allgemeinen, wenn auch nicht notwendigerweise, als etwas Nacherlebbares dargeboten, dem man sich widmen, das man auskosten soll." Nicht die Übermittlung von Information, sondern die primär auf die Beziehung zum Gesprächspartner abzielende, mehr oder weniger *dramatisierte Darbietung* vergangener Erfahrungen bildet den eigentlichen Anlaß zum Austausch. Während Goffman mit dem Begriff der ‚Darbietung' bereits auf die Relevanz der narrativen Form verweist, stellt die linguistische Erzählforschung zumeist die besonderen Qualitäten der rekonstruierten Handlungs- und Erfahrungszusammenhänge in den Mittelpunkt.[41] Allerdings wird die Bedeutung der inhaltlichen Dimension für die kommunikativen Effekte von Erzählungen m.E. überschätzt. Den in Alltagserzählungen rekonstruierten Ereignissen fehlt nicht selten das Ungewöhnliche im Sinne einer kontextfrei zu ermittelnden *reportability*. Will man die affektive Komponente konversationeller Erzählungen erklären, so muß man mindestens ebenso sehr die Besonderheiten der spezifisch narrativen Form berücksichtigen. Im folgenden sehe ich daher weitgehend von der inhaltlichen Dimension ab und lege den Akzent auf die strukturellen Eigenschaften des narrativen Musters, das offenbar in besonderer Weise zur Darstellung emotionaler Beteiligung einlädt bzw. aufgrund seiner spezifi-

---

[38] Lausberg (1960: 164) beschreibt diese als „parteiisch-vereindringlichende Detaillierung des nüchtern-knapp in der *propositio* Ausdrückbaren."

[39] Aus der Sicht der heutigen Erzählforschung betonen insbesondere Boueke/Schülein/Büscher/Terhorst (1995) die Relevanz der affektiven Dimension in Narrationen. Ähnlich Dyer (1983) sowie Redeker (1986). Auch Tannen (1984) konstatiert eine hohe Frequenz von Narrationen im Zusammenhang mit einer bei ihr *high-involvement-style* genannten, affektiv getönten Sprechweise. Zu den Merkmalen eines solchen, intensive Beteiligung konnotierenden Stils gehören zahlreiche, teilweise in Serien realisierte Narrationen (*story rounds*) und die Präferenz für eine interne, im Dienste der Dramatisierung stehende Realisierung der Evaluation gegenüber einer Realisierung als distinkter makrostruktureller Einheit.

[40] ‚Rekonstruktion' im Sinne von Luckmann meint allgemein die diskursive Vergegenwärtigung vergangener Erfahrungs- und Handlungszusammenhänge. Diese kann, muß jedoch nicht narrativ erfolgen.

[41] Vgl. etwa Labov/Waletzky (1973), die die Erzählung an das inhaltliche Kriterium der Außergewöhnlichkeit, der *reportability* binden. Ähnlich verfährt auch Quasthoff (1980) in ihrer Beschreibung von Alltagserzählungen, für die das als kognitiver ‚Planbruch' modellierte Außergewöhnliche konstitutiv ist. Quasthoff verweist jedoch auch auf die Bedeutung der Form für die globale interaktive Funktionalität von Narrationen.

schen Strukturmerkmale Raum für Affektbekundungen gewährt und insofern als ein auf der Ebene der Diskursmuster zu lokalisierender affektiver Gesprächsrahmen gelten kann.[42]

Der affektive Gehalt des narrativen Diskursmusters wird am augenfälligsten bei den ‚nicht-funktionalen' Erzählungen im Sinne von Gülich (1980: 363), also bei Erzählungen, die in einer Situation entstehen, „die von der Notwendigkeit unmittelbarer Relevantsetzungen aus einem spezifischen Handlungsschema entlastet ist."[43] Ähnlich unterscheidet auch Stempel (1987: 106) zwischen Erzählungen, die „Mittel zu Handlungszwecken sind, die außerhalb der Erzählung selbst liegen" und solchen, die „der Unmittelbarkeit eines heteronomen übergeordneten Handlungszusammenhangs enthoben [sind] und sich [...] gewissermaßen aus sich selbst heraus als interaktionelle Unternehmung rechtfertigen" müssen. Dieser zweite Typ dient in erster Linie der Selbstdarstellung und Beziehungskonstitution und gewährt dem Erzähler damit v.a. interpersonale Gratifikationen. Wie schon zuvor bei den Interaktionsschemata zeigt sich auch hier, daß affektive Rahmen in besonderer Weise mit beziehungskonstitutiven Aspekten der Kommunikation verwoben sind.

Vor dem Hintergrund der primär im beziehungskonstitutiven Bereich zu lokalisierenden Grundfunktionen des Erzählens erklärt sich auch die dieser Diskursform inhärente Tendenz zur Subjektivierung der Darstellung, bei der die „relevanten Daten des Ereigniszusammenhangs nur als Elemente der Inszenierung der übergeordneten Interaktionshandlung eingesetzt werden" (Stempel 1980: 389). Die Möglichkeiten einer affektiven Ausgestaltung des narrativen Musters hängen offenbar eng mit der subjektiven Rekonstruktion vergangener Erfahrungen und den damit anvisierten kommunikativen Zielen zusammen. Dabei fließt die Subjektivität des Erzählers in zweifacher Weise in die Ereignisrekonstruktion ein. Subjektiv ist die Rekonstruktion deshalb, weil es sich bei der vergangenen Erfahrung meist um ein Ereignis handelt, bei dem das Erleben des Erzählers im Vordergrund steht. Häufig ist der Erzähler der Geschichte identisch mit dem Protagonisten: „In der Tat scheinen [...] die meisten kurzen Nachspielungen einen Helden zu haben – gewöhnlich ist es der Sprecher" (Goffman 1980: 541).[44] Erzählungen sind daher im Grunde ausgebauten Erlebensthematisierungen vergleichbar.[45] Zwischen dem Erzähler und dem Protagonisten der Geschichte besteht in der Regel nur eine geringe, über die zeitlich-räumliche Verschiebung bewirkte Distanz, so daß es hier zu einer vergleichsweise hohen Exponiertheit kommt. Neben der mehr oder weniger direkten Beteiligung des Erzählers am Geschehen ergibt sich eine zweite subjektive Komponente aus der erzählspezifischen Art der Ereignisrekonstruktion, für die die affektive Aufladung mittels expressiver Verfahren typisch ist. Dieser Aspekt klingt in Goffmans Beschreibung der Erzählung als *replaying*, als Nachspielung an. Die Nachspielung ist nicht nur ein Bericht über ein früheres Ereignis, sondern

---

[42] Zu affektiv markierten Diskurstypen vgl. auch Mair (1992: 98).

[43] Der Begriff ‚nicht-funktional' ist etwas unglücklich gewählt. Damit ist nicht gemeint, daß diese Narrationen keinerlei Funktion haben, sondern daß sie nicht in hierarchisch höhere Schemata (etwa argumentativer Art) eingebunden sind, also beispielsweise keine Belegfunktion erfüllen. In anderer, etwa interaktioneller Hinsicht sind solche ‚nicht-funktionalen' Narrationen durchaus funktional.

[44] Für eine Beschreibung anderer Konstellationen vgl. Quasthoff (1980: 59ff.).

[45] Daher stellen sie auch eine prototypische Form für die primär der psychischen Entlastung dienende kommunikative Verarbeitung von Emotionen dar (vgl. Fiehler 1990: 230ff.).

ein Bericht aus der *persönlichen Perspektive* eines wirklichen oder möglichen Beteiligten, der so situiert ist, daß sich von diesem Ausgangspunkt her eine zeitliche, dramatische Entwicklung des berichteten Ereignisses ergibt. Eine Nachspielung ist deshalb übrigens auch etwas, in das sich der Hörer mitfühlend hineinversetzen kann, er kann das Geschehene selbst nacherleben. Kurz, eine Nachspielung gibt eine persönliche Erfahrung wieder und berichtet nicht bloß über ein Ereignis (Goffman 1980: 540, Hervorhebung M.D.).

Die für Erzählungen charakteristische persönliche Perspektive zeigt sich auch darin, daß sich die Rekonstruktion des ursprünglichen Geschehens an den Interessen des Erzählers in einem gegebenen kommunikativen Kontext orientiert und häufig mit einer Modifikation der ursprünglichen Ereignisse einhergeht. Diesen Aspekt der ‚manipulierten' Rekonstruktion stellt Stempel (1980: 386) heraus, wenn er betont, daß die „Aneignung von Geschehen als Geschichte von je verschiedenen Interessen gesteuert" sein kann und nicht unabhängig von Interpretationen und Absichten des Interpreten zu denken ist. Gerade in dieser Subjektivität der Geschehensrepräsentation unterscheiden sich Erzählungen von anderen rekonstruktiven Diskursmustern wie etwa dem Bericht.[46] Als perspektivierte Rekonstruktionen individueller Erfahrungen und/oder Handlungen sind Narrationen daher in einem doppelten Sinne subjektiv: Einerseits steht meist der Erzähler als Subjekt im Mittelpunkt, und andererseits ist auch die Perspektive des Erzählers auf das Ereignis eine subjektive.

Die Subjektivität der Ereignisrekonstruktion findet ihren Niederschlag in der sprachlichen Gestaltung der Erzählung. Sie tritt insbesondere bei dem szenischen Erzählen, also der den narrativen Kern ausgestaltenden Dramatisierung hervor.[47] In diesem Kontext stößt man folglich auch auf eine Vielzahl derjenigen Verfahren, die in den vorausgehenden Kapiteln als Manifestationen emotionaler Beteiligung beschrieben wurden. Besondere Bedeutung erhalten die evaluativen Mittel. In ihnen kommt der narrative Punkt, die *raison d'être* der Erzählung zum Ausdruck: „im Sinne einer ‚internal evaluation' geben sie der Darstellung durch unterschiedliche Verfahren Farbe und zugleich, durch ihre Gebundenheit an den Erzähler, subjektive Resonanz" (Stempel 1987: 110).[48] Daneben erscheinen im Zusammenhang mit der Gestaltung des narrativen Kerns zahlreiche veranschaulichende Verfahren, die primär darauf abzielen, die zeitliche und räumliche Distanz zum Geschehen zu überspielen, um den Zuhörer mittels einer dramatisierten Ereignisrekonstruktion scheinbar in die Rolle eines Augenzeugen zu versetzen.[49]

Alltagserzählungen lassen gelegentlich auch ein Zurücktreten des Wahrheitsanspruchs zu, der die dramatisierte Nachspielung an die Schwelle zur Fiktion stellt. Die tolerierten

---

[46] Vgl. ähnlich Quasthoff (1980: 182f.): „Während der Sprecher also in einem Bericht mit einer gewissen Distanz *über* das *Ich des Agenten* spricht, *exponiert* das *Ich des Erzählers* das *Ich des Agenten* im ‚replaying' (Goffman) der Erzählung."

[47] Zur Dramatisierung vgl. Hausendorf/Quasthoff (1996: 183).

[48] Zur emphatischen Realisierung von Bewertungen bei der narrativen Klimax-Markierung siehe Selting (1995, v.a. Kapitel 4).

[49] Die zeitliche Vergegenwärtigung erfolgt insbesondere über die Verwendung des historischen Präsens, wohingegen die atomisierenden Verfahren, mittels derer der Ereignisablauf dargestellt wird, eine Nahperspektive erzeugen, die zur räumlichen Vergegenwärtigung beiträgt. Der Eindruck der Unmittelbarkeit des Ereignisablaufs wird zudem durch die Verselbständigung von Wahrnehmungserlebnissen und einer durch Redewiedergabe szenisch dargestellten Imitation der Protagonisten gefördert. Siehe auch oben Abschnitt 4.4.4 sowie 5.4.

fiktionalen Elemente stehen primär im Dienste der Übertreibung.[50] Stempel (1980) unterscheidet zwei fiktionale Operationen, die in Alltagserzählungen die Ereignisrekonstruktion modifizieren können: Es ist dies erstens die durch die globalen Wirkungsabsichten des Erzählers beeinflußte Ausdeutung von Vorkommnissen, die in der „Projektion dieser Ausdeutung in das reale Faktum selbst" besteht (Stempel 1980: 390). Im Unterschied zu diesem, als metonymisch charakterisierten Fingierungsverfahren ist für die zweite, als metaphorisch bezeichnete Variante die Erfindung von (ausschmückenden) Tatsachen konstitutiv. Durch solche „faktischen Chiffren eines Intentionsausschnittes" wird ein bloß intendierter Sachverhalt auf die Ebene des Faktischen übertragen. Als alltägliche Fingierungsverfahren unterstützen Ausdeutung und Erfindung die Intensivierung und Veranschaulichung des narrativen Kerns.

Abschließend will ich noch einmal auf die zu Beginn dieses Kapitels erwähnten fundamentalen kommunikativen Ziele der Selbstdarstellung und der Beziehungskonstitution eingehen und diese in ihrer Relation zu dem narrativen Diskursmuster diskutieren. Offenbar eignen sich Erzählungen als eine Form, bei der der Erzähler als Subjekt im Mittelpunkt steht, in besonderer Weise zur Erfüllung dieser kommunikativen Ziele. Insbesondere die Selbstdarstellung spielt bei Narrationen eine herausragende Rolle. Denn in der Regel soll „der Adressat über die Geschichte zu einer bestimmten positiven Einstellung gegenüber dem Erzähler veranlaßt werden" (Stempel 1980: 393).[51] Besonders deutlich wird dieser Aspekt im Zusammenhang mit den zuvor erwähnten Fingierungsverfahren. In Alltagserzählungen dienen diese in erster Linie dazu, jeweils spezifische, auf den Hörer abgestimmte Selbstentwürfe zu vermitteln. Hier geht die Fiktion über in die Identitätskonstitution, „wie sie jedem Gespräch und insbesondere jeder Erzählung von Selbsterlebtem eingeschrieben ist" (Stempel 1980: 397). Gerade mündliche Erzählungen sind offenbar in besonderer Weise für die Identitätskonstitution relevant.[52] So zeigt Bres (1989) in seiner Untersuchung zur kommunikativen Konstruktion von Identität am Beispiel von Interviews mit streikenden südfranzösischen Bergarbeitern auf, daß die befragten Personen v.a. Narrationen zur Verdeutlichung ihres Selbstkonzepts verwenden.[53] Bres (1989: 39) erklärt dies mit der Aktualisierung des Selbstkonzepts in der Erzählung: „le récit en faire vaut pour la définition de l'être saisi dans sa dynamique." Die Erzählung hat den Stellenwert einer narrativ entfalteten Selbstkategorisierung. Erzählen bietet daher auch die Möglichkeit, sich mit negativen Kategorisierungen durch andere auseinanderzusetzen, diese zu bearbeiten und

---

50 Zu ‚narrativen Hyperbeln', die durch eine globale Übertreibung in der Darstellung charakterisiert sind, siehe Günthner (1995).

51 Vgl. ähnlich Quasthoff (1980: 148), für die die Funktion der Selbstdarstellung neben der der psychischen bzw. kommunikativen Entlastung zu den sprecherzentrierten kommunikativen Funktionen des Erzählens gehört.

52 Der Aspekt der Identitätskonstitution wurde v.a. innerhalb einer soziologischen Beschäftigung mit Erzählungen, etwa in der *oral history*-Forschung oder der Biographie-Analyse, herausgestellt. Vgl. bereits Schütze (1976), Schwitalla (1987) und neuerdings auch Lucius-Hoene/Deppermann (2000).

53 Bres (1989: 23) legt ein dynamisches Identitätskonzept zugrunde, das die Herausbildung der Identität an die Interaktion bindet: „Le sujet est aussi [...] la somme de ses actes. Dire cela, c'est concevoir l'identité, à l'image du sens, comme un processus. Pas plus donc qu'il n'y a sens [...] mais production de sens, il n'y a identité [...] mais production d'identité." Vgl. ähnlich Maynard (1989).

gegebenenfalls zurückzuweisen.[54] Auf der interpersonalen Ebene tragen Erzählungen nicht selten zur Konsensbildung bzw. zur Festigung einer sozialen Beziehung bei. Da sie der interaktiven Verständigung über Werte und Normen dienen, begünstigen Erzählungen nicht nur die individuelle Identitätskonstitution, sondern auch die Herausbildung kollektiver Identitäten, wobei letztere gerade durch eine geteilte emotionale Beteiligung im Sinne einer affektiven Synchronisation gefördert wird.

Andere Funktionen konversationeller Erzählungen lassen sich m.E. auf die fundamentale Funktion der Selbstdarstellung zurückführen. Dies gilt auch für die häufig mit Erzählungen verknüpfte Absicht, den Zuhörer zu unterhalten. Boueke/Schülein/Büscher/Terhorst (1995: 92ff.) sehen hierin die zentrale Funktion von Erzählungen, die sie, allerdings von den beabsichtigten Wirkungen her, ebenfalls affektiv bestimmen. ‚Unterhalten' definieren sie als eine narrative Funktion, die primär über das Erregen angenehmer Affekte im Zuhörer charakterisiert wird.[55] Der Wunsch, die Erzählung möge den Hörer erbauen, verfolgt letztlich den Zweck,

> einen vorteilhaften, sozialen Geltungsanspruch beim Interaktionspartner durchzusetzen. [...] Ein guter Unterhalter zu sein ist als soziale Qualifikation von hohem Wert, da damit nicht lediglich ein Charakterzug, sondern eine sozial favorisierte Interaktionsrolle bedeutet ist (Stempel 1987: 120).

Die gelungene Unterhaltung des Zuhörers hat direkte Auswirkungen auf das Bild, das der Erzähler von sich vermittelt, so daß Alltagserzählungen letztlich immer darauf abzielen, „über den positiven Ertrag auf seiten des Zuhörers eine vorteilhafte soziale Beurteilung des Sprechers zu erwirken." Erzählen ist im Alltag „in seiner letztlichen Zielsetzung Medium der Gestaltung sozialer Beziehungen" (Stempel 1987: 121). Diese genuin rhetorische Wirkungsabsicht läßt sich in besonderer Weise über die narrative Form und die ihr inhärente Subjektivierung und Affektkundgabe erreichen.[56] Daher ist Quasthoff (1980) zu widersprechen, wenn sie zentrale Funktionen konversationeller Erzählungen wie Selbstdarstel-

---

[54] Vgl. Czyzewski/Drescher/Gülich/Hausendorf (1995: 61ff.), die die narrative Konstruktion primär ethnischer Selbst- und Fremdbilder in Interaktionen nachzeichnen.

[55] Dem geht die Annahme voraus, daß unterschiedliche Diskursstrukturen unterschiedliche Affekte bewirken. Im Falle von Erzählungen gibt es offenbar auch empirische Evidenz dafür, daß der affektivisch-unterhaltende Effekt auf die strukturellen Eigenschaften dieses Musters zurückzuführen ist; vgl. Brewer/Lichtenstein (1982).

[56] Eine weitere Komponente ist die spannende Gestaltung der Erzählung, die wiederum auf dem Neuigkeitswert für den Zuhörer aufbaut, denn „jede Darstellung eines Stückes Erfahrung [wird] schal [...], wenn nicht eine gewisse Spannung hergestellt werden kann" (Goffman 1980: 542, kursiv im Original). Bei der Erzeugung von Spannung spielt die Haltung des Erzählers – Goffman spricht von dem richtigen Verhältnis des Erzählers zu seiner Geschichte – eine zentrale Rolle. Die Spannungserzeugung steht in einem komplexen Verhältnis zur Darstellung emotionaler Beteiligung. Sie lebt zumindest teilweise von der Darstellung emotionaler Beteiligung auf seiten des Erzählers, dessen emotionale Selbstaffizierung dazu beiträgt, die gewünschten Affekte auch beim Zuhörer zu elizitieren. Darüber hinaus zieht sie ihre Effekte auch aus dem Interesse des mit der Geschichte noch nicht vertrauten Zuhörers, dessen Spannung auf den Erzähler zurückwirken kann: „Die Echtheit und Spontaneität, mit der er [der Erzähler, M.D.] erzählen kann, entsteht durch das Erlebnis echter Spannung bei seinen jetzigen Zuhörern; er leiht sich von ihnen die Spontaneität. Soll eine Darbietung wirksam sein, so muß sie ein erstes Hören, nicht ein erstes Erzählen sein" (Goffman 1980: 544).

lung und Unterhaltung des Zuhörers primär von den Inhalten her bestimmt. Die Wahl der Form, also des narrativen Diskursmusters, das von Subjektivität, Anschaulichkeit, Konkretheit, Spannung, Ikonizität etc. bestimmt wird, ist mindestens genauso entscheidend wie die Beschaffenheit der rekonstruierten Ereignisse. Diese Eigenschaften sind es auch, die das narrative Muster zu einem affektiven Gesprächsrahmen par excellence machen. Als solches ist es eher in informellen, als privat konnotierten Kontexten zu erwarten. Die konventionelle Bindung an informelle Situationen bildet wiederum die Basis für eine strategische Verwendung, wobei Narrationen v.a. dazu eingesetzt werden können, formelle Kontexte in informellere zu überführen und damit letztlich eine Neudefinition der kommunikativen Situation zu signalisieren.

7.4 Fazit

Ausgehend von der Annahme, daß die Darstellung emotionaler Beteiligung in der Regel in größere kommunikative Zusammenhänge eingebunden ist, war es das Anliegen dieses Kapitels, ihre makrostrukturelle Organisation zu eruieren und theoretisch zu untermauern. Mit der Selbstdarstellung und der Beziehungskonstitution wurden zunächst zwei globale kommunikative Ziele herausgearbeitet, die bislang als Bezugspunkte für die Verankerung der Affektivität in der Interaktion dienten. Es zeigte sich, daß die Darstellung emotionaler Beteiligung typischerweise an bestimmte Gesprächsrahmen gebunden ist, die unter Bezug auf rollentheoretische Ansätze spezifiziert wurden. Dies führte zu der Unterscheidung von affektiven und nicht-affektiven Rahmen. Im Falle affektiver Rahmen ist die emotionale Beteiligung ein konstitutives Element der mit der Relevantsetzung des Rahmens aktivierten Erwartungen. Allerdings können auch nicht-affektive Rahmen mit emotionaler Beteiligung ausgefüllt werden. Affektive und nicht-affektive Rahmen unterscheiden sich primär hinsichtlich der Erwartbarkeit von Affektbekundungen. Während die Darstellung emotionaler Beteiligung im ersten Fall relativ zum Rahmen nicht-markiert ist, kommt sie im zweiten, hier als Modulation bezeichneten Fall einer Intensivierung des Rollenspiels gleich und erscheint damit als ein markierter Vollzug, der auch andere kommunikative Funktionen – etwa die der Vermittlung von Relevanzen, der Themensteuerung oder der Aufmerksamkeitserlangung – übernimmt. Bei der Bestimmung affektiver Rahmen wurde zunächst zwischen den primär auf der Ebene der Handlungszusammenhänge zu verortenden Interaktionsschemata und den zur Ebene der textuellen Realisierung gehörenden Diskursmustern unterschieden. Zwischen den verschiedenen Ebenen sind Korrelationen anzunehmen, in dem Sinne, daß bestimmte Interaktionsschemata präferiert mit bestimmten Diskursmustern vollzogen werden. Stellvertretend wurden hier das Interaktionsschema des Klagens sowie das narrative Muster diskutiert, die beide zur Erfüllung von Zielen im Bereich der Selbstdarstellung und der Beziehungskonstitution beitragen.

In einem letzten Kapitel will ich die analytischen Möglichkeiten des zuvor entwickelten Ansatzes sowie seine Beschreibungsadäquatheit durch die Untersuchung eines längeren Gesprächsausschnitts illustrieren. Dabei geht es mir vorrangig darum, die Interdependenzen zwischen den verschiedenen, bislang separat dargestellten Beschreibungsebenen aufzuzeigen und die Korrelationen zwischen mikro- und makrostruktureller Organisation auch empirisch herauszuarbeiten. Die Untersuchung eines längeren Gesprächssegments macht es darüber hinaus möglich, exemplarisch den dynamisch-prozessualen Charakter der Darstellung emotionaler Beteiligung zu verdeutlichen – ein Aspekt, der zwar mehrfach in den die mikrostrukturelle Dimension der emotionalen Beteiligung fokussierenden Analysen kürzerer Gesprächssequenzen der Kapitel 5 und 6 anklang, dort jedoch nicht ausführlicher diskutiert wurde. Mit der Fallstudie wird der Beitrag unterschiedlicher Formulierungsverfahren zur Darstellung emotionaler Beteiligung noch einmal in einer Zusammenschau gezeigt. Zugleich tritt ihre Bindung an bestimmte Gesprächsrahmen hervor, wobei sich an dem zugrundegelegten Gesprächsausschnitt verschiedene Rahmenwechsel und -modulationen nachweisen lassen. Zudem wird deutlich werden, daß die fluktuierende Darstellung emotionaler Beteiligung Schwankungen in der Qualität der interpersonalen Beziehung abbildet und Bearbeitungen des Selbstkonzepts signalisiert.

> *face is something that is*
> *emotionally invested.*
> Brown/Levinson, *Politeness*

8 Die sequentielle Organisation der Darstellung emotionaler Beteiligung: Analyse eines Fallbeispiels

Ein zentrales Anliegen dieses Kapitels ist es, den sequentiellen Aspekt der Darstellung emotionaler Beteiligung stärker als dies bisher geschehen ist herauszuarbeiten und dabei insbesondere das Zusammenwirken der mikro- und der makrostrukturellen Ebene durch die Analyse eines längeren Gesprächsausschnitts empirisch zu belegen. Mit Blick auf die mikrostrukturelle Organisation eröffnet dies die Möglichkeit, deutlicher als in den auf lokale Phänomene konzentrierten Analysen der Kapitel 5 und 6, die Kookkurrenz verschiedener expressiver Verfahren aufzuzeigen. Hinsichtlich der makrostrukturellen Organisation wird es möglich, die bislang nur theoretisch ausgeführte rahmenindizierende Funktion der Darstellung emotionaler Beteiligung unter Berücksichtigung der interaktionellen Dynamik nachzuzeichnen. Die Analyse versteht sich als eine abschließende, empirisch basierte Synthese der vorangegangenen Kapitel dieser Arbeit. Sie setzt die Vertrautheit mit dem Argumentationsgang und der hier vorgeschlagenen interaktiven und zugleich oberflächenorientierten Konzeptualisierung der Gefühle voraus. Daher unterbleiben im folgenden detaillierte Verweise auf die entsprechenden theoretischen Überlegungen. Behandelt wird ein im Anhang der vorliegenden Arbeit abgedruckter und als *mis un petit peu sur la touche* überschriebener Ausschnitt aus dem Interview *voile 1* mit dem Schiffsmechaniker FR.[1] Zum besseren Verständnis situiere ich diese Sequenz zunächst innerhalb des globalen Gesprächskontextes.

8.1 Situierung des Ausschnitts *mis un petit peu sur la touche* im globalen Gesprächskontext

Innerhalb der gut 45minütigen Aufnahme findet sich die zu analysierende Passage etwa zu Beginn des zweiten Gesprächsdrittels. Sie dauert ca. acht Minuten und macht damit knapp ein Fünftel des aufgezeichneten Gesprächs aus. Bislang waren u.a. Daten aus FRs Biographie, seine Ausbildung sowie seine Aufgaben an Bord, frühere Wettkämpfe und die Erfolgschancen des Bootes bei der bevorstehenden Segelregatta Themen des Gesprächs. Mit Blick auf die Struktur der gesamten Interaktion hat der hier ausgewählte Ausschnitt den Stellenwert einer ausgebauten Nebensequenz. Die Nebensequenz dient der Bearbeitung einer Störung des interaktionellen Gleichgewichts, die durch eine das positive *face* von FR

---

[1] Siehe unten Anhang S. 237–243.

bedrohende Intervention des Interviewers ET ausgelöst wird.[2] Für die Dauer der Nebensequenz wird das Interviewschema suspendiert, so daß sich diese nicht nur hinsichtlich der zur Schau gestellten emotionalen Beteiligung, sondern auch unter thematischen und gesprächsorganisatorischen Gesichtspunkten deutlich von vorausgehenden und nachfolgenden Sequenzen abhebt. Erst nachdem die Störung in mehreren ‚Schleifen' bearbeitet ist, wird eine Fortführung der ausgesetzten kommunikativen Aktivität und damit auch eine, nun allerdings ‚gesprächsklimatisch' veränderte, Rückkehr zum Interviewschema möglich.

Für die Auswahl dieser Sequenz spricht, daß sich sowohl der dynamisch-prozessuale Charakter wie auch die makrostrukturellen Bezüge der Darstellung emotionaler Beteiligung hier exemplarisch nachzeichnen lassen. Die in dem Ausschnitt relevant werdenden Emotionen sind primär negativ getönt. Es handelt sich v.a. um Manifestationen der Betroffenheit und des Ärgers, in die häufig eine Nuance der Empörung bzw. Entrüstung und damit auch eine moralische Komponente hineinspielt. Die emotionale Beteiligung ist in der untersuchten Sequenz ein konstitutiver Bestandteil des Interaktionsschemas ‚Klagen', in dessen Verlauf sich FR als ‚Opfer' stilisiert. Dabei kommt es zu zahlreichen, teilweise auch narrativ ausgestalteten Rekonstruktionen vergangener Ereignisse und Erfahrungen. Innerhalb der gesamten Interaktion hat diese Nebensequenz einen zentralen Stellenwert, da sie die Beziehung zwischen den Interaktanten entscheidend verändert: Der zunächst eher formelle Gesprächsrahmen wird im Anschluß an diese Passage informeller definiert, was wiederum Auswirkungen auf die Auswahl der Themen und die Art ihrer Behandlung hat: Diese weichen mehr und mehr von dem Fragenkatalog des Interviewers ab und nähern sich gegen Ende des Gesprächs dem Interaktionstyp des Klatsches an.[3]

Die Nebensequenz hat eine relativ komplexe interne Struktur, die sich im wesentlichen aus den verschiedenen Schleifen ergibt, in denen die als Auslöser fungierende Gesichtsverletzung bearbeitet wird. Diese sind einerseits strukturell markiert und haben andererseits auch den Charakter thematischer Episoden, da jeweils andere inhaltliche Aspekte im Vordergrund stehen. Sie geben der Nebensequenz eine makrostrukturelle Gliederung, die ich bei der folgenden sequentiellen Analyse zur Orientierung nehme. Insgesamt kann man vier aufeinanderfolgende Phasen unterscheiden, die sich als eine spezifische Kombination bestimmter, um einen thematischen Kern herum zentrierter kommunikativer Aktivitäten beschreiben lassen. Die erste Phase reicht von dem das positive *face* FRs bedrohenden Zug ETs bis zu einem sieben Sekunden während Schweigen (Zeile 11–48). Diese lange Pause repräsentiert einen Wendepunkt im Gespräch, insofern anschließend die durch das Schweigen dargestellte Betroffenheit thematisiert wird. Die zweite Phase setzt mit der Beendigung des Schweigens durch eine Entschuldigung ETs ein. In ihrem weiteren Verlauf erhält FR Gelegenheit zur Manifestation seiner Verärgerung (Zeile 49–98). Der Beginn der dritten Phase wird durch ETs Initiative zur thematischen Neufokussierung markiert, ein Zug, den FR jedoch nicht ratifiziert. Vielmehr initiiert er eine Klagesequenz, in der er Selbst- und Fremdbild durch narrative Rekonstruktionen kontrastiert (Zeile 98–136). In einer vierten

---

[2] Vgl. Brown/Levinson (^{2}1987: 61), die in Anlehnung an Goffman zwischen positivem und negativem *face* (im Sinne von Image) differenzieren. Dabei umfaßt die negative Seite „freedom of action and freedom from imposition"; positives *face* wird hingegen über „the positive consistent self-image or ‚personality' (crucially including the desire that this self-image be appreciated and approved of) claimed by interactants" definiert.

[3] Vgl. Bergmann (1987).

Phase, die mit FRs expliziter Ankündigung einer Gesichtsverletzung auf seiten ETs einsetzt, wird schließlich ein Teil der gemeinsamen Interaktionsgeschichte bearbeitet (Zeile 137–198). Erst danach kehren beide zum Format des Interviews zurück. Das Ende der Nebensequenz ist – im Unterschied zu dem durch eine thematische Zäsur deutlich markierten Beginn – weniger klar konturiert. Hier ist ein eher fließender, durch eine Bündelung rahmender Äußerungen signalisierter Übergang zu beobachten.

8.2 Die sequentielle Organisation des Ausschnitts *mis un petit peu sur la touche*

Die relativ zum übrigen Gespräch mit erhöhter emotionaler Beteiligung vollzogene Nebensequenz weist interne Modulationen auf, d.h. im einzelnen sind zahlreiche Eskalationen sowie Deskalationen der emotionalen Beteiligung zu beobachten. Mein Interesse gilt im folgenden zum einen den sprachlichen Mitteln und Verfahren, mittels derer emotionale Beteiligung dargestellt wird, also der Frage nach dem *wie*. Zum anderen rekonstruiere ich, wodurch die dargestellte emotionale Beteiligung ausgelöst wird bzw. welche Auswirkungen sie auf den Fortgang der Interaktion hat. An diesem Punkt kommt also der funktionale Aspekt und damit die Frage nach dem *warum* ins Spiel.

8.2.1 Phase 1: *je te préviens hein* (Zeile 11–48)

Nach dem kooperativ gestalteten thematischen *closing down* einer Passage, die um die Erfolgsaussichten des von der Post gesponserten Bootes bei der nächsten Regatta kreist, nimmt ET im Anschluß an eine zäsurierende Pause eine durch das Eröffnungssignal *et* auch strukturell markierte inhaltliche Neufokussierung vor. Seine offenbar als Vorbereitung für die nächste Frage gedachte Äußerung wird jedoch zum Auslöser für eine Nebensequenz, da sie eine für FR neue und zudem ausgesprochen brisante Information enthält. ETs Mitteilung, wonach die Zahl der tatsächlich an der Regatta teilnehmenden Segler geringer sein wird als die Zahl der Mannschaftsmitglieder, stellt eine Bedrohung für das positive *face* FRs dar und hat insofern auch Auswirkungen für das interaktionelle Gleichgewicht. Denn durch FRs offenkundiges Informationsdefizit wird seine Selbstdarstellung als kompetentes Mitglied der Mannschaft in Frage gestellt. Die Tatsache, daß er als unmittelbar Betroffener eine Neuigkeit von dieser Tragweite durch einen Außenstehenden erfährt, läßt ihn als eher unwichtige, wenig respektierte Person erscheinen.

In der Äußerung, die die Zahl der am Wettkampf teilnehmenden Personen zum Gegenstand hat, hebt ET die Zahl *quinze*, auf die es im folgenden besonders ankommt, prosodisch durch kurze Pausen sowie einen Insistenzakzent auf der ersten Silbe hervor (*je sais que dans les premières étapes vous devriez être quinze seulement à bord au lieu de dix-huit*, Z.11ff.).[4] ET präsentiert seine Äußerung als Feststellung und macht damit deutlich, daß er

---

[4] Aus dem Vergleich mit den anderen ausgewerteten Interviews ergibt sich, daß der von ET hier angeschnittene Aspekt nicht zu seinem üblichen Fragenkatalog gehört. Daß ET diesen Punkt gerade im Gespräch mit FR thematisiert, könnte mit dem Status des zum technischen Personal gehörenden Interviewten zu tun haben, der möglicherweise zum Kreis der von einem Ausschluß Be-

diese Information auch beim Gesprächspartner als bekannt voraussetzt. FR signalisiert mit einer interjektionell eingeleiteten Äußerung Erstaunen und weist zugleich darauf hin, daß diese Information für ihn neu ist (*ah ben ça c'est toi qui me l'apprends*, Z.13f.). Verstärkt wird dies durch die Cleft-Konstruktion. Sein sich anschließendes Lachen läßt eine gewisse Verlegenheit erkennen. ET reagiert darauf mit der mit *smile voice* gesprochenen und daher scherzhaft zu interpretierenden Warnung *je te préviens hein* (Z.14), die zugleich einen Wechsel der Interaktionsmodalität indiziert. Der Modalitätswechsel wird durch die Wahl einer sprachlichen Aktivität signalisiert, die in diesem diskursiven Kontext nur dann Sinn macht, wenn sie indirekt, in diesem Fall: spaßhaft, gedeutet wird. Gestützt wird diese Interpretation durch die prosodische Realisierung und das verhaltene Lachen in der Stimme. Auch das sich anschließende, an den Partner appellierende *hein* deutet auf ein indirektes, scherzhaftes Sprechen hin. Mit dem Modalitätswechsel versucht ET offenbar die Situationsdefinition zu modifizieren, um mit der Verlagerung ins Spaßhafte die Bedrohung von FRs positivem *face* abzuwenden.

FR steigt auf den von ET initiierten Wechsel der Interaktionsmodalität nicht ein, woraufhin dieser mit einer relativierenden Reformulierung reagiert (*enfin dans la première étape*, Z.15). Er präzisiert noch einmal die zeitliche Geltung seiner Aussage (*les premières étapes* wird zu *la première étape*). FR reformuliert diese Äußerung und fokussiert dann deren Geltungsmodalität (*et ça y est c'est décidé*, Z.16). Bereits hier deutet sich an, daß die Interaktanten von einer für das Interview typischen, relativ starren Vergabe des Rederechts wegkommen. Auch an dieser Abkehr von der einseitigen Verteilung initiativer und reaktiver Züge läßt sich erkennen, daß die Interviewsituation im folgenden außer Kraft gesetzt wird. ET reagiert auf die Frage mit einer Reihe von Äußerungen, mit denen er einerseits seine Aussage bestätigt, andererseits aber auch gewisse Rückstufungen vornimmt. Als Beleg für die Richtigkeit seiner Aussage führt er die Tatsache ihrer Veröffentlichung an (*c'est ce que j'ai écrit dans le canard*, Z.16f.). Mit der Wahl des eher negativ konnotierten, umgangssprachlichen Lexems *canard*[5] vollzieht ET an dieser Stelle einen Registerwechsel. Damit wertet er seine eigene Tätigkeit ab und stuft mittelbar die Relevanz seiner Aussage zurück. Mit der Wahl eines nicht standardsprachlichen Lexems wird auch eine vertraulichere Situationsdefinition vorgeschlagen. Die Aussage wird erneut durch Zweifel an der Richtigkeit in ihrer Relevanz zurückgestuft (*j'espère que c'est pas faux*, Z.17f.). Der Hinweis auf die Quelle der Information dient demgegenüber eher der Bekräftigung, denn mit *daniel* nimmt ET auf den für das Projekt Verantwortlichen und damit auf eine Autorität Bezug.

Nachdem bis dahin die Geltung der Aussage thematisiert wurde, kommt FR nun auf die Zahl der voraussichtlich an der Regatta teilnehmenden Personen zurück. Sein mit der Interjektion *ah* eingeleiteter Beitrag hat den Status einer Bestätigungsfrage, wobei die Angabe *quinze* im Fokus steht. ET bejaht und setzt dann – im Anschluß an eine Ratifizierung FRs und in Überlappung mit diesem – zu einer komplex strukturierten, von zahlreichen

---

troffenen gehört. Zu dem aus dem Nichtwissen resultierenden Gesichtsverlust in der Interaktion mit ET käme also die Möglichkeit einer realen Ausgrenzung hinzu. Es ist jedoch auch denkbar, daß dieser Aspekt in anderen Gesprächen außerhalb des eigentlichen Interviews angesprochen wird.

5   Der *Petit Robert* paraphrasiert seine Bedeutung mit „journal de peu de valeur" und rechnet das Lexem einer familiären Stilebene zu.

Abbrüchen und Korrekturen durchsetzten Frage an, die für den Fortgang der Interaktion entscheidend ist. Im Kern zielt sie auf die Betroffenheit FRs durch einen möglichen Ausschluß in der ersten Phase der Regatta ab (*est-ce que le fait de pouvoir être mis un petit peu sur la touche enfin c'est pas sur la touche mais de pas partir sur la mer est-ce que ça te fait quelque chose*, Z.24ff.). Man kann diese Frage als eine Aufforderung zur Emotionsthematisierung beschreiben, mit der ET die Sachverhaltsebene verläßt. Mit seiner Frage reagiert er auf die verbal und vermutlich auch mimisch-gestisch zur Schau gestellte Betroffenheit FRs. Nachdem der Wechsel in eine scherzhafte Interaktionsmodalität sowie die Rückstufung der Geltung der Aussage die Imageverletzung nicht repariert haben und die Interaktion in eine kritische Phase geraten ist, thematisiert ET nun die Betroffenheit FRs, da sich unter den gegebenen Umständen eine ‚normale' Fortführung der Interaktion als schwierig erweist.

Die Versprachlichung dieses Aspekts bereitet ET – wie an den vielen Abbrüchen und Korrekturen zu sehen ist – Schwierigkeiten, die offenbar aus dem Problem herrühren, den imagegefährdenden Aspekt benennen zu müssen. Mit der Formulierung *est-ce que le fait de pouvoir être mis un petit peu sur la touche* (Z.24f.) wählt ET schließlich eine formelhafte Wendung zur Umschreibung des heiklen Sachverhalts, die zudem mit *un petit peu* abgeschwächt wird.[6] Der Gebrauch einer Redensart deutet auf das Bestreben ETs hin, den Sachverhalt durch eine eher euphemistische Formulierung zu bagatellisieren.[7] Die Entwicklung seiner Formulierung verdient besondere Beachtung: Schon der Beginn seiner Äußerung läßt erkennen, daß er auf die Kundgabe einer subjektiven Haltung bzw. eines emotionalen Erlebens abzielt (*qu'est-ce que ça te fait*, Z.20). Die Versprachlichung des entsprechenden Sachverhalts wird jedoch mehrfach abgebrochen und durch Einschübe zurückgestellt. Diese dienen v.a. dazu, die Möglichkeit eines Ausschlusses als etwas Normales, durch die Umstände Gebotenes und nicht als persönliche Abwertung darzustellen. Auch die Redensart wird im vorliegenden Beispiel explizit als unangemessene Versprachlichung des zur Diskussion stehenden Sachverhalts verworfen (*enfin c'est pas sur la touche*, Z.25f.) und durch die alternative Formulierung *de pas partir sur la mer* ersetzt. Erst mit der folgenden Äußerung, in der mit dem anaphorischen und zugleich vagen Pronomen *ça* auf den kritischen Sachverhalt referiert wird, gelingt es ET schließlich, zu einer abgeschlossenen Frage zu kommen: *est-ce que ça te fait quelque chose*.

FR antwortet nicht direkt auf ETs Frage, sondern kommt auf den in der Interaktion sinnfällig gewordenen, sein Selbstbild unmittelbar betreffenden Achtungsentzug und die dadurch ausgelösten Empfindungen zu sprechen. Als thematischer Aufhänger dient die Kommunikation innerhalb der Mannschaft, die FR zur inhaltlichen Basis für die im folgenden dargestellte emotionale Beteiligung macht. Unter einem emotionsspezifischen Aspekt ist diese primär als Ausdruck des Ärgers zu deuten. Sprachstrukturell zeigt sie sich in der Akzentuierung der subjektiven Dimension sowie in zahlreichen intensivierten Bewertungen: FR gebraucht wiederholt Verben der Formgebung, die eine persönliche Wertung übermitteln (*trouver, aimer*) und verstärkt dabei das klitische Personalpronomen *je* durch die betonte Variante *moi*. Die Bewertungen werden durch Insistenzakzente und verstärkende Adverbien prosodisch und/oder strukturell intensiviert (*j'aime pas du tout*; *je trouve pas*

---

[6] Der *Petit Robert* paraphrasiert ihre Bedeutung mit „dans une position de non-activité, de non-intervention." Das verwendete Bild stammt ebenfalls aus dem Bereich des Sportes, allerdings aus dem des Fußballs.

[7] Siehe Drescher (1997b) sowie Gréciano (1988).

normal; c'est très bien, Z.28ff.). Zu Beginn des Redebeitrags sind Formulierungsschwierigkeiten zu beobachten, die weniger die geplante sprachliche Handlung betreffen, sondern eher den Gegenstand, auf den diese sich beziehen soll. Schon mit *moi ce que je trouve* ist klar, daß FR an der Versprachlichung einer subjektiven Stellungnahme arbeitet. Nach dem ersten Abbruch und dem Neustart mit der Äußerung *moi il y a une chose que j'aime pas du tout* wird darüber hinaus deutlich, daß es sich um eine intensivierte negative Bewertung handelt. Syntaktisch wird die Position des Sachverhalts, auf den sich die Bewertung beziehen soll, mit dem Präsentativ *il y a* und dem *passe partout*-Wort *chose* ausgefüllt. Die evaluative Komponente wird ein weiteres Mal durch die sich anschließende Formulierung *que je trouve pas normal* betont, wobei FR nun stärker die Nichtübereinstimmung mit einer Norm in den Vordergrund stellt. Die Tatsache, daß bereits eine subjektive Perspektivierung sowie zwei negative Bewertungen erfolgt sind, bevor der eigentliche Sachverhalt genannt wird, ist als ein weiterer Hinweis auf die emotionale Beteiligung des Sprechers zu sehen.

Erst im dritten Anlauf gelingt es FR zu formulieren, daß sich seine Kritik auf die Übermittlung mannschaftsinterner Informationen durch Journalisten bezieht (*c'est que on apprenne des choses comme ça par les journalistes*, Z.29f.). Diese Äußerung ist indirekt auch an das Gegenüber adressiert, denn die in dieser Begegnung aktivierte Kategorisierung ETs ist die eines Journalisten. Allerdings ist die Äußerung sehr allgemein gehalten. Zum einen ist die Subjektposition mit dem unspezifischen Pronomen *on* besetzt, so daß die referentielle Verankerung lediglich einen Hinweis darauf gibt, daß der Sprecher zur Gruppe der evozierten Personen gehört, ansonsten aber vage bleibt. Zum anderen wird auch der negativ bewertete Sachverhalt mit *des choses comme ça* nicht spezifiziert. Schließlich ist von *les jounalistes* die Rede, so daß ET sich als Vertreter der allgemeinen Kategorie angesprochen fühlen kann, aber nicht direkt angesprochen wird. Diese Generalisierung erlaubt es FR, den eigentlichen Anlaß seiner Verärgerung zu benennen und zugleich Rücksicht auf das *face* seines Partners zu nehmen. Durch die Verlagerung aus der Interaktionssituation heraus nimmt er seiner Kritik etwas von ihrer interaktiven Brisanz und beugt einer möglichen Verschärfung des Konflikts vor.[8] Die sich anschließende, durch *mais* eingeleitete konzessive Struktur wird aufgrund eines in der Überlappung gesprochenen Einwurfs ETs abgebrochen (*mais jacques jacques le savait*, Z.32). Der Hinweis darauf, daß andere Mitglieder der Mannschaft informiert sind, ist an dieser Stelle als Rechtfertigung des Journalisten zu interpretieren.

ETs Einwand wird von FR durch eine Art Belehrung entkräftet. Diese hat die Strukturen innerhalb der Mannschaft zum Thema und bietet FR damit die Gelegenheit, Expertise darzustellen.[9] Dies erreicht er, indem er die konversationelle Kategorie der Segler über das

---

[8] Formulierungen, die eine Verallgemeinerung im Bereich der Personenreferenz zur Folge haben, finden sich häufig in Passagen, die – etwa aufgrund negativer Bewertungen – eine Bedrohung für das Image der Teilnehmer darstellen. Insofern kann man ohne Berücksichtigung des jeweiligen Kontextes Generalisierungen nicht grundsätzlich mit einer Deskalation, Subjektivierungen hingegen mit einer Eskalation der emotionalen Beteiligung parallelisieren. Generalisierungen lassen sich auch in Sequenzen beobachten, in denen die Beteiligung der Interaktanten steigt, weil Themen behandelt, Aktivitäten vollzogen oder Bewertungen vorgebracht werden, die gesichtsbedrohend sein könnten. Hier sind der interaktive Kontext sowie die Kookkurrenz weiterer affektiver Verfahren zu berücksichtigen.

[9] Seine Kompetenz demonstriert FR bereits mit der belehrend-apodiktischen Formulierung *ce qu'il faut savoir* (Z.34). Sie manifestiert sich auch in der allgemeinen Darstellung der Verhältnisse, die

Einführen einer Hierarchie differenziert: Denjenigen, die an der Spitze der Hierarchie stehen (*les gens en haut de l'échelle*, Z.35f.), wird die Kategorie der Mechaniker gegenübergestellt. FR vermeidet den korrespondierenden Begriff *en bas de l'échelle* und wählt statt dessen die konkrete berufliche Kategorie, der er selbst angehört. Aus dem Kontrast zu *en haut de l'échelle* folgt jedoch implizit, daß die Mechaniker in der Hierarchie unten stehen. Der weitere Verlauf des Gesprächs wird maßgeblich von FRs Versuch bestimmt, Argumente für diese Behauptung zu liefern und zugleich ihre Berechtigung anzuzweifeln. Zunächst füllt FR die beiden kontrastierten konversationellen Kategorien durch die Zuschreibung von Eigenschaften auf, wobei mit dem Informiertsein die Qualität im Vordergrund steht, auf die es in der aktuellen Interaktion ankommt. Die Zuschreibung von Eigenschaften erfolgt absolut, wobei generische Adverbien mit dem Merkmal der positiven bzw. negativen Totalität (*tout, rien, absolument*) gewählt werden. Die Kategorie der Nicht-Informierten, zu der der Sprecher gehört, wird insgesamt breiter herausgearbeitet und durch die Verwendung von direkter Rede in Ansätzen dramatisiert (*on va pas leur dire voilà comment ça marche*, Z.38f.). Diese Amplifikation mündet in eine explizite Schlußfolgerung, die – ohne wiederum ET direkt zu adressieren – unmittelbar auf die aktuelle Interaktionssituation Bezug nimmt und das Informiertwerden durch Außenstehende als allgemeine Regel formuliert (*donc on l'apprend toujours par des personnes de l'extérieur*, Z.39f.). Der generische Charakter entsteht durch die Verwendung des Zeitadverbs *toujours*; aber auch die unspezifische Personenreferenz mit Hilfe von *on* und die Vagheit des Pronomens *le*, dessen Bezüge im Text unklar bleiben sowie der im Vergleich zum Lexem *journalistes* semantisch weite Ausdruck *personnes de l'extérieur* tragen ihren Teil dazu bei.

Es folgt eine Reihe subjektiver Äußerungen, in denen FR sowohl semantisch wie auch prosodisch verstärkte negative Bewertungen vornimmt, die zudem häufig mit einer Betonung der persönlichen Perspektive einhergehen (*je trouve vraiment dommage*, Z.41; *pour moi c'est pas normal*, Z.43f.; *et ça c'est pas logique*, Z.45). Gegenstand dieser Bewertungen ist noch immer der fehlende Informationsfluß innerhalb der Mannschaft. An dieser Stelle stimmt ET zum ersten Mal mit der gleichlaufenden evaluierenden Äußerung *ben oui c'est dur* (Z.43) zu und bringt in Überlappung mit FR einen teilweise nicht verständlichen Beitrag, der offenbar auf den Zeitpunkt Bezug nimmt, an dem er selbst die im aktuellen Gespräch problematische Information erhalten hat. Dabei versucht er erneut, über eine nochmalige Relativierung ihrer Geltung die Relevanz dieser Information zurückzustufen. Diese wird mit *c'est peut-être pas non plus définitif dans son esprit* (Z.45f.) zunächst in Frage gestellt, im zweiten, durch *mais en tout cas* eingeleiteten Teil jedoch in abgeschwächter Form bekräftigt (*manifestement c'est l'évolution*).[10] Zur Formulierung dieses zweiten Teils steuert FR das Adverb *apparemment* bei. Diese gemeinsam vollzogene, ‚duettierte' Vervollständigung, an die sich eine Ratifizierung FRs (*ouais*) sowie ein abschließendes *voilà* ETs anschließen, deutet auf einen kooperativen Abschluß der Sequenz und damit auf eine Beilegung der Gesprächskrise hin. FR ergreift im folgenden die Initiative und setzt mit einer Serie von Eröffnungssignalen zu einem neuen Redebeitrag an, bricht

---

eine über den konkreten Einzelfall hinausgehende Regelhaftigkeit suggeriert. Eine solche Darstellung von Expertise wird vor dem Hintergrund seiner unmittelbar zuvor erfolgten ‚Bloßstellung' verständlich.

[10] Die Abschwächung ergibt sich im wesentlichen aus der Verwendung des Begriffs *évolution*, der einen nicht abgeschlossenen Zustand evoziert.

jedoch nach einem Hesitationsmarker ab (*euh bon alors aussi euh*, Z.48). Es kommt zu einer langen, beinahe sieben Sekunden währenden Pause, die FR mit einem auffällig tiefen und betonten Ausatmen beendet.

Da FR zuvor seine Bereitschaft zur Rederechtsübernahme signalisiert hat und das Schweigen im Anschluß an einen Abbruch erfolgt, ist es als eine in seine Verantwortung fallende redezugsinterne Pause zu sehen.[11] In diesem Sinne scheint sie auch ET zu interpretieren, der nicht interveniert. Darin kann man einen weiteren Beleg dafür sehen, daß die für den Interaktionstyp Interview geltenden Bedingungen, die ET die Initiative zuschreiben, an dieser Stelle außer Kraft gesetzt sind. Das Schweigen geht jedoch aufgrund seiner Länge deutlich über die üblichen redezugsinternen Hesitationspausen hinaus. Offenbar dient es hier v.a. dazu, FRs nach wie vor starke Betroffenheit zu signalisieren. Erst nachdem FR durch ein lautes Ausatmen ein paraverbales Zeichen gegeben hat, reagiert ET mit einer im schnellen Anschluß realisierten Äußerung, die sein Bedauern kundtut und den illokutiven Wert einer Entschuldigung hat (*je suis désolé*, Z.49). Indem auch er seine Betroffenheit expliziert, signalisiert er eine affektive Synchronisation mit FR. Darüber hinaus kann man ETs Äußerung als einen zweiten, nun auch die eigene Person einbeziehenden Versuch werten, die Betroffenheit zum eigentlichen Thema des Gesprächs und damit auch zum Gegenstand einer direkten Bearbeitung zu machen.

8.2.2 Phase 2: *eux ils avaient les boules* (Zeile 49–98)

Das Schweigen FRs sowie die sich anschließende Entschuldigung ETs sind für die globale Interaktionsdynamik aus mehreren Gründen von Bedeutung. Gesprächsorganisatorisch gesehen erscheint das Schweigen an einer Stelle, an der die Einführung eines neuen Themas erwartbar wird. Mit der ungewöhnlich langen Pause stellt FR jedoch erneut seine emotionale Beteiligung dar und macht auf diese Weise deutlich, daß das interaktionelle Gleichgewicht noch nicht wieder hergestellt ist. Damit bleibt die Fortführung des Interviews weiterhin suspendiert. Die mit ETs Entschuldigung eröffnete Möglichkeit einer direkten Thematisierung seiner Betroffenheit weist FR zurück. Statt dessen antwortet er mit einem im schnellen Anschluß realisierten, bagatellisierenden Turn, der es beiden Interaktanten erlaubt, ihr Gesicht zu wahren. Die Äußerung FRs enthält jedoch auch Hinweise auf emotionale Beteiligung. Dazu gehören sowohl die in schneller Folge vorgebrachten reduplizierten Satzadverbien *oui* und *non* wie auch die ebenfalls reduplizierte Bewertung *c'est très bien* (Z.49f.), die bei ihrer ersten Realisierung zudem prosodisch markiert und mit der an den Zuhörer appellierenden Partikel *hein* versehen wird.

Im Anschluß an eine Pause und einige Hesitationsmarkierungen ergreift FR selbst die Initiative. Damit verfestigt sich die neue, durch eine Abkehr vom Interview charakterisierte Situationsdefinition. Das Gespräch wird im folgenden als ein eher informeller Austausch kontextualisiert. Die zweite Phase in der Struktur der Nebensequenz dient in erster Linie dazu, die als Auslöser für die Störung des interaktionellen Gleichgewichts fungierende Information in einen größeren Zusammenhang einzuordnen und ihr damit die Qualität eines nur FR betreffenden Einzelfalls zu nehmen. Die Initiative dazu geht von FR aus, der mit Hilfe von narrativen Rekonstruktionen vergleichbare Erfahrungen einbringt. Die verschie-

---

[11] Vgl. dazu Meise (1996: 68ff.).

denen, teilweise szenisch gestalteten Episoden enthalten deutliche Hinweise auf emotionale Beteiligung. Ähnlich wie zuvor die Generalisierungen ermöglichen die narrativen Sequenzen dank einer räumlich-zeitlichen Verschiebung eine Verlagerung aus der aktuellen Interaktionssituation heraus. FR nimmt seinen Äußerungen damit die unmittelbare Brisanz, was eine deutliche, aber zugleich distanziertere, interaktiv weniger bedrohliche Darstellung von Emotionen gestattet.

FRs einleitende Äußerung kündigt durch die explizite, zeitlich wie lokal verschobene Situierung sowie die Bewertung eine Rekonstruktion vergangener Erfahrungs- und Handlungszusammenhänge an (*pendant l'europe il y avait une chose qui était assez dure*, Z.51f.).[12] Inhaltlich illustriert diese erste Episode die Folgen, die der Verzicht auf einen Teil der Mannschaft während der vorausgehenden Regatta hatte. Damit stellt sie eine Parallele her zu der als Auslöser für die Nebensequenz fungierenden Information ETs, während der ersten Etappe mit geringerer Besatzung zu segeln. Durch die globale – es findet sich zunächst nur das kataphorisch verweisende *passe partout*-Lexem *chose* –, aber zugleich evaluierende Ankündigung wird die Haltung vorgegeben, aus der heraus das Folgende zu verstehen ist. Die Episode wird nicht nur durch die Angabe eines zeitlichen Rahmens (*pendant l'europe*), sondern auch durch den Wechsel in das Imperfekt zeitlich abgesetzt. Damit sind einige Voraussetzungen für eine narrative Sequenz gegeben. Allerdings wird das rekonstruierte Ereignis – der Verzicht auf das eigentlich vorgesehene Rotationsprinzip bei der vorausgehenden Regatta – zunächst kaum szenisch gestaltet. Erst nachdem ET in der Überlappung mit FR eine Bewertung äußert (*c'était dur*, Z.57), an die er eine Emotionsbeschreibung Dritter anschließt (*ils avaient les boules*), kommt auch FR zu einer mit einer implikativen Kontur versehenen Bewertung (*c'est normal*), auf die die hier als emphatischer Verstärker dienende Floskel *je veux dire* folgt. ET zeigt durch eine Bewertung, in der er im übrigen das einleitend von FR verwendete Adjektiv *dur* wieder aufgreift, seine Übereinstimmung mit dem Partner. Eine solche Hinwendung zum Partner signalisiert auch die zweimalige Verwendung der Partikel *hein*. Verstärkt wird dieser Eindruck durch die Wahl der umgangssprachlichen Redensart *avoir les boules*, mit der der Sprecher nicht nur emotionale Beteiligung darstellt, sondern zugleich auch einen (negativen) Affekt benennt.[13] Es fällt auf, daß ein großer Teil der in dieser Passage vorkommenden Redensarten diese Doppelfunktion erfüllt: Affekte werden beinahe ausschließlich formelhaft versprachlicht.

Im folgenden stellt ET einen Bezug zur gegenwärtigen Situation her (*ils étaient persuadés ensuite que pour la whitebread c'était fini*, Z.60f.). Darin wird er von FR mit einem *tout à fait* bestätigt, dessen prosodische Realisierung durch Tonhöhenschwankungen charakterisiert ist, die man mit Léon (1993) als typische ‚Ärgerkontur' bezeichnen kann. Im Anschluß an eine weitere Ratifizierung ETs fährt er mit einer Äußerung fort, in der er sich den Einschätzungen der vom Ausschluß betroffenen Segler mittels einer litotischen Formulierung anschließt (*c'est pas tout à fait faux ça*, Z.62). ET antwortet mit einer interjektionell eingeleiteten, leicht exklamativ realisierten und Erstaunen signalisierenden Nachfrage (*ah bon tu crois*). FR reagiert mit einer Reihe von Diskursmarkern, auf die eine zweite,

---

[12] *Europe* verweist auf die vorausgehende Regatta, die als Vorbereitung der Segler für den jetzigen Wettkampf diente.
[13] Der *Petit Robert* umschreibt die Bedeutung von *avoir les boules* mit „en avoir assez, être énervé" und ordnet sie dem familiären Sprachregister zu.

4,5 Sekunden lange redezugsinterne Pause folgt, die FR durch die floskelhafte Wendung *on verra bien* beendet. Im Anschluß daran rollt er die zuvor behandelte Episode der Rotation der Segler nochmals aus einer stärker subjektiv getönten Perspektive auf, in deren Verlauf es zu einer Dramatisierung mit Hilfe von Redewiedergaben kommt.

Daß der Fokus nun auf der Darstellung persönlicher Meinungen und Bewertungen liegt, kündigt sich schon mit der Verwendung des Matrixsatzes *moi je pense que* (Z.64f.) an, dessen Subjekt durch eine Dislokation des Pronomens betont wird. In der folgenden Passage sind zahlreiche Zuhöreraktivitäten ETs zu beobachten. An einigen Stellen ergänzt er die Formulierungen FRs und übernimmt dabei insbesondere die Bewertungsaktivitäten (*ça coûtait pas cher de*, Z.70f.; *c'est pas un drame*, Z.74). Vorbereitet wird deren Ausrichtung durch wertende Ausdrücke in den Äußerungen FRs, etwa das negativ konnotierte, einem familiären Stilregister zuzurechnende *grosse tête*, das klar macht, wohin FRs Sympathien gehen.[14] Durch die Übernahme der Bewertungsaktivität zeigt ET zudem seine Bereitschaft, ein gewisses interaktionelles Risiko zu übernehmen, denn gerade der erste Zug konversationeller Bewertungen ist häufig ein eher heikler Turn, so daß die Interaktanten dazu neigen, diesen Zug zu umgehen, indem sie ihn zunächst abgeschwächt realisieren oder aber dem Partner zuschieben.[15] Insgesamt zeigt sich ET hier sehr kooperativ. Demgegenüber betont FR weiterhin die eigene Perspektive (besonders deutlich bei *ça c'est mon avis personnel* (Z.74f.) als Ratifizierung einer von ET gelieferten Bewertung) und markiert damit auch eine gewisse Distanz gegenüber dem Partner.

Im folgenden kommt es zu einer dramatisierten Ereignisrekonstruktion mit Hilfe von Redewiedergaben, welche das Erleben derjenigen referieren, die von der Teilnahme an der Regatta ausgeschlossen wurden (*là les mecs ils se sont dit bon c'est bon quoi on est là pour bricoler...*, Z.77ff.). Mit der auf die Redewiedergabe folgenden Äußerung *et c'est tout à fait ce qui s'est passé* (Z.80f.) übernimmt FR explizit die Perspektive der zuvor inszenierten ‚fremden Stimmen' und bestätigt die Richtigkeit ihrer Einschätzungen. Auffällig ist die prosodische Realisierung dieser durch die Verwendung von *tout à fait* in ihrer Geltung verstärkten Äußerung: Sie ist mit einer Intonationskontur unterlegt, die die für den Ausdruck von Ärger typische ‚Sägeblattkontur' aufweist. ET ratifiziert durch ein *ouais*, auf das FR wiederum mit einem abschließenden *voilà* reagiert, und fährt dann mit einer evaluierenden Äußerung fort. Mit einer im schnellen Anschluß realisierten, den thematischen Fokus verschiebenden Frage ergreift er die Initiative (*ouais c'est dur&et au niveau de l'ambiance là ça a pas*, Z.81ff.). Es kommt jedoch zu einer Überlappung, da FR in schneller und gepreßter Sprechweise seine vorausgehende Äußerung mit Hilfe von *c'est clair*, das dann durch die formelhafte Wendung *il y a pas d'autre traduction* reformuliert wird, noch einmal bekräftigt. Prosodisch setzt sich hier die Ärgerkontur fort.

ET scheint an dieser Stelle die emotionale Beteiligung FRs nicht hinreichend zur Kenntnis zu nehmen. FR macht dies mit seiner Reaktion, deren intonatorische Realisierung nach wie vor Verärgerung indiziert, deutlich: Er beantwortet die elliptische Frage ETs sehr kurz und behandelt sie als eher irrelevant, indem er keine inhaltlich neuen Gesichtspunkte bringt, sondern mit *eux ils avaient les boules* (Z.83f.) lediglich eine frühere Äußerung reformuliert. Zudem signalisiert er mit *puis c'est tout quoi*, daß zu diesem Punkt weiter nichts zu sagen

---

[14] Die Bedeutung dieses Ausdrucks umschreibt der *Petit Robert* mit „une personne trop sûre de son pouvoir."

[15] Vgl. Auer/Uhmann (1983).

ist und negiert dann explizit die Frage ETs (*ça n'a rien fait au niveau de l'ambiance*). ETs nächster schnell gesprochener Turn enthält Hinweise darauf, daß er die Anzeichen der Verärgerung in FRs Redebeitrag wahrgenommen hat, denn er reagiert mit einer Legitimierung seiner Frage, wobei er zunächst FRs Antwort evaluiert, um dann noch einmal die ebenfalls denkbare Alternative zu betonen. Dies tut er mittels des exklamativ realisierten Ausdrucks *tant mieux*, der auf das Vorliegen negativer Erwartungen verweist, die positiv enttäuscht wurden. Darauf folgt die floskelhafte litotische Bewertung *c'est déjà pas mal* (Z.86), in der das Adverb *déjà* die evaluative Komponente verstärkt.[16] In der durch *parce que* eingeleiteten Begründung wird die negative Alternative schließlich explizit benannt (*ça aurait pu casser une ambiance*) und damit ETs Frage als eine durchaus relevante legitimiert.

FR reagiert mit einer primär über Redewiedergaben realisierten Ereignisrekonstruktion, in der er seine vorausgehende Behauptung illustriert und zugleich nuanciert. Inhaltlich nimmt er dabei eine Verschiebung von ‚der Stimmung in der Mannschaft nicht geschadet' hin zu ‚kein Thema gewesen' vor. Der bereits aus verschiedenen Perspektiven beleuchtete Ausschluß einiger Mannschaftsmitglieder wird nun aus der Sicht derjenigen geschildert, die an der vorausgehenden Regatta teilnahmen. Zu diesen gehört auch FR, so daß die narrative Rekonstruktion in Teilen ein ‚Nachspielen' eigenen Verhaltens ermöglicht. Zunächst kommen einige Segler zu Wort, deren inszenierte Stimmen durch *verba dicendi* angekündigt und interjektionell eingeleitet werden (*ils disaient bon allez on a de la chance de faire partie de l'équipe*, Z.89f.). Neben der diskursiven Absetzung tragen die Interjektionen hier zu einer größeren Lebendigkeit der Redewiedergabe bei. Das erste Zitat wird den an der Regatta teilnehmenden Seglern zugeschrieben, wobei das die direkte Rede einleitende *ils* suggeriert, daß der Sprecher nicht zu dieser Gruppe gehört. Mit der folgenden Äußerung ordnet sich FR durch den Wechsel zu einem inklusiven *nous on* jedoch ausdrücklich diesem Kreis zu, wobei er mit Hilfe des umgangssprachlichen Ausdrucks *on la ramenait pas*, der durch *on disait rien* reformuliert wird, die Irrelevanz dieses Themas innerhalb der Mannschaft betont. Die durch den Wechsel von *ils* zu einem den Sprecher einschließenden *on* angedeutete Subjektivierung wird mit den folgenden Äußerungen, die einen inneren Monolog des Sprechers in direkter Rede inszenieren, verstärkt. Die persönliche Perspektive wird durch die mehrfache Verwendung des betonten Pronomens *moi* und des Adverbs *personnellement* hervorgehoben. Sie mündet schließlich in ein durch ein Verb des Sagens vorbereitetes und durch die elliptische Wendung *coup de bol* (Z.94f.) eingeleitetes Selbstzitat: Das eher umgangssprachliche Lexem *bol* in der Bedeutung von ‚Glück' kontrastiert mit dem neutralen Begriff *chance*, der in der vorausgehenden, die Position der Segler wiedergebenden direkten Rede verwendet wird. Der Gebrauch der markierten Form in der die Gedanken des Sprechers inszenierenden direkten Rede trägt ebenfalls zur Subjektivierung bei. Die zweite Phase findet ihren Abschluß in einer Äußerung, mit der FR die Quintessenz der vorausgehenden narrativen Sequenz reformuliert (*entre les navigants nous on en discutait pas de ça*, Z.97f.). ET schneidet im folgenden mit der Frage nach der Hierarchie einen neuen inhaltlichen Aspekt an, der weiterhin um die zwischenmenschlichen Beziehungen innerhalb der Mannschaft kreist. Im Anschluß an die Gesprächskrise und vermut-

---

[16] Auf den formelhaften Charakter dieser Bewertung deutet die Tatsache hin, daß *déjà* in seiner vom *Petit Robert* als familiär charakterisierten, emphatisch-verstärkenden Funktion mit genau dieser Äußerung illustriert wird.

8.2.3 Phase 3: *je fais mon boulot je ferme ma gueule* (Zeile 98–136)

Die dritte Phase in der Struktur der Nebensequenz wird durch das von FR initiierte Interaktionsschema des Klagens bestimmt. Zunächst nimmt ET mit einer mehrfach reformulierten Frage nach der Hierarchie bzw. den Mitsprachemöglichkeiten innerhalb der Mannschaft eine thematische Neufokussierung vor, die möglicherweise auf eine Rückführung zum Interaktionstyp des Interviews abzielt. Während ET darum bemüht ist, das Gespräch zu versachlichen, stellt FR – in diesem Fall durch die Art der Themenbehandlung – immer wieder seine emotionale Beteiligung dar. In seiner Antwort führt er die nicht vorhandenen Mitsprachemöglichkeiten auf fehlende Auszeichnungen seinerseits zurück (*j'ai pas le niveau, j'ai pas de palmarès*, Z.102). Damit versucht er, erneut persönliche Themen durchzusetzen, die eine Darstellung seiner Betroffenheit ermöglichen. Diese signalisiert er nicht nur inhaltlich, sondern auch durch die prosodische Realisierung seiner Äußerung. Seine kaum Tonhöhenbewegungen aufweisende, monoton-leiernd klingende Stimme indiziert, daß FR das Interaktionsschema des Klagens initiiert. ET geht jedoch nicht darauf ein, sondern schließt mit einem in leichter Überlappung und in schneller Sprechweise produzierten Beitrag an, der sich durch große Tonhöhenbewegungen auszeichnet und schon dadurch im Kontrast zu FRs Äußerung steht. Seine Sprechweise ist sehr rhythmisiert, was ihr etwas Zackig-Schroffes verleiht. Die Intonationskontur ähnelt der des Ärgers; sie ist jedoch insgesamt abgeschwächter und markiert in diesem Zusammenhang eher den Widerspruch. Die prosodisch indizierte Zurückweisung wird auch inhaltlich expliziert, wenn ET die Relevanz der von FR angeführten Argumente zurückweist (*ça c'est pas une question de niveau ou de palmarès*, Z.102f.) und seine eigene Position dagegenstellt (*c'est au niveau d'équité*). Mit der Formulierung *c'est pas une question de* werden nicht nur einzelne Argumente, sondern der Begründungszusammenhang als solcher in Frage gestellt, so daß ETs Erwiderung polemisch und zugleich belehrend-apodiktisch erscheint.

Während ETs Redebeitrag hat FR wiederholt versucht, das Wort zu erlangen, indem er seinen Widerspruch ankündigt (*ouais mais*), mit Hilfe von aufmerksamkeitsheischenden Partikeln an den Sprecher appelliert (*t'sais, eye*) und zum parallelen Sprechen ansetzt (*t'as, quand*). Als er sich schließlich durchsetzen kann, reagiert FR mit einer Äußerung, die sich sowohl hinsichtlich der prosodischen Realisierung wie auch hinsichtlich der Allgemeinheit der Formulierungen an den vorausgegangenen Turn ETs angleicht. Seine große Tonhöhenschwankungen aufweisende Sprechweise signalisiert Erregung. Inhaltlich gesehen stellt sich FR in dieser Sequenz als Experte dar. Er beansprucht die Autorität, die ihm zuvor durch ETs Entgegnung abgesprochen worden war und weist dessen Einwand als für die Welt des Segelns unzutreffend zurück. Sein Beitrag ist zunächst syntaktisch parallel konstruiert, was die rhythmische Realisierung begünstigt. Die einleitende Formulierung *dans le bateau* erinnert an eine allgemeine Regel, die im Bereich der Personenreferenz von einem generischen *tu* getragen wird. Tatsächlich expliziert FR damit die seiner Argumentation zugrundeliegende Schlußregel im Sinne von Toulmin (1975). Diese wird zunächst positiv über die Bedingungen, an die das Mitspracherecht gebunden ist, formuliert, und dann noch einmal negativ über die aus der Nichterfüllung dieser Bedingungen resultierenden Konsequenzen spezifiziert. Über die Wahl der litotischen Formulierung *ça aide bien pour donner tes idées* (Z.107) signalisiert FR Ironie, die seine Distanzierung von dieser Regel zum Ausdruck bringt. In der negativen Formulierung der Regel verwendet FR den bildhaften und beinahe pleonastischen Ausdruck *sortir un mot de ta bouche* (Z.109), dessen Funktion darin liegen könnte, die Anschaulichkeit seiner Ausführungen zu erhöhen.[17] Sein Beitrag gipfelt in einer abschließenden Begründung, die mit Hilfe der affektiv stark aufgeladenen und zudem durch eine Reduplikation intensivierten Äußerung *t'es une merde* (Z.110) realisiert wird. Aufgrund der Verdopplung ist die Sequenz prosodisch stark rhythmisiert. Sie wird in einer vergleichsweise tiefen Stimmlage produziert und ist durch eine gepreßte Sprechweise charakterisiert. Das semantisch zentrale Lexem *merde* ist Träger eines Insistenzakzents und erhält eine steigend-fallende Kontur. Mit der auch stilistisch markierten Form *merde*, die zur Bezeichnung eines wertlosen, verachtenswerten Menschen dient, wird eine ausgesprochen negative Personenqualifizierung übermittelt, die den Sprecher aufgrund des generischen *tu* nur mittelbar betrifft. FR läßt zunächst offen, welcher Äußerungsinstanz diese als Zitat zu verstehende Bemerkung zuzuschreiben ist. Auf diesen Punkt zielt ETs Frage ab, die er mit einem mit exklamativer Kontur unterlegten *ah oui* einleitet (*t'es considéré comme ça par les autres membres de l'équipage ou uniquement par*, Z.111f.). Damit wechselt ET von der allgemeinen zur persönlichen Ebene und steigt auf die von FR favorisierte Art der Themenbehandlung ein.

In der folgenden Passage ist ein deutlich kooperativeres Gesprächsverhalten zu beobachten. Es kommt zu gemeinsam vervollständigten Formulierungen, geteilten Bewertungen, zahlreichen bestätigenden Zuhörersignalen, leichten Überlappungen bei der Turnübernahme und der Erarbeitung eines Fazits, an der beide Partner beteiligt sind. Nach einer eher konfliktuellen Phase, in der ET sich weigert, das von FR initiierte Klageschema mitzutragen, deutet sich nun eine affektive Synchronisation an. Im folgenden initiiert FR erneut das Klagemuster, das nun in einer ausgebauten Form unter Anteilnahme von ET vollzogen wird. Zugleich nutzt FR diese Episode, um sein Selbstbild zurechtzurücken und sich von der zuvor zitierten negativen Fremdeinschätzung zu distanzieren. Dabei spielt die Stilisierung als ‚Opfer' eine nicht unerhebliche Rolle.

Der Äußerung *c'est une hiérarchie comme ça qui est vachement pesante* (Z.116f.) kommt in diesem Kontext die Funktion eines thematischen Scharniers zu: Einerseits stellt sie als Fazit den Bezug zu der einleitenden Frage ETs her. Andererseits fungiert sie als Aufhänger für eine sich anschließende, direkt auf die Person FRs bezogene Ereignisrekonstruktion, die noch einmal den Aspekt der Geringschätzung illustriert. FR belegt die Behauptung von den schwerfälligen hierarchischen Strukturen innerhalb der Mannschaft durch eine Schilderung eigener Erfahrungen. Er greift das Thema eines fehlenden Mitspracherechts für Segler ohne Auszeichnungen wieder auf und stellt es nun aus seiner subjektiven Perspektive dar. Dazu baut er einen ersten Kontrast auf zwischen seiner Person und einem in der Hierarchie oben stehenden *chef de quart*, den er am Beispiel des ‚Vorschlägemachens' konkretisiert. Als Fazit ergibt sich, daß identische Vorschläge in Abhängigkeit von der Person, die sie vorbringt, jeweils anders behandelt werden. Ein zweiter Kontrast

---

[17] Möglicherweise spielen auch Wortfindungsschwierigkeiten oder eine Interferenz mit der Redewendung *ouvrir la bouche* eine Rolle. Darauf deuten die gedehnte Aussprache von *tu* sowie die kurze Pause vor dem Verb hin.

wird durch die Gegenüberstellung von FRs früherem und seinem heutigen Verhalten aufgebaut, wobei die eingetretenen Veränderungen – Resignation und Passivität – der Atmosphäre in der Mannschaft angelastet und nicht als Charaktereigenschaften präsentiert werden.

Was die sprachliche Gestaltung angeht, so zeichnet sich die Sequenz, in der FR das eigene Erleben fokussiert, durch verschiedene Markierungen der Subjektivität aus. In einer großen Zahl von Äußerungen steht das betonte Pronomen der ersten Person Singular in der Position des Subjekts. Das Interaktionsschema des Klagens wird v.a. durch die über eine Serie von Äußerungen amplifizierte Schilderung der Resignation etabliert (*je ne me fatigue plus à ça t'sais je fais mon boulot je ferme ma gueule c'est tout j'ai compris*, Z.120ff.) und durch die prosodische Realisierung unterstützt: FR spricht schnell, mit einer tiefen, kaum Tonhöhenbewegungen aufweisenden Stimme. Die (ausbleibenden) Reaktionen auf eigene Vorschläge werden kontrastiert mit Reaktionen auf Vorschläge hierarchisch höher gestellter Mitglieder der Mannschaft. Diese Sequenz zeichnet sich durch hyperbolische Formulierungen aus, die die Zeitangaben (*deux ans plus tard*; *le lendemain*, Z.124f.) betreffen, aber auch in der Verstärkung der Negation durch *du tout* zum Ausdruck kommen, und die dazu dienen, den Kontrast zu akzentuieren. Die prosodische Struktur, die sich durch eine über kurze Pausen bewirkte Rhythmisierung sowie durch größere Tonhöhenbewegungen auszeichnet, ist in dieser Sequenz wesentlich kontrastreicher. Zur Darstellung emotionaler Beteiligung trägt auch die Verwendung der Interjektion *pff* bei, die hier wohl primär die Schnelligkeit bei der Umsetzung eines Vorschlags symbolisiert. Im Anschluß daran expliziert FR die Gefühle, die durch eine solche ungleiche Behandlung hervorgerufen werden (*t'as les boules*, Z.126). Die Emotionsthematisierung erfolgt mit Hilfe der bereits zuvor verwendeten Redensart *avoir les boules*, wobei die Subjektposition auch hier von einem generischen *tu* eingenommen wird, d.h. FR distanziert sich ein Stück weit von seinen Emotionen, indem er sie als ein allgemein geteiltes Phänomen darstellt. Zugleich verstärkt er die Geltung seiner Äußerung im Anschluß an ein Zuhörersignal ETs mit Hilfe des auch prosodisch akzentuierten intensivierenden Adverbs *vraiment*.

An die Emotionsthematisierung schließt sich eine Sequenz an, die FRs Verhalten zum Zeitpunkt seiner Ankunft in der Mannschaft zum Gegenstand hat. Diese Episode dient primär der Korrektur des bislang in der Interaktion mit ET vermittelten Selbstbildes. FR ist darum bemüht, durch narrative Rekonstruktionen sein ‚wahres Selbst' zu enthüllen und zugleich zu verdeutlichen, daß dies innerhalb der Mannschaft aufgrund der vielfach erfahrenen Geringschätzung nicht zum Tragen kommen kann. Die Sequenz setzt das Interaktionsschema des Klagens fort und geht mit einer Stilisierung als Opfer einher. An den Abbrüchen zeigt sich, daß FR zunächst Formulierungsschwierigkeiten hat. Aufgrund des wiederholten Neubeginns mit dem betonten Pronomen *moi* ist jedoch klar, daß die Fokussierung der persönlichen Perspektive im Vordergrund steht. Unterstrichen wird dies durch den Ausdruck *je veux dire*, der hier nicht als Reformulierungsindikator fungiert, sondern eher eine emphatische Bekräftigung signalisiert.[18] Das rhythmische Klopfen mit den Fingern deutet auf eine auch gestisch dargestellte Intensivierung hin. In den folgenden Äußerungen findet sich der Sprecher stets in der Position des Subjekts, wobei mit der jeweils zweimaligen Verwendung von *tu sais* und *hein* auch ein intensiviertes Appellieren an den Zuhörer zu beobachten ist, das offenbar der Elizitation von Anteilnahme dient. Es finden

---

[18] Zur Unterscheidung der beiden Verwendungen siehe oben Kapitel 6, Fußnote 34.

sich darüber hinaus einige hyperbolische Formen. So wird die Einheit *j'ai proposé au maximum et tout* (Z.130) durch die superlativische Erweiterung *au maximum* intensiviert und zudem durch die Extensionspartikel *et tout* verstärkt. Die Äußerung wird mit einer monotonen und nasalisierten Sprechweise realisiert, die die Aktivität des Klagens markiert. Durch die Einbindung in eine Aufzählung erhält sie zudem eine auch als Singsang-Intonation bezeichnete ‚leiernde' prosodische Kontur. Hyperbolischen Charakter haben auch die beiden Auszeichnungen *être médaille d'or olympique* und *être champion du monde*, die FR als Voraussetzungen für ein Mitspracherecht anführt. Durch die Übertreibung läßt er zugleich eine gewisse Ironie durchscheinen. Abschließend bringt er seine unter verschiedenen Facetten beleuchtete zentrale Aussage noch einmal auf den Punkt (*je voyais bien que ça servait à rien quoi tout ce qu'on a fait qu'on en tenait pas compte que j'avais aucun palmarès*, Z.133ff.). Mit diesem Fazit weist er die Schuld den Entscheidungsträgern zu und präsentiert sich selbst in der Rolle des Opfers.

In der nun genauer zu untersuchenden vierten Phase in der Struktur der Nebensequenz kommt es zu einer Bearbeitung (von Teilen) der gemeinsamen Interaktionsgeschichte. In einer dramatisierten Passage thematisiert FR die Geringschätzung, die er und andere Segler von seiten der Journalisten erfuhren. Aus beziehungskonstitutiver Sicht ist dies ausgesprochen brisant, da mit den Journalisten eine konversationelle Kategorie zum Gegenstand negativer Bewertungen gemacht wird, die durch ET auch in der aktuellen Interaktion vertreten ist.

8.2.4 Phase 4: *moi j'ai explosé de rire* (Zeile 137–198)

Nach FRs resümierender Äußerung entsteht eine 2,5 Sekunden währende Pause, die ET nicht zur Intervention nutzt. FR initiiert daher im Anschluß an diese kurze Zäsur eine neue Einheit, die er mit einer metakommunikativen Äußerung einleitet. Diese kündigt einen gesichtsbedrohenden Beitrag an und akzeptiert zugleich mögliche negative Auswirkungen für ET (*ça va peut-être te faire du mal mais j'ai pas peur de le dire*, Z.137f.). Mit der Präsequenz gibt FR einerseits eine bestimmte Orientierung für die Interpretation der folgenden Äußerungen vor, und macht andererseits deutlich, daß er die Verantwortung für den *face threatening act*[19] übernimmt. Diese Inkaufnahme FRs, der die Schonung ETs als nachgeordnet gegenüber seinen kommunikativen Zielen ansieht, verstärkt die der expliziten Ankündigung inhärente Polemik. Insofern ist dieser metakommunikative Zug mit Blick auf die Selbstdarstellung FRs und seine Beziehung zum Partner von einiger Relevanz. Ähnlich wie in der Umgebung des Schweigens wird auch hier die Beziehung zwischen den Interaktanten sowie ihre emotionale Befindlichkeit kurzzeitig zum eigentlichen Gegenstand des Gesprächs. ET ratifiziert diese Ankündigung mit der Aufforderung *vas-y* (Z.138), deren prosodische Realisierung mit einer *smile voice* erfolgt, wobei das verhaltene Lachen eine eher scherzhafte Behandlung signalisiert.

Die im Anschluß an die Ankündigung erfolgende räumlich wie zeitlich versetzte Situierung des Geschehens macht eine narrative Sequenz erwartbar.[20] Inhaltlich geht es in

---

[19] Siehe Brown/Levinson (^{2}1987: 59ff.).
[20] Gleich zu Beginn kommt es zu einer kurzen, durch ET initiierten Nebensequenz, in der die geographische Lage der Werft sowie die Bedeutung des Akronyms *cnb* geklärt werden.

dieser breit ausgestalteten Episode, die den narrativen Kern vorbereitet, um FRs Mitwirken an der Konstruktion des Bootes. Dabei präsentiert er sich in der Rolle eines aktiv Handelnden. Sprachlich zeigt sich dies daran, daß die Position des grammatischen Subjekts in den meisten Fällen von dem Pronomen *je* eingenommen wird (*j'ai tout monté*, Z.143; *j'ai fait ça*; *j'ai fait plein de choses*, Z.145f.). Die subjektive Perspektive wird auch durch dislozierte betonte Pronomina und eine die Sprecherrolle fokussierende Cleft-Konstruktion unterstrichen. FR schildert in amplifizierter und deutlich evaluierender Form die während der Konstruktion des Bootes geleistete Arbeit, wobei die Bewertungen sowohl explizit formuliert (*ça c'était une partie intéressante pour moi*, Z.143f.) als auch über die Wortwahl – etwa in *on a fait des merdes* (Z.146) – zum Ausdruck gebracht werden. Nachdem der Akzent zunächst auf den positiven Seiten lag, stellt FR nun den anspruchsvollen Charakter dieser Tätigkeit und die damit verbundenen Schwierigkeiten heraus. An dieser Stelle kommt es zu einem Wechsel in der Personenreferenz: Das Pronomen *je* wird von dem unbestimmten, den Sprecher einschließenden *on* abgelöst. Die ausgeführten Tätigkeiten werden nicht inhaltlich spezifiziert, sondern lediglich in ihrer Relevanz für das Erleben des Sprechers präsentiert (*des fois on en chiait; on avait vraiment plein le cul; ça se passait pas toujours comme on voulait; c'était pas toujours une partie de plaisir*, Z.147ff.).[21] Zum einen rekonstruiert FR mit diesen Äußerungen vergangenes emotionales Erleben, das er mit einer Reihe von paraphrastischen und damit zugleich amplifizierenden Formulierungen benennt. Zum anderen lassen einige der verwendeten Ausdrücke, zu denen mit *en avoir plein le cul* auch eine Redensart gehört, einen Registerwechsel erkennen. Sowohl die Redensart als auch die in ihrem Umfeld verwendeten Lexeme *merde* und *chier* heben sich von der ansonsten in diesem Gespräch verwendeten Sprachvarietät ab. Die Redensart wird durch das Adverb *vraiment* in ihrer Geltung verstärkt, und die sie einleitende Wendung *je vais te dire* signalisiert darüber hinaus eine emphatische Hinwendung zum Gesprächspartner.

In einem gewissen Kontrast zu der von FR dargestellten emotionalen Beteiligung steht die Zurückhaltung ETs, der in dieser Passage kaum Zuhöreraktivitäten liefert. Ein Grund dafür liegt möglicherweise in einer Verständnisschwierigkeit, die im folgenden in einer von ET initiierten kurzen Nebensequenz behoben wird. An ETs Nachfrage, die er mit der einen Erwartungsbruch signalisierenden, exklamativ realisierten Interjektion *ah* einleitet (*ah parce que tu as participé aussi à toute la partie construction*, Z.151ff.), wird deutlich, daß er eine für die vorausgehende Schilderung FRs zentrale Voraussetzung, nämlich die Tatsache, daß dieser bereits an der Konstruktion des Bootes beteiligt war, nicht verstanden hatte. Erst nachdem dieser Aspekt geklärt ist, formuliert ET evaluierende Ratifizierungen (*d'accord ok chouette*, Z.154f.), die gleichzeitig das Ende der Nebensequenz markieren. Aus der Sicht des Erzählers kommt ETs Verständnisfrage an einer ungünstigen Stelle, weil sie seine Dramatisierung der Ereignisrekonstruktion kurzschließt und damit auch den vor-

---

[21] Auch hier kann man wieder die häufig mit Emotionsthematisierungen einhergehende Verschiebung im Bereich der personalen Referenz beobachten, durch die der unmittelbare und ausschließliche Bezug auf den Sprecher aufgebrochen wird. Dies eröffnet bei einem an sich bereits stark subjektiv aufgeladenen Thema die Möglichkeit einer Distanzierung auf der Ebene der Formulierungen. Im vorliegenden Ausschnitt setzt der Wechsel in der Personenreferenz jedoch schon vor der ersten Emotionsthematisierung ein und ist möglicherweise auch auf die Absicht des Sprechers zurückzuführen, sich als Mitglied einer Gruppe darzustellen.

bereiteten Spannungsbogen unterbricht. FR begegnet diesem Problem, indem er die der Unterbrechung vorausgehende Passage resümiert und so den Faden seiner Erzählung wieder aufnimmt. In einem mit Hilfe von *et euh donc tout ça pour dire que* (Z.157f.) auch metakommunikativ angekündigten Fazit expliziert er das, was zuvor durch verschiedene Formulierungstechniken dargestellt wurde, nämlich die Tatsache, daß die an der Konstruktion des Bootes beteiligten Männer harte Arbeit geleistet haben (*l'équipe qui était là-bas qui accrochait qui travaillait dedans*, Z.158f.).

Damit hat FR den Hintergrund aufgespannt, vor dem die folgende, stark dramatisierte Begebenheit zu sehen ist. Die Differenzierung in Hinter- und Vordergrund wird auch durch die Wahl der Tempora verdeutlicht: Während die vorausgehenden Äußerungen im Imperfekt gehalten waren, geht FR nun zur Verwendung des *passé composé* über.[22] Im Mittelpunkt dieser Episode, die den narrativen Kern von FRs Erzählung ausmacht und diesem zugleich Gelegenheit für eine deutliche Darstellung seiner emotionalen Beteiligung gibt, steht die Ankunft des Bootes im Hafen von Port Camargue und die Reaktion der Journalisten auf dieses Ereignis: Obgleich die technischen Mitarbeiter in der Konstruktionsphase des Bootes die eigentlichen Akteure waren, werden sie von den Journalisten, die sich v.a. für die Leiter des Projekts interessieren, nicht beachtet (*t'as tous les journalistes qui se sont jetés sur les trois chefs de quart qui étaient pas du tout en chantier mais ils se sont jetés sur eux pour parler de la construction du bateau et tout ça*, Z.160ff.). An dieser Formulierung fällt die Verwendung des auch prosodisch markierten generalisierenden *tous* auf, das auf eine hyperbolische Sprechweise FRs hindeutet. In die gleiche Richtung weist die Verstärkung der Negation mit Hilfe von *du tout*. Eine negativ evaluierende Komponente enthält auch das ein übereiltes Vorgehen suggerierende Verb *jeter sur*, mit dem das Verhalten der Journalisten charakterisiert wird. Die Schilderung der Begebenheit veranschaulicht, daß die Geringschätzung des technischen Personals nicht nur durch die Entscheidungsträger in der Mannschaft erfolgt, sondern auch durch die Journalisten. Vor dem Hintergrund der vorbereitenden Sequenz, in der dessen harte Arbeit in amplifizierter Form dargestellt worden war, erscheint die ausbleibende Würdigung in einem noch krasseren Licht.

In dem folgenden Ausschnitt finden sich viele der bereits zuvor genannten affektiven Verfahren in einer auffälligen Verdichtung. Prosodische, semantisch-lexikalische und syntaktische Markierungen wirken zusammen und tragen in ihrer Kombination dazu bei, daß der Eindruck einer emotional stark aufgeladenen Sequenz entsteht. Es ist zu vermuten, daß die vergleichsweise hohe emotionale Beteiligung, die FR im Zusammenhang mit dieser narrativen Inszenierung darstellt, auf die Stellvertreter-Funktion der Episode zurückzuführen ist: FR erwidert hier – darauf deutet bereits die metakommunikative Einleitung der Sequenz hin – die zuvor erlittene Gesichtsverletzung. Die Erzählung hat möglicherweise auch einen ‚kathartischen Effekt', insofern sie FR ein Abreagieren von Betroffenheit ermöglicht, das aufgrund der räumlich-zeitlichen Verlagerung des Geschehens aus der aktuellen Interaktionssituation heraus für seine Beziehung zu ET weniger bedrohlich ist. Im Mittelpunkt steht die narrative Rekonstruktion von FRs Reaktionen auf das Verhalten der Journalisten. Dabei spielt er gleichsam seine vergangene Entrüstung nach.[23] Einen zentralen Stellenwert erhalten Emotionsthematisierungen. Auch die Schilderung nonverbalen Verhaltens, in diesem Fall des Lachens, fungiert als Hinweis auf Emotionen (*moi j'ai rigolé*

---

[22] Zur Reliefgebung durch die Wahl des Tempus' vgl. Weinrich ([2]1971: 91ff.).
[23] Zur Entrüstungsrekonstruktion vgl. Christmann/Günthner (1996: 23ff.).

moi j'ai explosé de rire, Z.164f.). Beide Äußerungen sind syntaktisch parallel konstruiert, wobei die zweite Äußerung im Vergleich zur ersten eine Intensivierung beinhaltet: *explosé de rire* signalisiert nicht nur einen Kontrollverlust des Sprechers, sondern auch ein Lachen von einer gewissen Heftigkeit. Die kommunikativen Paraphrasen dienen hier – wie bei den im folgenden zu beobachtenden Emotionsthematisierungen – der Amplifikation. Die subjektive Perspektive wird in beiden Fällen durch ein disloziertes, auch prosodisch markiertes *moi* akzentuiert. Während das betonte Pronomen eine steigende Intonationskontur erhält, wird das nachfolgende, durch eine kurze Pause abgesetzte Äußerungssegment mit deutlich fallender Stimme realisiert. Dies trägt in Verbindung mit dem syntaktischen Parallelismus zu einer starken Rhythmisierung der Einheit bei. Inhaltlich erwähnt der Sprecher mit dem Lachen ein häufig mit Emotionen verbundenes paraverbales Phänomen, dessen emotionale Qualität in den folgenden Äußerungen spezifiziert wird.

Mit einer negativen, durch das Adverb *vraiment* intensivierten Bewertung bringt FR Verachtung gegenüber den Journalisten zum Ausdruck (*et j'ai pris les journalistes je les ai vraiment pris pour des cons*, Z.166f.). Die negative Bewertung einer sozialen Gruppe, die durch ET auch in der Interaktion vertreten ist, gibt FRs Äußerung eine hohe interaktionelle Brisanz. Mit ihr wird die bereits metakommunikativ angekündigte gesichtsbedrohende sprachliche Handlung vollzogen. Abschwächend wirkt die Tatsache, daß sich die Bewertung auf vergangene Vorkommnisse bezieht und von dem Verb *prendre pour* abhängig ist, das die subjektive Wahrnehmung des Sprechers fokussiert. Mit *moi ça m'a enragé tu vois vraiment ça ça m'a énervé* (Z.167f.) folgen zwei Emotionsthematisierungen, wobei das anaphorische und in seiner Referenz unspezifische Textpronomen *ça* global auf den zuvor geschilderten Ereigniskomplex verweist. Die Sequenz enthält mehrere Adressierungen des Zuhörers, die mit Hilfe von *tu vois* realisiert werden und dazu dienen, in dieser interaktiv brisanten Phase den Kontakt zum Partner zu intensivieren. Zwischen den Emotionsthematisierungen steht ein ihre Geltung bekräftigendes, mit einem Insistenzakzent markiertes *vraiment*. Die Reformulierung bringt eine geringfügige Abschwächung, da das eine heftige emotionale Reaktion bezeichnende Verb *enrager* durch das weniger starke *énerver* ersetzt wird. Das mehrheitlich durch fallende Akzente am Ende der eher kurzen *mots phoniques* charakterisierte prosodische Muster wird bis zum Beginn der direkten Rede beibehalten. Es verleiht der Sequenz eine aggregative Gestalt und läßt sie als Träger einer stilisierten Ärgerkontur erscheinen.

Die Redewiedergabe wird durch die einleitende Wendung *moi je me suis dit* (Z.168f.) als innerer Monolog FRs gekennzeichnet und v.a. prosodisch durch einen deutlichen Wechsel im Sprechstil markiert. Die Äußerung *on est vraiment des merdes* (Z.169f.) wird insgesamt tiefer und mit einer kaum Tonhöhenbewegungen aufweisenden, gepreßt klingenden Stimme gesprochen, die den Eindruck von verhaltenem Ärger übermittelt. Lediglich das inhaltlich zentrale Wort *merde* erhält einen steigend-fallenden Akzent. Inhaltlich gesehen greift FR damit beinahe wörtlich eine vorausgehende Redewiedergabe auf.[24] Die Äußerung wird durch *vraiment* bekräftigt. Nicht spezifiziert wird, wem diese, vom Sprecher in einem inneren Monolog explizierte Fremdkategorisierung zuzuschreiben ist. Der vorausgehende Kontext legt nahe, daß eine solche Einschätzung den Journalisten zuzuschreiben ist. Demgegenüber suggeriert FRs Fortführung, daß sie eher den Entscheidungsträgern in der Mannschaft unterstellt wird. Was die folgenden Äußerungen angeht, so ist nicht mit

---

[24] Siehe oben Zeile 110 der Transkription.

Sicherheit zu sagen, ob sie noch Teil der Redewiedergabe und damit des zitierten inneren Monologs sind. Das an den Zuhörer appellierende *tu vois* deutet einen Ausstieg aus der direkten Rede an. Allerdings bleibt FR mit seinen Äußerungen weiterhin im Präsens und kontrastiert die Leistungen des technischen Personals mit dem Verhalten der Projektleitung (*et le mât est là le moteur est en place c'est bon c'est eux qui vont raconter leur vie*, Z.170ff.). Die Detaillierung und die Verwendung einer Redensart wirken in diesem Zusammenhang veranschaulichend. Dazu trägt auch die reduplizierte Apostrophe *merci et merci les gars* (Z.172) bei, deren Adressaten – Journalisten oder Projektleiter – vage bleiben. Der mit dieser Äußerung zum Ausdruck gebrachte Dank ist in einem Kontext, in dem von fehlender Würdigung die Rede ist, nur ironisch zu deuten. Mit der elliptischen Äußerung *ça c'est des choses* deutet FR eine abschließende Rahmung der narrativen Sequenz an, die durch eine Bewertung ETs interaktiv vervollständigt wird (*ça ça fait du bien*, Z.173), womit dieser zugleich eine Perspektivenübernahme zum Ausdruck bringt.

Im Anschluß daran kommt es zu einer letzten durch FR initiierten narrativen Rekonstruktion, in deren Verlauf er eine Begebenheit aus der gemeinsamen Interaktionsgeschichte mit ET aufrollt und damit das Ende der Nebensequenz vorbereitet. Als Aufhänger dient ein erster offenbar vergeblicher Versuch ETs, FR für ein Interview zu gewinnen (*et je sais pas si tu te souviens mais à port camargue t'avais voulu m'interroger*, Z.173ff.). FR rekonstruiert die zurückliegende Interaktionssituation mit ET, wobei er nur seinen Part in direkter Rede inszeniert (*et je t'ai dit ouais ouais on verra ça tout à l'heure*, Z.175f.) und ET zu verstehen gibt, daß das Nichtzustandekommen der Begegnung von ihm beabsichtigt war (*t'as jamais réussi à me choper t'aurais jamais réussi*, Z.176f.). Auffällig ist die syntaktisch parallele Konstruktion dieser Äußerung, mit der die durch das generische Zeitadverb *jamais* zum Ausdruck gebrachte Totalität gleichsam diskursiv entfaltet wird: Symbolisiert wird dies insbesondere durch die Wahl der Tempora, die das *jamais* in seiner ganzen Ausdehnung sinnfällig werden lassen. ET reagiert auf diesen Beitrag mit einer bestätigenden Wiederholung (*jamais j'ai vu ouais*, Z.177), an die sich ein Lachen anschließt. FR präsentiert die Begegnung mit den Journalisten in Port Camargue nun rückwirkend als eine Erklärung für sein ausweichendes Verhalten (*ça c'est l'explication*, Z.178). Die Episode eröffnet ihm die Möglichkeit, seine offenbar nicht ganz konfliktfreie Beziehung zu ET zu klären. Erst danach kommt es zu einem Abklingen der emotionalen Beteiligung.

Über Rahmungen, die durch eine teilweise wörtliche Wiederaufnahme zentraler Aussagen erzielt werden, schließt FR in der Folge die verschiedenen Einheiten dieser komplexen Nebensequenz ab. Dazu gehört die im Anschluß an eine Pause reformulierte und nun auf den Leiter des gesamten Projekts – Michel Desjoyeaux – zugeschnittene Kernaussage der vorausgehenden narrativen Sequenz ‚Ankunft in Port Camargue' (*et ça ça me gonfle tu vois qu'on va chercher desjoyeaux*, Z.178f.). Die geringere emotionale Beteiligung FRs schlägt sich auch in seiner Wortwahl nieder: Die Emotionsthematisierung erfolgt nun unter Rekurs auf das semantisch schwächere Verb *gonfler*. Sie erscheint noch bevor der zunächst nur durch das kataphorische Pronomen *ça* vertretene Sachverhalt benannt wird. ET hakt mit einer Äußerung ein, die den Zeitpunkt des Geschehens problematisiert (*ouais c'est arrivé un mois avant le départ ou trois mois avant le départ je sais plus*, Z.183ff.). Diese stärker auf der Ebene der Fakten zu verortende Intervention wird jedoch von FR, der statt dessen noch einmal auf die Relevanz der Auszeichnungen für die Akzeptanz innerhalb der Mannschaft zurückkommt, ignoriert. Dazu reformuliert er beinahe wortwörtlich die Aussage, die zuvor als Aufhänger für das Interaktionsschema des Klagens fungierte (*c'est pour ça que je te dis tant que t'as pas fait de whitebread t'as pas gagné de figaro t'as rien fait de tout ça*, Z.185ff.). Der Bezug zu dieser Episode wird über die einleitende Wendung *c'est pour ça que je te dis* explizit hergestellt. Damit schließt FR eine weitere, im Verlauf der komplexen Nebensequenz eröffnete Einheit. Er wird darin von ET unterstützt, der die elliptische Äußerung FRs um eine Konklusion ergänzt (*tu t'écrases*, Z.187f.) und durch diese interaktive Vervollständigung seine Übereinstimmung signalisiert. Erst danach stuft FR selbst die Relevanz der gesamten Problematik zurück, indem er auf persönliche Zukunftspläne zu sprechen kommt. Zur Überleitung bedient er sich zunächst einer die Struktur eines Sprichwortes nachbildenden Wendung (*moins on parle de moi mieux je me porte*, Z.189f.), um dann einen neuen thematischen Aspekt einzuführen, mit dem das Ende der Nebensequenz endgültig ratifiziert wird. Durch die gemeinsame Bearbeitung der Gesprächskrise hat sich die Beziehung zwischen den Interaktanten verändert. Deutlich wird dies im Fortgang des Interviews, das sich nach dieser Nebensequenz einem informellen Gespräch annähert und schließlich im gemeinsamen, die Solidarität zwischen den Interaktanten betonenden Klatschen über andere Mitglieder der Mannschaft endet.

8.3 Fazit

Die in den vorausgehenden Abschnitten präsentierte sequentielle Analyse ermöglichte es, exemplarisch an einem längeren Gesprächsausschnitt das Vorgehen bei der empirischen Arbeit zu illustrieren. Durch die Untersuchung dieses Gesprächsausschnitts konnte der dynamisch-prozessuale Charakter der Darstellung emotionaler Beteiligung genauer herausgearbeitet werden. Unter makrostrukturellen Gesichtspunkten wurde der Beitrag der emotionalen Beteiligung zur Etablierung bestimmter Gesprächsrahmen deutlich. In der untersuchten Passage war dies insbesondere das Herauslösen der Nebensequenz aus dem bis dahin etablierten Interaktionstyp des Interviews. Die Nebensequenz wird im Vergleich zum übrigen Gespräch mit erhöhter Beteiligung vollzogen. Zugleich unterliegt sie selbst internen Modulationen. Im Aufbau der Nebensequenz lassen sich vier Phasen unterscheiden, für deren Differenzierung es strukturelle sowie inhaltliche Kriterien gibt, an deren Konturierung aber auch die Darstellung emotionaler Beteiligung Anteil hat, da der Kern der thematischen Episoden in der Regel durch eine affektive Eskalation markiert wird. Die Analyse der Nebensequenz liefert darüber hinaus empirische Evidenz für die in Kapitel 7 diskutierten Affinitäten zwischen dem Interaktionsschema des Klagens sowie dem Diskursmuster des Erzählens einerseits und der Darstellung emotionaler Beteiligung andererseits. Letztere trägt entscheidend dazu bei, diese Rahmen zu kontextualisieren. Im mikrostrukturellen Bereich zeigen sich wiederum die bereits in den empirischen Analysen der Kapitel 5 und 6 manifest gewordene Vielfalt sowie das Zusammenspiel der an der Darstellung emotionaler Beteiligung mitwirkenden sprachlichen Mittel und Verfahren.

Auch Abstraktion ist lustvoll.
Ciompi, *Die emotionalen Grundlagen*
des Denkens

9 Schlußbetrachtungen und Ausblick

Ausgehend von der Annahme, daß zwischenmenschliche Begegnungen sich nicht im Austausch von Informationen und in der Erörterung von Sachverhalten erschöpfen, sondern daß in jedem Gespräch, wenn auch mit unterschiedlicher Deutlichkeit, Emotionen eine Rolle spielen, galt das Interesse dieser Arbeit dem Stellenwert der Emotionen in der Interaktion. In dieser allgemeinen und zugleich vagen Weise ist ihre Bedeutung für die Interaktion jedoch kaum einer Bearbeitung zugänglich. Daher war es erforderlich, die Problematik im Zuge der Gegenstandskonstitution auf die folgenden drei Aspekte einzugrenzen:

1. eine Konzeptualisierung des Gefühlsausdrucks – und hier insbesondere des sprachlich übermittelten Anteils –, die genuin sprachwissenschaftliche Traditionen berücksichtigt, der Interdisziplinarität der Fragestellung Rechnung trägt und die Thematik unter theoretischen wie methodischen Gesichtspunkten für pragmalinguistische Ansätze öffnet;

2. eine Beschreibung des (gesprochenen) Französisch, insbesondere seiner potentiell affektiven Formen und Strukturen;

3. eine auf mikro- wie auf makrostruktureller Ebene ansetzende Analyse der Funktionalität von Emotionen in der Interaktion.

Mit den Punkten 1 und 3 werden theoretische Aspekte von sprachübergreifendem Interesse verfolgt, mit Punkt 2 steht hingegen die Beschreibung einer Einzelsprache im Zentrum. Im folgenden fasse ich die Ergebnisse der vorausgehenden Untersuchung mit Blick auf die drei genannten Bereiche noch einmal zusammen.

9.1 Konzeptualisierung des Gefühlsausdrucks

Der Akzent der Arbeit liegt auf einer ‚Phänomenologie' der emotionalen Kommunikation. Den theoretischen Hintergrund bildet ein die Ausdruckskomponente fokussierender phänomenologisch-interaktiver Emotionsbegriff, dessen genuin sprachliche Seite mit dem Konzept der Darstellung emotionaler Beteiligung erfaßt wird. Leitend ist die Annahme, daß Emotionen nicht nur eine neurophysiologische und psychische Seite kennen, sondern darüber hinaus eine soziale Realität besitzen, die sich in einer spezifischen, in verschiedenen Kanälen zugleich übermittelten Form des Verhaltens manifestiert. Da ein Teil des emotionalen Verhaltens verbaler Art ist, liegt die Vermutung nahe, daß Emotionen eine in sprachlichen Manifestationen greifbar werdende diskursive Praxis darstellen. Ausgehend von dieser zentralen These widmet sich die Arbeit der Beschreibung der unterschiedlichen mikro- und makrostrukturellen Facetten des Emotionsausdrucks. Im Vordergrund steht die

Frage nach dem Durchführungsaspekt, also nach dem *wie?* dieser diskursiven Praxis. Die den Darstellungsaspekt betonende und zugleich interaktive Sicht auf Emotionen wird unterstützt durch die Wahl des methodischen Zugangs, der einer um ethnographische Überlegungen erweiterten linguistischen Konversationsanalyse verpflichtet ist.

Die hier vorgeschlagene Konzeptualisierung des Verhältnisses von Sprache und Emotion baut einerseits auf einer Auseinandersetzung mit der genuin linguistischen Forschung zu diesem Thema auf und integriert andererseits auch Ergebnisse aus benachbarten Disziplinen wie der Psychologie, der Soziologie oder der Philosophie. Letzteres geschieht v.a. mit dem Ziel, einen substantiellen, der Komplexität des Gegenstandes Rechnung tragenden linguistischen Emotionsbegriff zu entwickeln und damit die interdisziplinäre Zusammenarbeit in diesem, im Schnittpunkt aller Humanwissenschaften liegenden Bereich voranzutreiben. Selbst wenn der Akzent im Rahmen dieser Untersuchung auf sprachlichen Ausdrucksphänomenen liegt, werden Anschlußmöglichkeiten zu anderen, umfassenderen Emotionstheorien aufgezeigt. Demgegenüber erlaubt es die Berücksichtigung von Erkenntnissen der eigenen Disziplin, über die Diskussion zentraler theoretischer und methodischer Aspekte zu einem Problemaufriß der bei einer sprachwissenschaftlichen Annäherung an Emotionen relevant werdenden Fragen zu gelangen. Dazu gehören die Frage nach dem semiotischen Status des Gefühlsausdrucks (symptomatisch vs. symbolisch), die Frage nach der Perspektive, die bei seiner Untersuchung eingenommen wird (sprecherseitiger Ausdruck vs. hörerseitiger Eindruck), die Frage nach der Spezifik emotionaler Bedeutungen sowie die grundlegende Frage nach den Möglichkeiten eines methodisch kontrollierten Zugangs zu dieser Problematik. Darüber hinaus ist die Diskussion sprachwissenschaftlicher Ansätze auch unter wissenschaftshistorischen Gesichtspunkten interessant, da gewisse Konstanten in der Auseinandersetzung mit Emotionen deutlich werden, wobei ein Wechsel des Paradigmas – hier illustriert durch strukturalistische, funktionalistische, sprachstilistische, semantische und diskursanalytische Arbeiten – zugleich auch Veränderungen in der Modellierung der Emotionen mit sich bringt. Eine symbolische Deutung des Gefühlsausdrucks macht diesen zu einem Teil der sozial verfaßten Sprache und ist damit die einzige Konzeptualisierung, die das Feld für linguistische Untersuchungen öffnet. Ausgehend von der Annahme, daß auch der Ausdruck von Emotionen Konventionen folgt, treten die in dieser Funktion vorkommenden sprachlichen Formen und Strukturen in den Mittelpunkt der Untersuchung.

9.2 Affektive Verfahren des Französischen

Ein zweites Ziel der vorliegenden Arbeit war es, den theoretischen Status der affektiven Ausdrucksmittel zu präzisieren und darüber hinaus zur Systematisierung des entsprechenden Formenbestandes im Französischen beizutragen. Die Erhebung der potentiell affektiven Formen und Strukturen basiert einerseits auf einer Auswertung von Grammatiken des Französischen, andererseits auf empirischen Analysen, wobei mit den Interjektionen und den Reduplikationen zwei affektive Verfahren im Zentrum des Interesses standen. Deren exemplarische Beschreibung ermöglicht es nicht nur, den theoretischen Ansatz sowie seine methodischen Prämissen durch emprische Analysen zu konkretisieren. Da die Kontexte, in denen Interjektionen und Reduplikationen erscheinen aufgrund des holistischen Charakters der Darstellung emotionaler Beteiligung und der ihr eigenen Signalisierungsredundanz in aller Regel weitere affektive Verfahren enthalten, erschließt sich bei einem solchen Vorgehen auch ein breites Spektrum an in erster Linie nicht-thematischen, impliziten Ausdrucksmitteln.

Mit der Charakterisierung einer Form hinsichtlich ihres emotiven Gehalts richtet sich der Blick zwangsläufig auf deren Funktionalität in der Kommunikation, so daß die Beschäftigung mit Ausdrucksmitteln unter theoretischen Gesichtspunkten an der Schnittstelle von strukturorientierter und pragmatischer Sprachbeschreibung steht. Sie vermittelt zwischen eher grammatisch bzw. lexikalisch ausgerichteten Untersuchungen einerseits und eher pragmatisch-kommunikativ orientierten Ansätzen andererseits. Die emotiven Ausdrucksmittel zeichnen sich unter theoretischen Gesichtspunkten v.a. durch ihre hohe Kontextabhängigkeit aus, die hier unter Bezug auf die Parameter der Indexikalität, des Verfahrenscharakters sowie der Dynamik bzw. Sequentialität erfaßt wurde. Darüber hinaus trat die Besonderheit der emotiven Bedeutung hervor, die sich aus verschiedenen semantischen Dimensionen speist und häufig selbst komplex ist. Dieser Auflösung der funktionalen Kategorie der Affektivität bzw. Emotivität in andere, basalere Kategorien wurde im Rahmen der vorliegenden Arbeit durch die Annahme einer eigenen interaktionssemantischen Ebene Rechnung getragen. Für eine Spezifizierung der emotionalen Bedeutungen erwiesen sich die Dimensionen des Bewertens, Intensivierens, Subjektivierens und Veranschaulichens als besonders relevant.

Die Beschäftigung mit Interjektionen und Reduplikationen unterstrich die Bedeutung der bislang im Zusammenhang mit Emotionen weniger beachteten interaktionssemantischen Dimension des Veranschaulichens. Diese zeigte sich auf einer diskursiven Ebene in der gehäuften Verwendung von Interjektionen im Zusammenhang mit der Redewiedergabe als einer ‚nachspielenden‘, vereindringlichenden Inszenierung anderer ‚Stimmen‘. Ein mimetisches Element ist auch den vielfältigen Geräuschsymbolisierungen sowie den auf Affektlaute zurückgehenden Interjektionen zu eigen. Es manifestiert sich zudem in der exklamativen Kontur, mit der viele Interjektionen realisiert werden; diese gilt als stilisierte und zugleich konventionalisierte Form ‚roher‘ suprasegmentaler Emotionsmanifestationen. Das ikonische Prinzip kommt auch bei den im Dienste eines hyperbolischen Sprechens stehenden Reduplikationen zum Tragen. Hier wird das intensivierende ‚Mehr‘ über eine Wiederholung von Textsegmenten unterschiedlicher Ausdehnung und damit über die Inanspruchnahme von mehr Zeit im linearen Fluß des Sprechens zum Ausdruck gebracht. Gerade bei der Beschreibung der thematisch-interaktiven Kontexte, in denen affektiv getönte Interjektionen vorkommen (Aktivitätswechsel, Sequenzen der Selbsteinbringung, Bewertungen, Zustimmung bzw. Widerspruch) und in denen sie häufig zu einer affektiven Synchronisation der Interaktanten beitragen, zeigt sich die enge Verzahnung der mikro- und makrostrukturellen Ebene der Darstellung emotionaler Beteiligung.

9.3 Funktionalität der Emotionen in der Interaktion

Die Funktionalität der Emotionen, mit der komplementär zur Beschreibung des *wie?* die Frage nach dem *warum?* der Darstellung emotionaler Beteiligung anklingt, wird auf zwei Ebenen zugleich relevant: Erstens kommt dieser Aspekt auf der mikrostrukturellen Ebene bei der Charakterisierung spezifischer Ausdrucksmittel als ‚affektiv' zur Sprache. Zweitens wird die Funktionalität der Darstellung emotionaler Beteiligung auf der makrostrukturellen Ebene thematisiert im Zusammenhang mit den Aufgaben, die sie in der Interaktion erfüllt. Während es im ersten Fall um kommunikative Werte sprachlicher Mittel geht, also der Beitrag einzelner Verfahren zur Darstellung emotionaler Beteiligung untersucht wird, steht im zweiten Fall die Funktionalität der Darstellung emotionaler Beteiligung als komplexes, holistisches Phänomen im Zusammenhang mit der Markierung bestimmter Gesprächsrahmen im Zentrum der Analyse. Über die Anbindung an soziale Rollen, Interaktionsschemata und Diskursmuster war es möglich, die Leistungen der emotionalen Beteiligung in der Interaktion genauer zu beschreiben. Stellvertretend wurden hier das Interaktionsschema des Klagens sowie das narrative Diskursmuster diskutiert, die beide zur Erfüllung von Zielen im Bereich der Selbstdarstellung und der Beziehungskonstitution beitragen. Global lassen sich affektive und nicht-affektive Rahmen unterscheiden, wobei der emotionalen Beteiligung hier jeweils ein anderer Status zukommt: Im Falle affektiver Rahmen ist diese ein konstitutives Element der mit der Relevantsetzung des Rahmens aktivierten Erwartungen. Allerdings können auch nicht-affektive Rahmen emotional ausgefüllt werden. Während die Darstellung emotionaler Beteiligung im ersten Fall relativ zum Rahmen nicht-markiert ist, kommt sie im zweiten, hier als Modulation bezeichneten Fall einer Intensivierung des Rollenspiels gleich und erscheint damit als ein markierter Vollzug, der andere kommunikative Funktionen – etwa die der Vermittlung von Relevanzen, der Themensteuerung oder der Aufmerksamkeitserlangung – übernimmt. Die Untersuchung eines längeren Gesprächsausschnitts ermöglicht es schließlich, den dynamisch-prozessualen Charakter der Darstellung emotionaler Beteiligung aufzuzeigen und die Interdependenzen zwischen den verschiedenen Beschreibungsebenen – insbesondere der mikro- und der makrostrukturellen Organisation – empirisch zu belegen.

9.4 Offene Fragen und weiterführende Aspekte

Es liegt auf der Hand, daß schon aufgrund der Komplexität der Thematik eine Vielzahl von Fragestellungen und Problemfeldern im Rahmen der vorliegenden Arbeit nur am Rande gestreift werden konnte oder gar nicht zur Sprache gekommen ist. In den folgenden Abschnitten sollen nur einige Perspektiven für weiterführende Überlegungen angedeutet werden.

Stärker noch als dies in der vorliegenden Arbeit geschehen ist, deren Fokus, zumindest in der theoretischen Diskussion, auf den segmentalen bzw. strukturellen Mitteln des Emotionsausdrucks lag, wäre der Beitrag der Prosodie zur Darstellung emotionaler Beteiligung zu berücksichtigen. Ein besonderes Augenmerk sollte dabei den einer linguistischen Analyse eigentlich vorgängigen Ausdrucksqualitäten der Stimme gelten. Paraverbale Merkmale dürften in nicht unerheblichem Maße zur Spezifizierung einer Emotion beitragen. Insgesamt scheint es auch für eine genuin sprachwissenschaftliche Untersuchung der emotionalen Kommunikation unabdingbar zu sein, mimische und gestische Informationen sowie allgemein die nonverbale Dimension stärker zu berücksichtigen, was jedoch die Analyse von Video-Daten erforderlich macht.

Bereits in der Einleitung zu dieser Arbeit klang an, daß die Darstellung von Emotionen durch soziokulturelle Faktoren wie Geschlecht, Alter, Profession etc. beeinflußt sein könnte. Von besonderer Bedeutung scheint die Variable Geschlecht zu sein, wobei einiges für die Annahme spricht, daß Frauen allgemein über ein stärkeres ‚emotionales Ethos' verfügen. Aufgrund der anders gelagerten Untersuchungsinteressen konnte dieser Aspekt hier nicht weiter verfolgt werden. Es wäre jedoch lohnenswert zu untersuchen, ob sich die emotionale Beteiligung unter Berücksichtigung der Variable Geschlecht in den Manifestationsformen und Ausdrucksmitteln einerseits sowie in ihrer Funktionalität in der Interaktion andererseits unterscheidet. Offenbar kann man mit einiger Berechtigung annehmen, daß Frauen aufgrund ihrer Sozialisation häufiger Emotionen zeigen und vermutlich auch thematisieren als Männer. Darüber hinaus scheint es Unterschiede hinsichtlich der Spezifik der gezeigten Emotionen zu geben. Zudem sind Korrelationen mit bestimmten affektiv markierten Gesprächsrahmen und -rollen zu vermuten. Allerdings darf die Variable Geschlecht in Untersuchungen dieses Zuschnitts nicht als ein gegebener, biologisch determinierter Faktor konzeptualisiert werden, vielmehr ist ihre interaktive Relevanz im Gesprächsverhalten der Beteiligten nachzuweisen. Insgesamt wäre der Einfluß der Situation auf die Darstellung emotionaler Beteiligung stärker zu systematisieren als dies im Rahmen der vorliegenden Untersuchung geschehen konnte.

Schon in den Alltagsinteraktionen, aber in noch stärkerem Maße in den medialen Gesprächen schien gelegentlich der strategische Einsatz von Emotionalität durch. Emotionen können hier einerseits als eine Art Authentizitätsmarker fungieren und damit die Glaubwürdigkeit des jeweiligen Interaktanten erhöhen. Für den vokalen Bereich weisen Scherer/ Wallbott (1990: 358) auf den strategisch vorteilhaften Einsatz relativ unkontrolliert und daher besonders ‚echt' wirkender Emotionsausdrücke wie ‚roher' Affektvokalisationen anstelle kulturell ritualisierter vokaler Embleme hin. Andererseits können Emotionen bzw. die Unterstellung von Emotionen in bestimmten Situationen auch als Argument zur Disqualifizierung oder Abwertung des Gegenübers eingesetzt werden. Dies gilt insbesondere für Kontexte, die sich global über die Abwesenheit von Affekten definieren, wie etwa die Welt der Wissenschaft. So geht Doury (2000) dem strategischen Einsatz von Emotionen in der Leserbriefkontroverse einer wissenschaftlichen Fachzeitschrift nach (vgl. auch Drescher im Druck).

Zu den Forschungsdesideraten gehört ebenso die genauere Kenntnis weiterer, affektiv markierter Gesprächsrahmen – Interaktionsschemata, Aktivitätstypen, Textsorten oder Diskursmuster. Den Prototyp eines affektiven Rahmens, der sowohl mündlich wie auch schriftlich realisiert werden kann, bildet sicher die Liebeserklärung (vgl. bereits Barthes (1977) sowie neuerdings Gelas/Kerbrat-Orecchioni (Hgg.) (1998)). Affektiv getönt sind auch einige journalistische Textsorten wie etwa das *fait divers*. Mit dem affektiven Gehalt einer sehr spezifischen Textsorte – nämlich den ‚Aufrufen zu humanitärer Hilfe' – befaßt sich Manno (2000). Traverso (2000) untersucht hingegen mit der *confidence*, also dem Sich anvertrauen im Gespräch, ein weit verbreitetes affektives Interaktionsschema der Alltagskommunikation.

Schließlich bildet auch die Differenzierung und Beschreibung der an der Konstitution emotionaler Bedeutungen beteiligten interaktionssemantischen Dimensionen ein Gebiet, auf dem vertiefende Studien notwendig sind. Neben den bereits besser bekannten Dimensionen des Bewertens und Intensivierens zeigte sich im Rahmen der vorliegenden Arbeit die herausgehobene Rolle, die der veranschaulichenden Dimension in diesem Zusammenhang zukommt und die auf einem grundlegenden ikonischen bzw. metaphorischen Prinzip zu basieren scheint. Hier wären insbesondere die Bezüge zwischen der Bildlichkeit einerseits und der Darstellung von Emotionen andererseits genauer herauszuarbeiten, wobei die gängige Versprachlichung bzw. Benennung emotionaler Erfahrungen mit Hilfe von Bildern oder fest gefügten metaphorischen Redensarten als Ausgangspunkt dienen könnte.

Literatur

Abu-Lughod, Lila, Catherine A. Lutz (1990): Introduction: Emotion, Discourse, and the Politics of Everyday Life. – In: C. A. Lutz, L. Abu-Lughod (Hgg.): *Language and the Politics of Emotion*, 1–23. Cambridge, Paris: Cambridge University Press, Editions de la maison des sciences de l'homme.
Abels, Heinz, Horst Stenger (1986; ²1989): *Gesellschaft lernen. Einführung in die Soziologie.* – Opladen: Leske + Budrich.
Adam, Jean-Michel (1992; ³1996): *Les textes: types et prototypes.* – Paris: Nathan.
Adamzik, Kirsten (1984): *Sprachliches Handeln und sozialer Kontakt.* – Tübingen: Narr.
Alfes, Henrike (1995): *Literatur und Gefühl. Emotionale Aspekte literarischen Schreibens und Lesens.* – Opladen: Westdeutscher Verlag.
Ameka, Felix (1992): Interjection: The Universal Yet Neglected Part of Speech. – In: *Journal of Pragmatics* 18, 101–118.
Aristoteles (1980): *Rhetorik.* – München: Fink.
Arndt, Horst (1991): Rezension zu: R. Fiehler: Kommunikation und Emotion. Theoretische und empirische Untersuchungen zur Rolle von Emotionen in der verbalen Interaktion (Berlin, New York, 1990). – In: *Journal of Pragmatics* 15, 492–498.
Arndt, Horst, Richard W. Janney (1985): Politeness Revisited: Cross-modal Supportive Strategies. – In: *International Review of Applied Linguistics* 23, 281–300.
– (1991): Verbal, Prosodic, and Kinesic Emotive Contrasts in Speech. – In: *Journal of Pragmatics* 15, 521–549.
Arrivé, Michel, Claire Blanche-Benveniste, Jean-Claude Chevalier, Jean Peytard (1964; 1988): *Grammaire Larousse du français contemporain.* – Paris: Larousse (= hier zitiert als *Grammaire Larousse*).
Arrivé, Michel, Françoise Gadet, Michel Galmiche (1986): *La grammaire d'aujourd'hui: Guide alphabétique de linguistique française.* – Paris: Flammarion.
Ashby, William J. (1988): The Syntax, Pragmatics, and Sociolinguistics of Left- and Right-Dislocations in French. – In: *Lingua* 75, 203–229.
Auer, Peter (1986): Kontextualisierung. – In: *Studium Linguistik* 19, 22–47.
– (1989): Natürlichkeit und Stil. – In: V. Hinnenkamp, M. Selting (Hgg.): *Stil und Stilisierung. Arbeiten zur interpretativen Soziolinguistik*, 27–59. Tübingen: Niemeyer.
– (1992): Introduction: John Gumperz' Approach to Contextualization. – In: P. Auer, A. di Luzio (Hgg.): *The Contextualization of Language*, 1–37. Amsterdam, Philadelphia: Benjamins.
– (1995): Ethnographic Methods in the Analysis of Oral Communication. Some Suggestions for Linguists. – In: U. Quasthoff (Hg.): *Aspects of Oral Communication*, 419–440. Berlin, New York: de Gruyter.
Auer, Peter, Susanne Uhmann (1983): Aspekte der konversationellen Organisation von Bewertungen. – In: *Deutsche Sprache* 10, 1–32.
Austin, John L. (1962; 1977): *How to Do Things with Words.* – Cambridge: Havard University Press.
Averill, James R. (1980): A Constructivist View of Emotion. – In: R. Plutchik, H. Kellerman (Hgg.): *Emotion. Theory, Research, and Experience.* Band 1: Theories of Emotion, 305–337. New York: Academic Press.
Ayer, Alfred Jules (1936; 1970): *Sprache, Wahrheit und Logik.* – Stuttgart: Reclam.
Bachtin, Michail (1979): *Die Ästhetik des Wortes.* – Frankfurt/M.: Suhrkamp.
– (1985): *Literatur und Karneval.* – Berlin: Ullstein.
Bally, Charles (1909; ⁵1970): *Traité de stylistique française.* – Genf: Librairie de l'université Georg et Cie, 2 Bände.
– (1932; ⁴1965a): *Linguistique générale et linguistique française.* – Bern: Francke.
– (1925; ³1965b): Mécanisme de l'expressivité linguistique. – In: C. Bally: *Le langage et la vie*, 75–99. Genf: Droz.

Barbéris, Jeanne-Marie (1995): L'interjection: de l'affect à la parade, et retour. – In: *Faits de langue* 6, 93–105.
Barthes, Roland (1963): Eléments de sémiologie. – In: *Communications* 4, 91–135.
– (1977): Fragments d'un discours amoureux. – Paris: Seuil.
Bauche, Henri (1920; ²1951): *Le langage populaire*. – Paris: Payot.
Baus, Magdalena, Barbara Sandig (1985): *Gesprächspsychotherapie und weibliches Selbstkonzept*. – Hildesheim, Zürich, New York: Georg Olms Verlag.
Benveniste, Emile (1966): *Problèmes de linguistique générale*. Band 1. – Paris: Gallimard.
Bergmann, Jörg (1987): *Klatsch: Zur Sozialform der diskreten Indiskretion*. – Berlin, New York: de Gruyter.
– (1994): Ethnomethodologische Konversationsanalyse. – In: G. Fritz, F. Hundsnurscher (Hgg.): *Handbuch der Dialoganalyse*, 3–16. Tübingen: Niemeyer.
Bergmann, Jörg, Thomas Luckmann (1993): *Formen der kommunikativen Konstruktion von Moral. Entwurf eines Forschungsvorhabens*. – Konstanz, Gießen: Fachgruppe Soziologie, Institut für Soziologie (= Arbeitspapier 1 des Projekts ‚Moral').
– (Hgg.) (1999): *Kommunikative Konstruktion von Moral*. Band 1: Struktur und Dynamik der Formen moralischer Kommunikation. Band 2: Von der Moral zu den Moralen. – Opladen: Westdeutscher Verlag.
Besnier, Niko (1989): Literacy and Feelings: The Encoding of Affect in Nukulaelae Letters. – In: *Text* 9, 69–92.
– (1994): Involvement in Linguistic Practice: An Ethnographic Appraisal. – In: *Journal of Pragmatics* 22, 279–299.
Birdwhistell, Ray L. (1970): *Kinesics and Context: Essays on Body Motion Communication*. – New York: Ballantine Books.
Bittner, Günther (1969; ²1973): *Sprache und affektive Entwicklung*. – Stuttgart: Klett.
Bloch, Charlotte (1996): Emotions and Discourse. – In: *Text* 16.3, 323–341.
Bollée, Annegret (1978): Reduplikation und Iteration in den romanischen Sprachen. – In: *Archiv für das Studium der neueren Sprachen* 215, 318–336.
Bonnard, Henri (1971–1978): L'interjection. – In: *Grand Larousse de la langue française*, s.v. Paris: Larousse.
Boueke, Dietrich, Frieder Schülein, Hartmut Büscher, Evamaria Terhorst (1995): *Wie Kinder erzählen*. – München: Fink.
Braconnier, Alain (1996): *Le sexe des émotions*. – Paris: Jacob.
Braselmann, Petra M.E. (1981): *Konnotation – Verstehen – Stil*. – Frankfurt/M.: Lang.
– (1982): Das Mißverständnis um den Affektivitätsbegriff. – In: P. Wunderli, W. Müller (Hgg.): *Romania historica et Romania hodierna*, 13–31. Frankfurt/M., Bern: Lang.
Bres, Jacques (1989): Praxis, production de sens/d'identité, récit. – In: *Langages* 93, 23–44.
– (1995): ‚Hóu! Haa! Yrrââ': interjection, exclamation, actualisation. – In: *Faits de langue* 6, 81–91.
Breuer, Dieter (1988): Die Sprache der Affekte. Ihre Beschreibung im Lehrbuch des 18. Jahrhunderts, insbesondere bei Johann Christoph Adelung. – In: L. Jäger (Hg.): *Zur historischen Semantik des deutschen Gefühlswortschatzes*, 192–214. Aachen: Alano.
Brewer, William F., Edward H. Lichtenstein (1982): Stories are to Entertain: A Structural-affect Theory of Stories. – In: *Journal of Pragmatics* 6, 473–486.
Brown, Penelope, Stephen C. Levinson (1978; ²1987): *Politeness. Some Universals in Language Usage*. – Cambridge: Cambridge University Press.
Bruder, Klaus-Jürgen (1993): *Subjektivität und Postmoderne: der Diskurs der Psychologie*. – Frankfurt/M.: Suhrkamp.
Brunot, Ferdinand (1926; ³1965): *La pensée et la langue*. – Paris: Masson.
Bublitz, Wolfram (1988): *Supportive Fellow-speakers and Cooperative Conversations*. – Amsterdam: Benjamins.
Bühler, Karl (1934; ²1965): *Sprachtheorie. Die Darstellungsfunktion der Sprache*. – Stuttgart: Gustav Fischer Verlag.

Burger, Harald (1980): Interjektionen. – In: H. Sitta (Hg.): *Ansätze zu einer pragmatischen Sprachgeschichte*, 53–69. Tübingen: Niemeyer.
Burger, Harald, Annelies Buhofer, Ambros Sialm (1982): *Handbuch der Phraseologie.* – Berlin, New York: de Gruyter.
Caffi, Claudia, Richard W. Janney (1994): Toward a Pragmatics of Emotive Communication. – In: *Journal of Pragmatics* 22, 325–374.
Campe, Rüdiger (1990): *Affekt und Ausdruck.* – Tübingen: Niemeyer.
Carstensen, Richard (1936): *Die Interjektionen im Romanischen.* – Bochum: Pöppinghaus.
Caussat, Pierre (1985): La subjectivité en question. – In: *Langages* 77, 43–54.
Chafe, Wallace L. (1982): Integration and Involvement in Speaking, Writing, and Oral Literature. – In: D. Tannen (Hg.): *Spoken and Written Language: Exploring Orality and Literacy*, 35–53. Norwood: Ablex.
Chiss, Jean-Louis (1985): La stylistique de Charles Bally: de la notion de ‚sujet parlant' à la théorie de l'énonciation. – In: *Langages* 77, 85–94.
Christmann, Gabriela (1993): *‚Und da hab ich wirklich so einen Zornesausbruch gekriegt ...'. Moral mit Affekt: Die moralische Entrüstung am Beispiel von Ökologie-Gruppen.* – Konstanz, Gießen: Fachgruppe Soziologie, Institut für Soziologie (= Arbeitspapier 6 des Projekts ‚Moral').
– (1995): *Über das Klagen. Die Familie des Klagens im allgemeinen und die spezielle Form des Sich-Beklagens am Beispiel von Ökologiegruppen.* – Konstanz, Gießen: Fachgruppe Soziologie, Institut für Soziologie (= Arbeitspapier 15 des Projekts ‚Moral').
Christmann, Gabriela, Susanne Günthner (1996): Sprache und Affekt. Die Inszenierung von Entrüstungen im Gespräch. – In: *Deutsche Sprache* 24, 1–33.
Ciompi, Luc (1997): *Die emotionalen Grundlagen des Denkens. Entwurf einer fraktalen Affektlogik.* – Göttingen: Vandenhoeck & Ruprecht.
Cosnier, Jacques (1994): *Psychologie des émotions et des sentiments.* – Paris: Retz.
Crawford, June (1992): *Emotion and Gender.* – London: Sage.
Culioli, Antoine (1974): A propos des énoncés exclamatifs. – In: *Langue française* 22, 6–15.
Czyzewski, Marek, Martina Drescher, Elisabeth Gülich, Heiko Hausendorf (1995): Selbst- und Fremdbilder im Gespräch. Theoretische und methodologische Aspekte. – In: M. Czyzewski, E. Gülich, H. Hausendorf, M. Kastner (Hgg.): *Nationale Selbst- und Fremdbilder im Gespräch*, 11–81. Opladen: Westdeutscher Verlag.
Darwin, Charles (1872; 1986): *Der Ausdruck der Gemüthsbewegungen bei dem Menschen und den Thieren.* – Stuttgart: Schweizerbart (= Reprint Greno Nördlingen).
Deppermann, Arnulf (1999): *Gespräche analysieren. Eine Einführung in konversationsanalytische Methoden.* – Opladen: Leske + Budrich.
Dörner, Dietrich (1985): Verhalten, Denken und Emotionen. – In: L. Eckensberger, E.-D. Lantermann (Hgg.): *Emotion und Reflexivität*, 157–181. München: Urban und Schwarzenberg.
Dorfmüller-Karpusa, Käthi (1990): Intensity Markers. – In: *Journal of Pragmatics* 14/3, 476–483.
Doury, Marianne (2000): La réfutation par accusation d'émotion. – Exploitation argumentative de l'émotion dans une controverse à thème scientifique. – In: Ch. Plantin, M. Doury, V. Traverso (Hgg.): *Les émotions dans les interactions*, 265–277. Lyon: Presses universitaires de Lyon.
Drapeau, Lynn, Marie-Marthe Roy (1981): La réduplication intensificative en français de Montréal. – In: D. Sankoff, H. Cedergren (Hgg.): *Variation Omnibus*, 445–452. Carbondale, Edmonton: Linguistic Research Inc.
Dreitzel, Hans Peter (1972; ³1980): *Die gesellschaftlichen Leiden und das Leiden an der Gesellschaft.* – Stuttgart: Ferdinand Enke Verlag.
Drescher, Martina (1992): *Verallgemeinerungen als Verfahren der Textkonstitution.* – Stuttgart: Steiner.
– (1994): *Zur Konstitution von Selbst- und Fremdbildern in der interkulturellen Kommunikation.* – Bielefeld: Zentrum für interdisziplinäre Forschung (= ZiF-Report 9/93).
– (1997a): French Interjections and Their Use in Discourse. – In: S. Niemeier, R. Dirven (Hgg.): *The Language of Emotions*, 233–246. Amsterdam, Philadelphia: Benjamins.

- (1997b): Wie expressiv sind Phraseologismen. – In: A. Sabban (Hg.): *Phraseme im Text. Beiträge aus romanistischer Sicht*, 67–95. Bochum: Brockmeyer.
- (1998): *il aura JAMAIS le dernier mot* – Eine empirische Untersuchung zu Redensarten im gesprochenen Französisch. – In: J. Wirrer (Hg.): *Phraseologismen in Text und Kontext*, 49–72. Bielefeld: Aisthesis.
- (2000a): *Eh tabarnouche! c'était bon*. Pour une approche communicative des jurons en français québécois. – In: *Cahiers de praxématique* 34, 133–160.
- (2000b): La réduplication: formes et fonctions. – In: B. Wehr, H. Thomaßen (Hgg.): *Diskursanalyse. Untersuchungen zum gesprochenen Französisch*, 57–74. Frankfurt/M.: Lang.
- (im Druck): Sprache der Wissenschaft, Sprache der Vernunft? Zum affektleeren Stil in der Wissenschaft. – In: U. Fix, S. Habscheid (Hgg.): *Gruppenstile. Zur sprachlichen Inszenierung sozialer Zugehörigkeit*. Tübingen: Stauffenburg.

Drescher, Martina, Ulrich Dausendschön-Gay (1995): *sin wer an son immobilien ehm makler da eh gekommen*. Zum Umgang mit sozialen Kategorien im Gespräch. – In: M. Czyzewski, E. Gülich, H. Hausendorf, M. Kastner (Hgg.): *Nationale Selbst- und Fremdbilder im Gespräch*, 85–119. Opladen: Westdeutscher Verlag.

Drescher, Martina, Elisabeth Gülich (1996): Subjektivität im Gespräch. Konversationelle Verfahren der Selbstdarstellung an Beispielen aus dem französischen Rundfunk. – In: *Zeitschrift für Literaturwissenschaft und Linguistik* 102, 5–35.

Dubois, Jean, René Lagane (1973): *La nouvelle grammaire du français*. – Paris: Larousse.

Ducrot, Oswald (1984): *Le dire et le dit*. – Paris: Minuit.

Duden. Deutsches Universalwörterbuch (1983): Mannheim, Wien, Zürich: Bibliographisches Institut.

Dupriez, Bernard (1984): *Gradus. Les procédés littéraires*. – Paris: Union générale d'éditions.

Dyer, Michael G. (1983): The Role of Affect in Narratives. – In: *Cognitive Science* 7, 211–242.

Eastmann, Carol M. (1992): Swahili Interjections: Blurring Language Use/Gesture Use Boundaries. – In: *Journal of Pragmatics* 18, 273–287.

Eggs, Ekkehard (1991): Pour une méthodologie linguistique réfléchie: contre l'empirisme naïf d'un courant ethnométhodologique dans l'analyse de conversation. – In: U. Dausendschön-Gay, E. Gülich, U. Krafft (Hgg.): *Linguistische Interaktionsanalysen*, 365–372. Tübingen: Niemeyer.

Ehlich, Konrad (1986): *Interjektionen*. – Tübingen: Niemeyer.

Ekman, Paul (Hg.) (1973): *Darwin and Facial Expression. A Century of Research in Review*. – New York: Academic Press.
- (1979): About Brows: Emotional and Conversational Signals. – In: M. von Cranach et al. (Hgg.): *Human Ethology*, 231–247. Cambridge: Cambridge University Press.

Ekman, Paul, Wallace Friesen (1967): Head and Body Cues in the Judgement of Emotion: A Reformulation. – In: *Perceptual and Motor Skills* 24, 711–724.
- (1969): The Repertoire of Nonverbal Behavior: Categories, Origins, Usage, and Coding. – In: *Semiotica* 1, 49–98.

Engelkamp, Johannes (1981): Affektive Bewertungen im Dialog. – In: P. Schröder, H. Steger (Hgg.): *Dialogforschung*, 457–471. Düsseldorf: Schwann.

Faits de langues 6 (1995): Themenheft zu: *L'exclamation*.

Fiehler, Reinhard (1986): Zur Konstitution und Prozessierung von Emotionen in der Interaktion. – In: W. Kallmeyer (Hg.): *Kommunikationstypologie, Handlungsmuster, Textsorten, Situationstypen*, 280–325. Düsseldorf: Schwann.
- (1990): *Kommunikation und Emotion. Theoretische und empirische Untersuchungen zur Rolle von Emotionen in der verbalen Interaktion*. – Berlin, New York: de Gruyter.

Fink-Eitel, Hinrich, Georg Lohmann (Hgg.) (1993): *Zur Philosophie der Gefühle*. – Frankfurt/M.: Suhrkamp.

Fontanier, Pierre (1977): *Les figures du discours*. – Paris: Flammarion.

Fornel de, Michel (1988): Constructions disloquées, mouvement thématique et organisation préférentielle dans la conversation. – In: *Langue Française* 78, 101–128.

Frank, Manfred (1991a): *Selbstbewußtsein und Selbsterkenntnis. Essays zur analytischen Philosophie der Subjektivität*. – Stuttgart: Reclam.

- (Hg.) (1991b): *Selbstbewußtseinstheorien von Fichte bis Sartre.* – Frankfurt/M.: Suhrkamp.
Frédéric, Madeleine (1985): *La répétition. Etude linguistique et rhétorique.* – Tübingen: Niemeyer.
Frei, Henri (1929; 1971): *La grammaire des fautes.* – Genf: Slatkine Reprints.
Friedrich, Brigitte (1982): *Emotionen im Alltag. Versuch einer deskriptiven und funktionalen Analyse.* – München: Minerva.
Fries, Norbert (1990): Interjektionen und Interjektionsphrasen. – In: *Sprache und Pragmatik* 17, 1–43.
- (1992): Emotionen und sprachliche Struktur. – In: *Sprache und Pragmatik* 30, 1–28.
- (1994): Grammatik, Emotionen und Äußerungsbedeutung. – In: *Sprache und Pragmatik* 33, 1–37.
- (1996): Grammatik und Emotionen. – In: *Zeitschrift für Literaturwissenschaft und Linguistik* 101, 37–69.
Fuhrmann, Manfred (1984): *Die antike Rhetorik.* – München, Zürich: Artemis.
Furchner, Ingrid (1997): *Kompetenzunterschiede in der Interaktion. Eine Untersuchung aus konversationsanalytischer Sicht.* – Bielefeld: Fakultät für Linguistik und Literaturwissenschaft (= unveröffentlichte Dissertation).
Gabelentz von der, Georg (1995): *Die Sprachwissenschaft. Ihre Aufgaben, Methoden und bisherigen Ergebnisse.* – London: Routledge, Thoemmes (= Reprint der 2. Auflage von 1901).
Galichet, Georges (1947): *Essai de grammaire psychologique.* – Paris: Presses universitaires de France.
- (1967; ^{5}1973): *Grammaire structurale du français moderne.* – Paris: Hatier.
Gamillscheg, Ernst (1937): Zur Einwirkung des Affekts auf den Sprachbau. – In: *Ausgewählte Aufsätze von Ernst Gamillscheg,* 188–209. Jena, Leipzig: Gronau.
García de Diego, Vicente (1951): La afectividad en el lenguaje. – In: *Lecciones de lingüística española,* 9–60. Madrid: Gredos.
Garza-Cuarón, Beatriz (1991): *Connotation and Meaning.* – Berlin, New York: Mouton de Gruyter.
Gelas, Nadine, Catherine Kerbrat-Orecchioni (Hgg.) (1998): *La déclaration d'amour.* – Genua: Erga edizioni.
Gérard, Josselyne (1980): *L'exclamation en français. La syntaxe des phrases et des expressions exclamatives.* – Tübingen: Niemeyer.
Gerhards, Jürgen (1988): *Soziologie der Emotionen.* – Weinheim, München: Juventa.
Gerth, Hans, C. Wright Mills (1981): Gefühl und Emotion. – In: G. Kahle (Hg.): *Logik des Herzens. Die soziale Dimension der Gefühle,* 120–133. Frankfurt/M.: Suhrkamp.
Goffman, Erving (1978): Response Cries. – In: *Language* 54.4, 787–815.
- (1979): Footing. – In: *Semiotica* 25, 1–29.
- (1980): *Rahmen-Analyse. Ein Versuch über die Organisation von Alltagserfahrungen.* – Frankfurt/M.: Suhrkamp.
- (1981): Engagement. – In: Y. Winkin (Hg.): *La nouvelle communication,* 267–278. Paris: Seuil.
Goll, Michaela (1996): *Der ‚ausgelagerte' Ehestreit – Moralische Kommunikation in der Sexualberatung.* – Konstanz, Gießen: Fachgruppe Soziologie, Institut für Soziologie (= Arbeitspapier 19 des Projekts ‚Moral').
Goodwin, Charles (1981): *Conversational Organization. Interaction Between Speakers and Hearers.* – New York: Academic Press.
Gréciano, Gertrud (1988): Affektbedingter Idiomgebrauch. – In: B. Sandig (Hg.): *Stilistisch-rhetorische Diskursanalyse,* 49–61. Tübingen: Narr.
Grevisse, Maurice (^{12}1993): *Le bon usage.* – Gembloux: Duculot.
Gülich, Elisabeth (1970): *Makrosyntax der Gliederungssignale im gesprochenen Französisch.* – München: Fink.
- (1980): Konventionelle Muster und kommunikative Funktionen von Alltagserzählungen. – In: K. Ehlich (Hg.): *Erzählen im Alltag,* 335–383. Frankfurt/M.: Suhrkamp.
- (1982): La ‚phrase segmentée' en français et en allemand: une technique particulière à la communication orale. – In: *Didactique des langues étrangères,* 33–66. Lyon: Presses universitaires de Lyon.
- (1991): Pour une ethnométhodologie linguistique. – In: U. Dausendschön-Gay, E. Gülich, U. Krafft (Hgg.): *Linguistische Interaktionsanalysen,* 325–364. Tübingen: Niemeyer.

Gülich, Elisabeth, Thomas Kotschi (1995): Discourse Production in Oral Communication. A Study Based on French. – In: U. Quasthoff (Hg.): *Aspects of Oral Communication*, 30–66. Berlin, New York: de Gruyter.

Günthner, Susanne (1993a): *Moralische Geschichten – Beispielerzählungen mit Einladungen zur moralischen Entrüstung.* – Konstanz, Gießen: Fachgruppe Soziologie, Institut für Soziologie (= Arbeitspapier 5 des Projekts ‚Moral').

– (1993b): ‚*Kannst du auch über andere Leute lästern' – Vorwürfe als Formen moralischer Kommunikation.* – Konstanz, Gießen: Fachgruppe Soziologie, Institut für Soziologie (= Arbeitspapier 9 des Projekts ‚Moral').

– (1994): *Zwischen Konfrontation und Spiel. Zur kommunikativen Konstruktion von Frotzeleien.* – Konstanz, Gießen: Fachgruppe Soziologie, Institut für Soziologie (= Arbeitspapier 12 des Projekts ‚Moral').

– (1995): *Beschwerdeerzählungen als narrative Hyperbel.* – Konstanz, Gießen: Fachgruppe Soziologie, Institut für Soziologie (= Arbeitspapier 17 des Projekts ‚Moral').

– (1997): The Contextualization of Affect in Reported Dialogues. – In: S. Niemeier, R. Dirven (Hgg.): *The Language of Emotions*, 247–275. Amsterdam, Philadelphia: Benjamins.

– (2000): *Vorwurfsaktivitäten in der Alltagsinteraktion.* – Tübingen: Niemeyer.

Guillaume, Gustave (1973): *Leçons de linguistique. 1948–1949 Série C. Grammaire particulière du français et grammaire générale (IV)*, hg. von Roch Valin. – Paris, Québec: Klincksieck, Les presses de l'université Laval.

Guiraud, Pierre (1956; [5]1969a): *L'argot.* – Paris: Presses universitaires de France.

– (1965; [2]1969b): *Le français populaire.* – Paris: Presses universitaires de France.

Gumperz, John (1977): Sociocultural Knowledge in Conversational Inference. – In: M. Saville-Troike (Hg.): *Linguistics and Anthropology. Georgetown University Round Table on Language and Linguistics 1977*, 191–211. Washington D.C.: Georgetown University Press.

– (1982): *Discourse Strategies.* – Cambridge: Cambridge University Press.

– (1992): Contextualization Revisited. – In: P. Auer, A. di Luzio (Hgg.): *The Contextualization of Language*, 39–53. Amsterdam, Philadelphia: Benjamins.

Gutterer, Dietrich (1988): Hegels wissenschaftliche Betrachtung der Gefühle. – In: L. Jäger (Hg.): *Zur historischen Semantik des deutschen Gefühlswortschatzes*, 273–291. Aachen: Alano Verlag.

Habermas, Jürgen (1981): *Theorie des kommunikativen Handelns.* – Frankfurt/M.: Suhrkamp, 2 Bände.

Hannappel, Hans, Hartmut Melenk (1979): *Alltagssprache. Semantische Grundbegriffe und Analysebeispiele.* – München: Fink.

Hausendorf, Heiko (2000): *Zugehörigkeit durch Sprache. Eine linguistische Untersuchung am Beispiel der deutschen Wiedervereinigung.* – Tübingen: Niemeyer.

Hausendorf, Heiko, Uta Quasthoff (1996): *Sprachentwicklung und Interaktion. Eine linguistische Studie zum Erwerb von Diskursfähigkeiten.* – Opladen: Westdeutscher Verlag.

Helbig, Gerhard, Joachim Buscha (1972; [12]1989): *Deutsche Grammatik. Ein Handbuch für den Ausländerunterricht.* – Leipzig: Verlag Enzyklopädie.

– (2001): *Deutsche Grammatik. Ein Handbuch für den Ausländerunterricht.* – Berlin, München: Langenscheidt.

Henry, Albert (1960; [2]1977): *Etudes de syntaxe expressive. Ancien français et français moderne.* – Brüssel: Editions de l'université de Bruxelles.

Herder, Johann Gottfried (1772; 1979): *Abhandlung über den Ursprung der Sprache.* – Stuttgart: Reclam.

Heritage, John (1995): Conversational Analysis: Methodological Aspects. – In: U. Quasthoff (Hg.): *Aspects of Oral Communication*, 391–418. Berlin, New York: de Gruyter.

Hermans, Hubert, Harry Kempen, Rens van Loon (1992): The Dialogical Self. Beyond Individualism and Rationalism. – In: *American Psychologist* 47/1, 23–33.

Hinnenkamp, Volker, Margret Selting (1989): Einleitung: Stil und Stilisierung in der interpretativen Soziolinguistik. – In: V. Hinnenkamp, M. Selting (Hgg.): *Stil und Stilisierung. Arbeiten zur interpretativen Soziolinguistik*, 1–25. Tübingen: Niemeyer.

Holling, Heinz (1983): Selbsteinbringung (*self disclosure*). – In: D. Frey, S. Greif (Hgg.): *Sozialpsychologie. Ein Handbuch in Schlüsselbegriffen*, 267–272. München: Urban & Schwarzenberg.
Horalek, Karel (1966): Les fonctions de la langue et de la parole. – In: *Travaux linguistiques de Prague*. Band 1: L'école de Prague aujourd'hui, 41–46. Prag, Paris: Academia, Klincksieck.
Hymes, Dell (1974): Ways of Speaking. – In: R. Bauman, R. J. Sherzer (Hgg.): *Explorations in the Ethnography of Speaking*, 433–451. New York, London: Cambridge University Press.
Irvine, Judith T. (1990): Registering Affect: Heteroglossia in the Linguistic Expression of Emotion. – In: C. A. Lutz, L. Abu-Lughod (Hgg.): *Language and the Politics of Emotion*, 126–161. Cambridge, Paris: Cambridge University Press, Editions de la maison des sciences de l'homme.
Iwasaki, Shoichi (1993): *Subjectivity in Grammar and Discourse*. – Amsterdam, Philadelphia: Benjamins.
Jäger, Ludwig, Sabine Plum (1988): Historisches Wörterbuch des deutschen Gefühlswortschatzes. Theoretische und methodische Probleme. – In: L. Jäger (Hg.): *Zur historischen Semantik des deutschen Gefühlswortschatzes*, 5–55. Aachen: Alano.
Jakobson, Roman (1963): Linguistique et poétique. – In: R. Jakobson: *Essais de linguistique générale*, 209–248. Paris: Minuit.
Jefferson, Gail, John R.E. Lee (1981): The Rejection of Advice: Managing the Problematic Convergence of a ‚Troubles-telling' and a ‚Service encounter'. – In: *Journal of Pragmatics* 5, 399–422.
Journal of Language and Social Psychology 12 (1993): Themenheft zu: *Emotional Communication, Culture, and Power*, hg. von Cynthia Gallois.
Kahle, Gerd (1981): Nachwort. – In: G. Kahle (Hg.): *Logik des Herzens. Die soziale Dimension der Gefühle*, 283–327. Frankfurt/M.: Suhrkamp.
Kallmeyer, Werner (1979a): ‚*(expressif)* eh ben dis donc, hein' pas bien' – Zur Beschreibung von Exaltation als Interaktionsmodalität. – In: R. Kloepfer (Hg.): *Bildung und Ausbildung in der Romania*. Band 1: Literaturgeschichte und Texttheorie, 549–568. München: Fink.
– (1979b): Kritische Momente. Zur Konversationsanalyse von Interaktionsstörungen. – In: W. Frier, G. Labroisse (Hgg.): *Grundfragen der Textwissenschaft*, 59–109. Amsterdam: Rodopi.
– (1996): Einleitung. Was ist ‚Gesprächsrhetorik'? – In: W. Kallmeyer (Hg.): *Gesprächsrhetorik. Rhetorische Verfahren im Gesprächsprozeß*, 7–18. Tübingen: Narr.
Kallmeyer, Werner, Fritz Schütze (1976): Konversationsanalyse. – In: *Studium Linguistik* 1, 1–28.
– (1977): Zur Konstitution von Kommunikationsschemata der Sachverhaltsdarstellung. – In: D. Wegner (Hg.): *Gesprächsanalysen*, 159–274. Hamburg: Buske.
Kappas, Arvid, Ursula Hess (1995): Nonverbal Aspects of Oral Communication. – In: U. Quasthoff (Hg.): *Aspects of Oral Communication*, 169–180. Berlin, New York: de Gruyter.
Karcevski, Serge (1941): Introduction à l'étude de l'interjection. – In: *Cahiers Ferdinand de Saussure* 1, 57–75.
Katriel, Tamar, Marcelo Dascal (1989): Speaker's of Commitment and Involvement in Discourse. – In: Y. Tobin (Hg.): *From Sign to Text: A Semiotic View of Communication*, 275–295. Amsterdam, Philadelphia: Benjamins.
Kemper, Theodore D. (Hg.) (1990): *Research Agendas in the Sociology of Emotions*. – New York: State University Press.
Kerbrat-Orecchioni, Catherine (1977): *La connotation*. – Lyon: Presses universitaires de Lyon.
– (1980): *L'énonciation de la subjectivité dans le langage*. – Paris: Armand Colin.
– (2000): Quelle place pour les émotions dans la linguistique du XXe siècle? Remarques et aperçus. – In: Ch. Plantin, M. Doury, V. Traverso (Hgg.): *Les émotions dans les interactions*, 33–74. Lyon: Presses universitaires de Lyon.
Kleiber, Georges (1993): *Prototypensemantik: eine Einführung*. – Tübingen: Narr.
Koch, Peter, Wulf Oesterreicher (1990): *Gesprochene Sprache in der Romania: Französisch, Italienisch, Spanisch*. – Tübingen: Niemeyer.
– (1996): Sprachwandel und expressive Mündlichkeit. – In: *Zeitschrift für Literaturwissenschaft und Linguistik* 102, 64–96.
Kövecses, Zoltán (1990): *Emotion Concepts*. – New York: Springer.

- (1998): Are there Any Emotion-Specific Metaphors?. - In: A. Athanasiadou, E. Tabakowska (Hgg.): *Speaking of Emotions*, 127-151. Berlin, New York: Mouton de Gruyter.
Konstantinidou, Magdalene (1997): *Sprache und Gefühl*. - Hamburg: Buske.
Krafft, Ulrich, Ulrich Dausendschön-Gay (1996): Les voix de Thérèse. Remarques sur l'organisation prosodique d'une interview. - In: M. Laforest (Hg.): *Autour de la narration*, 97-133. Québec: Nuit blanche éditeur.
Krause, Burkhardt, Ulrich Scheck (Hgg.) (2000): *Emotions and Cultural Change. Gefühlskultur im Wandel*. - Tübingen: Stauffenburg.
Labov, William (1984): Intensity. - In: D. Schiffrin (Hg.): *Meaning, Form, and Use in Context: Linguistic Applications*, 43-70. Washington: Georgetown University Press.
Labov, William, Joshua Waletzky (1967; 1973): Erzählanalyse: mündliche Versionen persönlicher Erfahrung. - In: J. Ihwe (Hg.): *Literaturwissenschaft und Linguistik*. Band 1, 79-126. Frankfurt/M.: Athenäum, Fischer.
Laforest, Marty (1996): De la manière d'écouter les histoires: la part du narrataire. - In: M. Laforest (Hg.): *Autour de la narration*, 73-95. Québec: Nuit Blanche éditeur.
Lambrecht, Knud (1994): *Information Structure and Sentence Form. Topic, Focus, and the Mental Representations of Discourse Referents*. - Cambridge: Cambridge University Press.
Langages 77 (1985): Themenheft zu: *Le sujet entre langue et parole(s)*, hg. von Claudine Normand.
Langue Française 105 (1995): Themenheft zu: *Grammaire des sentiments*, hg. von Antoinette Balibar-Mrabti.
Lausberg, Heinrich (1960): *Handbuch der literarischen Rhetorik*. - München: Hueber, 2 Bände.
Lazarus, Richard S., Allen D. Kanner, Susan Folkman (1980): Emotions: A Cognitive-phenomenological Approach. - In: R. Plutchik, H. Kellerman (Hgg.): *Emotion. Theory, Research, and Experience*. Band 1: Theories of Emotion, 189-217. New York: Academic Press.
Le Bidois, Georges, Robert Le Bidois (1971): *Syntaxe du français moderne*. - Paris: Picard.
Leech, Geoffrey (1974): *Semantics*. - Harmondsworth: Penguin.
Le Nouveau Petit Robert. Dictionnaire alphabétique et analogique de la langue française (1994): Paris: Dictionnaires Le Robert (= hier zitiert als *Petit Robert*).
Léon, Pierre (1970): Systématique des fonctions expressives de l'intonation. - In: P. Léon, G. Faure, A. Rigault (Hgg.): *Prosodic Feature Analysis - Analyse des faits prosodiques*, 57-72. Ottawa: Didier.
- (1993): *Précis de phonostylistique. Parole et expressivité*. - Paris: Nathan.
Le Querler, Nicole (1996): *Typologie des modalités*. - Caen: Presses universitaires de Caen.
Lewis, Michael (Hg.) (1993): *The Handbook of Emotions*. - New York: Guildford.
Lucius-Hoene, Gabriele, Arnulf Deppermann (2000): Narrative Identity Empiricized: A Dialogical and Positioning Approach to Autobiographical Research Interviews. - In: *Narrative Inquiry* 10,1, 199-222.
Luckmann, Thomas (1988): Kommunikative Gattungen im kommunikativen ‚Haushalt' einer Gesellschaft. - In: G. Smolka-Koerdt, P. Spangenberg, D. Tillmann-Bartylla (Hgg.): *Der Ursprung von Literatur*, 279-288. München: Fink.
Ludwig, Ralph (1988): *Modalität und Modus im gesprochenen Französisch*. - Tübingen: Narr.
Luelsdorff, Philip A. (1984): Einstellung als ein Faktor des erweiterten Organon-Modells der Sprache. - In: A. Eschbach (Hg.): *Bühler-Studien*, 317-342. Frankfurt/M.: Suhrkamp.
Lutz, Catherine A., Lila Abu-Lughod (Hgg.) (1990): *Language and the Politics of Emotion*. - Cambridge, Paris: Cambridge University Press, Editions de la maison des sciences de l'homme.
Lyons, John (1968; [5]1980): *Einführung in die moderne Linguistik*. - München: Beck.
- (1982): Deixis and Subjectivity: *Loquor, ergo sum?* - In: R. J. Jarvella, W. Klein (Hgg.): *Speech, Place, and Action*, 101-124. Chichester: John Wiley.
- (1977; 1983): *Semantik*. - München: Beck, 2 Bände.
Mair, Walter N. (1992): *Expressivität und Sprachwandel. Studien zur Rolle der Subjektivität in der Entwicklung der romanischen Sprachen*. - Frankfurt/M.: Lang.

Manno, Guiseppe (2000): L'appel à l'aide humanitaire: un genre directif émotionnel. – In: Ch. Plantin, M. Doury, V. Traverso (Hgg.): *Les émotions dans les interactions*, 279–294. Lyon: Presses universitaires de Lyon.
Marten-Cleef, Susanne (1991): *Gefühle ausdrücken. Die expressiven Sprechakte.* – Göppingen: Kümmerle Verlag.
Martinet, André (1979): *Grammaire fonctionnelle du français.* – Paris: Didier, Crédif.
– (1991): L'expressivité. – In: *La linguistique* 27/1, 3–14.
Maynard, Senko (1989): *Japanese Conversation: Self-Contextualization through Structure and Interactional Management.* – Norwood: Ablex.
– (1993): *Discourse Modality. Subjectivity, Emotion and Voice in the Japanese Language.* – Amsterdam, Philadelphia: Benjamins.
Mead, George Herbert (1934; [10]1995): *Geist, Identität und Gesellschaft.* – Frankfurt/M.: Suhrkamp.
Médina, José (1985): Charles Bally: de Bergson à Saussure. – In: *Langages* 77, 95–104.
Meise, Katrin (1996): *‚Une forte absence'. Schweigen in alltagsweltlicher und literarischer Kommunikation.* – Tübingen: Narr.
Militz, Hans-Manfred (1982): Brüllen wie ein Stier – Schweigen wie das Grab. Der Vergleich als phraseologisch-stilistische Erscheinung. – In: *Sprachpflege* 31, 134–136.
Morel, Marie-Annick (1983): Vers une rhétorique de la conversation. – In: *DRLAV Revue de linguistique* 29, 29–68.
Müller, Klaus (1983): Formen der Markierung von ‚Spaß' und Aspekte der Organisation des Lachens in natürlichen Dialogen. – In: *Deutsche Sprache* 11, 289–321.
– (1984): *Rahmenanalyse des Dialogs.* – Tübingen: Narr.
– (1992): Theatrical Moments: On Contextualizing Funny and Dramatic Moods in the Course of Telling a Story in Conversation. – In: P. Auer, A. di Luzio (Hgg.): *The Contextualization of Language*, 199–221. Amsterdam, Philadelphia: Benjamins.
Müller, Wolfgang (1981): *Topik des Stilbegriffs.* – Darmstadt: Wissenschaftliche Buchgesellschaft.
Nazarkiewicz, Kirsten (1996): *Ethnische Stereotypisierungen als reflexive Form moralischer Kommunikation.* – Konstanz, Gießen: Fachgruppe Soziologie, Institut für Soziologie (= Arbeitspapier 20 des Projekts ‚Moral').
Neumann, Ingrid (1985): *Le créole de Breaux Bridge, Louisiane. Etude morphosyntaxique.* – Hamburg: Buske.
Niemeier, Susanne (1997): Nonverbal Expression of Emotions in a Business Negotiation. – In: S. Niemeier, R. Dirven (Hgg.): *The Language of Emotions*, 277–305. Amsterdam, Philadelphia: Benjamins.
Normand, Claudine (1985): Le sujet dans la langue. – In: *Langages* 77, 7–19.
Nothdurft, Werner (1983): Organisierte Subjektivität. – In: M. Geier, H. Woetzel (Hgg.): *Das Subjekt des Diskurses*, 28–38. Berlin: Argument.
Nowak, Elke (1983): *Sprache und Individualität. Die Bedeutung individueller Rede für die Sprachwissenschaft.* – Tübingen: Narr.
Nuyts, Jan (1990): Emotions and the Functionality of Language. – In: *Grazer Linguistische Studien* 33/34, 227–240.
Ochs, Elinor (1989): Introduction. – In: *Text* 9.1, 1–5.
Ochs, Elinor, Bambi Schieffelin (1989): Language Has a Heart. – In: *Text* 9.1, 7–25.
Ockel, Eberhard (1977): Emotionalität als vernachlässigte Basisstruktur von Sprecherstrategien. – In: *Wirkendes Wort* 27/VI, 369–385.
Olivier, Claudine (1986): *Traitement pragmatique des interjections en français.* – Toulouse: Universität Toulouse Le Mirail (= unveröffentlichte Dissertation).
Os van, Charles (1989): *Aspekte der Intensivierung im Deutschen.* – Tübingen: Narr.
Osgood, Charles E., George J. Suci, Percy H. Tannenbaum (1957): *The Measurement of Meaning.* – Urbana, Chicago, London: University of Illinois Press.
Parret, Herman (1986): *Les passions.* – Brüssel: Mardaga.
Perelman, Chaïm, Lucie Olbrechts-Tyteca (1958; [2]1970): *Traité de l'argumentation. La nouvelle rhétorique.* – Brüssel: Editions de l'institut de sociologie, Université Libre de Bruxelles.

Péter, Mihály (1984): Das Problem des sprachlichen Gefühlsausdrucks in besonderem Hinblick auf das Bühlersche Organon-Modell. – In: A. Eschbach (Hg.): *Bühler-Studien*. Band 1, 239–260. Frankfurt/M.: Suhrkamp.
Peukert, Rüdiger (1995): Soziale Rolle. – In: B. Schäfers (Hg.): *Grundbegriffe der Soziologie*, 262–266. Opladen: Leske + Budrich.
Plantin, Christian, Marianne Doury, Véronique Traverso (Hgg.) (2000): *Les émotions dans les interactions*. – Lyon: Presses universitaires de Lyon.
Plett, Heinrich (1975): *Rhetorik der Affekte. Englische Wirkungsästhetik im Zeitalter der Renaissance*. – Tübingen: Niemeyer.
Plutchik, Robert, Henry Kellerman (Hgg.) (1980): *Emotion. Theory, Research, and Experience*. Band 1: Theories of Emotion. – New York: Academic Press.
– (1983): *Emotion. Theory, Research, and Experience*. Band 2: Emotions in Early Development. – New York: Academic Press.
Polenz von, Peter (1985): *Deutsche Satzsemantik. Grundbegriffe des Zwischen-den-Zeilen-Lesens*. – Berlin, New York: de Gruyter.
Pomerantz, Anita (1978): Compliment Responses. Notes on the Co-operation of Multiple Constraints. – In: J. Schenkein (Hg.): *Studies in the Organization of Conversational Interaction*, 79–112. New York: Academic Press.
– (1986): Extreme Case Formulations: A Way of Legitimizing Claims. – In: *Human Studies* 9, 219–229.
Quaderni di semantica VII/1–2 (1986): Round Table on 'Phonetics and Emotion I/II', 5–45 und 295–320.
Quasthoff, Uta (1980): *Erzählen im Gespräch*. – Tübingen: Narr.
Quintilianus, Marcus Fabius (1972/Band 1 und 1975/Band 2): *Ausbildung des Redners*, hg. und übersetzt von Helmut Rahn. – Darmstadt: Wissenschaftliche Buchgesellschaft.
Redeker, Gisela (1986): *Language Use in Informal Narratives. Effects of Social Distance and Listener Involvement*. – Tilburg: University of Tilburg (= Tilburg Papers in Language and Literature 105).
Riegel, Martin, Jean-Christophe Pellat, René Rioul (1994; ²1996): *Grammaire méthodique du français*. – Paris: Presses universitaires de France.
Riffaterre, Michael (1971): *Essais de stylistique structurale*. – Paris: Flammarion.
Sacks, Harvey (1972): On the Analyzability of Stories by Children. – In: J. Gumperz, D. Hymes (Hgg.): *Directions in Sociolinguistics. The Ethnography of Communication*, 329–345. New York: Holt, Rinehart and Winston.
– (1984): Notes on Methodology. – In: J. M. Atkinson, J. Heritage (Hgg.): *Structures of Social Action. Studies in Conversational Analysis*, 21–27. Cambridge: Cambridge University Press.
– (1992): *Lectures on Conversation*, hg. von Gail Jefferson. – Oxford, Cambridge: Blackwell, 2 Bände.
Sager, Sven Frederik (1982): Sind Bewertungen Handlungen? – In: *Zeitschrift für germanistische Linguistik* 10, 38–57.
Sandhöfer-Sixel, Judith (1988): *Modalität und gesprochene Sprache. Ausdrucksformen subjektiver Bewertung in einem lokalen Substandard des Westmitteldeutschen*. – Stuttgart: Steiner.
– (1990): Emotionale Bewertung als modale Kategorie. – In: *Grazer Linguistische Studien* 33/34, 267–278.
Sandig, Barbara (1979): Ausdrucksmöglichkeiten des Bewertens. Ein Beschreibungsrahmen im Zusammenhang eines fiktionalen Textes. – In: *Deutsche Sprache* 7, 137–159.
– (1993): Zu einer Alltagsrhetorik des Bewertens. – In: H.-J. Heringer, G. Stötzel (Hgg.): *Sprachgeschichte und Sprachkritik*, 157–184. Berlin, New York: de Gruyter.
– (1996): Sprachliche Perspektivierung und perspektivierende Stile. – In: *Zeitschrift für Literaturwissenschaft und Linguistik* 102, 36–63.
Sartre, Jean-Paul (1938; 1965): *Esquisse d'une théorie des émotions*. – Paris: Hermann.
Saussure de, Ferdinand (1915; 1981): *Cours de linguistique générale*. – Paris: Payot.

Sbisà, Marina (1992): Atti linguistici ed espressione di affetto. – In: G. Gobber (Hg.): *La linguistica pragmatica*, 353–378. Rom: Bulzoni.
Schegloff, Emanuel (1982): Discourse As an Interactional Achievement: Some Uses of ‚uh huh' and Other Things that Come Between Sentences. – In: D. Tannen (Hg.): *Analyzing Discourse: Text and Talk, Georgetown University Round Table on Languages and Linguistics 1981*, 71–93. Washington: Georgetown University Press.
Schegloff, Emanuel, Harvey Sacks (1973): Opening up Closings. – In: *Semiotica* 8, 289–327.
Schenkein, Jim (1978): Identity Negotiations in Conversation. – In: J. Schenkein (Hg.): *Studies in the Organization of Conversational Interaction*, 57–78. New York: Academic Press.
Scherer, Klaus (1977): Affektlaute und vokale Embleme. – In: R. Posner, H.-P. Reinecke (Hgg.): *Zeichenprozesse*, 199–214. Wiesbaden: Athenaion.
– (1990): Theorien und aktuelle Probleme der Emotionspsychologie. – In: K. Scherer (Hg.) *Psychologie der Emotion*, 1–38. Göttingen: Verlag für Psychologie.
Scherer, Klaus, Harald Wallbott (1990): Ausdruck von Emotionen. – In: K. Scherer (Hg.) *Psychologie der Emotion*, 345–422. Göttingen: Verlag für Psychologie.
Schmitt, Reinhold (1993): Kontextualisierung und Konversationsanalyse. – In: *Deutsche Sprache* 21, 326–352.
Schneider, Klaus P. (1991): Affektive Lexik: Kognitive, semantische und morphologische Aspekte. – In: E. Klein, F. Pouradier Duteil, K. H. Wagner (Hgg.): *Betriebslinguistik und Linguistikbetrieb*, 233–241. Tübingen: Niemeyer.
Schütz, Alfred (1971): Über die mannigfaltigen Wirklichkeiten. – In: A. Schütz: *Gesammelte Aufsätze*. Band 1: Das Problem der sozialen Wirklichkeit, 237–298. Den Haag: M. Nijhoff.
Schütze, Fritz (1976): Zur soziologischen und linguistischen Analyse von Erzählungen. – In: *Internationales Handbuch für Wissens- und Religionssoziologie* 10, 7–41.
Schulz, Walter (1979): *Ich und Welt. Philosophie der Subjektivität*. – Pfullingen: Neske.
– (1992): *Subjektivität im nachmetaphysischen Zeitalter*. – Pfullingen: Neske.
Schwitalla, Johannes (1987): Erzählen als die gemeinsame Versicherung sozialer Identität. – In: W. Raible (Hg.): *Zwischen Festtag und Alltag. Zehn Beiträge zum Thema ‚Mündlichkeit und Schriftlichkeit'*, 111–132. Tübingen: Narr.
– (1992): Über einige Weisen des gemeinsamen Sprechens. Ein Beitrag zur Theorie der Beteiligungsrollen im Gespräch. – In: *Zeitschrift für Sprachwissenschaft* 11/1, 68–98.
Searle, John R. (1969; 1978): *Speech Acts. An Essay in the Philosophy of Language*. – London, New York: Cambridge University Press.
Selting, Margret (1989): Konstitution und Veränderung von Sprechstilen als Kontextualisierungsverfahren. – In: V. Hinnenkamp, M. Selting (Hgg.): *Stil und Stilisierung. Arbeiten zur interpretativen Soziolinguistik*, 203–225. Tübingen: Niemeyer.
– (1994): Emphatic Speech Style – with Special Focus on the Prosodic Signalling of Heightened Emotive Involvement in Conversation. – In: *Journal of Pragmatics* 22, 375–408.
– (1995): *Prosodie im Gespräch. Aspekte einer interaktionalen Phonologie der Konversation*. – Tübingen: Niemeyer.
Silverstein, Michael (1992): The Indeterminacy of Contextualization: When is Enough Enough? – In: P. Auer, A. di Luzio (Hgg.) (1992): *The Contextualization of Language*, 55–76. Amsterdam, Philadelphia: Benjamins.
Spencer-Oatey, Helen (1996): Reconsidering Power and Distance. – In: *Journal of Pragmatics* 26, 1–24.
Stankiewicz, Edward (1964): Problems of Emotive Language. – In: T. A. Sebeok, A. S. Hayes, M. C. Bateson (Hgg.): *Approaches to Semiotics*, 239–276. Den Haag: Mouton.
– (1989): The Emotive Function of Language – An Overview. – In: W. Koch (Hg.): *For a Semiotics of Emotion*, 73–85. Bochum: Brockmeyer.
Stempel, Wolf-Dieter (1980): Alltagsfiktion. – In: K. Ehlich (Hg.): *Erzählen im Alltag*, 385–402. Frankfurt/M.: Suhrkamp.
– (1981): ‚L'amour, elle appelle ça', ‚L'amour tu ne connais pas'. – In: H. Geckeler, B. Schlieben-Lange, J. Trabant, H. Weydt (Hgg.): *Logos Semantikos. Studia linguistica in honorem Eugenio*

Coseriu. Band 4: Grammatik, hg. von Ch. Rohrer, 351–367. Berlin, New York, Madrid: de Gruyter, Gredos.
- (1987): Die Alltagserzählung als Kunst-Stück. – In: W. Erzgräber, P. Goetsch (Hgg.): *Mündliches Erzählen im Alltag, fingiertes mündliches Erzählen in der Literatur*, 105–135. Tübingen: Narr.

Tannen, Deborah (1984): *Conversational Style: Analyzing Talk Among Friends*. – Norwood: Ablex.
- (1989): *Talking Voices. Repetition, Dialogue, and Imagery in Conversational Discourse*. – Cambridge: Cambridge University Press.

Tesnière, Lucien (1959; ^{2}1965): *Eléments de syntaxe structurale*. – Paris: Klincksieck.

Thibault, Johanne (1979): L'expressivité comme source de changement linguistique. – In: P. Thibault (Hg.): *Le français parlé: études linguistiques*, 95–110. Carbondale, Edmonton: Linguistic Research Inc.

Thibault, Pierrette, Diane Vincent (1990): *Un corpus de français parlé: Montréal 84: historique, méthodes et perspectives de recherche*. – Québec: Université Laval.

Tischer, Bernd (1993): *Die vokale Kommunikation von Gefühlen*. – Weinheim: Beltz.

Toulmin, Stephen (1975): *Der Gebrauch von Argumenten*. – Kronberg/Taunus: Scriptor.

Trabant, Jürgen (1983): Gehören die Interjektionen zur Sprache. – In: H. Weydt (Hg.): *Partikeln und Interaktion*, 69–81. Tübingen: Niemeyer.

Traverso, Véronique (2000): Les émotions dans la confidence. – In: Ch. Plantin, M. Doury, V. Traverso (Hgg.): *Les émotions dans les interactions*, 205–221. Lyon: Presses universitaires de Lyon.

Tritt, Karin (1992): *Emotionen und ihre soziale Konstruktion*. – Frankfurt/M.: Lang.

Trognon, Alain (1990): La gestion de l'échange dans l'entretien. – In: *Psychologie française* 35/3, 195–205.

Trognon, Alain, Janine Larrue (1993): Organization of Turn-taking and Mechanisms for Turn-taking Repairs in a Chaired Meeting. – In: *Journal of Pragmatics* 19, 177–196.

Uhmann, Susanne (1989): Interviewstil: Konversationelle Eigenschaften eines sozialwissenschaftlichen Erhebungsinstruments. – In: P. Hinnenkamp, M. Selting (Hgg.): *Stil und Stilisierung. Arbeiten zur interpretativen Soziolinguistik*, 125–165. Tübingen: Niemeyer.

Ulich, Dieter (1982; ^{2}1989): *Das Gefühl. Eine Einführung in die Emotionspsychologie*. – München: Psychologie Verlags Union.
- (1973): *Semantik*. – Frankfurt/M.: Fischer.

Vendryes, Joseph (1921): *Le langage. Introduction linguistique à l'histoire*. – Paris: La renaissance du livre.

Vick, Marion (1985): *Hesitationsphänomene im Französischen*. – Trier: Wissenschaftlicher Verlag Trier.

Vion, Robert (1992): *La communication verbale*. – Paris: Hachette.

Volek, Bronislava (1977): Die Kategorie der Emotionalität in der Sprache. – In: *Papiere zur Linguistik* 17/18, 123–148.
- (1987): *Emotive Signs in Language and Semantic Functioning of Derived Nouns in Russian*. – Amsterdam, Philadelphia: Benjamins.
- (1990): Emotive Semantics and Semiotics. – In: *Grazer Linguistische Studien* 33/34, 327–347.

Wagner, Robert Léon, Jacqueline Pinchon (1962; ^{14}o.J.): *Grammaire du français classique et moderne*. – Paris: Hachette.

Watzlawick, Paul, J. Helmick Beavin, Don. D. Jackson (1967; 1972): *Une logique de la communication*. – Paris: Seuil.

Weinrich, Harald (1964; ^{2}1971): *Tempus. Besprochene und erzählte Welt*. – Stuttgart: Kohlhammer.
- (1982): *Textgrammatik der französischen Sprache*. – Stuttgart: Klett.

Wierzbicka, Anna (1972): Emotions. – In: A. Wierzbicka: *Semantic Primitives*, 57–70. Frankfurt/M.: Athenäum.
- (1992): Defining Emotion Concepts. – In: *Cognitive Science* 16, 539–581.

Wittgenstein, Ludwig (1963): *Tractatus logico-philosophicus. Logisch-philosophische Abhandlung*. – Frankfurt/M.: Suhrkamp.

Zillig, Werner (1982a): Emotionen als perlokutionäre Effekte. – In: *Grazer Linguistische Studien* 17/18, 317–349.
– (1982b): *Bewerten. Sprechakttypen der bewertenden Rede.* – Tübingen: Niemeyer.

Anhang

1	FR	euh on peut les avoir assez facilement' quoi,
	ET	mhm,
2	FR	bon, maintenant grand dalton euh je trouve que c'est
3	FR	une équipe=euh qui est vraiment bien préparée, quoi,
4	FR	le bateau est TRÈS TRÈS bien préparé, et l'équipage
5	FR	a l'air d'être trÈs trÈs fort quoi .. mais l'équipagE
6	FR	euh l'équipagE MÉRite' par rapport à la poste' pour
7	FR	moi ils en ont pas plus euh c'est pas
	ET	c'est pas mieux'
8	FR	mieux' quoi, au niveau/ au niveau palmARÈS'
	ET	ouais bon
9	ET	la seule chose c'est que le skipper il/ il a quatre
10	FR	voilà, c'est ça, ouais
	ET	(?...) c'est pas mal, quoi mhm' ..
11	ET	et je sais que dans les premières étapEs' . euh:: vous
12	ET	devriez être . QUInze . à b/ seulement à bord, . au
13	FR	ah' ben, ça c'est toi qui me
	ET	lieu de dix-huit, .
14	FR	l'apprends, <rire> ouais, euh:::
	ET	<amusé> je te préviens, hein+
15	FR	dans la première étape,
	ET	enfin dans LA première étape,
16	FR	et ça y est' c'est décidé' .
	ET	<vite> en tout cas c'est ce que
17	ET	j'ai écrit dans le canard' j'espère que c'est pas
18	FR	AH' . on est QUINze
	ET	faux' c'est DANiel qui me l'a dit,+
19	FR	dans la première étape, ouais, . ah' ben, ça
	ET	ouais quinze,
20	ET	e:t est-ce que ça euh qu'est-ce que ça te fAIt' de
21	FR	ouais,
	ET	de/ euh bon, là là là t'as fait la course de l'europe,
22	ET	je sais qu'il y en a qui l'ont qui l'ont pas faitE
23	FR	ouais,
	ET	bien évidemment, parce qu'il y avait pas assez
24	FR	ouais
	ET	de place, est ce que: le fait de pouvoir être mis
25	ET	un petit peu sur la tOUche' enfin c'est pas sur la
26	FR	ouais
	ET	tOUche' mais de pa:s . partir sur la mer euh' est-ce

27	FR	ben là, moi' ce
	ET	que ça te: ça te fait quelque chose,
28	FR	que je trouvE .. moi' il y a une chose' que j'aime
29	FR	pas du tOUt euh .. que je trouve pas normal' c'est quE'
30	FR	on apprenne des choses comme ça' par les journalistes,
31	FR	c'est TRÈS bien' qu'on apprenne par les
	ET	mais' ouais,
32	FR	journalistes, mais ÇA' c'est l'équipage qui dev/
	ET	mais jacques jacques le savait
33	FR	oui oui non, mais' y en a peut-être qui le SAVent'
34	FR	mais . ce qu'il faut savoir' c'est que dans une équipe
35	FR	comme ÇA'. eu:h t'as le:s les gens . euh en haut de
36	FR	l'échelle' qui savent tOUt' . et puis t'a:s les
37	FR	mécaniciens qui savent absolument rien, et puis on va
	ET	oui oui
38	FR	pas/ les les mécaniciens on va dire/ on va pas leur
39	FR	dire voilà' comment ça marche, . dONc euh on l'apprend
40	FR	toujours par d'aut/ des personnes de l'extérieur'
	ET	ouais
41	FR	alors je trouve vraiment DOMMAGE' qu'on apprenne pas par
42	FR	le skipper' . ces choses là' . plutôt que d'apprendre
43	FR	ça par le:s les gens de l'extérieur, pour moi' c'est
	ET	ben oui c'est dur (?je te dis)
44	FR	pas normal, voilà,
	ET	(?........)(?j'ai la la) la semaine dernière'
45	FR	et ça' c'est pas lOgique,
	ET	c'est c'est peut-être pas non
46	FR	ouais
	ET	plus euh DÉfinitif dans son dans son esprit, mais
47	FR	apparemment' ouais
	ET	en tout cas' manifestement' c'est l'évolution,
48	FR	euh bon, alors' aussi eu:h <pause 6.41 sec.>
	ET	voilà,
49	FR	<expiration> oui oui non non mais c'est
	ET	je suis désolé
50	FR	TRÈS bIEn' hein' . c'est très bien' .. euh bon, ben tu
51	FR	sais' que pendant l'europe' il y avait une chose qui
52	FR	était assez dure bon, en tout on est vingt-quatre'
53	FR	vingt-trois' e:t euh . euh au départ' c'était prévu
	ET	mhm
54	FR	que tout le monde tourne, qu'il y ait des roulements,
55	FR	et c'est pas ce qui s'est passé, . alors ça'
	ET	voilà, c'est ça,

56	FR	au niveau ambiance' enfin pour l'équipe de terre c'e:st
	ET	<tousse>
57	FR	. même au niveau moti/ motivation ben ouais au départ
	ET	c'était dur hein ils avaient enfin, je les ai
58	FR	c'est NORMAL^ je veux dire euh
	ET	vus ils avaient les boules, hein'
59	FR	mh
	ET	surtout qu'en PLUS' ils avaient l'impression quE enfin,
60	ET	ils étaient persuadés ensuite' que pour la whitebread'
61	FR	tOut à fAIt,
	ET	c'était fini, voilà, voilà, c'était çA
62	FR	e:t et c'est pas tout à/ tout à fait faux . ça
	ET	en fait, ah'
63	FR	ben tu sais' euh hein <pause 4.5
	ET	bon' tu crois' . ouais
64	FR	sec.> on verra bien . la suite' mais' . moi' je pense
65	FR	que' . pou:r/ niveau motivation puis même pour que les
66	FR	mecs soient bien dans leur TÊTe' ça aurait été plus
67	FR	logiQUE' qu'il y ait un roulement'
	ET	oui et puis qu'ils
68	FR	surtout c'est des étapes' c'est des
	ET	fassent au moins chacun de
69	FR	étapes' de:/ mais pour trois jours' ma/ les plus
	ET	ouais
70	FR	longues' vingt-quatre heures les plus cOURtes, .
	ET	ouais oui ça
71	FR	si tu
	ET	coûtait pas cher de: de les mettre dessus,
72	FR	descends euh une grOsse tête' pendant vingt-quatre
73	FR	heures, pour mettre un mec qui est moins fort' .
	ET	ouais ouais
74	FR	hein' . bon, ça' c'est mon avis
	ET	mhm, c'est pas un drame,
75	FR	euh . PERsonnel, . tu vois' pour/ po/ pour qu'il y ait
76	FR	une . mEIlleurE
	ET	rotation de ouais des équipiers, ouais ..
77	FR	parce que là' les mecs' ils se se sont dit . bon c'est
78	FR	bon quoi, on est là' pour bricoler sur le bateau' . pour
79	FR	serrer les boulons' puis après' une fois que le bateau
80	FR	est en course' on a plus besoin de NOUS' <saccadé> et
81	FR	c'est TOUT À FAIT ce qui s'est passé, voilà,
	ET	ouais ouais
82	FR	<vite> c'est cLAIr' il y a pas d'autre
	ET	c'est dur&et et au niveau de

83	FR	traduction,++ ben, l'ambiancE'. EUX' ils
	ET	l'ambiance là' ça a pa:s .
84	FR	avaient les BOULes' puis c'est tOUt' quoi, . ça a/ ça
85	FR	n'a rien fait au niveau de l'ambiance mais bon+
	ET	<vite>
86	ET	tANt mIEUx! je veux dire c'est déjà pas MAL' parce que
87	FR	ouais' mais
	ET	ça aurait pu casser une ambiance,+ ..
88	FR	disons que les gens qui naviguaient' . qu'est-ce qu'ils
89	FR	te disaient' ils disaient' bon, allez' on a de la
90	FR	chance' euh . de faire partie de l'éQUIPE' quoi, puis
91	FR	si on/ nous on la ramenait pas, euh je veux dire euh
92	FR	on disait RIEN' quoi, moi je sais que personnelleMENT'
	ET	ah oui
93	FR	moi je disais RIEN quoi, je pensais aux mecs qui
94	FR	étaient à TERRE' et puis . je disais ben: . coup de
	ET	mhm
95	FR	bol que je sois à terre, que je sois à: bord, moi' .
96	FR	quoi'. qu'est-ce que tu veux dire' si on
	ET	mais bien sûr,
97	FR	en discu/ entre les navigants nous on en discutait pas'
98	FR	de ça, nous on
	ET	et l/ la hiérarchie comme ça' est pas
99	ET	trop pesante' non' euh . ou est-ce que t'as la
100	ET	possibilité de de . non, m/ manifestement t'as pas la
101	FR	non, moi' non, . non,
	ET	possib/ enfin de . PARler de ÇA' quoi,
102	FR	. j'ai pas le niveau' j'ai pas de palmarès,
	ET	<vite> oui mais ça
103	FR	ouais mais t'sais
	ET	c'est pas une question de niveau ou de palmarÈS' c'est
104	FR	t'as/ eye' quand/ dans
	ET	au niveau d'équité et les les (?..........)+
105	FR	le bateau' euh quand t'as fait le whitebread' t'as
106	FR	gagné le figaro' t'as fait une six/ une six cinquante'
107	FR	ça: . ça aide bIEn' pour donner tes idées, tu vois'
108	FR	alors quand t'as RIEN fait de tout ça:' c'est
	ET	d'accord
109	FR	pas la peine que tu: . sortes un mot de ta bouche,
	ET	ah
110	FR	t'es une MERde, t'es une MERde,
	ET	oui (?je vois') ah' oui'

111	FR	ah oui oui oui oui
	ET	t'es considéré comme ça' par les autres membres de
112	FR	non non ben par . euh par les
	ET	l'équipAGE' ou uni/ uniquement par
113	FR	gens de: . par les CHEFS de quart' quoi,
	ET	<vite> c'est-à-
114	FR	ouais
	ET	dire en fait par les trois par les trois chefs de quart'
115	FR	ouais et par daniel, . et
	ET	et par les/ par danIEL' quoi,+ ok
116	FR	c'est assez cLAIr, oui, ah oui oui
	ET	oui oui c'est une hiérarchie comme ça
117	FR	ouais ouais tu vois BIEN' hein' je
	ET	qui est vachement pesante'
118	FR	veux dire moi' je dis euh je dis une chOSE' . on va pas
119	FR	en tenir compte' <voix basse et monocorde> bon,
120	FR	maintenant ça fait longtemps que je ne me faTIgue plus
121	FR	à ça, t'sais' je fais mon boulot, je ferme ma gueule,
122	FR	c'est tout, j'ai compris,+ e:t euh nous/ on va pas en
	ET	mhm
123	FR	tenir compte du tOUt, euh t'as un chef de quart' qui .
	ET	mhm
124	FR	propose'. la même chose' . deux ans plus tard' pff le
125	FR	lendemain c'est fait' hein' on en parle plus, alors'
126	FR	quand tu vois ça' t'as t'as les bOUles, quoi,
	ET	mais oui
127	FR	vrAIment' et moi' plus d'une fois' je veux dire
128	FR	<claque des doigts> comme mOI' quand je suis arrivé
129	FR	à bord' euh <voix monotone et traînante> tu sais moi
130	FR	j'ai proposé au maximu:m' et tou:t'+ tu sais
	ET	(?....)
131	FR	moi' . y a pas besoin d'être médaille d'or olympique'
132	FR	pour euh pour proposer quelque chOSE' hein' ou d'êt(re)
	ET	mhm
133	FR	chAMpion du mONde hein, .. et puis euh . je voyais
134	FR	bien que ça servait à rIEn, quoi tout ce qu'on a fait,
135	FR	qu'on en tenait pas compte' que j'avais AUCUN palma/
136	FR	palmaRÈS et pis voilà' quoi, <pause 2.5 sec> c'est
137	FR	comme'/ eu:h . ça' ça ça va peut-être te faire du mal'
138	FR	mais . j'ai pas peur de le DIRE' ..
	ET	vas-y (?j'écoute)
139	FR	euh .. euh . moi j'ai été EN CHANtier' . euh trois mois'
140	FR	à à cnb' sur sur le nouveau bateau' sur le . KETCH' là,
141	FR	pour monter le le moteur' tout ce qui est moteur'

142	FR	géné' désal' à bordeaux, mhm
	ET	cnb' c'était à: bordeaux, chantier
143	FR	j'ai j'ai tout monté' . ça' c'était
	ET	naval de bordeaux,
144	FR	une partie intéressante pour moi' surtout quE'. après
145	FR	c'est moi qui/ . moi' j'ai fait çA' et puis j'ai fait
146	FR	plein de choses, je veux dire on a fait des mERDEs'
147	FR	e:t . pas dans des conditions faciles, quoi, &des fois
148	FR	on en CHIait' quoi, je vais te dire on avait vraiment
149	FR	plein le cUl, quoi, . ça se passait pas toujours comme
150	FR	on voulait, . donc euh .. c'é/ c'était pas . toujours .
	ET	<tousse>
151	FR	une partie d/ de plaisir, quoi, . e:t euh
	ET	AH! parce que
152	FR	à à
	ET	t'as participé aussI à tou/ à tou/ à toute la partie
153	FR	ah oui ouais' construction'
	ET	con/ construction' plus insta/ installati:on'
154	FR	surtout installation moteur, géné, et désal, encore
	ET	d'accord
155	FR	une fois, et puis bon, j'ai fait un:/ monté
	ET	ok chouette
156	FR	un peu d'autres bRICOles' puis il y a toujours autre
157	FR	chose à faire, . et euh donc, tout ça' pour dire
	ET	mhm
158	FR	que l'équipe qui était là-bas' qui accrochait' qui
159	FR	travaillait dedans, . e:t euh quand on est arrivé' .
160	FR	quand on est arrivé à: à port camARGUe' t'as TOUS
161	FR	les journalistes' qui se sont JETés sur euh les trois
162	FR	chefs de quart' qui étaient pas du tout en chanTIER'
163	FR	mais ils se sont JETés sur eux sur eux pour parler
164	FR	de la construction du bateau et tout ça, MOI'. j'ai
	ET	ah ouais
165	FR	rigolé, MOI'. j'ai EXPLOsé de rire,
	ET	pourquoi (?mais bon ben)
166	FR	et j'ai pris les journalistes' je les ai vraiment
167	FR	pris pour des cOns quoi, tu vois' moi' ça m'a ENRAgé,
168	FR	tu vois, . VRAIment, ça' ça m'a énervé, moi' . je me
169	FR	suis dit . <voix monocorde> on est vraiment des
170	FR	MERdes,+ tu vois' et le mât est là' le moteur est en
	ET	mhm
171	FR	place' c'est bon, euh . c'est eux' qui vont raconter
	ET	(?.....)

172	FR	leur vie' quoi, mERCI' et . mERCI les gars,. ça'
	ET	ouais
173	FR	c'est des choses' euh et je sais pas
	ET	ça' ça fait du bien,
174	FR	si tu te souviens' mais à: à: à: port camargue t'avais
175	FR	euh voulu m'interroger' et je t'ai dit ouais&ouais on
176	FR	verra ça tout à l'heure, . et t'as jamais réussi à me
	ET	mhm
177	FR	choper' t'aurais jamais réussi,
	ET	jamais, j'ai vu ouais,
178	FR	ouais, ça' c'est l'explication, .. et ça' ça me
	ET	<rire>
179	FR	GONfle, tu vois' qu'on va chercher desjoyeaux j'ai rien
180	FR	contre desjoyeaux mais . qu'on se . JETTE sur desjoyeaux
181	FR	. alors que bon, il est arrivé euh il/ c'était mâté et
182	FR	le safran était mis et tout était fait, . voilà,
183	FR	c'est
	ET	<s'éclaircit la voix> ouais c'est arrivé un mois avant
184	FR	pour ça
	ET	le/ avant le/ avant le/ avant le départ ou trois mois
185	FR	c'est pour ça' que je
	ET	avant le départ' je sais plus,
186	FR	te dis' tant que t'as pas fait de whitebread' et t'as
187	FR	pAs GAGné de figaro, t'as rIEn fait de tout ça,
	ET	tu
188	FR	mais bon, j'irai chez (?...) et je vais
	ET	t'écrases,
189	FR	te dire moi' . t'sais moi' moins on parle de moi'
190	FR	mieux je me porte' de toute façon j'ai pas l'intention
191	FR	de continuer dans la course
	ET	ah' bon, après c'est vrai
192	FR	non ben disons que parce que mon gros/ je te/
	ET	c'e:st pourquoi pour eux,
193	FR	je me sens pas capab(le) de: d'aller chercher de
194	FR	l'argent, bon, s'il y a une course quE/ la
	ET	ah' ouais, .
195	FR	seule course' que j'essayerais de faire quand-même .
196	FR	c'est une six-cinquante (?que) c'est trop beau'
	ET	ah
197	FR	sinon je me:/ je pense que j'arrêterais du jour au
	ET	ouais
198	FR	lendemain .